Yo, adicto

Divulgación

Javier Giner

Yo, adicto

Un relato personal de dependencia y reconciliación

PAIDÓS

Paidós, un sello editorial de Editorial Planeta, S. A.
Avda. Diagonal, 662-664, 08034 Barcelona (España)
www.paidos.com
www.planetadelibros.com

Adaptación de la cubierta: Booket / Área Editorial Grupo Planeta
Ilustración de la cubierta: © Lara Lars
Primera edición en Colección Booket: septiembre de 2023

Depósito legal: B. 12.608-2023
ISBN: 978-84-08-27678-4
Impresión y encuadernación: Liberdúplex, S. L.
Printed in Spain - Impreso en España

Biografía

Javier Giner, director y guionista, ha rodado cinco cortometrajes: *Night Flowers*, *Save me*, *El amor me queda grande* (HBO USA y Movistar), *Puerta a puerta* (TVE2) y *De La Muríssima: Anatomía de una criminal* (Movistar), así como varias series de televisión. En teatro ha dirigido *Taxi Girl* en el Centro Dramático Nacional, con gran éxito de crítica y público. En la actualidad también realiza *spots* publicitarios y videoclips. Ha publicado la novela *El dedo en el corazón* (Ático Ediciones, 2006) y relatos y cuentos en diversas antologías. Su firma ha aparecido en medios como *El País*, *Vanity Fair*, *Jot Down*, *Vice Magazine*, *Cosmopolitan* o *Marie Claire*. *Yo, adicto* es su primera obra de no ficción y, en 2024, dará el salto a la pequeña pantalla de la mano de Disney Plus.

Hay épocas en que uno siente que ha caído a pedazos y a la vez se ve a sí mismo en mitad de la carretera estudiando las piezas sueltas, preguntándose si será capaz de montarlas otra vez y qué especie de artefacto saldrá.

T. S. Eliot

El peor sufrimiento es el que no se puede compartir.

De vidas ajenas, Emmanuel Carrère

Para las personas que me acompañaron.
Para las que siguen en mi vida.
Para las recién llegadas.

Nota del autor

Todo lo que se narra en este libro es real.

Para darle forma, me he basado en mis diarios personales y en decenas de cuadernos con apuntes que tomé mientras transcurrían los hechos. Es asombroso el torrente de impresiones y detalles que recogí en ellos.

También he mantenido múltiples conversaciones con personas que forman parte de esta historia, asegurándome de que mi memoria no me traicionaba. Algunas de ellas han leído el manuscrito y, generosamente, han señalado incoherencias o errores que no he tardado en subsanar.

La gran mayoría de los diálogos son transcripciones directas de mis notas. Otros me he visto obligado a dramatizarlos, puesto que no guardé acta literaria de ellos, pero lo he hecho siempre movido por la veracidad de la situación descrita y sustentado en mis propios cuadernos. Puedo asegurar que, aunque estén ficcionados, no son falsos, y me atrevería a apostar que los que los lectores sospecharán inventados son los más reales de todos.

La realidad siempre supera a la ficción. Este libro no es una excepción.

Para salvaguardar la intimidad y la posible identificación de las personas que aparecen, he alterado sus nombres y algunas de sus características personales (procedencia, etc.). Para evitar la repetición innecesaria y un despliegue inabarcable de personajes, en algunos casos hay varias personas reales concentradas en una sola. Se trata de aquellas cuya personalidad y problemática eran muy similares. Varios de mis compañeros y profesionales me dieron permiso para utilizar sus nombres. Solo lo acepté en el caso de Anais. El resto lo rechacé. Una de mis mayores preocupaciones escribiendo estas páginas ha sido protegerlos, del mundo y de sí mismos. Aunque saben defenderse solos, este es un libro en primera persona y, como tal, el único que merece ser identificado soy yo, el que decidió escribirlo.

No es megalomanía ni narcisismo literario. Simplemente no podría perdonarme que alguno se viera perjudicado por lo que yo decidí contar.

A modo de prólogo

Un mensaje de texto me despertó anoche a las dos de la mañana. Encendí la luz de la mesilla y me aproximé al teléfono, sin levantarme de la cama, extrañado por las horas. El mensaje llegaba de Estados Unidos. Un amigo me informaba escuetamente de que Travis había muerto. No imagino una manera de despertar más fulminante que la noticia de un fallecimiento, excepto que se desplome un elefante de colores desde el techo. Me recosté y me dispuse a recabar toda la información posible, invadido por mil preguntas simultáneas. *Paco*, mi perro, me miraba soñoliento, sorprendido de que hubiese interrumpido el sueño de ambos. *Paco* duerme conmigo en la cama. Dentro. Debajo del edredón. Soy ese tipo de persona.

«Sobredosis accidental —escribía Patrick en el mensaje—, eso es lo que están contando.» Yo había conocido a Travis hacía más de veinte años en Los Ángeles (residí allí casi cinco años, mientras estudiaba cine y trabajaba) y, como cualquier amistad trasatlántica, desde que yo había regresado a España nos seguíamos la pista a distancia: principalmente por redes sociales y algún mensaje privado ocasional. Hacía cuatro años había viajado a Barcelona y habíamos cenado en un restaurante cerca de las Ramblas. Juraría que aquella noche me contó que había estado asistiendo a AA (Alcohólicos Anónimos), que vivía sobrio y que se había mudado a Florida, agotado de California. Se había operado la nariz: Travis era un judío de Cleveland obsesionado con el tamaño y forma de su nariz de quien aprendí a usar camisetas de tirantes y cómo convertirme en un profesional del zorreo predigital, entre otras cosas importantes. A Travis le encantaba referirse a su trasero usando la palabra *tuchus*, la expresión yidis. También me descubrió a Radiohead, Beck, Aimee Mann, Justice y Fiona Apple. Así que se puede decir que Travis, al menos en una época de mi vida, fue una persona significativa. En aquella cena nos reímos rememorando nuestros «jóvenes años locos» en los que urdíamos maldades intrascendentes y lúdicas, experimentábamos la noche, follábamos, bebíamos y nos drogábamos en Los Ángeles como si la vida nos fuese en ello. Creo incluso que recordamos juntos, entre otras grandes hazañas, la madrugada en la que atravesé una puerta de cristal en casa de alguien, resultado de los excesos nocturnos y de mi visión borrosa. La puerta se rompió en mil pedazos, yo terminé sangrando ante la mirada alucinada de desconocidos y tuve que volverme a casa humillado, cubierto de esparadrapos y tiritas, dejándolos a todos en la casa donde apurábamos despreocupados nuestra juventud en pleno amanecer.

Travis tenía anoche, antes de morir, cuarenta y cuatro años, seguía siendo el mayor fan de Madonna que ha existido y, a tenor de lo que me decía Patrick en posteriores mensajes, parecía haber cambiado bastante. Nadie sabía si todo se había tratado de un descuido o si, por el contrario, su muerte había sido un acto deliberado. Apagué la luz, conmocionado, e intenté volver a dormir. Sentí frío. *Paco* se relajó inmediatamente y cogió postura entre mis piernas. Yo tuve que tomarme una pastilla para poder conciliar el sueño.

Cuando esta mañana me he sentado a escribir, aún sacudido por la noticia, he sentido que era de justicia que la muerte de Travis, tan reciente, abriese este libro.

Algunas veces los eventos de una vida se ordenan por sí solos de una manera macabra y vulgar. Si los escribiese así en un guion de ficción, los desecharía por resultar trucos obvios de guionista primerizo. No me gusta pensar en el orden del universo, ni siquiera creo en él, pero por momentos se pone tan pesado y de un subrayado tan irrebatible que no me queda otro remedio que aceptarlo con la boca pequeña.

Y es que hace una semana recibí una llamada inesperada en la que se me ofrecía la posibilidad de publicar un libro de no ficción. Me sentí muy halagado, por supuesto, pero dudé mucho si hacerlo.

Tengo una novela publicada (descatalogada, creo) y escribirla me llevó, entre una cosa y otra, casi dos años. Así que sabía, desde el comienzo, que, si me comprometía, necesitaría tiempo y motivación suficientes para poder terminar este libro. Además, soy un fanático de la literatura (de esas personas repelentes que se identifican con la etiqueta de «lector compulsivo») y es un arte que me merece la máxima admiración. Y, con toda honestidad, me siento un intruso haciéndome pasar por novelista. Me siento igual que cuando me las doy de mecánico poniendo expresión circunspecta y soltando al aire soluciones inventadas, sin ningún rigor científico, ante un carburador (ni siquiera sé qué hace un carburador) o cinco válvulas: un absoluto impostor, un chiste.

Lo que me pesó aún más fue la inseguridad: no soy sociólogo, ni periodista de investigación, ni biógrafo, ni politólogo, ni psicólogo, ni político, ni *influencer*, ni nutricionista, ni monitor de *crossfit*, ni tengo un blog de moda, ni pertenezco a ninguna de las disciplinas en las que normalmente se enmarcan las publicaciones de no ficción. No tengo una voz respetada ni reconocida en ninguno de esos campos, ni en otros, ya que estamos. De hecho, mi mundo se circunscribe fundamentalmente a la ficción. Disfruto inventando, y escribo guiones y dirijo, pero nunca he narrado nada en primera persona ni, mucho menos, real. Y, para ser sincero, no sé a quién puede interesarle que lo haga. No sé qué podría aportar yo a un mundo en el que ya hay un superávit de aportaciones, en el que todos tenemos una opinión acerca de todo, en el que todas nuestras vidas son tan fascinantes. Ya existe Twitter para eso, y es más corto que un libro. No pensaba, ni pienso, que lo que necesite el mundo sea un libro firmado por mí. No es falsa modestia. Yo también he leído a Žižek, Bauman, Despentes, Paul B. Preciado, José Antonio Marina, Fromm, Horvat y Naomi Klein, y cuando me miro en el espejo, la imagen que se refleja no tiene el más mínimo parecido con ninguno de ellos. Ojalá.

En el mismo momento de recibir la llamada, de manera visceral, supe que si iba a hacerlo sólo había un tema que podría tener sentido: las adicciones. No me siento capacitado para hablar de algo que no haya vivido, y ya no tengo edad ni interés para ir inventándome envoltorios que me transformen en algo que no soy. Podría haber escrito un libro acerca del cine (mi gran amor) o de las películas de mi vida, pero la simple idea me mataba del aburrimiento y, sobre todo, estoy convencido de que hay gente muchísimo más inteligente que yo para hacerlo. Sin embargo, yo he sido (y soy) un adicto y, por lo tanto, sí puedo hablar de ello con algo de propiedad. Creo que tengo una voz (no médica, pero sí personal) capaz de aportar algo al respecto.

Un aviso. Esto no es un ensayo intelectual ni un manual psiquiátrico ni una fábula de autoayuda. Existen libros mucho mejores que este si eso es lo que buscas. Tampoco es terapia (para eso ya tengo a mi terapeuta). Fin del aviso.

Este libro es, por definirlo de algún modo, un intento radicalmente honesto de poner en palabras cómo viví el infierno de mi adicción al alcohol y a la cocaína y cómo conseguí salir, con ayuda, de él.

Las historias de los adictos (sin importar la sustancia o actividad adictiva) no se diferencian tanto: todos compartimos una emocionalidad parecida. Aunque cada contexto es diferente, nuestras emociones no lo son tanto. Son tan similares que hay un término para definirlas: *malestar adictivo*. Independientemente de las circunstancias personales, todos los adictos somos gente enferma. Nadie escoge ser adicto. Repito, por si acaso, en cursiva, que esto es importante: *Nadie-escoge-ser-adicto*. Nadie se levanta un día y decide de forma consciente: «Voy a esforzarme con todas mis fuerzas en joderme la vida, a mí y a todos los que me rodean, y si en el camino me muero, pues mejor, eso que me llevo». Volveré sobre esto una y otra vez. Por ahora, basta decir que cuando la pulsión de muerte supera a la de vida es un síntoma bastante contundente de que hay algo ahí dentro que no funciona del todo bien. Como cuando un aparato electrónico comienza a hacer ruiditos raros o el móvil se bloquea demasiado o no se le rellena del todo la batería por muchos cargadores que se prueben.

El personaje de la madre de *O que arde*, la película de Óliver Laxe, resumía esta idea, sin hablar específicamente de la adicción, de una manera preciosa, en una línea de diálogo conmovedora: «Si hacen sufrir es porque sufren».

Ese es el primer detalle importante que merece la pena señalar: este es el libro de alguien enfermo. Curiosamente, como ocurre con la enfermedad mental, no son pocos los estigmas asociados a la adicción y a la toxicomanía. Supongo que en el mundo que hemos construido no solo hay clases socioeconómicas, sino también clases de enfermedades: enfermedades de primera y de segunda, enfermedades respetables y otras que no lo son tanto, enfermedades que se padecen y enfermedades que se buscan, enfermedades de las que se habla sin tapujos y otras que se esconden. Quién decide cuál es cuál y a qué grupo pertenece cada una es... uno de los misterios de la vida.

Otro dato significativo: no estoy escribiendo una hagiografía sobre mi persona ni una *Bildungsroman*. Tengo poco de santo, y lo que he podido aprender ha sido a base de cometer errores que no recomendaría a nadie. Al contrario, este es el libro de alguien por momentos perdido, confundido, patético y, por qué no, ridículo. He sido un farsante perturbado durante buena parte de mi vida. Así que supongo que podría catalogarse como el relato de un antihéroe, con poco de «héroe» y mucho de «anti». No busco aceptación ni comprensión escribiéndolo. De hecho, si las buscase, probablemente volvería a la idea descartada de «Las películas de mi vida» o a un libro de recetas, que es más práctico, comercial y respetable.

Yo, desde este momento, elijo vivir tranquilo pensando que he intentado recoger la historia real de alguien que ha hecho lo que ha podido con sus miserias, que son muchas y variadas. Pero me estoy adelantando, porque todavía no había decidido si iba a escribir el libro.

Seguí dudando (la duda, como se verá, ha sido una constante en mi vida): hacerlo se iba a convertir en una especie de «salida del armario». Me he pasado la vida saliendo de armarios. ¿Quería salir de otro más? Primero salí del de mi orientación sexual, cuando era joven. Años más tarde, del de mis adicciones. Paradójicamente, así como el compartir mi homosexualidad con el mundo, una vez superado el terror inicial, fue explosivo (mi madre siempre lo compara con el descorche de una botella de champán, y eso que no sabe ni la mitad), comunicar mis problemas con las sustancias tomó otros derroteros: fue un proceso lento, cuidadoso y digno. En definitiva, no todo el mundo sabe por lo que pasé. Muchos puede que se lo imaginen (llevo más de doce años sin beber alcohol y sin drogarme, algo que viviendo en el centro de una gran ciudad es casi tan extraño como desplazarse por ella en helicóptero), pero son pocos los que conocen la historia verdadera que yo, consciente y libremente, decidí relatarles. Mi vida es mi vida y yo decido cuándo, cómo y con quién la comparto. Al menos hoy en día. Hace años era de cualquiera que me dijese hola o me guiñase un ojo. Mi círculo íntimo, mi familia, mis amigos y los hombres con los que me he relacionado emocionalmente en estos años saben quién soy y por todo lo que pasé, por supuesto. Aquella noche cenando en Barcelona, Travis también lo supo. Recuerdo a la perfección contárselo, y creo que se alegró y se emocionó, aunque no sé si mi memoria me está jugando una mala pasada.

El caso es que hay mucha gente ahí fuera que no tiene la más mínima idea de nada de lo que voy a narrar. Y conozco a mucha gente. A menudo pienso que demasiada. Conozco a tanta gente que hay gente que me conoce que yo no sé quiénes son.

No quiero que se me malinterprete: no me avergüenzo, al contrario. Es posiblemente de lo que más orgulloso estoy en mi vida: de haber tenido la capacidad de enderezar el timón, de responsabilizarme de mis actos y emociones y de cambiar la destrucción denigrante en la que había convertido mi existencia. Sin embargo, siempre he sentido que quería ser yo quien lo compartiese: a mi manera, cara a cara, de forma personal. Conocemos demasiadas historias de gente que entra y sale de clínicas y nos referimos a estas como si fuesen parques de atracciones o un Primark. Desintoxicarse se ha convertido en una aventura pop. Sin embargo, mi experiencia es demasiado personal para tratarla así. Nunca quise que otros pudieran frivolizar sobre lo que para mí había sido un infierno. Por eso lo he ido contando poco a poco, en la intimidad. No soy Lindsay Lohan ni Amy Winehouse ni Philip Seymour Hoffman ni Carrie Fisher, y mi vida no es, ni quiero que sea, motivo de choteo social. Lamentablemente, a menudo, la adicción y sus consecuencias se convierten en eso. La toxicomanía, como la enfermedad mental, de nuevo, está llena de lugares comunes, prejuicios y estereotipos, y la gente habla de ella sin tener ni la menor idea de lo que dice, cuando no convirtiéndola en un arma arrojadiza sensacionalista. Es un tema delicado.

Así que sí, he dudado mucho si escribir este libro. Y he tenido mucho miedo, aunque parezca mentira (tengo fama de ser echado *pa'lante*). Sé que estas páginas son mi presentación en sociedad como adicto y que carezco de ningún tipo de control sobre las conversaciones que pueda generar. Probablemente este libro sorprenda y escandalice a algunos, emocione a otros, enfade y avergüence a un par. Quiero pensar, y ojalá no me equivoque, que, pase lo que pase, nunca será peor que lo que ocurrió en la etapa de mi vida que estoy a punto de relatar.

Durante estos años, desde que salí de la clínica de desintoxicación en la que estuve ingresado, he jugueteado con multitud de formatos para contar esta historia: he creado una serie de televisión en cuyo corazón se esconden mis vivencias; llegué a escaletar un guion de largometraje..., pero siempre lo he hecho escondiéndome detrás de personajes, parapetado tras la seguridad de la invención. Quizá no soportaba la posibilidad de ser identificado. Quizá tenía, todavía, demasiado miedo.

Ahora todo cobra sentido y se me brinda la oportunidad de narrarlo sin intermediarios ni eufemismos. Quiero aprovecharla. Sé que para que merezca la pena lo debo hacer a pecho descubierto. Desde las tripas, sin barreras ni autocensura. No puedo esconderme, por mucho pudor que me dé compartir ciertas cosas. Así que esto, me temo, va a ser extremadamente íntimo, emocional e intenso, en las antípodas de un informe médico aséptico. De otra manera, sería grotesco que escribiese este libro. ¿Para qué? No serviría de nada. Solo tiene valor y sentido si me permito desnudarme por completo y mostrar quién fui en realidad, sin máscaras, exponiendo toda mi oscuridad a plena luz. Algo que no está tan alejado de aquello que me obligaron a hacer en una clínica en una montaña hace años.

Si finalmente decidí hacerlo fue por un pensamiento que me asaltó una mañana en la ducha: tal vez sirva para explicarles mi experiencia a los cientos de miles de personas que están atrapados en una situación como la que yo pasé. No tengo complejo de Gandhi ni estoy opositando a Teresa de Calcuta ni quiero que se me relacione con Paulo Coelho, y, desde luego, no soy más listo que nadie; pero sí pensé que quizá con suerte, con humildad, este podría ser un libro que ayudase a los adictos a comprender y saber que hay una salida. Puede que alguien desconocido, algún día, lo tenga en su mesilla de noche para acompañarle en momentos complicados, como yo tengo ahora mismo varios que forman parte de ese subgénero conocido como «literatura de la adicción». Eso fue lo que hizo que desapareciese como por arte de magia cualquier duda que tuviese al respecto.

No lo escribo para los críticos ni para los popes literarios. Ni siquiera para la gente que me conoce o sabe cómo me llamo. Lo hago para mis compañeros (algunos de los cuales, por desgracia, ya no están entre nosotros) y para muchísimas personas que no conozco pero con las que comparto una enfermedad que se cobra vidas a diario. Ayer por la noche, de madrugada, el destino hizo que apareciese otra razón: Travis. Me habría gustado que hubiese leído este libro. No tengo la arrogancia de decir que podría haber cambiado las cosas, pero tal vez sí le habría escoltado en lo que fuese que estaba atravesando y que, finalmente, pudo con él.

Por eso escribo este libro: para ti, compañero adicto. Para asegurarte que se puede atravesar el miedo. Para explicarte cómo hace años ingresé en una clínica de desintoxicación, conseguí superar mi adicción al alcohol y a la cocaína y recuperé mi vida. Para confirmarte que, por muchos obstáculos que encuentres (siempre aparecen), de este abismo se puede salir. Si Elton John y yo lo hemos logrado, cualquiera puede.

1

Llevo meses preguntándome cuáles son las frases que podría utilizar para dar comienzo a mi historia. Dicen que los principios son importantes. Pruebo unas, desecho otras, comparo opciones. Ninguna me satisface. Es uno de los mayores retos creativos a los que me he enfrentado y puedo asegurar que, a lo largo de mi vida, me las he visto con algunos desafíos importantes.

¿Debería contar la primera vez que me emborraché? ¿La noche en que probé la cocaína? ¿En qué lugar y a qué hora esnifé la raya original o me tomé aquella copa? ¿Si estaba acompañado? ¿Es más hábil avanzar en el tiempo y referirme al momento en el que supe o me imaginé que tenía un problema, cuando todo había tomado un cariz extremo y alarmante y el precipicio estaba tan próximo que cualquiera (que no fuese yo) podría haberlo divisado? ¿Cómo estructurar este relato?

Más importante aún, ¿puedo construir una narración fiel cuando la verdad es esquiva e imprecisa y los hechos se confunden y se enredan, negándose unos a otros, amontonándose, escondiéndose de mi memoria, debido, en gran parte, al estado enajenado, compulsivo y maniaco-depresivo en el que subsistía? ¿Soy capaz de trasladar al papel la espiral insaciable de mi existencia en aquella época? ¿Cómo transmitir con honestidad la manera en que me convertí en un ser miserable, sórdido e indómito?

No ambiciono mostrarme como alguien grotesco y trastornado, pero me temo que no tengo más remedio. No es un juicio, ni siquiera un reproche. Es un hecho incontestable y comprobable. Basta con preguntárselo a cualquiera que me conozca de aquellos años. Llegué a convertirme en una persona disfuncional y esperpéntica, no hay otra forma de describirlo. Ser yonqui, tener un problema de adicción con el alcohol y la cocaína, hace que la vida se dé la vuelta por completo, arrebatándole toda clase de sentido, fluidez, esperanza y orden. Por eso, quizá, me resulta tan complejo empezar: no puedo inventar una estructura que no existía.

Admitirlo puede ser una buena manera de iniciar esta historia, aunque revivirme a lo largo de aquellos años hace que me sienta, como entonces, defectuoso y frágil. Pierdo la perspectiva, y mi presente, tan distinto, se desdibuja. Me tiemblan las piernas y me descubro apretando la mandíbula, presa de la tensión. Mi realidad actual se oscurece y se empapa del desánimo de aquella época tan lejana. Me obligo a comenzar.

Una aclaración. Utilizaré el término *toxicomanía* para englobar la adicción a todo tipo de sustancias y actividades (como la ludopatía, el sexo y muchas otras dinámicas). Usaré las palabras *toxicómanos* y *yonquis*, indistintamente, para referirme a mí y a mis compañeros. Lo sé, *yonqui* no es un término políticamente correcto. No es una palabra respetable para definir a nadie, mucho menos a un adicto. No aconsejo ni promuevo ni celebro que se utilice. Sin embargo, de igual forma que a menudo me describo a mí mismo como *maricón* (para identificar mi orientación sexoafectiva homosexual), también lo hago con el término *yonqui*. Son palabras que han generado opresión, vergüenza, humillación y estigmatización durante demasiado tiempo, arrojadas como condena, vejación e insulto. Mi uso de ellas es consciente y persigue una reapropiación del lenguaje que me permito por el hecho de ser maricón y de haber sido yonqui. Fin de la aclaración.

Me emborraché por primera vez de adolescente, en una salida de sábado junto a amigos del instituto, con la intrascendencia, la despreocupación y el soporte social característico de este tipo de travesuras. Eran los años en los que el niño se convierte en un muchacho desubicado que asoma la cabeza, dubitativo, e investiga su entorno y el exterior para comprobar en qué consiste relacionarse, la autonomía, los otros, ser mayor. Los días en los que los ritos sociales comienzan a cobrar importancia. Esa tarde, con catorce años, llevado por la presión del grupo y las dinámicas culturales que operan en todas nuestras vidas (las comilonas familiares regadas con abundante bebida, las celebraciones en las que todo el mundo brinda y parece disfrutar tanto, las correrías y andanzas que se narran entre exclamaciones de diversión cuyo origen suele residir en unas cuantas copas de más, la exaltación del alcohol en programas de televisión y publicidad, etc.), bebí mucho más de la cuenta (como hacían todos mis compañeros), vomité y me arrastré hasta casa en un estado lo bastante lamentable para que mis padres descubriesen de dónde llegaba y terminase confesando, lloroso y ebrio, ante sus miradas reprobatorias, que estaba como una cuba. Tras la charla de rigor, severa e inflexible, en la que ambos se preocuparon genuinamente y me reprocharon mi inmadurez y mi falta de compromiso con mi vida y mis objetivos académicos, volví a concentrarme en los estudios y no guardo recuerdo de haber vuelto a probar la bebida hasta años más tarde, ya en la universidad, con la negligencia de los primeros años de la juventud libre, en los que al alcohol se unió el descubrimiento del placer a través de mis primeros escarceos sexuales, originalmente heterosexuales (autoimpuestos, como medida desesperada para no tener que aceptar aquello que me provocaba tanto malestar: mi homosexualidad) y después, por fin, coherentes con mi verdadero deseo y mi identidad real.

La cocaína tardó mucho más tiempo en formar parte de mi vida. Como cualquier joven (hoy en día sigue ocurriendo, independientemente de la clase social o el lugar de residencia), crecí rodeado de ella en todo tipo de situaciones y ámbitos (discotecas, botellones, cumpleaños, celebraciones de fin de curso, reuniones del barrio...), de manera más o menos visible. Quizá no fuese algo de lo que la gente a mi alrededor se vanagloriase públicamente, pero encontrar droga, o ser testigo de su uso, nunca ha sido una misión imposible para nadie. Así, en los años previos a mi primer consumo, conocí a gente que se drogaba, pero siempre las consideré personas no recomendables e incluso llegué a mirarlas por encima del hombro, con desidia y rechazo. Es importante señalar que crecí en el País Vasco en plena epidemia de la heroína y, desde mi tierna infancia, internalicé el estigma de los drogadictos, que eran esos espectros desdentados y mugrientos que dormían en los portales, robaban y escondían jeringuillas. Presencias a las que había que evitar en la calle, cruzando de acera si era necesario, puesto que representaban un peligro latente e incontrolable. Siempre juzgué a aquellos conocidos que consumían, dando por hecho que pronto se convertirían en los fantasmas que yo recordaba de las calles de Barakaldo de cuando era pequeño. En cualquier caso, cuando no era cocaína lo que andaba rondando, eran otro tipo de drogas, de diseño, por ejemplo, las famosas pastillas, o simples porros, que pasaban de mano en mano con total naturalidad.

Me llevó bastantes años romper el muro invisible de probar las drogas, esa especie de mandamiento moral escrito en piedra que me mantenía alejado de ellas. Aunque suene irónico, me daban miedo. Me producía pavor pensar que, al consumirlas, dejaría de ser consciente de mí mismo. Me daba pánico la sensación que imaginaba que se adueñaría de mí: la pérdida de control. Teniendo en cuenta cómo terminó todo, resulta asombroso, lo sé. Así de traicioneras son estas historias. Por eso, una vez que destrocé esa barrera psicológica, no hubo vuelta atrás. Las drogas pasaron a formar parte indivisible de mi existencia. Tardarían muchos años en salir de ella.

La vida quiso que, tras reconocer mi orientación sexual y residiendo ya en Nueva Orleans, EE. UU. (donde terminé mis estudios), comenzase una relación sentimental con Nicolás, un muchacho latinoamericano moreno muy atractivo, de piel olivácea, que resultó ser un pícaro carismático y consumidor ocasional. Lo normal: alguna noche cuando salíamos, de refilón en un concierto, en fechas señaladas... Él no tenía un problema, al menos no más allá de las carencias que pueda tener cualquiera que necesite consumir sustancias para divertirse. No era un adicto en términos rigurosos.

Una noche, llevado por la euforia del baile, la celebración y la exaltación de ese amor tan apasionado que vivía en aquel entonces, que tantas emociones novedosas me hacía descubrir, y azorado por la adrenalina del enamoramiento, el sexo y la vida que manaba de nuestros cuerpos y de nuestras bocas, esnifé mi primera raya en el baño de una discoteca, acompañado por él, que fue quien me la ofreció. Entendí que era otra de las experiencias que nos unirían como pareja. Nunca consideré que tuviese mayor importancia que finiquitar la curiosidad malsana que me provocaba conocer los efectos que causaría en mí. El poder decir: «Sí, lo he probado, no es para tanto». Lo hice, o así lo entendí en aquel momento, como una investigación antropológica, una prueba de mi compromiso con la relación (él no me lo exigió, ni mucho menos, fue cosa mía), deseoso de experimentar aquello que estaba prohibido... Tenía veinte años.

En aquella época, además del éxtasis hormonal y sexual en el que vivía, una especie de olimpo de la felicidad (salía de años muy oscuros y solitarios encerrado en el armario), yo era un chico intrépido, sediento de experiencias, decidido a exprimir la realidad para vivirlo todo. Y así me describía por aquel entonces: como alguien que no conocía el miedo. Una persona cuyo patrón de vida era la intensidad, la búsqueda, la avidez de palpitaciones. Un kamikaze. Estaba orgulloso de serlo.

Al cabo del tiempo Nicolás me abandonó, amargamente y con muchos celos, peleas salvajes, traiciones, mentiras, manipulaciones y terceras y cuartas y quintas personas de por medio, como mandaban los cánones del melodrama afectado en tecnicolor en el que había convertido mi vida (yo era la protagonista *larger than life* de escote pronunciado, peinado imposible, maquillaje perfecto y sentimentalidad tormentosa). Un festín del amor tóxico. Ahora lo entiendo, entonces era demasiado joven y estaba demasiado enamorado (si es que a un amor obsesivo y descontrolado se le puede llamar así), dominado por sentimientos desatados y desequilibrados. Por supuesto, este desamor me provocó heridas emocionales que multiplicaron mis carencias afectivas y que luego recuperaría en terapia muchos años más tarde. Pero en ese momento era alguien inexperto, un analfabeto de la gestión emocional, y estaba solo, sin habilidades, muy lejos de mi país y de mi familia. Todavía me hallaba en pleno proceso de desarrollo. Aunque yo creyese que era el rey del mundo, imbatible, un adulto autónomo floreciente y ocurrente, la realidad es que no dejaba de ser un joven alocado, como correspondía a mi edad. Vivía bajo la regla no impuesta de «No les des demasiadas vueltas a las cosas, no sirve de nada, disfruta».

En ese año y pico en el que Nicolás y yo estuvimos juntos volví a probar la cocaína varias veces más, siempre de la misma manera: consumo social y muy esporádico. Era una persona divertida que vivía su vida con toda la alegría y la energía posibles, que, como cualquiera, tenía problemas de todo tipo (económicos, laborales, románticos), pero que seguía adelante, porque nada podía con ella.

Qué arrogante y vacío pude llegar a ser en mi juventud. Qué asustado debí de estar. Qué solo. Cuántas cosas hice, dije e inventé para que nadie se diese cuenta. Qué sencillo me resultó esconderme a la vista de todo el mundo.

Mi vida continuó. Me trasladé a Los Ángeles, comencé a trabajar en la MGM, estudié cine y, al cabo de unos años, regresé para establecer mi residencia definitiva en Madrid. Seguí haciendo lo que hace cualquier veinteañero: quemaba la noche, acumulaba rutinas, bebía, me drogaba, bailaba, follaba, encadenaba historias de amor y romances de un fin de semana y, poco a poco, todos esos días y noches, todas esas experiencias y relaciones, fueron definiendo mi personalidad (arriesgadamente unida a la noche, debo añadir ahora). Así pasaron varios años, en los que tuve alguna que otra relación con, de nuevo, finales desastrosos y dramáticos. Continuaba siendo consumidor ocasional de sustancias, y mis borracheras no se diferenciaban de las de cualquiera: algunas actuaciones esperpénticas, algún arrepentimiento, algunas maldades fuera de lugar, sucesos atolondradamente diabólicos, explosiones de libertad.

Un detalle. Mucho más tarde entendería la manera en la que había utilizado el alcohol y cómo este siempre había sido un facilitador para llegar a la droga. Jamás me drogué sobrio. Siempre fue primero un estado beodo achispado, y luego la cocaína. En la clínica se referirían a esto como a una *adicción dual*, donde hay una sustancia que hace de puente a la otra. Fin del detalle.

Mi vida no se diferenciaba en nada de cualquier otro tipo de vida. Quizá me movía en ambientes más exclusivos, debido a mi trabajo, como pueden ser los del cine y la fama, los de los focos y la exposición mediática, los de la creatividad y el artisteo *underground*; pero el núcleo, mi día a día, no se distinguía tanto del de cualquier joven creativo que vive en una gran ciudad como Madrid o Londres o Nueva York. Estrés, trabajo, máscaras, deporte, música, ambientes poco convencionales, DJ, travestis, arquitectos, periodistas, cantantes, actores, blogueros, promotores, guionistas, fotógrafos, artistas plásticos, directores, maquilladores, diseñadores de moda, cabareteras, relaciones públicas, drogas, alcohol, sexo... Esa era mi realidad.

Hasta que me abandoné a mí mismo. Extravié la brújula interna. Se oxidó o la sepultó mi deriva, el ruido que me rodeaba. La mirada dejó de estar puesta en mí, si es que alguna vez lo había estado, y se trasladó al exterior. Aprendí a vivir de apariencias, de logros vacíos, de la aprobación ajena, de la pose; siempre de puertas afuera. Arrasé, sin darme cuenta, con mi propia autenticidad. Me olvidé de quién era. Me perdí. Ojalá hubiese tenido la sensatez y la madurez emocional para haberle puesto freno a tiempo y haberme ahorrado todo lo que estaba a punto de derrumbarse sobre mí. Pero nada anunciaba abiertamente la debacle que se avecinaba.

Es evidente, y si no, lo explico encantado, que convertirme en alcohólico y toxicómano no ocurrió de la noche a la mañana. Entre los momentos que acabo de relatar (mis primeros consumos) y mi ingreso en la clínica pasaron muchos años, unos diez. En todo ese tiempo yo mantuve el estatus de consumidor social ocasional, como muchas personas. Nada especialmente reseñable. Es cierto que tal vez hubo fines de semana en los que la fiesta era más intensa, pero venían seguidos de etapas más calmadas. Es cierto que quizá hubo más lagunas de las previstas, noches más estiradas de lo deseable, experiencias tímidamente vergonzosas, algún momento incómodo propiciado por una boca dada a expulsar palabras incendiarias sin medir sus consecuencias, algo típico de la desinhibición, pero nada que no pudiese enmascararse al día siguiente con un «Creo que anoche se me fue un poco la mano» y unas risas maliciosas de los cómplices de mis correrías nocturnas.

En mi caso, la adicción fue una escalada progresiva que operó en la sombra, ajena a mi reconocimiento. El ascenso no consistió tanto en los efectos físicos del desfase (todos hemos vivido mañanas resacosas, de boca seca y pastosa, tembleques causados por un cuerpo destemplado, apetencia de comida basura, manta e ibuprofeno) como en algo mucho más incisivo y peligroso: el efecto silencioso, a través de un proceso interno acumulativo y destructivo, que todo aquello fue, muy poco a poco, provocando en mi estabilidad emocional y mental. La sigilosa pérdida de mi identidad, la bruma confusa del toxicómano, la lóbrega nebulosa de la adicción, la laguna perpetua de la dependencia. Hoy sé que todo lo que hacemos, incluso los estímulos externos a los que estamos expuestos diariamente (sonidos, colores, olores, palabras, gestos, miradas), tiene reflejos internos a nivel emocional. Experimentamos mucho más de lo que somos capaces de registrar. En aquel momento, si lo sabía, y dudo que lo hiciera, no tenía ningún interés en pararme a aclararlo. Prefería seguir viviendo, incansable, sin pausa.

Mi gran problema, como el de muchos otros compañeros de ingreso que conocería más tarde, fue que los últimos metros del trayecto se aceleraron sin piedad y que a la enfermedad no le hizo falta tanto letargo temporal para mostrar su cara más amarga y destructora. Es decir, yo tardé bastante tiempo en adquirir mi estatus de adicto, pero, una vez que lo logré, el descenso brutal e inmisericorde a los infiernos fue muchísimo más expeditivo que toda la introducción. Tomó alrededor de tres años, aproximadamente. Los años que estoy a punto de narrar en los que, en efecto, me di de bruces con mi miedo original: perdí el control. Me convertí en toxicómano.

Estoy desgranando mi experiencia personal. No pretendo dar a entender que todas las adicciones sean idénticas. Por desgracia, conozco a muchas personas que se transformaron en adictos desde el instante en el que consumieron por primera vez una sustancia. Existe una variedad de personalidades inabarcable y, aunque más adelante hablaré de todo aquello que nos une a los adictos, que es mucho, nuestras historias personales pueden variar mucho entre sí.

El proceso de la toxicomanía se asemeja bastante a una relación en la que predomina el maltrato (al fin y al cabo, una adicción no deja de ser una forma de maltrato hacia uno mismo). No quiero que se me malinterprete: ambas realidades no tienen nada que ver más que en los mecanismos psicológicos que se ponen en juego en el interior del individuo. En el comienzo de una relación de maltrato puede que el cariño y el amor fluyan sin medida, sin límite, que se experimenten sentimientos novedosos, que todo se viva con la alegría del descubrimiento y con la satisfacción de entrar en contacto con algo especial, distinto, incomparable, y que las cimas de felicidad parezcan consecuencia de una magia inexplicable.

Pronto, las caretas empiezan a caer y las verdaderas personalidades anuncian su aparición. El abuso siempre comienza de una manera tan sutil que es imperceptible: con pequeños detalles humillantes dirigidos como misiles a horadar la autoestima, que, por supuesto, con el tiempo queda despedazada. A posteriori es fácil identificarlo, también doloroso. Se podrían haber advertido todas las alertas y banderas rojas que se han ido desplegando en el camino, pero inmerso como se está en el disfrute de la relación o en la desesperación que provoca imaginarse perderla, quizá se prefiera no hacerles caso, tragar y mirar a otro lado, poniendo en práctica el pensamiento mágico de que todo volverá a ser igual y se solucionará por sí solo. Una mala racha, demasiado estrés, cansancio acumulado..., siempre hay justificaciones para evitar enfrentarse a la realidad.

Al igual que en una adicción, la persona maltratada desarrolla una peligrosísima tolerancia al maltrato: se ve a sí misma en situaciones que nunca habría imaginado, con la culpa y la vergüenza resultantes, pero las normaliza en un autoengaño constante. En sus momentos más extremos, el amor, como la vida para el adicto, es un componente que solo brinda un dolor y un sufrimiento gigantescos, pero para ese instante la persona está tan confundida, tan aislada, tan frágil, tan aterrorizada, que ya no sabe cómo salir de esa situación que la destroza. Sus capacidades cognitivas y emocionales se ven diezmadas. Ya no es capaz de sentir ni pensar con claridad, ni de manera lógica, y el autocuidado no tiene cabida en su vocabulario. Está sobrecogida y sola. Las personas abusadas comienzan estando enamoradas de sus maltratadores y, poco a poco, enfermas de dependencia, van perdonando, transigiendo, ampliando el abismo con sus conductas. El adicto hace lo mismo: olvidar el daño, esconderlo, en una maniaca huida hacia delante. Prometiéndose, una y otra vez, arrebatado por la negación, que a la próxima será distinto. Que todo ha cambiado. Y tal vez sí que lo haya hecho, pero solo a peor. En una relación de abuso y maltrato, la persona está secuestrada por otra, que ha arrasado con su identidad y su autoestima. En una relación de adicción, de manera paralela, el adicto es prisionero de sí mismo y de la sustancia, que le ha sepultado.

En *Querer no es poder. Cómo comprender y superar las adicciones*, uno de los mejores libros que he leído acerca de la adicción, los autores identifican las etapas por las que cualquiera de nosotros pasamos en nuestra transformación en adictos. Como ellos señalan: «Un individuo no precisa reunir todos los componentes de una personalidad adictiva o estar emocionalmente perturbado para caer presa de la conducta adictiva».*

* A. M. Washton y D. Boundy, *Querer no es poder. Cómo comprender y superar las adicciones*, Barcelona, Paidós, 1991.

- Etapa 1: Enamoramiento. Nuestras primeras experiencias con una droga o actividad, si nos produjeron un efecto agradable, nos dejan una marca grabada.
- Etapa 2: La luna de miel. Sometidos a tensiones, nos volcamos en esa experiencia recordada en busca de consuelo o alivio. Obtenemos solo sus efectos positivos y suponemos que estos serán duraderos. Estas sensaciones se basan en una ilusión, puesto que la droga no puede en verdad suministrar estos resultados.
- Etapa 3: Traición. La droga o actividad que tan buen servicio nos ha prestado se vuelve en nuestra contra. Ya no nos «eleva». Como el adicto ha abandonado, en favor del arreglo rápido, todo esfuerzo que pudiera haber realizado para resolver las cosas a largo plazo, sus problemas originales se han agravado. El temor más grande del adicto —ser incapaz— resulta acrecentado por el fracaso real que está sufriendo en casi todas las esferas de su vida como consecuencia de su uso incontrolado de la droga o actividad.
- Etapa 4: En la ruina. Desatendiendo los indicios cada vez mayores de los efectos negativos de la droga o actividad, tratamos de recuperar la luna de miel incrementando nuestro compromiso con ella. El adicto sigue aferrándose al recuerdo y tiene la esperanza —a pesar de todas las pruebas en contra— de que podrá recuperarla. El adicto debe consumir cada vez más para evitar que los crecientes sentimientos y estados de ánimo negativos profundicen en su conciencia y para tratar de mantener los efectos exaltadores, que cada vez son más débiles. Ha desarrollado tolerancia y, cualquiera que sea el elemento que se utilice, la mayor tolerancia es señal de adicción.
- Etapa 5: Apresado. Ahora, cuanto más nos debatimos por romper la adicción únicamente a través de la fuerza de voluntad, más caemos en sus garras. El adicto, a estas alturas, se comporta de manera cada vez más impulsiva e incontrolada, haciendo cosas que antes nunca creyó posibles. No ve ninguna salida, pierde la capacidad de afrontar

lo que le ocurre de cualquier otro modo y se mantiene obsesionado con el elemento alterador del estado de ánimo (droga o actividad). Todas las esferas de su vida se deterioran. La opción es entre la conducta adictiva y el terror y la desesperación.

¿Cómo se tradujo esta división en mi vida?

Antes de nada, una reflexión. Si no hubiese conseguido resignificar mi propia historia, me sería imposible describirme de esta manera. Si hoy puedo escribir es porque lo he superado y porque no he olvidado. El olvido nunca es una forma de supervivencia. Pongamos que, hipotéticamente, hubiese intentado hacerlo mientras todo ocurría. El resultado habría sido una letanía de frases histéricas, llenas de desaliento. De hecho, en 2006 publiqué una novela titulada *El dedo en el corazón* en la que muchas de estas sensaciones se colaban entre las grietas de la ficción: soledad, desesperanza, tristeza, muerte, autocastigo. Hoy, si la leyese (no lo he vuelto a hacer desde que se publicó), podría, estoy seguro, identificar sin ningún problema la voz de una persona profundamente afligida. Fin de la reflexión.

Etapa 1. Enamoramiento

Fueron los años que acabo de resumir. Las primeras experiencias, despreocupadas y alegres, agradables. Solo existe el consumo esporádico, que no tiene demasiada trascendencia y que potencia la satisfacción y la comunión social.

Etapa 2. La luna de miel

El alivio del estrés, del cansancio, de las incomodidades, de las inseguridades, del peso de las exigencias (propias y ajenas), de la exposición y de la actividad frenética. Miles y miles de noches parecidas que no merece la pena detallar por separado porque se asemejan demasiado unas a otras y que, aunque en el momento las pude llegar a vivir como epifanías, instantes divertidos, reveladores y únicos, la distancia me las presenta como lo que son: reproducciones idénticas de un mismo boceto. Solo mutan los espacios, las músicas, las luces, las razones peregrinas que motivaban la reunión, los rostros y las conversaciones, nada más.

Salgo de noche con amigos, prácticamente todos los fines de semana, porque es «lo que se hace», primero solo uno de los dos días, luego ambos. Acudo a conciertos, a fiestas, a presentaciones de películas, de libros, de fanzines, de EP, de colecciones de moda, a inauguraciones de instalaciones artísticas, a discotecas, a aperturas de pisos, a shows *underground*, a bares, esnifo rayas, sigo bailando, termino en *afters*, estiro la noche, que comienza a convertirse en día (porque, poco a poco, volver a casa de madrugada es algo del pasado y ahora la práctica es regresar a la mañana siguiente), formo parte del culto de la despreocupación, de la secta de ser joven, de comerse la vida a bocados, de no rendir cuentas, de explorar nuestra diferencia. Conozco a alguien, me acuesto con él. Dos semanas más tarde no recuerdo su nombre y me acuesto con una persona distinta. Pruebo los tríos. Experimento. Practico una promiscuidad activa, libre y desprejuiciada, placentera. Voy a un evento, alguien me ofrece cocaína, visito los baños. Combino la cocaína con otras sustancias: éxtasis, *speed*, ketamina, *popper*. Nunca GHB ni heroína ni anfetaminas, no sé por qué. Muchos minutos dentro de los cubículos riendo, celebrando, siendo ocurrente, algún polvo y alguna felación en esa oscuridad compartida, participando de la liturgia del consumo. «*Lust for life*», que cantaba Iggy Pop.

La bebida y la droga me sitúan dentro de un universo en el que todos compartimos las mismas liturgias, constituyendo una envidiada familia (o eso creemos). En una gran ciudad como Madrid las caras son siempre distintas y no dejo de entrar en contacto con gente nueva. Somos la tribu de los especiales, de los que no viven de acuerdo con las normas, de los que no se dejan dominar por los horarios, de los que huyen de lo convencional y de la existencia gris y aburrida de las masas, de los románticos autodestructivos y creativos, de los que exprimen la existencia hasta el límite, de los enterados, de los que merecen la pena, de los herederos de los rockeros y los punks. La droga me da acceso vip a ese universo tan poco formulario y tan llamativo de «la noche»: personajes únicos y excitantes. Un fin de semana sí, otro también. Mi vida es una celebración nocturna sin pausa, exaltada, histriónica, fugaz. Somos fuegos artificiales.

No compro cocaína, no tengo el número de ningún camello, me drogo cuando me invitan o cuando se me presenta la oportunidad. Hay días que solo bebo. Mantengo mis compromisos laborales. Los viernes son el pistoletazo de salida. Los domingos son los días silenciosos, de descanso y recuperación, y los paso en soledad: mis amigos, la familia de la droga y de la noche, no me acompañan. Están como yo, restableciéndose también.

Es una etapa de romance absoluto con las sustancias, que, ajenas a mí, me conceden sensaciones eléctricas y poderosas. La mezcla de alcohol y cocaína me nutre de sentimientos placenteros, de valentía y arrojo. Me desinhibe. Me vuelve capaz de enfrentarme al miedo al rechazo. Elimina todos los complejos que me asolan. Multiplica mi autoestima. Aplaca mis temores, la ansiedad que me provoca el encuentro con el otro. Desgasta la incomodidad, inyecta de contenido el vacío y la falta de dirección. Mi voz se torna más segura, mis movimientos, mucho más atractivos (al menos en mi mente), mis ideas son genialidades, el amor fluye entre mis dedos, domino el mundo y a los demás. Vivo en la nebulosa placentera de la relativización química, donde nada tiene demasiada importancia porque me siento todopoderoso, seductor, invencible.

Con el paso del tiempo, termino comprando (primero en grupo, luego ya individualmente) y me hago con teléfonos de gente que me puede proveer. Invito a quien me ha invitado. Subo un escalón más. Conozco a todos aquellos que, en lugares concretos, pueden venderme las sustancias. Establezco relación con los camellos, los *dealers*. Me enorgullece tener sus números en la agenda de mi móvil. Hablo con ellos, les pido permiso para compartir sus contactos. Se los paso a conocidos, recomendándoles a quien tiene la cocaína de mejor calidad. Ahora salgo con algún gramo en el bolsillo casi siempre. Y, si no, sé dónde conseguirlo con rapidez. Es empoderador poder decir: «Pillo yo para todos, que no cunda el pánico». Significa que soy moderno, que estoy en la cresta de la ola, que sé moverme en la ciudad, que molo. Se perpetúa el juego de las máscaras, las apariencias y la falsedad. Me convierto, poco a poco, en una persona frívola y superficial, preocupada solo por el hedonismo y por figurar, por estar, por ser envidiado y considerado. Por recibir el aplauso, aunque este no tenga consistencia ni continuidad y no sea más que humo. No hay rastro de conexión emocional ni de intimidad real en mi vida. Cuanto más se llena mi día a día de gente, de ruido, de sexo, de música, de drogas y de alcohol, más vacío está mi interior, al que hace ya tiempo que no presto ninguna atención. Nunca pierdo la sonrisa ni mi ingenio. Soy indestructible.

Mi casa está repleta de libros que no leo, de DVD que no miro, de cultura, de obras de arte, de objetos pop, de música, de decoraciones exclusivas; es un lugar empeñado en reflejar una imagen estudiada y artificial de su habitante. Mi hogar se convierte en un escaparate del personaje ideal y deseado. Mi aspecto también: ropa de marca, colores atrevidos. Soy una portada perfecta viviendo en una casa admirable. Me desvivo en trasladar la autenticidad que yo no soy capaz de transmitir al mundo a mi entorno y mi apariencia. Acumulo y acumulo y acumulo. Voy por la vida en modo automático, sin disfrutar de los objetos. Lo único que importa es tenerlos. Más adelante, cuando lo material no surta efecto, esta acumulación patológica la llevaré a las personas.

Un dato. En esta época llegué a ser tan engreído e intolerante que juzgaba a la gente por no ver películas en versión original con subtítulos, por la música que escuchaba o por la ropa que llevaba. Si sus gustos no se asemejaban a los míos, o no los entendía como válidos o interesantes, los consideraba analfabetos, y eso hacía que inmediatamente los rechazase como posible pareja o amistad. Era la época en la que no solo era de vital importancia la aprobación ajena a mí mismo, sino a todo lo que me rodeaba. Fin del dato.

Etapa 3. Traición

El hábito se transforma en modo de vida. Las alertas rojas comienzan a aparecer, pero mi estado se ha convertido en un páramo perpetuo de confusión, ruido y actividad. La progresión hacia el precipicio es tan sutil y tan lenta que no la reconozco. Son pequeños gestos y centelleos. Ninguno es lo suficientemente dramático para hacerme recapacitar. No soy consciente de todo lo que está operando en mi interior: al no darme cuenta de ello, no puedo nombrarlo. Tímidamente surgen los primeros síntomas físicos de la adicción: fiebres que me mantienen en cama varios días, faringitis descontroladas, enrojecimiento de las fosas nasales, moqueo eterno, etc. Los achaco a gripes estacionales, fríos, corrientes de aire.

El primer sobresalto asoma cuando me veo invadido por la presencia de un abatimiento y una desilusión desconocidos hasta la fecha. Se instalan en mi realidad de la noche a la mañana. Esto se traduce en ataques de llanto continuos, sin razón aparente, y un aumento brutal de la ansiedad opresiva. Normalmente me ocurre en casa, de noche, cuando regreso de la oficina y estoy solo. Acudo al médico y este me diagnostica una depresión generada por estrés. Empiezo a medicarme. Dejo mi trabajo.

Decido tomarme un año sabático y dedicarme en cuerpo y alma a escribir una novela. En algún momento del pasado reciente, he dejado de lado la idea de terminar dos cortometrajes que había rodado en Los Ángeles y que mc había traído a Madrid para finalizarlos. Se suponía que se iban a convertir en mi carta de presentación como director. Llevan cinco años esperando a ser retomados en la parte alta de una de las estanterías de mi casa. En este momento de la historia aún no lo sé, pero he abandonado mi sueño de convertirme en director de cine. Al archivar esos trabajos sin concluir, he sepultado una parte nuclear de mí mismo, la he insonorizado y la he apartado. La escondo, literalmente, en un armario de mi casa. He decidido reinventarme en novelista. Qué más da, mientras siga haciendo cosas y estas me suministren la exposición, celebración y aprobación ajenas que ya necesito como respirar.

Termino publicando mi novela. Se recibe bien, pero como en realidad nunca he deseado tener una carrera literaria, tampoco acepto los halagos. Psicológicamente ya estoy herido y mi autoestima no pasa por su mejor momento. Soy autoexigente y me juzgo con mucha crueldad, no veo lo positivo que pueda haber en mí.

En esta época, que se extiende unos años, tengo varias parejas, pero ninguna supera el año de duración y algunas no llegan ni a los seis meses. Me canso de ellas, me aburro, no obtengo placer. Sin embargo, no rompo yo las relaciones, sino que las dinamito para que sean ellos los que me dejen a mí. Soy un experto en la infidelidad, la manipulación emocional y el engaño. Mantengo las barreras altas, no les doy permiso para que entren en mi intimidad. Me convierto en un trofeo de metal, nada más. Soy una transacción.

Durante todo este tiempo no he dejado de salir y he seguido manteniendo mis rutinas de alcohol y drogas. Ha habido un gran aumento generalizado (necesito dosis mayores para mantener el estado que al comienzo lograba casi de inmediato) y las consecuencias negativas van amontonándose: resacas, olvidos, irascibilidad, vacío, falta de sentido, enfados con gente, meteduras de pata, agresividad, desplantes, impulsividad, estrés, ansiedad, angustia, trastornos del sueño, incapacidad de sentir, anhedonia, negativismo e insatisfacción. A todo ello se añade una sensación de soledad desoladora, como si estuviese separado del mundo por un muro invisible que se magnifica cuando me encuentro rodeado de gente. Me siento abandonado. Sé que mi familia de la noche no es más que un cúmulo de relaciones superficiales y que hay algo que nos impide establecer vínculos reales, porque la verdad es que conocemos muy poco los unos de los otros, más allá de lo que nos une: la fiesta y los pasotes. No hay compañía real y cuando intento buscarla, en las parejas que he mencionado, por ejemplo, no sale bien. Todavía no soy consciente de que para poder conectar necesito abandonar el disfraz. La gente que me rodea me repite que soy muy divertido, que estoy fatal, pero lo dicen apoyándome, como quien lo celebra, jaleándome. A mí ellos me aburren. Y en secreto les desprecio, igual que me desprecio a mí mismo. Nadie habla conmigo para decirme que tengo un problema serio. Curiosamente, las criaturas coloridas hablamos mucho, sin parar, pero nada de lo que sale de nuestra boca tiene la más mínima importancia. Aunque todos los mecanismos de la adicción están ya en pleno funcionamiento, nadie me señala el peligro y yo, no es ninguna sorpresa, soy incapaz de verlo.

Una aclaración. Hoy comprendo que no sabemos identificar la adicción, más allá de los lugares comunes de los alcohólicos vagabundos que arrastran carritos o de los zombis apocalípticos sin dentadura de los poblados de la droga. En nuestra sociedad, a no ser que te despiertes bebiendo vodka, no puedas vocalizar a las nueve de la mañana, te despidan del trabajo y lleves una jeringuilla clavada en el cuello después de haber robado un banco, nadie suele pensar que se trata de una adicción. Así, mientras no te hayas convertido en un estereotipo no existe el problema. La razón es clara: la adicción, en todas sus variantes, es algo profundamente naturalizado, lo que hace que sea casi imposible de detectar, salvo en sus casos más visibles y peligrosos. Pero no todos los adictos somos así. Existe mucha gente como yo: yonquis con la capacidad de estar días enteros sin consumir, que mantienen una estructura y unos compromisos laborales, sin que eso nos plantee ningún tipo de problema. Fin de la aclaración.

Madrid se comienza a transformar en un lugar hostil y desértico. Como si la propia ciudad evolucionase hacia la oscuridad, hacia el mismo lugar al que yo me dirijo. No consigo ver el Madrid festivo, luminoso y acogedor del inicio. El entorno se transfigura en un reflejo directo de mi interior. Así, empiezan a operar en mí mecanismos de defensa sibilinos y se instaura un tímido desequilibrio de mis pulsiones vitales. Prejuicios, vanidad, rabia continua, mentiras, desafíos a la autoridad, búsqueda de conflictos. Se pone en marcha la negación (no de las sustancias, sino de mi vida): no tengo un problema, lo tienen los demás, que no me comprenden, me humillan y me dañan. Lo que todo esto oculta, hoy lo sé, son otras cosas: la apabullante falta de confianza en mí mismo y una autoestima arrasada, convenientemente disfrazadas bajo un manto de seguridad feroz, extroversión maniaca y arrogancia. La ocultación obsesiva de mis carencias, de mis heridas abiertas y de mis emociones. No paro de pensar que todo el mundo es mejor que yo, más exitoso, merece más la pena, sabe subsistir y enfrentarse a la vida. Me corroe la envidia y el desánimo. Yo, por el contrario, nunca acierto, soy incapaz; a mí me ocurre algo que no logro definir que me hace ser menos y peor. Me siento defectuoso e inútil. Pero no quiero admitírmelo. Sigo viviendo, como puedo.

Cambio de lugares por los que salir, de ambientes, de círculos, porque el problema son los otros, no yo. Las discotecas se transforman y, con el paso del tiempo, los *afters* empiezan a ser en mi casa: fiestas que duran días completos, incluso fines de semana enteros, gente que entra y sale, desconocidos, da igual. Falta de sueño, humo, drogas, camellos, sexo. Mis celebraciones caseras llegan a ser tan famosas que salen hasta en la prensa. Encuentro a través de chats (en aquella época no existían las apps, que harán todo mucho más inmediato) hombres que vienen a casa con los que mantengo relaciones sexuales, una vez que la *soirée* ha terminado y los invitados se han ido, la mayoría de las ocasiones en un estado atroz. Menos mal que en aquella época no existía Twitter ni Instagram. Habría sido mi final.

Todo me aburre. Todo es demasiado conocido. Todo es una realidad vulgar y gris de la que quiero escapar. Necesito sentir, más, más intensamente, lo que sea. Salto de fiesta en fiesta porque no soy capaz de estar solo conmigo mismo. Huyo y huyo. La búsqueda desesperada de la novedad. La evitación. Cada vez más alcohol, cada vez más drogas. Ya he entrado en el círculo vicioso. Es la traición.

En esta etapa de mi vida aparecen las saunas, otro nuevo peldaño de la escalada (no sé cuántos llevo ya), los espacios gays a los que acudo, en sustitución de los *afters* y de mi casa, o combinados con ellos, para seguir bebiendo y consumiendo, desesperado por llenar el tiempo, el malestar y el vacío que siento. Ahora, además, a la ecuación se le añade el sexo compulsivo con desconocidos, de los que no sé sus nombres y a menudo ni siquiera veo sus caras. Una colección de interrogantes que solo son estallidos efímeros de placer anónimo. Me lanzo a una exploración desquiciada de una sexualidad oscura y arriesgada, con un alto componente de autocastigo, en locales de sexo de todo tipo. Es la acumulación voraz de cuerpos que he mencionado antes. Siempre quiero más. Nunca visito sobrio ninguno de estos lugares, siempre lo hago intoxicado, en un estado lamentable, de noche, de día, ya no sé distinguir.

A lo largo de estos años entro y salgo de trabajos que ni me llenan ni me motivan: formo parte de una compañía que hace *product placement* de excavadoras en películas, soy jefe de prensa de musicales, más adelante publicista de espectáculos teatrales comerciales. Son trabajos alimenticios y me arrastro a las diferentes oficinas sin ganas ni convencimiento, sin sentirme parte de proyectos que me entusiasmen ni a los que quiera dedicar mi energía y mi pasión. Pero pagan el alquiler, así que me impongo ser profesional como mínimo.

Por esta época sufro una ruptura amorosa, de nuevo dramática y, vencido por el desengaño, acudo por primera vez a una psicóloga. Sé que necesito ayuda, porque entiendo que vengo de una depresión nerviosa (en mi mente ya superada) y de un desarreglo romántico. No pienso ni por un momento que tenga un problema con mi consumo de alcohol y cocaína. Creo que la encuentro por internet, cercana a mi casa, sin ser consciente de que pertenece a la rama cognitivo-conductual. En la primera visita me hace un test de personalidad y me entrega unos ejercicios para que realice durante la semana. En la segunda me aconseja poner en práctica lo siguiente: me coloco una goma en la muñeca y cuando tengo pensamientos negativos o intrusivos la separo de esta y la suelto, para que regrese a su posición inicial, con el consiguiente estallido de dolor causado por el impacto. No vuelvo a la consulta. No tengo nada en contra de esta disciplina de la psicología y estoy seguro de que hay muchas personas a las que les funciona, pero yo no soy una de ellas. El enfoque pavloviano de esas dos primeras visitas revienta mi interés en ella. No soy un perro y no funciono de esa manera tan simple.

Decidido a poner fin a mi tristeza por el duelo amoroso, acudo a una terapeuta lesbiana, especializada en población LGTBI. Terapia convencional, de la de charla distendida y visitas de cincuenta minutos. Entiendo que una persona con sus características comprenderá mejor mi mundo y por tanto podré hablar con ella abiertamente y sin tapujos, ya que compartimos nuestra orientación sexual. Mantengo el compromiso terapéutico durante un año, más o menos, y termino abandonando al no ver progreso alguno y sí una peligrosa y dedicada aceptación de todo lo que cuento. ¿Que llego una mañana y le explico que me he pasado todo el fin de semana en la sauna y que ha habido momentos en los que me he mareado, cercano al desmayo, y que creo que he pillado sarna? A ella le parece fenomenal. ¿Que le digo que me he drogado más de la cuenta y que tengo lagunas y que estuve dos días despierto de marcha y que hice un cuarteto con tres desconocidos que saqué del chat? Lo encuentra encantador. ¿Que le confieso que no soy capaz de mantener una relación y que me siento solo, que muchas veces pienso que la vida no tiene sentido y que no sé lo que estoy haciendo con ella? Lo celebra. Para esta profesional, todo tiene relación con mi necesidad urgente de liberarme como gay adulto. Cualquier cosa que yo exprese proviene de mi opresión interna como homosexual. Así que no importa lo extremo ni incendiario de lo que yo comparta, para ella es un camino aceptable e incluso deseable, porque significa que estoy aprendiendo a vivir de manera autónoma, sin atender a los juicios sociales, liberándome por fin. Que me esté destrozando en el trayecto parece que para ella no tiene la más mínima relevancia.

Durante este tiempo de traición, se suceden las consecuencias negativas. Relatarlas una por una sería eterno y, con toda honestidad, no las recuerdo. Tengo solo flashes, así que, para ser práctico, describiré las más reseñables.

Me despierto asustado, presa de temblores, después de días de fiesta eternizada. Las lagunas mentales se van haciendo más habituales, cada vez por periodos de tiempo más extensos. En muchas ocasiones, paso días enteros llamando por teléfono y pidiendo disculpas, por lo que he hecho o por lo que he dicho. La gente me señala que tengo «mal beber», que me vuelvo bocazas, imposible y agresivo. Hay amigos que se avergüenzan de mí y me recriminan mis conductas o mis discursos. Aparecen (y seguirán apareciendo) conflictos sociales relacionados con mis estados etílicos. En esta etapa tengo continuados comportamientos gratuitos e inexplicables: en ocasiones me desnudo por completo en sitios públicos (discotecas y bares de los que me echan), me enfrento a los equipos de seguridad y meo en las barras de los locales. Pierdo con facilidad la noción de mi entorno. Me pongo continuamente en situaciones que me provocan daño, tanto físico como emocional. Me peleo. Rujo. Conozco a gente anónima con la que acabo las noches, dejando tirados a mis amigos. Me vuelvo incontrolable. Una madrugada termino en un coche junto a dos oficiales del ejército español que he conocido en una discoteca camino a uno de los poblados chabolistas más peligrosos de Madrid en busca de cocaína pura. Mi estado es tan terrible que los oficiales me prohíben salir del coche cuando llegamos porque en ese lugar «secuestran a gente». Aparezco prácticamente desmayado en puertas de casas de amigos escoltado por la policía balbuceando «Yo no he sido, yo no he sido». Una noche en la que me emborracho, después de liarme a puñetazos con alguien, termino en pijama, golpeándome a mí mismo y llorando en plena plaza de Callao, ante la mirada de algunos amigos, que no saben cómo gestionar lo que está ocurriendo, mientras grito: «¡Me quiero morir, me quiero morir!».

Paso una noche en comisaría por orinar en público y desafiar a los agentes.

Cada vez que algo así ocurre y amanezco solo en mi casa, comienza a girar la rueda: juramentos que me hago a mí mismo de parar, de dejar de emborracharme y de drogarme, para inmediatamente después romperlos, con la consecuente merma de autoestima y autocontrol y la aparición de la culpa, la vergüenza y la recriminación.

De estos años, es posible que el momento más tenebroso sea el siguiente, que anuncia algo que, por desgracia, volvería a repetirse: mis padres vienen de visita, coincidiendo, creo recordar, con algún compromiso laboral de mi padre en Madrid. El viernes por la noche salimos a cenar con varios de mis amigos. Es el fin de semana del Orgullo y la ciudad está repleta de gente que ha venido a celebrarlo. Yo bebo en la cena, varias copas más de las necesarias, y cada una de ellas me va lanzando hacia el precipicio. Tras el restaurante, yo desaparezco. Me voy de marcha, Madrid rebosante de gente, me drogo con avidez, visito varios locales de sexo y me planto en casa de un amigo a la tarde del día siguiente, sin dormir (y sin saber de dónde llego), con el pantalón literalmente del revés. Mis padres han regresado a Bilbao por la mañana, dándome por perdido. No recuerdo qué me invento cuando los llamo. Pero les miento, como los llevo engañando ya mucho tiempo. Lo único de lo que me acuerdo de esa noche es de que practiqué sexo oral a más de diez hombres distintos, pero sé que no fue lo único que hice, porque tengo recuerdos inconexos, relámpagos en donde el protagonista soy yo.

Vivo ya bajo la dominación de mi pulsión de muerte, o lo que es lo mismo, en algún momento he tomado un desvío vital que implica que a partir de entonces seré incapaz de dejar de hacerme daño a mí mismo. Estoy enajenado.

Etapa 4. En la ruina

La progresión ascendente continúa incansable. Olvido las cosas (porque, como ya se sabe, se bebe para olvidar), me enemisto con todo el mundo, pierdo el conocimiento. Me despierto en camas que no sé a quién pertenecen o me levanto acompañado de personas que no recuerdo haber conocido. Me drogo para ligar y conseguir echar un polvo, malgastando noches y energías, aguantando físicamente todo lo posible con tal de terminar la madrugada o el día (da lo mismo, porque ya se mezclan) acompañado de otro cuerpo. La huida se acelera sin freno. ¿Huida de qué? Hoy sé que de mí mismo, del mundo, de la realidad. En aquel momento ni siquiera era consciente de que estaba escapando.

En esta época ocurre algo asombroso: decido dejar de beber alcohol. Algunas de las señales negativas que ya he mencionado, unidas al aluvión de reproches (por parte de amigos, pero también propios), hacen que me plantee por vez primera que quizá «no me siente bien» beber. Es importante el matiz: no me indico, y no se me indica, que tenga un problema con la bebida (o con las sustancias). Se me sugiere que tengo «mal beber», que «me sienta mal». En un arranque de lucidez, tomo la decisión de poner freno a mi consumo. Antes de alcanzar este punto, por supuesto, intento rebajarlo y limitarlo a dos bebidas máximo por noche, con un resultado catastrófico, así que, dadas las pruebas de mi incapacidad para controlarlo, llego a la conclusión de que lo mejor es que no le dé comienzo: cambio la cerveza y las copas por la cerveza sin alcohol. Mantengo esta sobriedad artificial aproximadamente siete meses, durante los cuales vuelvo a cambiar de trabajo y entro en una empresa de relaciones públicas, organizando eventos, campañas de marketing y presentaciones para una variedad enorme de clientes. Cada vez estoy más alejado de aquello que siempre quise hacer: ser director de cine. Por esta misma época, como un agente secreto (busco la dirección por internet y se lo oculto a todo el mundo), acudo a algunas reuniones de Alcohólicos Anónimos en el centro de Madrid, para ayudarme en este cambio que me he propuesto hacer, pero sin identificarme como un alcohólico. Pronto dejo de asistir. Lo que allí veo, la gente con la que entro en contacto, no tiene nada que ver conmigo. Es gente fea, con mal gusto, deprimente y lúgubre. Allí van alcohólicos profesionales, casi todos mucho mayores que yo, con vidas destrozadas. Ninguno pertenece a mi mundo. Yo no soy uno de ellos, yo no tengo un problema como el suyo, yo estoy a salvo de su degradación.

Al decir que todo esto es asombroso me refiero a que, visto desde el presente, hay dos acciones que llevo a cabo que se dirigen a paliar una adicción: dejar de beber y asistir a Alcohólicos Anónimos. Hoy puedo distinguir que algo se estaba moviendo en mi inconsciente, pero que no fui capaz o no disponía de la valentía suficiente o no tenía la información necesaria para nombrarlo, para señalármelo a mí mismo, para admitírmelo, para diagnosticarme. O quizá simplemente necesitaba descender aún más por el agujero.

Durante estos meses sobrio, no se producen cambios reales en ninguna de mis rutinas: lo único que hago de manera diferente es que he sustituido el alcohol por la cerveza sin alcohol, nada más. Por eso me he referido a ella como «sobriedad artificial». Acudo a una nueva psicóloga que también es psiquiatra, recomendada por una amiga. Rápidamente esta terapeuta me señala que padezco un importante trastorno de los impulsos y me receta ansiolíticos, antidepresivos y vitaminas naturales. Con ella, a lo largo del año siguiente, comienzo a tratar algunos temas sobre los que volveré en mi encierro en la clínica: el odio a sentirme aburrido o «conservador», mi necesidad de reparentalización y de encontrar mi lugar, el peso asfixiante de mis autoexigencias, la carencia de un apego sano y de caricias psicológicas, el deseo descontrolado de atención y protagonismo y la dependencia patológica del entorno afectivo, de la validación y de las relaciones amorosas.

Una noche, tras pasar siete meses sin consumir alcohol, entendiendo que ya mantengo control sobre mis actos y que el peligro ha desaparecido, vuelvo a beber. No ocurre de manera inmediata, sino, de nuevo, progresiva. Una caña, dos vinos unas noches más tarde, tres vermuts al cabo de dos semanas y, cuando me quiero dar cuenta, me encuentro en el momento inicial, con las mismas conductas autodestructivas, recuperando en cuestión de un abrir y cerrar de ojos el lugar que abandoné. Pero esta vez con fuerza redoblada. Lo único que ha conseguido mi contención autoimpuesta es despertar la furia del monstruo. De nuevo en la rueda, combino la medicación que tomo (cuando me acuerdo de hacerlo) con la bebida y las drogas. Me convierto, así, en una bomba preparada para estallar con efectos físicos y psicológicos impredecibles. Regreso al consumo sin control. No hay reflexión, ni calma ni interés en mí mismo, solo presión y hartazgo. La psicóloga me intenta mostrar el camino, pero estoy dominado por una incapacidad absoluta de racionalización, por una emocionalidad yerma. Estoy perdido. Los síntomas físicos siguen desarrollándose: cansancio crónico, dolores musculares, contracturas, migrañas, fiebres. En algún momento he comenzado a utilizar aerosoles nasales: despierto a menudo con las vías respiratorias congestionadas e irritadas hasta el sangrado.

A todo esto se le suma que, como tengo asociado el consumo con conflictos sociales con amigos y conocidos, ahora me reduce una poderosa sensación de vergüenza social e incapacidad: ya no quiero que nadie me vea en esas condiciones, porque me doy miedo a mí mismo. Me asolan los pensamientos de que soy defectuoso, de que estoy maldito. De que soy imperdonable. De que soy porquería. No se lo digo a nadie.

Empieza la etapa más negra de mi adicción: el aislamiento. Me convierto en el doctor Jekyll y Mr. Hyde. Durante la semana trabajo y los fines de semana me posee algo que me empuja al barranco. Hay dos Javis, dos rostros dentro de mí que no se comunican entre sí. O quizá son más: tres, cuatro, cinco, diez, demasiados. Todo me avasalla, porque yo me avasallo a mí mismo. Por mucho que intento pararlo, no soy capaz, y me entrego a acciones devastadoras. Desisto. Estoy exhausto de luchar contra mí mismo. Ataques de llanto incontrolados. Histeria prolongada. Penetrante desesperanza. Soledad atormentada. Agudizamiento de pensamientos intrusivos muy negativos. Visión en túnel, desoladora. El entorno, la calle y las personas me producen terror y unos sentimientos inevitables de bochorno, por todo aquello en lo que me he transformado. No hay autoestima, solo un profundo rechazo hacia mí mismo. No quiero salir, como medida preventiva, para evitar el peligro, pero eso no me impide seguir con la autodestrucción, a escondidas, sin público. Ahora ya no celebro, ni me relaciono, solo lo hago cuando mantengo en pie con mucho esfuerzo el personaje del doctor. Pero la realidad es que soy Mr. Hyde y que pertenezco al subsuelo, al secreto, a lo oculto, a la secta de personas que están tan extraviadas como yo. Ceno con amigos, actúo normal, sonriente y responsable, y me retiro a mi casa pronto para continuar la fiesta en la soledad de mi piso. Como lo hacen los degenerados, que es lo que me considero.

Vivo en un estadio de vacío crónico, con un hueco gigantesco en mi interior que, por mucho que me desvivo por abarrotar, es imposible de llenar. Cada vez es más profundo, más amplio, más cruel e insaciable. Inclemente, no se conforma con nada. Me aleja de todos porque solo piensa en él mismo. Tiene la fuerza de un huracán.

Es la adicción. Estoy, como se llama a esta etapa, «en la ruina».

Sigo sin compañía, en mi casa. Llamo a camellos. Me traen cocaína. Bebo. Me anestesio. Subo cien escalones más de un solo salto. Me encierro en mi propia cárcel. Como no quiero salir, y no visito saunas ni locales de sexo, cuando me intoxico me meto en chats de madrugada y logro convencer a desconocidos para que vengan a mi casa. Nos drogamos, intentamos follar, dejamos pasar las horas. Son los pobladores de este universo furtivo, tan dañados como yo. Las bestias nos reconocemos entre nosotras. Se suceden las orgías (ya no son polvos de una noche, ni tríos, eso ya ha quedado atrás), regadas con mucho alcohol y mucha cocaína y todo tipo de sustancias. Orgías que duran días, incluso fines de semana enteros, con mareas de gente entrando y saliendo de mi casa. A menudo mi estado es tan lamentable que no soy capaz de mantener relaciones sexuales y las mantienen ellos, si es que pueden. Siempre más, siempre más allá, más lejos, más salvaje, nunca es suficiente. Uno no, muchos, y después otro y otro y otro. En varias ocasiones estoy tan colocado que no puedo articular palabra y me limito a existir en una parálisis de droga, inerte, arrinconado en mi propio hogar, sin dejar de consumir, siendo testigo de todo lo que se lleva a cabo en el interior de mi piso entre personas que no se quiénes son y a quienes no les importo nada. Me despierto entre residuos y basura, sin saber qué he hecho ni con quién.

Un apunte. En aquella época aún no se había acuñado el término con el que se conoce hoy en día a estas reuniones: *chemsex*. Por lo que me cuentan son mucho más habituales de lo que parece, y con la aparición estos últimos años de nuevas drogas (como la mefedrona) se han convertido en una verdadera epidemia entre la población, no solo la LGTBI, especialmente en ciudades grandes. Me provoca mucha tristeza pensarlo, honestamente. Reivindico una sexualidad libre, desprejuiciada, vital y constructiva, implique el número de gente que implique y atravesando todo el abanico de fetiches personales, pero, en mi experiencia personal, un gran número de estas actividades en las que las sustancias están implicadas se llevan a cabo bajo la sombra alargada e inconsciente del autocastigo. Fin del apunte.

Mi vida comienza a girar en torno a la bebida, la droga y el sexo compulsivo y autodestructivo. En algún momento, empujado por la impulsividad, la falta de autocontrol y la necesidad imperiosa de gratificación instantánea, entiendo que me supone demasiado esfuerzo encontrar a gente que no conozco en chats (pásame foto, dónde vives, qué edad tienes, qué te va) y conseguir que vengan a casa, así que empiezo a contratar prostitutos profesionales, que sé que no van a plantear ningún problema siempre y cuando les pague. No hay límite.

Muchos de los chaperos se convierten también en mis camellos y, a menudo, combino gente anónima con profesionales a los que llamo para montar las orgías. Esto ocurre una y otra vez, en un largo periodo de varios meses. Con algunos repito, otros simplemente desaparecen. El desembolso económico es cada vez mayor. Mi compulsividad también. Casi nunca me acuesto con ninguno de ellos, al menos en el sentido completo de la palabra. Me da miedo contagiarme de alguna enfermedad (lo sé, suena a disparate, pero es así). Siempre mantengo sexo con protección, incluso dentro de mi descalabro mental. Aún hoy en día no logro entender que jamás, nunca, llegara a mantener contactos de riesgo, sin preservativo.

Entonces ocurrió lo que me llevaría a la clínica en agosto de 2008. Mi primer ingreso.

Un viernes noche había vuelto a organizar una orgía en casa, con la consiguiente afluencia delirante de gente. Podía meter a quien fuese en casa con tal de no estar solo. Sé, porque tengo una vívida imagen que incluso ahora, tantos años después, sigo recordando, que en un momento dado aquello se convirtió en una maraña de cuerpos en mi cama. Gente follando unos con otros, sin orden ni concierto. Yo sentado en la estructura de la cama mirando. Dirigiendo. Sí, tal cual. Dirigiendo: «Ahora tú haz esto, ahora tú vete donde aquel». Con el paso de los años, he podido comprender que eso no era más que un intento desesperado, desadaptado y patético de sublimar mis verdaderos intereses creativos, de aferrarme a un resquicio de mi identidad desaparecida. La gente se fue yendo y yo me quedé solo de nuevo. Siempre me quedaba solo.

Solía tomar dos ansiolíticos a pelo para bajar el pedo y poder dormir. Pero aquel día no hice eso. Aquel día me metí en un chat y monté otra orgía en mi casa. La segunda. Una que duró toda la noche del sábado y en la que yo tampoco participé, sino que la dirigí. El caso es que los participantes de esta segunda orgía, después de horas y horas, también se fueron. Amanecía y era domingo. Llevaba dos días sin dormir, consumiendo todo tipo de bebidas y sustancias. Había restos de cocaína por toda la casa y, sin tener nada más que hacer, los fui apurando en soledad. Hoy puedo observarme sentado en el sofá, el sol frío y grisáceo entrando por la ventana, con varias bolsas de cocaína frente a mí y yo dando cuenta de ellas en silencio. El corazón me latía con fuerza, cada vez más estimulado. En alguno de esos momentos me sobrevino el pensamiento: «Tienes taquicardia. Para. No, mejor no paro. Sigo. Si me muero, no pasa nada. Ojalá me quede tieso aquí mismo. Así se acaba todo de una vez. A nadie le importa».

Dicen que en la vida de todo adicto hay un momento de lucidez. Incluso pueden ser varios. Es eso o la muerte, porque esta historia, la de la adicción, no tiene otro final. Yo sé que el mío, al menos el primero, fue ese. Algo en mi interior se rebeló, salió a flote como un corcho que resurge a la superficie despedido con un impulso desconocido y paré de inmediato. Llamé a mi mejor amigo, Iñaki: «Estoy solo en casa, llevo despierto desde el viernes, me estoy metiendo coca sin parar y el corazón me va a tope. Me va a dar un infarto. Necesito ayuda». Entonces me desplacé al lavabo y me deshice de todos los restos de droga, tirándolos por el váter. Iñaki apareció al poco, me ayudó a recoger la casa, que era una pocilga de condones y basura de los últimos dos días, me acostó y me acompañó en silencio hasta que me quedé dormido. Al día siguiente al levantarme busqué en internet un lugar en el que ingresar. Se lo comuniqué a mi psicóloga. Ella me dijo que no lo necesitaba, que mi problema era otro, un trastorno de control de impulsos (¿qué es la adicción si no?), pero que podía tomármelo como un retiro, como quien se va de puente a un entorno rural, que igual me venía bien salir un poco de mi ecosistema en Madrid.

Así que usé las vacaciones de verano que tenía en la agencia, tres semanas del mes de agosto, e ingresé en la clínica por mi propio pie. Solo se lo dije a Iñaki. Sinceramente no recuerdo qué les conté a mis padres, porque hasta el momento les había mentido y no tenían la menor idea de que mi realidad era la que acabo de describir. Si les comuniqué que sentía que tenía un problema, debieron de sorprenderse y preocuparse con amargura. A decir verdad, no lo sé. Lo único que puedo asegurar es que ese agosto pasé tres semanas en la clínica.

Los profesionales (entre ellos Anais, la que fue mi socioterapeuta, una de las protagonistas de este libro) intentaron que me quedase más tiempo, por supuesto, pero yo decidí priorizar mi vida fuera. No estaba dispuesto a transigir con un encierro como el que se me planteaba, de varios meses. Me explicaban que una desintoxicación era un proceso lento, a lo que yo respondía que mi caso no era el de un adicto como tal, porque yo conseguía estar tiempo sin consumir, no lo hacía a diario y mi psicóloga me había diagnosticado un trastorno de control de los impulsos, no una adicción. Mis objetivos para ese ingreso (yo le llamaba «visita») eran salir de mi entorno, descansar, cambiar de aires. Al igual que ocurrió cuando asistí a Alcohólicos Anónimos, desde que pisé la clínica supe que no era el lugar que me correspondía. En aquel momento consideraba, es más, estaba plenamente convencido de que yo, con mi capacidad de comunicación, mi salero, mis amistades, mi trabajo, mi piso, mi realidad moderna en el centro de una gran ciudad y mi labia, no pertenecía a ese mundo extraño poblado por enfermos mentales, heroinómanos y otras cosas más tremendas. No pretendía pasar un minuto más de esas tres semanas contemplando la decadencia de aquel campamento psicológico donde algunas mañanas olía a mierda de caballo y la gente tenía problemas de higiene. Me autoconvencí de que lo único que querían era quedarse con mi dinero. Así que, tras esos veintiún días, en los que me «desintoxiqué» y me relacioné como pude con personas taradas y bizarras, regresé a Madrid. Ya había tenido suficiente. Me ofrecieron una medicación pautada para el alcoholismo, Antabus, como protección para la vuelta, pero yo la rechacé. Estaba seguro de que verme allí, compartiendo espacio con esos desechos sociales, ya me había metido suficiente miedo en el cuerpo. Sabía, porque me conocía bien, que haría lo que fuese necesario para no volver ahí. Lo verdaderamente inquietante es que lo creía de verdad.

Hoy sé que mi interior nadaba todavía en negación y, en consecuencia, en vanidad y petulancia, y que aún no estaba preparado para admitir mi derrota. Me faltaban, aunque no me lo pudiera imaginar, los escalones finales, tras los cuales, esta vez sí, caería precipicio abajo. Toda historia de adicción encierra un relato de terror.

Etapa 5. Apresado

Anais me envió *emails* a lo largo de los siguientes meses, tras mi vuelta a Madrid. Algunos de los compañeros que había conocido en mi ingreso también me escribían desde la clínica. Mi realidad no tenía nada que ver con la suya, así que rápidamente me desvinculé de todos. A Anais la iba teniendo al corriente de manera superficial, asegurándole que todo iba viento en popa.

He releído algunos de estos mensajes que nos intercambiamos en el 2008, porque los tengo todos en una carpeta bajo el nombre de la clínica en mi ordenador. Me sorprende mucho leer a un Javi enérgico, alegre, decidido, positivo. Por mis frases puede pensarse que se está frente a una persona feliz, organizada y satisfecha. Revisándolos en el presente sé que no era así, nada más lejos de la realidad. Era un despojo absoluto, pero dedicaba cada gramo de energía a que mi personaje no se resquebrajara. No podía permitir que se descubriese la verdad, porque entonces mi identidad se caería a pedazos y se desmoronaría por completo. Era incapaz de admitirme a mí mismo el estado emocional en el que me encontraba. Si lo sé ahora es por lo que ocurrió después, porque de haber sido reales todas esas sensaciones y sinceros los correos que yo devolvía a Anais, no habría pasado.

Durante el primer mes y medio, reincorporado al trabajo tras el periodo vacacional, manteniendo la sobriedad, seguí en contacto con ella. Después dejé de responder. Si en mi anterior intento, tras pasarme a la cerveza sin alcohol, el monstruo había vuelto con fuerza renovada, en esta ocasión regresó con la potencia aniquiladora de un tsunami despiadado, dispuesto a arrasarme de una vez por todas.

No sé cómo, pero habito de nuevo en el infierno, como si no hubiese pasado nada. La poca perspectiva que podía haber ganado en mi ingreso de tres semanas desaparece. Regreso a lo conocido: alcohol, cocaína, chaperos. Ya digo, ni siquiera sé cómo ocurre, pero ahora ya todo se agolpa y se magnifica. El último resquicio de racionalidad que podía tener desaparece por completo. Entro en el terreno de la locura.

Una noche se queda un amigo a dormir en casa. Le acomodo en mi habitación. Mientras él duerme, yo hago un trío con cocaína y dos prostitutos en el salón, a escasos metros. Encadeno noches y días dando dinero a camellos y a profesionales. Llamo al banco para cambiar los números de las tarjetas, pago con cheques, vivo en números rojos continuos, me veo obligado a pedir un crédito de nueve mil euros para poder seguir costeando mi actividad enajenada. Los pensamientos intrusivos dan paso a paranoias y alucinaciones (no estoy capacitado para decir si llegué a tener un brote psicótico en algún momento, no lo sé). Mis padres vienen a verme varios fines de semana y yo me escapo y, en vez de montar las orgías en mi piso, al estar ocupado por mi familia, las llevo a cabo en los pisos privados de los prostitutos. En varios momentos mi estado es tan desesperado y lamentable que incluso alguno de ellos se apiada de mí y me aconseja, con algo parecido a la ternura, que tengo que parar, que si sigo así me va a pasar algo muy grave. Son meses de sordidez, degradación y muerte. De un dolor indescriptible que se desborda en cada una de mis actuaciones. Es entonces cuando escalo el peldaño definitivo.

Mi madre está de visita en Madrid. Duerme, como siempre, en mi casa. Comprendo que su desesperación ha ido en aumento y, las madres siempre lo saben, entiende que su hijo tiene un problema enorme. Quizá, no lo recuerdo bien, yo también le haya llamado pidiéndole que venga a verme, para paliar mi soledad, para que su presencia me proteja, no lo sé. El fin de semana le digo a mi madre que voy a salir a cenar con amigos. Ella me esperará en el salón a que regrese. Sea como sea, termino en una lóbrega habitación de hostal con un chapero, manteniendo relaciones sexuales con él y drogándome. Más tarde, ese único profesional se ha convertido en tres prostitutos y ya no estamos en el mismo hostal, sino en otro distinto, de la misma calle, dos portales más abajo, dedicados a lo mismo: sexo y cocaína. Pasa el tiempo. A través de las contraventanas cerradas se cuela la luz del día y con ella mi pesar. Por muy enajenado que esté, siempre tengo conciencia de la luz del día, de que he vuelto a fracasar, de que no tengo remedio, de que soy basura. Me ocurre en esta habitación y me ha ocurrido en cada uno de los amaneceres de los últimos ocho años. La llegada del día, el entendimiento de que mi cuerpo y mi mente van en contra de la naturaleza (que exige descanso y sueño), hace mucho que se ha convertido en un ejército de alfileres que se me clavan por dentro y que no sé cómo extraer.

Estoy en una habitación rodeado de tres hombres tan colocados como yo. No hablamos ni interactuamos. Somos estatuas desnudas incapaces de movernos ni de producir sonidos, a causa de la droga. Alguien llama a la puerta. Es la dueña del hostal. Nos pide que nos vayamos. ¿Qué le voy a decir a mi madre cuando vuelva a casa? «La estoy matando a disgustos», recuerdo pensar. Mientras me visto, me doy cuenta de que no tengo dinero para cubrir la habitación ni a los tres hombres. Intento explicárselo, pero no entran en razón. No van a permitir que me vaya sin que les haya pagado. No sé qué hacer, no sé cómo escapar. Mi mente no funciona, estoy demasiado colocado. Tomo la decisión que hace que mi vida dé un vuelco: llamo a mi madre. Le expongo, entre lágrimas, la situación. Necesito que venga a una dirección que le voy a dar y cuando llegue le explicaré lo que ocurre. Ella, asustada, no deja de preguntarme dónde estoy, qué me pasa, si me encuentro bien, a lo que yo contesto como puedo que sí, pero que necesito que me escuche y haga lo que le pido. Finalmente, mi madre aparece en el hostal. Nunca, jamás, olvidaré su cara. No comprende nada, está aterrorizada, fuera de lugar. La veo delgada, frágil, con los ojos abiertos, desesperados, confundidos, exánimes. Le digo, balbuceando, que necesito que les pague a todos lo que debo, porque yo no tengo dinero. Ella no deja de preguntar: «Javi, pero ¿quiénes son estas personas? Pero, Javi, ¿quiénes son?». Finalmente, baja a un cajero, saca dinero y salda mi deuda. Ochocientos euros.

Salimos de allí y yo camino detrás de ella, de vuelta a casa, drogado. Voy con la cabeza gacha y no tengo fuerzas. Me he descuartizado las tripas con un hierro al rojo vivo en las últimas dos horas y, más imperdonable, lo he utilizado para herir a mi madre de muerte. No dejo de llorar. Nunca me he sentido peor. La humillación es insoportable. Frente a mí veo a mi madre caminar, de espaldas, temblorosa, bamboleante, tratando de mantener la dignidad y el paso. Acabo de destrozarla. Al llegar me acuesto e intento dormir, pero no lo consigo. Soy un cadáver sin alma, no tengo forma. Oigo a mi madre en otra habitación hablar con mi tía por teléfono, entre sollozos. Le escucho decir que se va a marchar de Madrid y que si me muero, pues me muero. Que igual es eso lo que tiene que pasar. Que ya no puede más. Sé que no siente lo que dice, que ni siquiera lo piensa. Sé que es su forma de enfrentarse a lo que acaba de ocurrir: algo que una madre no debería presenciar jamás. La degradación indecente e inhumana en la que se ha convertido su hijo, el fruto de sus entrañas.

Tardaré años, mucho tiempo y trabajo, en poder hablar de este recuerdo y en lograr perdonarme a mí mismo lo que le hice a mi madre aquel día. Quizá esto, la monstruosa imagen de mi madre en un hostal decadente acudiendo a mi rescate, costeando de su bolsillo a tres prostitutos y mi cocaína, la instantánea que me asaltaría recurrentemente en pesadillas e invadiría mi vida fue lo que, en definitiva, me salvó.

«¿Por qué hiciste todo eso? ¿Cómo no te diste cuenta durante tantos años? ¿Por qué no paraste?», podría preguntar alguien. Yo le miraría con los ojos de un besugo al que acaban de introducir por sorpresa una linterna de Leroy Merlin por el recto y me encogería de hombros. «¿Eras un golfo, un vividor, un vicioso, un *destroyer*? ¿Querías hacerlo?» Por supuesto que no quería. ¿Cómo voy a querer? Nadie se provoca daño porque quiere. A lo largo de los años he oído tantas veces el argumento de «Si es yonqui es porque quiere», como si fuese un razonamiento válido, que me veo obligado a romper una lanza a favor de los adictos.

La toxicomanía es una enfermedad.

Dudo que exista una sola persona en el mundo, sin estar gravemente enferma, a la que se le pregunte si desea convertir su vida en un averno, habitar una realidad angustiosa y asfixiante dominada por la desesperación y destrozar las vidas de todos a los que quiere, y responda que sí, que encantada, que cuándo empieza porque se muere de ganas. Yo no he conocido a nadie que disfrute autodestruyéndose. Repito: a nadie.

¿Y los masoquistas? En este caso se trataría de una parafilia circunscrita al terreno de la fantasía sexual. No tiene ninguna relación. Si aun así alguien levantase el brazo y dijese «Ya, pero...», le interrumpiría y pasaría a explicar, con templanza y asertividad, que esas personas desarrollan sus prácticas en un marco temporal concreto: con un principio y un final nítidos. Y que, como prueba, en sus aventuras eróticas existen palabras de seguridad (o *safe words*), estipuladas desde un comienzo, que anulan de inmediato el sufrimiento porque decirlas frena la actividad en seco. Como todo el mundo sabe, espero, en la adicción no existe ese tipo de conjuros, previamente pactados con la fuente del dolor, ni una horquilla temporal determinada. En la adicción no hay ninguna combinación de letras que se convierta de forma mágica en una estrategia de supervivencia o de paralización del dolor emocional y físico. Y el abismo de la adicción, me temo, exige una dedicación continuada y eterna. No tiene fin. Bueno, sí, el que nos espera a todos, pero con la certeza de una llegada mucho más rápida: un ataúd.

También he conocido a suicidas, el paradigma más extremo de la autodestrucción, y tengo algunos amigos cercanos que lo terminaron llevando a cabo y se colgaron de una viga del techo o se mataron con pastillas, pero puedo asegurar, con conocimiento directo de causa, que bien de lo suyo, lo que se dice bien, no estaban. Por cierto, cada año en España se suicidan más de 3.600 personas. Por término medio, cada día se matan en nuestro país más de diez personas. El suicidio provoca más del doble de muertes que los accidentes en carretera. Curiosamente, como ocurre con la toxicomanía, nadie habla de ello. El suicidio, como la adicción, como la enfermedad mental, se silencia, se esconde y se estigmatiza. Sospecho que es más cómodo vivir como si nada de esto existiese, aunque sea falso.

Como sociedad siempre hemos tenido una capacidad infinita de mirar hacia otro lado. Existe una leyenda urbana, creada por vete tú a saber quién, según la cual visibilizar estas problemáticas provoca fomentarlas. Ojalá pronto no sea necesario repetir que tratarlas con dignidad, empatía, naturalidad y rigor no solo no las refuerza, sino que las previene.

No estoy escurriendo el bulto. Reniego del victimismo yonqui. Los toxicómanos somos responsables de lo que hacemos y de los estragos que causamos a nuestro alrededor. Es decir, a mí nadie me convirtió en yonqui, fue un logro devastador en el que participé yo solo. Pero eso no significa que yo decidiese serlo y lo buscase con ahínco, porque quería. Es injusto e irreal eliminar la enfermedad de la ecuación y juzgarnos como personas sin ningún tipo de problema de adaptación emocional ni psicológico. No lo somos. Transformarse en toxicómano no es en absoluto una elección libre que se realiza en pleno desempeño de las facultades: no se trata de escoger un lugar para vivir o qué cocinar. Principalmente porque una de las primeras bajas causadas por el trastorno de la toxicomanía es la propia identidad, la construcción del yo tan necesaria para funcionar en sociedad. El basurero psicológico y emocional en el que nos convierte la enfermedad, aunque tenga apariencia de ser humano, dista mucho de serlo.

De hecho, esa es una de las tragedias más amargas de la escalada acelerada de la adicción: la destrucción del yo y del propio deseo. Descubrirte haciendo cosas en las que no te reconoces, que consideras monstruosas, que sabes, porque lo sientes en cada célula, que te hacen daño a niveles desconocidos, que te avergüenzan intensamente, y dejar de comprender por qué las haces siquiera si, en realidad, no quieres hacerlas. Yo llegué a no salir de casa en varios días, hibernando con las cortinas opacas cerradas, para evitar tener que mirar a nadie a la cara por la calle, porque pensaba que esos completos desconocidos podrían adivinar en mis gestos y en mi mirada la mierda irreversible en la que me había convertido. Si a alguien le gusta y disfruta con ello, no digo nada, pero juro que a mí en ningún momento me atrajo ni me erotizó especialmente practicar felaciones a siete desconocidos. Muchísimo menos pagar por ellas y superar la barrera (otra más) de tener que pedir un crédito para poder costearlas. Si yo con más de un pene a la vez ya me lío, me estreso y me parece todo un engorro logístico que me provoca ansiedad solo de imaginarlo. ¿Alguien puede pensar que entre la estabilidad y la satisfacción o la angustia y el vacío decidí escoger de forma consciente los segundos como los compañeros inseparables de mis días? ¿Alguien puede creer que tomé la decisión libre y recapacitada de destrozar mi vida? Eso es la enfermedad.

No puedo describir con palabras el desgarro de dolor y vergüenza crónico que llegué a sentir como consecuencia del fracaso apabullante y solitario en el que convertí mi realidad. Sufrí tanto que llegué a pensar seriamente que vivir no tenía sentido y que mi vida, continuar con ella, no merecía la pena. Que son dos frases muy simples que encierran una condena insoportable. Porque, además, en esos momentos en los que hace demasiado frío, la racionalidad se extingue y la esperanza desaparece, cuando eres testigo del vivir aparentemente sencillo, ligero y cotidiano de los demás, no hay ni una sola luz que indique la salida de ese círculo enfermizo, de ese profundo vacío en el que te identificas con un monumento a la incapacidad. Eres la escultura del hombre defectuoso que preside el altar de la aberración humana. Solo hay oscuridad, soledad y muerte.

«¿Y por qué no dejaste de hacerlo?» Si desprenderse de las sustancias o la actividad adictiva fuese tan simple como «dejar de hacerlo», no habría enfermedad ni problema. Se podría abandonar su uso con facilidad, con unas mínimas dosis de fuerza de voluntad a las que cualquier ser humano tiene acceso rápido. Yo mismo lo hice durante temporadas, como ya he contado. Aprietas los puños y le echas cojones. Este consejo, cipotudo y tristemente común, quizá valga para lanzarte de frente contra un escuadrón en la Segunda Guerra Mundial, pero en pleno siglo XXI sirve para muy poco y, desde luego, no es una solución para la adicción. Tal vez pueda recurrirse a él para pasar un mono de caballo encerrado en una habitación con cinco cerraduras, destrozando el mobiliario y cagándote en todo lo que te rodea (metafórica y literalmente). Pero eso es un momento concreto: tiene, de nuevo, comienzo y final. La realidad de la adicción es muy distinta. Salir de la adicción es un proceso muy lento y pausado, sin fórmulas rápidas, y no tiene relación alguna con la voluntad ni con apretar los puños ni, desde luego, con echarle cojones. Dejar de drogarse es sencillo: no se hace y ya está. Pero mantener esa renuncia en el tiempo al cabo de meses o años exige cambios muchísimo más profundos e íntimos que no tienen nada que ver con el uso de una sustancia, sino con la emocionalidad interna. Con la construcción del yo que la enfermedad ha destruido.

Las sustancias y actividades adictivas, no lo sabía entonces, son un síntoma. Liberarse del síntoma (dejar de consumir) no hace que la enfermedad desaparezca. Puede abandonarse durante una temporada, pero, si no hay más cambios que ese, probablemente aparezca en forma de otra adicción diferente o incluso de la misma, más fuerte que nunca, como me ocurría a mí. Puedes pasar el síndrome de abstinencia de la heroína y limpiar el organismo, pero eso no asegura que no vayas a recaer en cuanto dobles la esquina dos meses más tarde o que no sustituyas una adicción por otra. Sería como aquella famosa frase de *El gatopardo*: «Cambiarlo todo para que no cambie nada». Es decir, cambios estéticos y superficiales que no conllevan una modificación de las estructuras personales internas. En el momento en el que se reactiven los interruptores emocionales y los estímulos que lanzan al toxicómano al uso de su sustancia, la adicción reaparecerá, ya que el interior —su sistema de creencias, su pensamiento y su estructura emocional— no ha sido transformado. Más adelante fui testigo directo de personas que eran cocainómanas y se desintoxicaban solo para volver a ingresar al cabo del tiempo como heroinómanas. He conocido a alcohólicos que renuncian al alcohol y se convierten en ludópatas. Si una persona es adicta al dulce y es su manera de premiar un día estresante, podrá ponerse a dieta estricta y dejar el dulce una temporada, pero, si no aprende a manejar el estrés o la tristeza o los pensamientos incapacitantes, es solo cuestión de tiempo que recaiga. Muchos nutricionistas hablan del «hambre emocional», que no tiene que ver con un sentimiento físico de hambre, sino con una gestión emocional deficiente a través de la comida. Porque el problema no son los dónuts ni la bollería industrial, sino lo que se oculta y se tapa bajo el manto calentito de la hinchazón estomacal. La adicción tiene mucho de esto: de esconder, de evitar, de huir. Y es increíble la cantidad de energía que se moviliza para mantener una eterna huida hacia delante.

Para explicarlo de la forma más simple posible: la adicción es como la fiebre. La fiebre es síntoma de que existe una infección en el cuerpo. La fiebre es el semáforo, la bandera roja, el neón que posee el cuerpo para avisarnos de que en nuestro interior hay algo que no funciona, que se pudre. Podemos tomar paracetamol y analgésicos, pero hasta que no superemos la infección... la fiebre volverá a aparecer. En el caso de los toxicómanos, dejar las drogas, el alcohol o la actividad adictiva es solo el primer paso para la curación. Dejar de consumir sería, para seguir con el símil, como ponerse tibio a paracetamol. Pero la verdadera recuperación, la que con suerte hará desaparecer la infección y la enfermedad, comienza una vez que uno se compromete a abandonarlo todo. La necesaria salvación es interna y no tiene nada que ver con las sustancias o las actividades porque la adicción y sus causas no están fuera, sino dentro de nosotros mismos. La infección, la verdadera enfermedad, es la adicción. La sustancia es solo el síntoma. Llevándolo a mi terreno: el problema no eran el alcohol o la cocaína, el problema era yo.

En el momento cronológico en el que existo en esta narración, yo aún no sabía por qué hacía lo que hacía ni qué era la adicción ni tenía la más mínima idea de todo lo que acabo de explicar. Ojalá. Me iba a tomar mucho tiempo entenderlo. Desde luego, no me quedé con nada de esto en mi primera visita de tres semanas a la clínica. De allí salí con cinco frases, cuatro ideas, las gafas de sol puestas y muchas ganas de perder de vista a toda esa gente tan machacada y con tantos problemas. Poco más. Comprender realmente los mecanismos internos que me habían precipitado al abismo me llevó años: capa tras capa tras capa tras capa tras capa. Sí, todas esas capas. Doce años más tarde, aún estoy descubriendo cosas de mí mismo. Los seres humanos somos muy complejos.

En cualquier caso, en ese momento de mi vida en el que me había tumbado en la cama y escuchaba a mi madre hablar con mi tía no necesitaba comprender nada. Mi situación era mucho más urgente. Necesitaba que me salvasen de mí mismo.

Como última opción, con la misma histeria desesperada con la que un ahogado se agarra a un salvavidas, a los dos días de la debacle que he relatado hablé con mi madre y le dije, asfixiado en culpa, que necesitaba volver a ingresar. Que tenía un problema que era más grande que yo y que a la vista estaba que me había vencido. Que vivía aterrorizado. Que no sabía lo que me pasaba, que lo único que podía confirmar era que no era capaz de parar, que vivía encadenado y que me parecía cuestión de tiempo que aflorase un final irreversible. Que no estaba seguro de si esa era la solución, pero que no se me ocurría qué más podía hacer. Recuerdo a mi madre pequeñita, silenciosa, exhausta, probablemente echándose en cara no ser capaz de ayudarme, no saber qué hacer. Ningún libro sobre la maternidad explica cómo ayudar a un hijo yonqui. Nadie lo enseña en las clases de preparación al parto. A los toxicómanos se nos esconde o se nos señala por la calle porque somos indeseables y un peligro público, pero no se habla de nosotros.

Así que levanté el teléfono y llamé a la clínica. No era algo que desease hacer tampoco, volver a ingresar, pero mi impotencia y vulnerabilidad eran tales que habría sido capaz de peregrinar de rodillas por el desierto del Sahara sin una gota de agua si me hubiesen asegurado que esa era la solución. No soy creyente, pero habría llamado con gusto a un exorcista para que me sacara de dentro esa presencia salvaje que me obligaba a cometer todos esos actos atroces. Habría hecho cualquier cosa por evitar seguir sufriendo de esa manera tan feroz y dejar de ver a mi madre llorar.

Recuerdo que no contestaron a la primera llamada. Insistí. Esta vez, lo tenía claro, regresaría al centro sin fecha de salida, sin billete de vuelta, y pondría mi vida en pausa. No lo había pensado nunca hasta hoy: seguramente sea la llamada que más me alegro de haber hecho en toda mi vida. De no ser por la presencia de mi madre y por la dolorosa observación del daño inhumano que le estaba causando a esa mujer que tanto quiero, quizá no la habría hecho. Tal vez sin tener a mi madre en casa no habría llamado nunca. Así que, al final, mamá, conseguiste ayudarme: estando. Ahora, delante del ordenador, mientras escribo, estoy convencido de ello. Cuando contestaron, pregunté por Anais y me la pasaron desde centralita. Le expliqué deprisa, a media voz, muriéndome de vergüenza y sepultado por la decepción, que las cosas no iban del todo bien (en lenguaje yonqui esto significa que es todo un desastre), que necesitaba ayuda urgente y que quería volver a ingresar. En esa conversación telefónica le expliqué las últimas actualizaciones de mi deriva y le admití que estaba destrozando a mi familia y a mí mismo. No recuerdo si lloré, supongo que sí, porque relatarle todas esas cosas delante de mi madre no creo que me resultase fácil. Anais no pronunció ninguna palabra, se limitó a escucharme respetuosa y pacientemente. Elaboramos un plan conjunto: pasaría las Navidades en Bilbao (estábamos en diciembre), en casa de mis padres, protegido. El objetivo era alejarme lo más rápido posible de Madrid. Una vez pasada la Nochevieja ingresaría. De todos modos, no había sitio libre en la comunidad terapéutica, así que tenía que hacer tiempo. Ella se encargaría de todo el papeleo y demás burocracias previas a mi ingreso. Yo solo debía descansar y mantenerme alejado de problemas. Antes de colgar, me atreví a pedirle un favor: «Me gustaría que fueses tú mi socioterapeuta». Ella me contestó, como acostumbraba, con sencillez: «Ya arreglaremos eso. Tú por ahora no te preocupes y, si necesitas algo, me llamas». Le di las gracias y colgué. Compartí el plan con mi madre. Ella me escuchó callada, apretando los nudillos, tensa, supongo que deseando que, por fin, ese fuese el comienzo de mi resurrección.

Al día siguiente dejé mi trabajo en la agencia de relaciones públicas y publicidad. Me inventé que quería volver a centrarme en la escritura y que había decidido irme a la montaña a trabajar en mi siguiente libro. Un libro que nunca escribí, por supuesto.

Expliqué que necesitaba silencio, calma, concentración. Lo entendieron, y creo que se sintieron liberados al perderme de vista, porque con ellos también había pasado momentos complicados en algunos eventos en los que bebí más de la cuenta, aunque tuvieron el tacto y la educación de no hacérmelo saber y de permitirme salir corriendo. Al resto de personas, excepto a muy pocas escogidas a las que les conté la verdad, les dije lo mismo. No sé cuántas se lo creyeron.

Dos días más tarde, llegué a Bilbao junto a mi madre. Me encerré en casa, vi toda la primera temporada de *Lost* en DVD como un demente narcotizado y dejé pasar el tiempo antes de ingresar. No brindé con alcohol en esas fiestas. Fueron tres de las peores semanas que recuerdo, aunque la sensación es muy borrosa, como la de un enfermo comatoso que vive en un limbo.

Renové el DNI, ya que me iba a caducar, y tuve que desplazarme a comisaría para obtenerlo. No sé si me acompañó alguien de mi familia. Sospecho que sí. Aquellos días no me dejaron solo ni un minuto, preocupados por mí hasta el punto de no poder dormir. Hoy lo entiendo: yo tampoco me habría fiado. Lo último que yo despertaba era confianza. Sé que en comisaría me hicieron una foto y que, en pocos minutos, tuve mi nueva identificación entre las manos. En una de sus esquinas se veía una foto mía despeinado, con un rictus a medio camino entre la sonrisa y el pavor, ojeras prominentes y aspecto demacrado, tétrico, mortecino. Conviví con aquella foto durante diez años, como un anuncio de los estragos que puede llegar a causar la drogodependencia en el rostro de alguien. Llevé todo ese tiempo un recordatorio en mi cartera, en forma de fotografía de carné, del daño que era capaz de autoinfligirme. Curiosamente, en el momento de hacerla, pensé que salía muy atractivo. No fue hasta meses más tarde, al observarla con ojos desintoxicados, libre de adicciones, cuando aprecié que en mi mirada se podía adivinar un desconsuelo infinito. Es una de las fotos con la mirada más triste que he tenido jamás.

De aquellas tres semanas solo recuerdo la aventura del carné de identidad, la serie, que nunca terminé de ver, y chatear con gente por Facebook sobre mi segunda novela (inexistente) encerrado en mi cuarto, sin mencionar en ningún momento mi situación. Irónicamente, pasé esas semanas, hace toda una vida, en la misma habitación donde ahora escribo estas líneas, en casa de mis padres. Ya no uso Facebook.

Ajeno a mi conciencia, se había accionado el engranaje que transformaría para siempre mi vida. Suena hiperbólico y afectado, más propio de un melodrama encendido, pero es del todo real. El dos de enero de 2009 volví a ingresar en la clínica de desintoxicación. Había puesto en práctica, sin saberlo, la enseñanza más importante que un toxicómano puede aprender. Había pedido ayuda.

2

Llegué al centro cargado de equipaje, como el diligente aprendiz de Concha Piquer que siempre he sido. A día de hoy, me temo que, en lo que a maletas se refiere, sigo comportándome como una folclórica de los cincuenta. Llevaba sin consumir desde el 12 de diciembre de 2008, justo antes de trasladarme a Bilbao con mi madre. Había conseguido alargar la abstinencia durante aproximadamente tres semanas.

El 12 de diciembre. La fecha en la que cada año celebro mi segundo cumpleaños y la razón de que mi aniversario de sobriedad tenga una fecha distinta a la de mi ingreso. Si lo explicito es porque no es lo habitual internarse en el estado de tregua (no me atrevería a calificarlo de lucidez) en el que yo ingresé. Lo más frecuente es aterrizar convertido en un desecho humano, un trapo balbuceante, con los calzoncillos en la cabeza e incapaz de mantener una conversación mínimamente lógica. O lo que es lo mismo: colocado como un piojo. Al fin y al cabo, estás entrando en una clínica de desintoxicación, no en un convento. Se presupone una calma inexistente y un destrozo visible. No son pocos los que aprovechan hasta el último momento, sin querer asumir la pérdida de una parte de sí mismos, para darse un homenaje. Me refiero a intoxicarse con todas las de la ley, no ya la noche anterior, sino en el mismo parking de la clínica, minutos antes de firmar el acta de ingreso. «De despedida», suelen decir. A mí, la verdad, no se me ocurrió. De haberlo pensado, quizá también lo habría hecho, pero creo que tenía el susto tan metido en el cuerpo que me había pasado las últimas semanas en Bilbao paralizado. El pavor había apretado el botón de pausa y se había quedado a mi lado para asegurarse de que no movía ni un músculo, como una figurita de Lladró a la que se le pasa el polvo una vez por semana.

Las llegadas a la clínica suelen ser un acontecimiento: meses más tarde, mataría el tiempo viendo llegar a los nuevos, jugueteando con adivinar, a vista de pájaro, su sustancia problemática. En algunos casos, era bastante sencillo: si renqueaban y se rascaban la nariz, con el labio colgando como un solomillo a la fresca, heroína; si accedían dando gritos, con gafas de sol, como si entrasen a una discoteca escuchando un remix de Dua Lipa que solo sonaba en su cabeza y parecían rottweilers preparados para arrancar el brazo de cualquiera que se cruzase en su camino, cocaína; si prácticamente tenían que desplazarlos en brazos, incapaces de mantener la cabeza erguida o de fijar la mirada en un punto concreto, benzodiacepinas (tranquilizantes, en jerga no médica). Mis favoritos siempre fueron los alcohólicos que aparecían peinados a la perfección, fumando varios cigarrillos a la vez, haciendo eses o chocándose contra los árboles. Recomiendo con fervor que, si se te presenta la oportunidad, intentes ser testigo de la llegada de un toxicómano a una clínica. Como la llegada de las focas a la bahía de San Francisco o el alumbramiento de un elefante, es todo un espectáculo de la naturaleza.

El miedo al cambio es una de las barreras psicológicas más poderosas que existen. Opera en nuestro subconsciente con la fuerza de un tornado y nos arrasa con olas poderosas sin apenas darnos cuenta. El ser humano puede llegar a hacer cosas increíbles, verdaderamente sorprendentes, con tal de no cambiar. Somos seres conservadores: preferimos mantener la estructura instaurada a enfrentarnos a la angustia, por momentos insoportable, de la incertidumbre que provoca un salto al vacío. Somos capaces de acostumbrarnos a cualquier cosa, por aberrante que esta sea. Suena asombroso, pero es así. Aquel viejo dicho de «Más vale malo conocido que bueno por conocer» es real y condiciona nuestro interior y nuestros actos a cada segundo. ¿Cuántos no abandonan ese trabajo que les provoca tanta ansiedad y les vuelve tan miserables porque «aquí estoy seguro» y «a saber qué me encuentro fuera»? ¿Cuántas personas continúan atadas a relaciones tóxicas, o simplemente insatisfactorias, porque «en todos lados cuecen habas»? ¿Cuántos individuos nunca han dado ni un paso para perseguir sus sueños, con los que fantasean en vidas monótonas? ¿Cuántas veces el cansancio y la pereza encierran, bajo la promesa de la comodidad, miedo al cambio?

Los adictos, acostumbrados a vivir en el malestar, no somos una excepción y, como muelles que vuelven a su posición original después de estirarlos, regresamos a ese malestar de manera natural, una y otra vez, porque no sabemos funcionar de otra forma y porque la zona de confort de un toxicómano, por muy delirante que suene, es el sufrimiento. Estamos abonados al espectáculo de la tragedia personal, con butacas de primera fila. Si pudiésemos analizarlo en el momento, nos daríamos cuenta de que nos empeñamos en padecer por la sencilla razón de que es algo que, al menos, conocemos. Es una deformación y un espejismo, pero es nuestro espejismo. Nos manejamos, sabemos movernos en él. Hemos aprendido. Salir de la adicción implica iniciar un camino que exige no solo valentía y constancia, sino un salto de fe. No tenemos ni idea de cuánta agua habrá en esa piscina y preferimos evitar comprobarlo. Estar bien nos aterroriza porque es algo desconocido, y por eso no saltamos.

Ingresar en una clínica de desintoxicación es, por definición, dar ese paso, forzarnos a él, para evitar regresar al mundo conocido y descubrir, por fin, el bienestar y el placer en el mundo real. Aprender los recursos (los adictos los llamamos «herramientas») que nos permitan vivir en él, que nos estructuren, nos anclen y nos sostengan. Que es lo que hace cualquier ser humano funcional: no escapar, cobardemente, tapándose los ojos y los oídos, anestesiándose, a universos ficticios donde los problemas no existen. Muchos, ni encerrándose obligados lo logran. Prefieren destruirse por completo antes que abandonar el sufrimiento. Así de poderosos son el miedo al cambio y la atracción del toxicómano al malestar.

Si tuviese que describir mi clínica de desintoxicación o comunidad terapéutica (que es como las llamamos los yonquis), la compararía con un hotel rural de vacaciones en un lugar remoto y aislado, donde todos y cada uno de los huéspedes se encuentran perturbados, en distintos estados de enajenación emocional y psíquica, incluido el que firma este libro.

Mi clínica pertenece a la clase media de los centros de desintoxicación. No es Proyecto Hombre en los años ochenta ni tampoco cuenta con las instalaciones que supongo tendrá esa en la que querían encerrar a Amy Winehouse cuando cantaba ese *«No, no, no»* que se hizo tan mundialmente famoso. Por cierto, nunca entendí cómo una canción sobre una politoxicómana que se niega a acudir a rehabilitación, a golpe de estribillo, llegó a ser coreada de esa forma e incluso celebrada por niñas pijas, siempre demasiado maquilladas, en bodas de la aristocracia más rancia. Nadie parecía darse cuenta de lo que exponía la canción y, si lo hacían, preferían evitar hablar de ello y seguir bailando. Lo único que puede explicar el fenómeno es el talento descomunal de esa mujer esquelética de pelo imposible, fatídicamente fallecida por su adicción. Después de mi paso por la clínica he sido incapaz de escuchar esa canción sin sentir un escalofrío. La guardo en el recuerdo como una de las canciones más desoladoras que existen. Para mí siempre fue una atormentadísima nota de suicidio. Si suena en algún lugar, me voy de inmediato. Hoy, creo, hace años que ya no la escucho.

No puedo hablar del resto de clínicas, aunque en la mía oí relatos narrados por pacientes que habían pasado por otras. Tuve compañeros que parecían gozar de un máster en inspección sanitaria de centros, un hábito que aprendería que se define con el nombre de *institucionalización* y que no significa nada más que ir saltando de proceso en proceso y de clínica en clínica. Yo no he visto ni estado nunca en otra. Mi historia de éxito habla bien de mi centro, pero también es cierto que conozco a muchos que han estado allí ingresados y no han conseguido dejar atrás la enfermedad. Concluyo, con la perspectiva de los años, que, independientemente del lugar, tiene una importancia capital la persona: su motivación y sus intenciones. Una frase que escucharía mucho en los meses siguientes, y que yo también terminaría utilizando, hacía hincapié en esta idea. Cuando alguien recaía y regresaba, nadando en vergüenza y autodesprecio, era habitual que algún yonqui en el patio, en pleno arrebato de clarividencia, dijese: «¿Qué esperabas? Estaba *cantao*: ha pasado por la clínica, pero la clínica no ha pasado por él». Este juego de palabras era un lugar común en el recinto. Lucidez poética de toxicómano en todo su esplendor.

Mi clínica es privada, lo que significa que mis padres costearon mi tratamiento. Sabiendo el coste mensual, no puedo sino decir que, aunque solo sea por mantener la economía familiar a flote, no conviene convertirse en toxicómano. Desintoxicarse es caro. Muy caro. Obscenamente caro. Para una familia vasca trabajadora, que no vive mal pero tampoco en la opulencia, una familia de clase media como hay miles en el país, supone un gran esfuerzo.

En ese diciembre en el que yo decido ingresar por segunda vez, no tenía dinero, porque lo había dinamitado destrozándome, amortizando créditos y costeando a prostitutos y camellos. Ni un céntimo a mi nombre, solo una casa en propiedad, adquirida hacía unos años, con una hipoteca brutal, que no servía de nada porque no podía venderla en veinticuatro horas. Así que la única forma de poder llevar a cabo el tratamiento era si mi familia hacía frente a su coste económico.

Mis padres, por suerte, pudieron acceder a sus ahorros para hacerlo. Nunca, nunca, nunca, nunca podré agradecérselo lo suficiente. Cuando le comunicaron a mi hermano pequeño, que para aquel entonces ya residía en Alemania, que iba a ingresarme y que ellos se harían cargo, descontándolo de mi futura herencia (veremos si cumplen), mi hermano fue igual de magnánimo que ellos: «Lo que haga falta, como si es de la mía; lo que sea por que Javi esté bien». Si no hubiese sido así, no sé qué habría sido de mí. Sin su generosidad, con toda probabilidad yo hoy estaría muerto.

Les he reiterado hasta la saciedad, de mil formas y en mil

ocasiones, que intentaré, en la medida de lo posible, de acuerdo con mi realidad y a la situación general cada vez más precaria, devolverles todo el dinero que se gastaron en mí. Conseguirlo es uno de los sueños de mi vida y una de las pequeñas cicatrices que aún cuestionan mi dignidad de hijo. Siempre repiten que no es necesario, porque para ellos no hay mayor satisfacción que verme bien, pero no puedo evitar sentirme en deuda. Hace unos días, por sorpresa, escuché a mi madre decirle a alguien: «Es la alegría de mi vida, mejor que si me hubiese tocado la lotería». Me hizo sentir feliz y orgulloso. Sin embargo, sigo aspirando a lograr devolverles el dinero, o a comprarles una casa para que disfruten de su jubilación; ayudarles en algo. Me gustaría encontrar la manera de pagar, tanto metafórica como literalmente, lo que me auxiliaron en el pasado. Algunas veces digo que mis padres me dieron dos veces la vida. Sé que ellos ni lo quieren ni lo necesitan, y que no hay mejor forma de honrarles que como lo he hecho: permitiendo que puedan vivir tranquilos, dormir en paz sin temer por su propio hijo, que ha logrado salir del infierno.

Pero esa es su perspectiva. La mía es muy distinta. La mía es la de un hijo cazurro y macarra que metió la mano en el banco y se hizo con una importante cantidad de dinero que no le pertenecía. En muchas ocasiones, a lo largo de los meses de ingreso, me asolaría la culpa por el dinero que estaban dilapidando en mí y en mi proceso terapéutico. Pero ellos nunca desistieron en que eso era lo último de lo que tenía que preocuparme. Recuerdo llorar por teléfono desde la clínica, más de una, de dos y de tres veces, pidiéndoles perdón por el desembolso. No sé si era un dolor real o una manera más de intentar escabullirme de mi encierro. Los yonquis somos, por lo general, muy peliculeros.

Es cierto que el aspecto empresarial de las clínicas y su maximización de beneficios, en especial de la mía, me provocaron muchos conflictos internos en mi ingreso. Tiene una explicación sencilla. En un mundo capitalista, donde todo está sujeto a la ecuación dominante de oferta y demanda, no me siento cómodo cuando se comercia con la salud de personas desesperadas; mucho menos cuando se hace con la mía. A menudo me resultó muy perturbador que mi familia estuviese pagando enormes sumas de dinero para que yo lograse sanar y que hubiese una entidad (probablemente con forma de sociedad limitada o de sociedad anónima) que se beneficiase con ello. La mala relación que siempre tuve con el director de mi clínica se debía en parte a este pensamiento. No hablo de los profesionales que trabajan en el centro, que me salvaron la vida y hacia los cuales no siento sino un profundo agradecimiento y un cariño eterno; me refiero al mandamás, el principal beneficiario económico de mi paso por allí. Nunca dejé de verle como un empresario astuto que comerciaba con el sufrimiento de sus pacientes, enfermos vulnerables. Un ave rapaz que esperaba el momento preciso de debilidad para estrujarnos y llenar su cuenta corriente. Lo cual no es muy distinto de lo que hace un vulgar camello: uno comercia con salud, el otro con enfermedad.

Aún hoy no he logrado que estas dos ideas convivan en mi interior sin colisionar: por un lado, yo precisaba la clínica para salir a flote; por otro, debía pagar cantidades obscenas por ella, como si se tratase de un deportivo de último modelo que adquiriese por gusto. Pero una rehabilitación no se hace por gusto, sino por necesidad. No es una operación de cirugía estética ni un entrenador personal, sino un acto apremiante de supervivencia. Espero que no se me malinterprete: nunca esperé que me ayudasen de forma gratuita, y entiendo a la perfección que todo servicio tiene un coste. Mi problema reside en los precios desorbitados cuyo principal objetivo es la obtención del mayor beneficio económico posible. Me ocurre lo mismo al pensar en los seguros médicos privados o en el sistema de salud estadounidense. Aunque yo haya formado parte de ese negocio y haya, por tanto, reforzado su estructura, eso no quiere decir que no me resulte absurdo y criticable. En un mundo justo, más dinero no debería conllevar mejor acceso a la salud. Se mire como se mire, es una aberración del sistema económico que hemos construido para regir nuestra realidad.

Para hacer todo aún más escabroso, pronto descubrí que mi clínica en realidad constaba de tres clínicas diferenciadas, porque existían otras dos de mayor categoría (una manera de decir que eran bastante más caras). Nosotros, los adictos del patio, nos referíamos al complejo sanitario de la siguiente manera: la clínica de los yonquis (la mía, la de los «pobres»), la vip (separada de la nuestra por un sendero escarpado que subía hacia la cima de la montaña) y la supervip (que creo que no he visto jamás). Los pacientes de una no tenían permitido el acceso a las otras. Es decir, vivíamos en un microcosmos: las clases socioeconómicas de toxicómanos no se mezclaban. En la vip había muchas menos habitaciones y tenía mayor privacidad: estaba reservada para altos ejecutivos de empresas importantes, para personas públicas con cierta fama y para gente muy pudiente que ingresara para estancias cortas. La supervip lidiaba con el sustrato social que una persona común como yo, de Barakaldo, solo ve en revistas cuando visita al dentista: jeques, aristócratas, políticos, realeza internacional, etc. La moraleja es clara: si no tienes escrúpulos, puedes convertir la desgracia ajena en un negocio fructífero. Y, de paso, rodearte de jeques. Yo, personalmente, ni soy capaz ni tengo interés.

La clínica en la que yo pasé varios meses de mi vida, la de los pobres, está formada por un conjunto de cuatro edificios de dos plantas dispuestos en forma cuadrangular, con un patio lleno de tierra y piedras en el centro. Todos están pintados de un suave color mostaza y coronados por tejados a dos aguas, en perfecta armonía cromática con la atmósfera silvestre que rodea al centro, situado en la boscosa falda de una montaña lejos de la Barcelona metropolitana.

Dos de los edificios, separados por arriates de césped, son barracones de habitaciones individuales distribuidas en largos pasillos, en dos plantas. Al fondo de cada pasillo, a ambos lados, están los baños compartidos, con duchas. En esos dos edificios vivimos los adictos (en un número que oscila entre 35 y 50). Las puertas de las habitaciones tienen cerradura, pero no pueden cerrarse con llave para, en el caso de producirse agresiones, crisis autolesivas, consumos o suicidios, poder entrar en ellas con toda la celeridad posible.

En otro de los edificios, el más grande de todos, se encuentran las habitaciones de acogida, las salas de terapias grupales e individuales y la garita de los monitores de día y de noche, que nosotros llamamos «pecera» puesto que está rodeada por un cristal transparente que te permite observar al monitor en su interior como a un pez en un acuario. En la planta baja, en un lateral, están el comedor y la cocina, y en el otro, la recepción, los despachos de administración y dirección y la entrada a la clínica, de madera maciza, el lugar por el que todos pasamos y en el que yo, a veces, me sentaba para ver llegar a los nuevos. Junto a la puerta de entrada, un balcón de piedra, coronado por una buganvilla florida y con una gran mesa, se abre hacia el valle. A ese lugar lo llamábamos «la pérgola», y allí hice muchas terapias y bastantes comidas al aire libre, porque las vistas son magníficas. Más allá, una verja enorme (siempre abierta) y un parking delimitan visiblemente el comienzo del mundo real.

El tercero de los edificios comprende la lavandería, la sala de televisión y de juegos (con sofá y chimenea) y un trasunto de porche de piedra con asientos donde está permitido fumar y donde se pasan las múltiples listas diarias. A la espalda del edificio se encuentra una amplia sala multidisciplinar en forma de hangar (con una mesa de pimpón) que nosotros llamábamos «Hormigas», por unas hormigas que alguien, quizá un yonqui en pleno arrebato artístico, había dibujado vete tú a saber cuándo junto a su puerta, y que utilizábamos para reuniones de los pacientes, talleres, yoga y actividades de lo más variadas, como pintar en cartulinas, bailar o gritarnos y compadecernos.

El último edificio incluye la sala de terapeutas, siempre cerrada con llave y llena de ventanas que yo no dejaría de aporrear durante mis meses allí (es habitual que los toxicómanos necesitemos algo dramáticamente indispensable para nuestra supervivencia y lo requiramos de inmediato), la enfermería (también cerrada con llave) y, detrás de todo esto, las cuadras con sus caballos, junto a una pista exterior de doma que solía estar embarrada.

El complejo terapéutico se completa con bancos, de madera

y hierro forjado, diseminados por todos lados y jardines llenos de flores y árboles: palmeras, almendros, eucaliptos, encinas, cedros, bellasombras y pinos. El pueblo más cercano está a unos pocos kilómetros, una vez que se desciende de la montaña a través de un camino forestal.

El conjunto no tiene atmósfera de hospital. No hay pasillos blanquecinos por los que se arrastran carros de medicación, no hay camisas de fuerza ni uniformes, ni batas, ni habitáculos acolchados, ni quirófanos, ni un penetrante y pegajoso olor a enfermedad, lejía y desinfectante. Al contrario: todo parece proyectado para exudar naturaleza, como una versión bioecológica de una colonia monumental de *boy scouts* esquizofrénicos. No era extraño que en alguna visita familiar de fin de semana la madre de alguien, con esa mezcla tan reveladora de incomodidad que esconde el exceso de simpatía, dijese: «¡Qué bien estáis, eh! ¡Ya me pasaba yo una temporada aquí descansando!». Yo siempre pensaba lo mismo: «Claro, señora, porque es el sueño de cualquiera estar encerrado en una clínica de desintoxicación en la montaña». Pero no lo decía.

Allí llegué el dos de enero de 2009. En el aeropuerto me recogió un taxi. No recuerdo nada del viaje por carretera. Presumo que es porque en los más de cuarenta minutos de trayecto en coche hasta el recinto no dije ni una sola palabra. Imagino que recorrería la distancia con cara de no haber roto nunca un plato, sin comprender qué había pasado en mi vida para estar haciendo ese camino por segunda vez en un periodo de seis meses.

Tras mi ingreso, el monitor de día, Lucio, un hombre argentino de media melena poblada, ojos oscuros y barba descuidada, me condujo a una de las habitaciones de acogida, en las que dormíamos los primeros días antes de pasar a la definitiva, mientras nos adaptábamos al recinto, y revisó todo mi equipaje, que, como ya he explicado, era cuantioso. En mi favor diré que hacer la maleta en el estado en el que yo me encontraba no debió de ser fácil. Como preveía que iba a pasar encerrado bastante tiempo, había empaquetado todo lo que se me había ocurrido: medicación, ropa para varias estaciones (como si en vez de estar internándome en una clínica estuviese volando a los *fashion shows* de París), lectura para dos años, cuadernos, calzado para siete meses (zapatillas con borrego y chanclas de playa incluidas), móvil, ordenador, un iPod, un despertador con altavoz para colocar en mi mesilla de noche, productos de aseo, albornoz, varias cajas de tabaco y hasta un cubilete para disponer sobre mi mesa los cincuenta bolígrafos y lapiceros que también llevé. No hace falta que revele que no usé ni el 30 % de lo que, con todo mi esfuerzo y poca concentración, arrastré hasta allí. Si no he sido el toxicómano que ingresó con más maletas (dudo ahora de si el primer puesto me podría ser arrebatado por una paciente de la que hablaré más adelante), debí de estar muy cerca. Estoy seguro de que, con toda facilidad, sin despeinarme, formo parte del podio histórico.

Como ya venía aprendido de mi visita anterior, me ahorré la colonia (no permitida por su composición alcohólica, ya que hay gente que se la bebe). El ordenador y el móvil tardaron poco en desmaterializarse, junto con las llaves, la documentación, el dinero, la cartera y las tarjetas de crédito (cuya numeración en relieve seguía manchada de restos resecos de cocaína, una imagen tan representativa como clásica que en esa situación se siente como si te clavaran un cuchillo en el estómago). El monitor se lanzó ávido sobre todo ello, como un vampiro hambriento al cuello latiente de un adolescente lleno de vida, y lo hizo desaparecer. Después procedió con la retahíla de preguntas y peticiones pertinentes: que si acarreaba alguna sustancia en los pantalones, que le enseñase los bolsillos, que abriese la boca y que si en alguna otra parte del cuerpo escondía algo (deduzco que se refería al culo). Contesté negativamente con una superioridad muy típica en mí en aquellos días que venía a decir: «Es insultante que me preguntes estas cosas cuando estoy ingresando por mi propio pie y yo no tengo nada que ver con esas mierdas típicas de adictos cutres». Me solicitó que me descalzase para comprobar que no ocultaba nada en las deportivas y volvió a asegurarse de que en mis maletas y en mi neceser lo único sospechoso que había era un exceso de ropa y de artefactos a los que ambos sabíamos que no iba a dar utilidad ninguna.

Lucio me pidió que le acompañase, dejando todo en la habitación, para pasar la entrevista inicial con la psiquiatra, otra de las gestiones que ya conocía. Me habían adjudicado a la Polaca, la misma que en verano. Me dejó frente a la puerta cerrada y me sugirió que le buscase al terminar. Yo me quedé de pie, aterido, sin saber qué hacer. El monitor debió de darse cuenta, porque a los pocos segundos me animó:

—Javi, llama.

Volviendo a la realidad, golpeé suavemente y, como un relámpago, escuché la voz conocida de marcado acento:

—¡Pasaaaaaaaaaaaaaa! ¡Adelante!

Cuando entré en su despacho, la Polaca sonrió.

—¡Hombre! ¡El Javi! ¿Ya de vuelta? ¡Me habían avisado que venías!

No supe muy bien cómo tomarme esa cómica confianza, pero ella de inmediato estalló en una risa contagiosa, se levantó de su mesa y se acercó a darme dos sonoros besos. Seguía llevando gafas, la cara lavada, sin maquillaje, y la melena rubia le caía sobre los hombros. La Polaca era una mujer extranjera cercana, excéntrica, energizante y risueña. Estaba casi tan loca como yo. Siempre me he llevado estupendamente con la gente que no está muy bien de la cabeza.

—Anda, siéntate, vamos a ver cómo andas —me invitó, ofreciéndome una de las dos sillas de madera frente a su mesa.

Volvió a hacerme todas las preguntas de rigor para su informe de datos sociodemográficos y toxicológicos: estudios, ocupación, estructura familiar, historial familiar de adicciones, uso de sustancias principales y secundarias, contexto de consumo, vía de consumo, frecuencia, número de tratamientos realizados y terminados, enfermedades conocidas, estado serológico, grado de motivación inicial y delitos pendientes. Yo contestaba y ella iba marcando las casillas.

Cuando mencionó el estado serológico, percibió una suave tensión en mi postura. Levantó la mirada y me consultó de nuevo sobre él. Admití, avergonzado, que llevaba meses sin hacerme la prueba del VIH, por miedo, y que sabía que era un inconsciente y un irresponsable pero que, si no lo fuera, no estaría ahí sentado.

—Pues solucionamos el misterio ya que estamos, ¿no crees? —me preguntó.

—Supongo —contesté con la boca pequeña, inquieto.

Me recetó una analítica completa, de arriba abajo, para saber en qué estado se encontraba el interior de mi cuerpo. Cuando terminamos el consultorio, le pedí, le rogué más bien, que me medicara solo lo estrictamente necesario.

—Se dice en el patio que te pasas un huevo con la medicación, que nos tienes a todos dopados como zombis, me acuerdo de eso —le comenté.

En ese momento observé el despacho. Lo recordaba con menos libros, pero es cierto que en verano tampoco había pasado mucho tiempo en él.

La Polaca se rio y se quitó las gafas.

—Que lo digo en serio, joder. No quiero mucha medicación. No quiero estar alterado —me quejé.

Parece mentira que un yonqui, yo, con problemas severos con el alcohol y la cocaína, se preocupara por el efecto que podía causar en él la medicación legal recetada por una psiquiatra. Es aún más ridículo cuando encima el yonqui, yo, intentaba ganarse a la médica con la frase «No quiero estar alterado». ¿Y cómo llevaba viviendo los últimos años?

—Mira que sois exagerados. Hay que estabilizaros. No os puedo tener por el patio liándola. La medicación os ayuda mucho. La ansiedad no es una buena compañera los primeros días —me explicó.

—No quiero engordar, la gente sale de aquí como una morsa —farfullé.

—La medicación no engorda, Javi.

Pero yo sabía, por experiencia, que los yonquis que se desintoxican tienden a ponerse como vacas (como ocurre con los fumadores) y que todo el mundo celebra el peso que han ganado, porque el peso es sinónimo de salud, están guapísimos redondos como una pelota y «qué bien verte así de sano, hijo mío». La Polaca levantó la mirada del libro, me observó y comentó que, en su opinión, estaba demasiado delgado y que iba a estar más guapo con un poco más de peso.

—Que no. Que estoy fofo. Tengo lorza aquí y aquí y aquí —sentencié—. La medicación hincha, y no quiero barrigón. Puedo vivir con ser yonqui, pero no con ser gordo —lloriqueé.

Ella le quitó hierro a mi drama y, después de consultar su vademécum, me dijo que no me preocupara, que estaba en un estado cognitivo bastante respetable dentro de las circunstancias y que no necesitaría más medicación.

Salí de allí extremadamente satisfecho para descubrir esa misma noche, cuando acudí a enfermería a por las pastillas, que en la pauta que había diseñado para mí me mantendría el mismo antidepresivo que ya tomaba (cuando me acordaba y mezclado con todo tipo de sustancias), me quitaba el Stilnox y me reforzaba con gabapentina y lorazepam, tres al día: mañana, tarde y noche. Además, si no conseguía dormir, estaba autorizado a pedir un rescate al monitor de noche: otra benzodiazepina más potente todavía. Es decir: me había subido la medicación. Primer set ganado por la Polaca, que había asistido sonriente a mis lamentos y había hecho lo que había querido.

Lucio me sorprende informándome de que el equipo terapéutico ha decidido que no necesito pasar unos días en las habitaciones de acogida, porque ya conozco las normas, y que me trasladan directamente a mi cuarto para que pueda instalarme.

Así lo hacemos. Recogemos las maletas y atravesamos el patio, con su característico tránsito de enfermos y su despliegue de estados emocionales. Me cruzo con algunos pacientes que me saludan o me dan la bienvenida con amabilidad. Otros pasean arrastrando los pies, dormitan tirados en cualquier lugar, berrean al aire o discuten con terapeutas sentados en bancos. Hombros cargados, espaldas encorvadas, bocas abiertas, ojos llenos de lágrimas, aspavientos, cigarrillos consumiéndose en labios caídos... Puedo ver a ingresos hablando en grupos, diseminados aquí y allá. Todos llevan ropa demasiado cómoda, mucho más que la mía, que voy con gafas de sol aunque sea un día nublado. Se ven huchas, barrigas al aire, pies desnudos, escotes kilométricos. Mucho chándal, mucho pantalón bombacho hippie de colores llamativos, mucha ropa de yoga y de senderismo, mucha sudadera con relieves de letras cosidos a la espalda. La visión me deprime intensamente. No me paro con ninguno. Me concentro en empujar las maletas, mirar al suelo e intentar dar una imagen de dignidad y entereza. Vuelvo a sentir, como hice en verano, que este no es mi lugar y que yo no pertenezco a ese grupo de personas tan inestables y desestructuradas que visten fatal. Que yo soy mejor. No tengo ánimo de presentarme ni mucho menos de socializar y celebrar mi llegada. Lo único que quiero es encerrarme en la habitación y dejar pasar las semanas hasta que pueda salir y regresar a casa, pero en ningún momento se cruza por mi cabeza el pensamiento de dar marcha atrás. Sigo caminando hasta encontrar el cuarto y sentirme protegido. Lucio se despide. Cierro la puerta. A partir de ese momento, viviré en la segunda planta del edificio más cercano a la entrada.

Mi habitación consta de una cama individual con cabecero de madera blanca, una mesilla de noche, un escritorio con su silla, una estantería, un espejo colocado a la altura del rostro y un armario. Todo de IKEA: práctico y horroroso. Encima de la cama han colgado un corcho que, ahora, está vacío. Una ventana, con mosquitera y postigos de madera, se abre al pequeño jardín, yuxtapuesto al patio que acabo de atravesar. De inmediato, en un intento por huir de la inactividad, deshago todo el equipaje y lo coloco en un baile frenético.

Por lo general, soy el típico histérico que es incapaz de acostarse sin haber deshecho la maleta, aunque haya llegado de viaje a las tres de la mañana. Me da estabilidad, seguridad y sensación de hogar, de guarida, de orden. No me extraña lo más mínimo que lo primero que hiciera fuese ordenar mi habitación. Probablemente hoy haría lo mismo. Y también repetiría lo que estuve maquinando durante los meses que duró mi estancia allí: robar cosas de la clínica o de las habitaciones que me llamasen la atención (sillas, macetas, vasijas, ceniceros, quemadores de incienso, colgantes, flores, vasos...), todo aquello que, en un arrebato, considerase que podía ensalzar la comodidad y el bienestar estético de mi cueva.

Una vez que todo está colocado, llega el silencio. No tengo móvil, no tengo ordenador, no tengo televisión. Todos mis estímulos externos me han sido arrebatados en el momento en el que he cruzado la puerta de entrada. El silencio. Un silencio tan intenso que se puede escuchar. Como los toxicómanos andan repartidos atendiendo a sus actividades del día, solo lo rompe mi respiración y algún lejano trinar de pájaros. El resto es una mudez húmeda que pesa. ¿Qué estarán haciendo mis padres? ¿Y mis amigos? ¿Me echará alguien de menos? ¿Pensarán en mí? Casi nadie sabe que estoy aquí. ¿Seré capaz de mantener la mentira? ¿Me descubrirá alguien? ¿Qué va a ser de mi vida?

La quietud, la falta de actividad y, con ellas, la ansiedad, la angustia, el miedo, la soledad, la ira, la frustración, la desesperación... Todas las emociones franquean la puerta, desfilando valientemente, para invadir la habitación, lanzarse sobre mí, reducirme y asfixiarme, sin que nadie las haya invitado.

Al cabo de un rato, no sé si minutos u horas, porque la percepción del tiempo ya comienza a ser algo relativo en el interior de la clínica, Anais llama a la puerta con suavidad. La abre sin esperar. Ahí está, con los brazos en jarras, bajo el dintel: mi socioterapeuta. Tiene el pelo más corto y está más delgada, tan guapa y luminosa como recordaba. Sigue vistiendo de Desigual, combinando colores imposibles que a mí desde el primer momento me parecieron una horterada. Sin embargo, llegué a apreciar tanto a Anais que le perdoné que eligiese vestir así. Parece una necedad, pero es importante. Volveré sobre esto.

Me pregunta, con una sonrisa enorme, supongo que contenta de verme, si le dejo pasar, a lo que de inmediato respondo de manera afirmativa. Hay algo en ella que me llena de paz, y creo que la alegría de volver a verla es genuina. Junto a Anais me siento seguro. Ha sido así desde el principio y sigue siendo así hoy en día (doce años después, tengo el inmenso honor de llamarla amiga). Se disculpa por no haberme podido recibir a mi llegada, pero me explica que estaba en una terapia individual. Le digo que no se preocupe, que no pasa nada, que no iba a irme a ningún lado. Estoy sentado en la cama, mirando al infinito. No tengo nada más que hacer que compadecerme.

—¿Qué? ¿Cómo lo ves? Mejor que la del verano, ¿no? —me pregunta. Comprendo que habla de la habitación.

—Está muy bien —contesto—. Una habitación..., ya sabes.

—Tienes suerte, hay un grupo muy majo ahora. Buena gente. Te va a venir muy bien este grupo a ti. —Se sienta en la cama, junto a mí.

—¿Sí? —pregunto, sin mucho interés.

Quizá haya olfateado mi incomodidad ante la socialización que me espera: mi reticencia a formar parte de un grupo por el que, como ya he decidido antes de conocerlo, no me siento representado. Tal vez pueda oír el juicio implacable hacia mis compañeros que resuena en mi cabeza.

Un inciso. En el futuro, Anais me sorprenderá a menudo adelantándose a mis propios pensamientos y emociones. Parece tener una máquina de rayos X incorporada que evita que pueda esconderle nada. Entiendo que eso es parte de lo que hace bueno a un terapeuta: sabérselas todas, incluso antes de que ocurran; conocerte mejor que tú mismo. La empatía, la comprensión y la asertividad son virtudes importantísimas en un buen terapeuta o educador social. Durante mi estancia en la clínica, y después de salir de ella, todos los profesionales me harán sentir que soy un ser humano digno y valioso, por muchos errores que cometa, por mucho horror que me acompañe. Si hay dos cualidades que los toxicómanos, en nuestra enfermedad, no sentimos que poseemos, son esas: dignidad y valor (no me refiero a la valentía, sino al valor inherente de cualquier persona por el hecho de haber nacido). Sin embargo, los profesionales me tratarán siempre así: como si fuera digno y valioso. Por muy enfermo, por muy monstruoso que resulte por momentos, por muy impenetrable y manipulador y alterado que me muestre. Hoy se lo agradezco porque sé, con la distancia de los años, que esa fue la primera vez en mi vida en que me vi reflejado en unos ojos de manera sana: sin juicios, sin rechazo. Los profesionales me ofrecieron su apoyo y me facilitaron su mirada, para que yo pudiera descubrirme en ella, sin autocompasión. Gran parte de mi recuperación se debe a esto. Las miradas y sus reflejos también sanan. Fin del inciso.

—Ya verás que sí. No tienen nada que ver contigo, son muy diferentes, vas a aprender mucho de ellos.

—¿Es una amenaza? —pregunto, abatido.

Anais ríe. Parece que hoy les hago gracia a todos los profesionales.

—Que no, que te lo estoy diciendo en serio —afirma. Lleva en sus manos una carpeta roja de anillas que me entrega. La recojo y la abro—. Tienes que firmar esto, ya sabes cómo va —me explica.

Me brinda un boli y suscribo el documento con el garabato enmadejado y rabioso que lleva siendo mi firma desde que tengo conciencia: el contrato terapéutico. El resto de los papeles me lo quedo yo: son los horarios y la normativa de la clínica. Lo hojeo todo, cierro la carpeta y me desinflo. Sospecho que me emociono, porque noto un nudo en la garganta, los ojos se me humedecen y mis piernas comienzan a moverse, nerviosas, involuntarias.

—¿Cómo estás?

Hace mucho que nadie me pregunta algo tan simple con verdadero interés. Me encojo de hombros. No tengo energía para contestar. ¿Qué puedo decirle? ¿Que soy un fracaso, un narcisista vanidoso y egoísta que ha demolido su mundo? ¿Que mi vida no tiene sentido y que me estoy volviendo completamente loco de confusión, desesperanza y dolor? ¿Que verme en este lugar junto a ella hace que mi amor propio se desmorone? ¿Que mi cerebro no puede parar de rumiar, como si mi cabeza albergase una marabunta de voces corrosivas que no dejan de condenarme?

—Lo que te está pasando es normal. Es lo que toca. Te esperan unos días moviditos. Es parte del proceso, pero yo estoy aquí para ayudarte —me tranquiliza.

Anais espera pacientemente. Silencio.

—Tengo... miedo —confieso.

—Pues ya sabes qué hacer con eso.

La miro. No tengo capacidad de entender qué me quiere decir.

—El miedo solo se pasa enfrentándote a él —me recuerda.

Me suena a la psicología positiva, babosa y cursi, de florecitas y buenos sentimientos, que tanto aborrezco. Las típicas frases manoseadas impresas en memes y en tazas y agendas del Tiger que anuncian que toda crisis es una oportunidad. No quiero que me engañe. Asiento con la cabeza. Lo hago varias veces, como si con esa acción la idea pudiese penetrar más fácilmente en mi cerebro y acallar las voces. Anais me mira.

—Te voy a pedir una cosa, Javi, algo muy importante para mí —dice con voz cariñosa.

—Dime.

—Te pido que confíes en mí.

—Vale... Sí, yo me pongo en tus manos.

—Te voy a decir muchas cosas que no te van a gustar un pelo. Pero siempre, siempre, siempre lo estaré haciendo por tu bien. Vamos a trabajar mucho los límites y cómo te los pones tú a ti mismo, ¿vale? Date un par de días para descansar e integrarte, no te exijas. Y entonces nos vemos y empezamos, ¿de acuerdo?

—¿Voy ya a los talleres y espacios?

—Claro. Tú no necesitas acogida, ya sabes de qué va esto.

Anais se levanta y se acerca a la puerta. La abre. Se gira.

—Javi —me llama.

Levanto la vista hacia el lugar donde se encuentra. Una compañera pasa por detrás y se saludan. La yonqui continúa su camino. Me alegro de que no parezca tener interés en conocerme.

—Lo más complicado ya lo has logrado. Has parado. Aquí

estás a salvo. Lo has hecho muy bien. Quédate con eso —me aconseja, antes de despedirse.

Minutos más tarde sigo en la misma posición, sentado en la cama en silencio mirando al vacío, balanceando las piernas. Sin Anais en la habitación, las voces han regresado más fuertes que nunca.

Esa tarde no salgo de la habitación y no bajo a cenar. Intento retrasar todo lo posible el encuentro con los demás pacientes, no sé si por vergüenza, por desinterés o por cobardía. Prefiero continuar mudo, hambriento, aislado, fumando en mi cuarto con la ventana abierta, ahogado en recriminación. Solo me desplazo a la enfermería a tomar la medicación cuando suena la campana. Tengo que hacer cola, esperando a que los demás se tomen la suya, pero me resisto a hablar con nadie. Los compañeros sí lo hacen. Alguno intenta integrarme, darme charla, pero yo no reacciono a la invitación.

En cuanto la enfermera se asegura de que he tomado la pastilla nocturna (abro la boca, levanto la lengua, muestro la garganta), vuelvo a mi cuarto con la cabeza gacha. En el camino me cruzo con un hombre fuerte, de espaldas anchas, pelo denso y barriga jocosa, que sale del edificio. Un risueño guardabosques perdido en la inmensidad de la montaña.

—¡Hola! ¿Eres nuevo? —me pregunta.

Asiento.

—Soy Santi, el monitor de noche. Bienvenido —me tiende su mano.

No le devuelvo el saludo. El cuerpo me pesa y me cuesta un esfuerzo tremendo moverme. No quiero entrar en contacto con nada ni nadie.

—Yo soy Javi Giner. Estaré en la lista —le hago saber mientras subo las escaleras hacia mi madriguera, deseoso de perderle de vista.

—Descansa. Me pasaré a verte en la ronda de las once. Meteré la cabeza, no te asustes. Si necesitas algo, estoy en el *staff*—me informa. Pero yo ya le he dejado atrás y he entrado en la habitación.

Me siento a la mesa y enciendo el último cigarro del paquete. Abro la carpeta que me ha entregado Anais. Allí están todos los documentos que explican el funcionamiento del centro en el que estoy ingresado, esta vez sin fecha de salida, lo que hace la experiencia completamente distinta a la del verano. Ahora, por primera vez, me siento como un yonqui oficial. Ya no soy superior a ninguno de mis compañeros. Puede que conserve mi dentadura, tal vez no sufra de enfermedades mentales secundarias, quizá no tenga problemas de higiene personal y sí un gusto exquisito para el cine, la literatura, la música y para combinar colores, pero ya no soy especial, ni puedo tratar mi ingreso como una situación temporal para descansar. Ya no existe una jerarquía invisible en la que de forma mágica estoy por encima del resto. Me he convertido en una de esas personas que aborrezco, en uno de los espectros de las calles de mi infancia, a los que se señalaba, de los que se hablaba en susurros. Ya no soy yo quien decide cuándo me voy ni el que elige qué medicación tomar y de qué manera. Estoy en manos de la clínica y sus profesionales. Ya no soy nada más que esto: otro paciente más. Otro enfermo que camina arrastrando los pasos.

Una aclaración. El equipo terapéutico estaba dividido de la siguiente manera: el coordinador general, los socioterapeutas (educadores y trabajadores sociales que practicaban terapia conductual, es decir, aquella más enfocada al comportamiento y la conducta, y que se encargaban del seguimiento del proceso individual completo), los psicólogos (a cargo de la terapia psicológica individual y de grupo, terapia convencional de charla y análisis), monitores de día y noche (educadores sociales, psicólogos sociales o extoxicómanos que estudiaban trabajo social), psiquiatras (gestores de la medicación y de la dirección clínica) y enfermeros (que se ocupaban de la medicación, de los análisis y del resto de las actividades de enfermería). Por último, estaban los encargados de los talleres y los equinoterapeutas, que hacían terapia con caballos: este grupo lo componían una mezcla de psicólogos y profesores de yoga, de expresión corporal, etc. También andaban por allí dos perros (se decía que habían pertenecido a dos pacientes fallecidos en las instalaciones) que habían sido adoptados por la clínica y, como consecuencia directa, por todos los yonquis que nos alojábamos allí. Nadie tuvo que convencernos de que los apadrinásemos como nuestras mascotas. A cambio, los perros vivían una vida plena, feliz y entretenida. Nos acompañaban en los paseos, descansaban y jugaban con nosotros y, como pago por los servicios prestados, los yonquis no dejábamos de prodigar atenciones hacia ellos. Vivían como reyes, ajenos a lo inadaptado del lugar en el que residían. Fin de la aclaración.

Por lo general las directrices de la clínica se compartían entre pacientes por tradición oral, de ahí la estructura de acogidas: un yonqui que llevaba tiempo ingresado acogía a otro yonqui recién llegado, le presentaba al grupo y le acompañaba los primeros días, como un maestro Jedi que le descubre cómo funciona el mundo. A su vez, este yonqui, cuando lleve un tiempo, se lo explicará todo a otro, y así hasta el infinito. Ahora mismo, mientras escribo esto, hay un toxicómano en la clínica explicándole el funcionamiento a un novato.

Hay demasiadas normas, reglas, costumbres y culturas terapéuticas en un centro como para poder resumirlas todas en dos hojas de papel. Y, en cualquier caso, el estado lamentable, tanto psíquico como emocional, de la mayoría de los que ingresamos provoca que casi ninguno de nosotros sea capaz de retener ninguna información. De todos modos, eso no impedía que al menos las más importantes se nos entregaran oficialmente a nuestra llegada en dos documentos dentro de esa carpeta roja: la normativa general de la clínica y el contrato terapéutico. En ellos se especificaba que todas las actividades eran obligatorias, que se establecía un periodo de quince días de incomunicación con el exterior (para romper la inercia externa y centrarse), que las relaciones amorosas o sexuales estaban prohibidas entre pacientes (no hay nada más desestabilizador en potencia que el amor y el sexo) y que se realizarían pruebas analíticas de orina dos veces por semana (los lunes y los jueves). También se detallaba que el ingreso de cualquier tipo de drogas legales o ilegales estaba terminantemente prohibido y sería motivo de expulsión inmediata. Los consumos puntuales serían valorados por el equipo terapéutico. En una de las cláusulas se detallaba el protocolo que se pondría en acción si alguno de nosotros quisiera abandonar el tratamiento: «En caso de que exista la voluntad de abandono del proceso, acepta que transcurra un periodo de diez días de reflexión entre la demanda del alta voluntaria y el abandono efectivo de la comunidad, para evitar el peligro de decisiones precipitadas o irreflexivas motivadas por la impulsividad».

En resumen: estábamos en sus manos, secuestrados por nosotros mismos.

Pero esas no eran las únicas normas y estructuras por las que nos regíamos. La violencia, ejercida contra compañeros y/o terapeutas, también estaba severamente penada. Las agresiones contra uno mismo, me temo, precisaban más ayuda psicológica que castigos correctivos. Al margen de todas estas políticas, existían múltiples pautas y horarios que tutelaban nuestra vida en el centro. Ingresar y firmar era entregarse a todo lo expuesto. Era, por así decirlo, el primer paso que dábamos en nuestro camino a convertirnos en adultos responsables, aunque muchos no fuésemos conscientes de ello.

En la clínica existían dos fases diferenciadas, dependiendo del tiempo transcurrido y del progreso del tratamiento. Todos los pacientes que llevasen menos de dos meses ingresados se encontraban en la Fase 1. No conocí a nadie que pasase de fase más rápido, aunque sí a algunos que después de varios meses seguían en la Fase 1 y nada indicaba que fueran a superarla jamás. Es habitual que alguien permanezca ingresado una eternidad, pero que vaya más rápido que un rayo de fase en fase, no.

En esta Fase 1, las dos primeras salidas de la clínica estaban reguladas de la siguiente manera: la primera era de cinco horas en la quinta semana (acompañado de familiares o de un paciente de segunda fase) y la segunda era de siete horas en la séptima semana (con la misma posibilidad de acompañamiento que en la primera). A partir de la octava semana (es decir, a los dos meses), si el equipo terapéutico consideraba que la persona aún no estaba preparada para pasar a la Fase 2, las salidas continuaban siendo quincenales.

Cuando yo llegué, había personas que llevaban seis o siete meses ingresadas y seguían en Fase 1. Algunos acarreaban problemáticas muy complejas, como los conocidos como pacientes de patología dual. Al margen de estos casos especiales, que requerían tiempos dilatados de recuperación y eran mucho más delicados que el resto, también había ejemplos de otros, pobres toxicómanos de andar por casa, que no parecían ávidos de cambiar de fase. Comían, se medicaban, dormían y poco más. A algunos no te los encontrabas hasta pasado un tiempo, porque tenían una inclinación natural y poderosa a no salir de sus habitaciones. Vivían, no sé si cómodamente, confinados por orden propia.

Un paréntesis. *Patología dual* es la denominación psiquiátrica que se da a los ingresos en los que la toxicomanía va unida a una enfermedad mental (esquizofrenia, trastorno límite de la personalidad, trastorno bipolar o maniaco-depresivo, psicosis, paranoia, etc.). De ahí el término: doble enfermedad. A grandes rasgos, a todos los toxicómanos se nos presupone un trastorno de ansiedad generalizada, trastornos depresivos y un trastorno del control de los impulsos en diversos grados. Parte de la recuperación pasa por dejarlos atrás, pero estos, por expresarlo de manera coloquial, se regulan solos con el abandono de la adicción y los cambios internos que se producen en el proceso. De todas formas, todos los seres humanos presentan rasgos de casi todos los trastornos. Una persona funcional puede sufrir ansiedad y falta de control de los impulsos y tener hábitos que fácilmente podrían catalogarse como trastorno obsesivo-compulsivo. El problema, y el momento en el que se convierte en un trastorno psiquiátrico, es cuando se rebasa cierto límite. Hay instantes en los que todo ello condiciona el fluir de la vida más allá de lo saludable, impidiendo el desarrollo sano de la persona. Eso es un trastorno: un obstáculo a la hora de vivir con normalidad. En el caso de la patología dual el tratamiento es complejo, y de ahí que los pacientes necesiten ingresos más largos. Por un lado, se debe vencer la toxicomanía, y por otro, estabilizar y superar, si es que es posible, la enfermedad mental. Todo se complica mucho más cuando se desconoce qué origina qué: si la toxicomanía ocasiona la enfermedad mental o si es el trastorno psiquiátrico el que produce la adicción. En cualquier caso, como es fácil adivinar, esta conjunción de problemáticas hace que una clínica de desintoxicación a menudo no solo sea eso, sino que, por momentos, sin avisar, se convierta en lo que se conoce como un frenopático. Fin del paréntesis.

Pero no todo era desesperanza: si el paciente había progresado y daba muestras de avance terapéutico a juicio de los profesionales, este subía a la Fase 2. Pasar de fase concedía el privilegio inmediato de ascender como un cohete en la jerarquía de los yonquis: te convertías en un sabio de la tribu. Te podías permitir ir de listo, recomendar lecturas y aconsejar a la congregación. Se te presuponía experiencia, saber estar y conocimiento, al menos entre los adictos. Los profesionales seguían considerándote tan enfermo como al resto y, en un sentido médico y práctico, lo eras. Pero, entre nosotros, ser de Fase 2 daba caché. Una aplicación contundente del dicho «En el país de los ciegos, el tuerto es el rey».

En Fase 2 eras responsable de hacer acogidas a recién llegados y, una vez a la semana, de la campana y de los espacios autogestionados. En la semana dieciséis (a los cuatro meses) se producía la madre de todas las salidas, la más compleja de todas: un fin de semana entero junto a tu familia. Esta salida era temida y deseada por todos los ingresos. No es para menos. Vi a muchos compañeros fracasar estrepitosamente tras esta salida o durante la misma, destruidos y desesperanzados por el simple hecho de haber pasado un fin de semana en familia. A partir de este momento, si todo había transcurrido sin problemas y si el equipo lo consideraba oportuno, la persona podía solicitar salidas de fin de semana cada quince días y alternarlas con salidas semanales de diez horas.

No hace falta ser astrofísico para pillar al vuelo, una vez que recibías toda la información sobre las fases, que ibas a pasar encerrado mínimo cuatro meses, cuando no cinco, seis o siete o muchos más (la persona más veterana que yo he conocido fue un ingreso que llevaba más de dos años), y comprender esto te golpeaba como una bola de metal en la cara. Por eso, la pregunta recurrente entre yonquis al conocerse en el patio, junto con la de «¿Por qué estás aquí?», era «¿Y tú cuánto llevas?». Supongo que el tiempo y las drogas eran nuestras dos grandes obsesiones.

Una pausa. Los tiempos de ingreso en una clínica varían según el caso. Hay mucha gente que por problemas económicos familiares no puede costear un tratamiento largo; otros que se endeudan para hacerlo posible. Lo único común a todos es que la desintoxicación no es un proceso rápido, no hay fórmulas mágicas. Se podría llegar a argumentar que lleva toda la vida. Se necesitan mínimo tres o cuatro meses de media. No he conocido a nadie que haya pasado menos tiempo ingresado y no haya vuelto a caer en las redes de la adicción. El toxicómano, abonado a los circuitos de gratificación instantánea, confía ciegamente en la consecución de sus necesidades de manera inmediata; pero la recuperación de la adicción no funciona así. Es habitual que los yonquis, con nuestras prisas, confundamos el bienestar físico con la recuperación. Si la adicción fuese una enfermedad física, eso sería correcto, pero, por desgracia, es más bien emocional. «Muchas veces confundís el estar físicamente bien con estar preparados para salir», nos repetía Anais en los grupos de socioterapia. Así que el ingreso, por necesidad, debe ser largo. Abandonar la adicción requiere mucha integración, mucha introspección, muchos cambios profundos, mucho trabajo personal, muchas capas. Ahora se habla en medios y en redes sociales de la necesidad de deconstruirse, en referencia a otros temas, pero es algo aplicable a la desintoxicación. La deconstrucción lleva tiempo y mucha faena. Yo siempre he preferido hablar de la necesidad de deseducarme, que es lo que hice allí. Fin de la pausa.

Los pacientes estábamos obligados a seguir un horario definido y, por si se nos ocurría olvidarnos, se había diseñado un recordatorio infalible: la campana del patio. Era una pequeña escultura de bronce que colgaba, a gran altura, de la pared exterior de uno de los edificios de habitaciones y que normalmente tocaba la enfermera o el responsable de Fase 2 de ese día. Cabe señalar que, una vez cogida confianza, en días en los que el sopor y el tedio se adueñaban de nosotros, la campana la tocaba hasta el apuntador, a todas horas y en cualquier situación, para hacer la gracia y desestabilizar a los siete toxicómanos que estuviesen pasando un día tranquilo. Cuánto pude llegar a odiar el sonido de esa campana y cuántas veces la toqué, con la posterior bronca del equipo terapéutico... Antes de llegar a Fase 2, por supuesto, porque una vez alcanzada eras responsable de tocarla tú, y a tus deberes les cogías respeto. Ya eras un yonqui serio, tenías que predicar con el ejemplo y no te permitías chiquilladas de insensatos. Aún oigo ese artilugio del demonio, doce años más tarde. Un minuto antes de que comenzase la actividad en cuestión (si no era una broma de algún aburrido), la campana berreaba con un poderío metálico ensordecedor, esparciendo sus graznidos por el aire, y la clínica, silenciosa y relajada hasta ese momento, se convertía, en menos de cuatro segundos, en un hervidero de yonquis corriendo de un lado a otro, a medio vestir. Los que no estuviesen cuajados en algún lugar desconocido por efecto de la medicación y pudiesen correr, claro.

Por si la campana no era motivación suficiente, la clínica se había guardado bajo la manga el chantaje definitivo y probablemente la razón por la que todos acudíamos sin rechistar a los espacios: en todas las actividades se tomaba nota de la asistencia, justo antes de empezar. Había dos posibles calificaciones: verde si asistías, rojo si no. La acumulación de más de dos rojos en el seguimiento semanal hacía que perdieses de inmediato el derecho a la salida aprobada por el equipo. Podías librarte de alguna terapia si tenías justificante, pero, por lo general, por muy creativos que nos pusiéramos (y confirmo que los yonquis podemos ser muy creativos), era muy difícil conseguir uno. Dicho de manera sencilla: salvo que estuviésemos a punto de fallecer, no nos quedaba más remedio que acudir a todos, bajo pena de no volver a asomar la cabeza al exterior.

El horario semanal era este:

6.45: Despertarse. 7.00: Lista de asistencia. 7.15: *Footing* o paseo por la montaña, por el camino forestal que subía a la cima. 8.00: Ducha y ordenar habitación. 8.30: Desayuno y medicación. 9.15: Socioterapia grupal (lunes, viernes) y dinámica de grupo (martes, miércoles, jueves). 10.30: Para los pacientes de Fase 1, yoga toda la semana. Para los de Fase 2, diversos talleres que incluían el taller médico, el de prevención de recaídas, el de gestión de las emociones y el de relaciones y habilidades sociales. 11.45: Laborterapia, a escoger entre jardines (rastrillar hojas y limpiar papeleras), cuadras (limpieza y organización del equipo y los caballos) o lavandería. 13.30: Comida. 14.30: Socioterapia individual y la reunión institucional de los miércoles (en la que nos juntábamos todos los pacientes, los profesionales y el director de la clínica). 16.00: Deporte o, para los que estuviesen en condiciones de hacerla, equitación. 17.30: Merienda y aseo personal. 18.00: Talleres que incluían arteterapia, musicoterapia, taller de emociones, técnicas de relajación y expresión corporal. 19.45: Medicación. 20.00: *Meeting* (espacio autogestionado por los pacientes). 21.00: Cena. 21.30: Periódico (segundo espacio del día autogestionado por los pacientes, en el que comentábamos noticias aparecidas en los diarios o temas que nos preocupasen relacionados con la actualidad. Se terminaba la reunión con una ronda en la que cada uno de nosotros decíamos una palabra, la que considerásemos que mejor resumía nuestro día). 23.00: Descanso y hora de silencio.

Los fines de semana se organizaban diferente. Basta decir que había más talleres y muchas horas libres para comerte la cabeza a gusto, castigarte mentalmente, autocompadecerte, liarla parda o perder el tiempo. Cuando, movidos por la desesperación, rogábamos que nos pusiesen más actividades para entretenernos, cualquier cosa con tal de no tener que pensar, solían sonreír y aconsejarnos que saber autogestionar el tiempo también es una herramienta necesaria en la vida, y que el aburrimiento podía convertirse, en el mundo real, en un potente disparador de nuestro consumo. Así que nos animaban a trabajarlo desde el primer momento. Los domingos por la tarde se terminaba la semana con el grupo de cierre, que era un encuentro de todos los pacientes con dos terapeutas para valorar el progreso y poner en común lo ocurrido en los últimos siete días.

El comedor, salvo en las horas de uso especificadas, se mantenía cerrado con llave. Esto tenía un claro porqué: evitaba que nos apalancásemos durmiendo sobre las mesas corridas, al calorcito de la cocina, y, principalmente, impedía que devorásemos hasta reventar todo lo que pasase por delante de nuestros ojos, a cualquier hora. Aun así, los yonquis hacíamos acopio de natillas, pan, yogures, chorizo, salchichón, queso, dónuts, cualquier tipo de bollería industrial o dulce, saliendo del comedor con comida asomando de bocas, bolsillos, escotes y mochilas, como vulgares ladronzuelos de supermercado. Escondíamos de inmediato, como urracas, todos los tesoros en la habitación. Doy por hecho que a mis compañeros les aterraba el mismo pensamiento que a mí: la idea de despertarse a las cuatro de la mañana y no tener nada con lo que calmar la ansiedad demoledora de la madrugada más que darse cabezazos contra la pared.

Algo que también sisábamos mucho eran las infusiones, de todo tipo y marca. Las únicas bebidas permitidas en la clínica eran agua, café descafeinado e infusiones sin teína (poleo menta, tila y manzanilla). Los fines de semana a veces nos motivaban con la presencia de refrescos sin cafeína. El café con cafeína y las bebidas excitantes (mate, Coca-Cola, Red Bull, etc.) estaban prohibidos. Así, además de desintoxicarme, me convertí, en esos meses, en un experto *connaisseur* del mundo de la infusión. Jamás he bebido tanta tila y manzanilla en mi vida. En la actualidad, las infusiones son un pilar importante de mi vida. Soy el típico pesado que lo primero que dice cuando alguien llega a su casa es: «¿Te apetece un té?». Salir de las drogas me ha convertido en Emma Thompson.

Es importante que exponga en qué consistía el *meeting*, el

espacio autogestionado diario que se llevaba a cabo en Hormigas. Un paciente de Fase 2 era el responsable de su desarrollo. Todos los días, al amanecer, este colocaba en Hormigas una hoja en blanco, a disposición de la comunidad, y escribía una frase en la pizarra de la sala. Una frase evocadora, lírica, relacionada con el estado emocional personal. En el papel en blanco, a lo largo del día, los pacientes podían apuntar sus nombres, que luego, cuando el responsable recogía la hoja antes de dar comienzo el *meeting*, se convertían en su estructura. Solo podían intervenir las personas que previamente se hubiesen apuntado en el papel. Así, antes de entrar, dependiendo de la cantidad y el tipo de anotaciones hechas en la hoja, todos los pacientes sabíamos si nos esperaba una reunión movidita o soporífera. Si había muchos nombres, se auguraba jaleo. En este espacio autogestionado se compartían con el grupo temas personales (consumos, agresiones, estados emocionales, progresos terapéuticos, problemas, sentimientos, etc.), se señalaban dificultades de convivencia o actitudes problemáticas de compañeros y era el lugar donde nos presentábamos al grupo y nos despedíamos de él nuestro último día. Las características terapéuticas del *meeting* lo convertían en un espacio importantísimo y engañosamente simple, donde los toxicómanos aprendíamos, de nuevo sin darnos cuenta, a funcionar en sociedad. Hay cosas que me aportaron esas reuniones que sigo poniendo en práctica hoy en día. Era un espacio para ayudar y para ayudarse, donde siempre se respetaba el turno de palabra, donde los juicios estaban prohibidos y donde no se permitía responder a las críticas recibidas, para evitar la impulsividad de contestar y así no procesar lo que se estaba escuchando. Lo opuesto a Twitter, para que se me entienda.

Cuando alguien consumía o agredía a un terapeuta o a un compañero, esa persona era rápidamente separada del grupo. Antes de su expulsión definitiva, se le aislaba fuera de la clínica durante quince días, en una masía apartada donde convivía con un viejo matrimonio a quienes ayudaba a realizar tareas de la casa, mientras reflexionaba y se suponía que modificaba sus hábitos más conflictivos (drogarse y zurrar a la gente, principalmente). Allí no había terapias, solo mucho tiempo para pensar. Era la adaptación yonqui de la «celda de aislamiento» carcelaria. Dependiendo del efecto que el retiro surtiese en la persona, se decidía si reintegrarla en el grupo o si se le invitaba cortésmente a irse para siempre.

También se nos prohibía lo que en lenguaje yonqui llamamos «recreadas». Los ingresos en Fase 1 no tenían permitido, sin supervisión terapéutica, hablar de sustancias o actividades adictivas en ninguna de sus variantes, mucho menos de manera positiva. Una vez transcurrido el tiempo es muy sencillo perder la perspectiva y comenzar a recordar el pasado bajo el prisma opuesto al que te ha llevado al encierro. Me refiero a conversaciones en las que el autoengaño («no era para tanto», «qué bien me lo pasaba», «qué gozada ponerse hasta el culo», «no estoy tan mal», «por un poquito no pasa nada») fluye libre. Esta prohibición fomentaba mantener un punto de vista positivo de la abstinencia. Parece una simpleza, pero vuelvo a la atracción del toxicómano por lo conocido, por el malestar. Las tertulias en las que se rememoraba nuestra vida de toxicómanos desquiciados con nostalgia, de manera lúdica, divertida e incluso apetecible, podían transformarse en un estímulo demasiado poderoso de hacer frente para los recién llegados y provocar consecuencias trágicas: angustia, ansiedad, brotes y, en los casos más extremos, huidas del centro con sus consecuentes recaídas.

Otra de las cosas que se limitaba, como norma general, eran la música y las ficciones audiovisuales que invitasen al consumo o tratasen de él de manera despreocupada o idealizadora. Cuando escribo «como norma general» lo hago de manera consciente, porque esta cuestión era escurridiza. Es prácticamente imposible encontrar una película o serie donde los personajes no beban alcohol al menos una vez, a no ser que se trate de ficciones infantiles. E incluso en este caso, también existen. Y no me refiero solo a personajes identificados como enfermos, sino a personajes convencionales sin taras diagnosticadas. Alguien, por ejemplo, debería contabilizar las copas de vino que se echa al cuerpo Alicia Florrick en *The Good Wife* o todos los whiskys que se pimplan los personajes de policías corruptos, políticos y periodistas estresados, por no mencionar las cervecitas y los cócteles coloridos frente a un atardecer sugerente en las comedias románticas. El alcohol es algo decididamente normalizado y, por momentos, ensalzado en la ficción. No estoy defendiendo que desaparezca. Que prohíban a los personajes ficticios fumar, por ejemplo, me parece una memez. Respecto a la bebida me limito a señalarlo: es así. Yo en la actualidad consumo cantidades ingentes de audiovisual, como todo el mundo, y no me importa en absoluto. Pero es verdad que, en ocasiones, me llama la atención (supongo que pasa cuando el que observa es el extoxicómano).

El tema de la música es bastante evidente: si tuviese un problema con la heroína, lo último que querría sería que un compañero de pasillo me despertase de la siesta con Las Vulpes cantando a gritos «Quiero meter un pico en la polla a un cerdo carroza llamado Lou Reed» (frase extraída de la canción *Me gusta ser una zorra*). Como curiosidad, yo escuché a Lou Reed y a muchos drogatas del *glam rock* en mi ingreso (incluso *Heroin* y otros temazos similares), pero siempre lo hice con auriculares para asegurarme de no desestabilizar a nadie.

Creo que la literatura, que afecta de manera más privada y no tiene por qué tener consecuencias sobre compañeros (a no ser que te dediques a leer pasajes o novelas en alto, cosa que no suele ocurrir), se deja más a gusto del consumidor, para que la persona valore honestamente cómo y cuánto le afecta. En una clínica se lee bastante más de lo que podría pensarse, aunque es cierto que la gran mayoría de los libros que pasan de mano en mano son de autoayuda. Yo leí varios de Osho en mi encierro. Me alegra poder compartir que no recuerdo ninguno.

Así que esta última prohibición era más relativa. Creo que no siempre había sido así, porque en el centro se contaba que todo comenzó después de que a algún toxicómano inspirado se le ocurriese descubrirles *Pulp Fiction* a un grupo de compañeros, estos robaran un caballo, se escaparan de noche e intercambiaran al pobre animal por droga en un poblado chabolista. Como no tenían dinero, porque se lo habían requisado al ingresar, supusieron que la mejor manera de costear el trueque era entregando un caballo entero, lo cual no es tan delirante, porque todo el mundo sabe que los caballos son animales extremadamente caros. Quiero pensar que el grupo reunido, elaborando el plan maestro, decidió asegurarse y desvalijar lo más costoso que tenían a mano, que resultó ser un ser vivo de cuatro patas. Al día siguiente, el director de la clínica tuvo que desplazarse hasta el lugar a recuperar al animal. Siempre me resultó tronchante imaginar a aquellos yonquis atravesando kilómetros de montaña de noche, sin ver un carajo, llevando un caballo a cuestas, poseídos más allá de la razón para llegar al poblado y conseguir material para sus dosis. Todo por haber visto a Uma Thurman ponerse como las grecas en la película de Tarantino. Con *Réquiem por un sueño,* el resultado fue distinto pero similar: dos brotes psicóticos y el hurto de un Suzuki del parking para irse de putas y de marcha toda una noche. Estos volvieron por su propio pie, no sé si arrepentidos.

Soy un defensor radical de la libertad creativa, anticensura convencido, pero ante estas leyendas de la clínica entendí que, al menos durante el encierro, se regulase el acceso a ciertos contenidos. Después, como pasaría de todos modos, que cada uno hiciese lo que quisiera.

Mis primeros aprendizajes en la clínica, quizá los más importantes, fueron los siguientes.

El primero: la regla cardinal de aprender a pedir ayuda. En cualquier momento, a cualquier precio. Sin ningún tipo de vergüenza, temor o duda. La supervivencia está por encima de todo. La recuperación también. Los toxicómanos llegábamos a la clínica con un defecto de fábrica: nadando en fantasías de control. Nada más lejos de la realidad. Somos expertos en no permitir que se desvele nuestra profunda vergüenza y la sensación mortificante de incapacidad, de fracaso, de no tener remedio, de que, hagamos lo que hagamos, no merecemos la pena.

Otro: expresar de inmediato, en público, con quien fuera, si sufría de «tirones» (también llamados *«cravings»*, las ganas irrefrenables de consumir). Se nos aconsejaba, desde el comienzo, compartir abiertamente cuando nos sintiésemos invadidos por el impulso y el deseo (que puede llegar a experimentarse como incontrolable) de desistir y de escapar para noquearse lo más deprisa posible. ¿Por qué? Porque compartir ese pavor, sacarlo, alejarlo de nuestro interior, lo desmontaba, y en el momento de hacer a otra persona partícipe de él, su intensidad, su efecto, se rebajaba de repente. La otra persona ni siquiera tenía que aconsejarte, solo escucharte. El simple acto de decirlo en alto libera sobremanera. Hay dos máximas en la vida de toda persona que siempre se cumplen a rajatabla: los miedos son mucho más pequeños de lo que parecen en la mente cuando se imaginan, y hablar, expresarlos, rebaja la ansiedad. Son dos ideas que sigo poniendo en práctica en mi vida actual.

Un desvío. Suena melodramático, pero debo decirlo: aprender a hablar me salvó la vida. Y creo que en ese centro aprendí a hacerlo. En una clínica se habla muchísimo, todo el tiempo, sin parar, con todo tipo de personas. Evidentemente no me refiero a emitir sonidos, algo que llevaba haciendo desde los dos años. Me refiero a hablar, con todas las de la ley. Es curioso todo lo que hablamos los seres humanos y la poca importancia real y honestidad que tiene el 95 % de las cosas que decimos. Fin del desvío.

El último aprendizaje, que ya he mencionado: el abuso de sustancias es un síntoma, no la enfermedad. Una clínica de desintoxicación se basa en esta máxima: los toxicómanos somos personas enfermas expertas en evadirnos, en evitar el dolor y la confrontación con nosotros mismos, en hacer todo lo posible por no sentirnos mal, por no conectar con nuestra angustia. No sabemos gestionar nuestras emociones, especialmente las negativas (aunque también hay casos en los que gestionamos mal las positivas, como me ocurría a mí con la euforia). Tampoco nos interesa demasiado aprender, para ser sinceros. Preferimos huir. De ahí que se nos aísle de esta manera, se nos encierre y se nos confisquen todos los estímulos externos que nos puedan distraer (ordenadores, móviles, etc.). En el proceso de desintoxicación se nos obliga a enfrentarnos a todo aquello que hemos estado intentando tapar y bloquear desesperadamente: emociones, creencias, sentimientos, traumas, dolor. Sin escapatoria, sin entretenimiento, no tenemos más opción que esperar a que afloren nuestros demonios internos más escondidos para plantarles cara. Esos diablos ocultados y disimulados, negados, acallados por nosotros mismos, son la verdadera adicción y lo que debe ser apaciguado. Esa es la enfermedad real a la que debemos hacer frente.

Durante las primeras semanas me obsesioné con verme con el director de la clínica. Preguntaba por él a profesionales y a pacientes, y exigía que me recibiera. No sé por qué. No supuso absolutamente nada en mi recuperación, una presencia más que secundaria con la que, después de la primera visita, no volví a compartir más que cinco minutos de charla o un par de saludos en algún pasillo. Presumo que quería ser tratado con respeto institucional, con deferencia, por encima de mis compañeros; que se demostrase que yo no era igual que el resto. En aquella época yo era muy sensible, probablemente debido a mi educación, hacia este tipo de gestos vacuos de decoro social, que se basan en la hipocresía más ridícula. El saber estar, la sonrisa educada e inútil, el figurar, el aparentar, las formas. Ahora me parecen herencias arcaicas, como de la época victoriana, pasos de baile risibles.

Finalmente, me recibió. Supongo que una de sus responsabilidades laborales era la de proteger sus inversiones y asegurarse de que florecían. No me gustó su aspecto: un hippie ecochic ibicenco con coleta, chaqueta de lino y aires de colega enrollado. Supe de inmediato que había cometido un error insistiendo en verle y, peor aún, que no tenía ni idea de para qué lo había pedido. Si lo menciono ahora, a mi pesar, es porque en la conversación que mantuvimos me desveló, no sé si a propósito, otro par de ideas importantes que almacenaría conmigo a lo largo de los años.

Cuando le comuniqué que mis compañeros se comportaban como zombis y tarados, que yo era capaz de soportar la abstinencia mucho más tiempo que ellos y la manera sobria en la que yo había ingresado... Se atusó la perilla y fijó su mirada en mí. Ahora sé que debía de estar harto de escuchar la misma argumentación de boca de los pacientes y que mis palabras no eran más que una expresión del proceso natural por el que transitábamos los enfermos. Todos decíamos lo mismo.

—Un adicto no es quien consume, Javier —señaló.

Me quedé boquiabierto. No podía comprender que me soltase semejante estupidez y se quedase tan ancho, recostado en su sofá de cuero.

—Un adicto no es quien consume, sino quien no puede dejar de consumir. ¿Entiendes la diferencia?

Pensé en el refrán de «Quien calla otorga», así que decidí no decir nada.

—Respóndeme a esto: ¿cuántas veces has intentado dejarlo? —Abrió una carpeta y examinó unos documentos—. Estuviste aquí en verano, ¿no?

Asentí, avergonzado. Creo que en ese momento entendí que estaba en ese despacho para pavonearme y dejarle claro que yo era especial. El autoengaño, de nuevo.

—¿Y cuántas mañanas te has jurado que no ibas a volver a hacerlo, que todo iba a cambiar, que ya habías tocado fondo? ¿Cuántas veces te lo has prometido?

—Muchas —contesté. Un huevo de veces. Un porrón. Llevo años diciéndolo.

—¿Lo has cumplido?

—Es bastante evidente que no.

—¿Entonces?

—¿Entonces qué? —respondí, arrogante. No estaba dispuesto a someterme tan fácilmente.

—Si no eres capaz de dejar de consumir, eso te convierte en un adicto, Javier. No necesitas que se te vaya la pinza para estar aquí, tranquilo, muchacho.

Cuánto odié que dijese cosas como «que se te vaya la pinza». Un psiquiatra reputado usando terminología callejera, como si yo no fuese capaz de entender el lenguaje médico. Me hizo sentir imbécil. Le habría golpeado.

—El mundo está lleno de adictos que ni se imaginan que lo son y, si lo saben, no tienen lo que hay que tener para reconocérselo. Para ser alcohólico ni siquiera es necesario beber a diario. Es tu caso. La imagen social de la toxicomanía no es real.

No estaba ahí para hablar de mí. No con esa persona. Pasé a la ofensiva.

—¿Cuánta gente sale?

—Si te quieres ir, la puerta está abierta. Eres mayor de edad y responsable de ti mismo. Pides la hoja de los diez días y en ese tiempo te lo piensas, y si decides marchar, la verja está ahí mismo. Yo no te voy a convencer de que te quedes.

—Cuánta gente sale de la clínica no, de la droga —corregirle me provocó un dulce sentimiento de victoria.

—De la droga sale el cien por cien —aseguró, críptico.

—Venga ya. —Me eché a reír.

—De la droga sale el cien por cien... de los que verdaderamente quieren salir. La mala noticia: no es fácil. La buena: es posible —sentenció.

La primera noche que pasé en la clínica no fui capaz de conciliar el sueño y, después de dar muchas vueltas en la cama, irritado, asediado por la vulnerabilidad de la madrugada, acudí por primera vez a la pecera del *staff* a pedir mi rescate: la benzodiazepina, un ansiolítico potente, que me habían recetado para poder descansar por si el cóctel químico que llevaba ya en el cuerpo no me surtía el suficiente efecto. A este tipo de pastillas que se tomaban así, esporádicamente, en momentos puntuales, y que estaban destinadas a mitigar brotes psicóticos, ataques de pánico, picos de ansiedad, pensamientos obsesivos, etc., las llamábamos así: «rescate». No sé si es el término médico, pero para mí siempre serán eso: el rescate. Fármacos que se hacían con el control de la mente y el cuerpo, tomaban el mando, dirigían y se responsabilizaban, temporalmente, del miedo. Paliaban, a la desesperada, las pesadillas y los terrores mentales autoinfligidos que hacían que no fuese capaz de gestionar mis emociones y mi realidad. Se advertía que fueran usadas cuando el resto de las herramientas no surtieran efecto, como última opción, una bengala lanzada a la noche, un grito de socorro. Y se impedía que se convirtiesen en algo institucionalizado de lo que abusar, para no generar tolerancia. En los meses siguientes, acudiría a por rescates varias noches. Preferí, en bastantes momentos, desaparecer, anularme, para no seguir sintiendo.

Como ocurriría el resto de las veces, había compañeros en la pecera charlando con Santi, el monitor de noche. Ellos tampoco podían dormir. También habitaban sus propias prisiones. No les presté atención. Entré, exigí la medicación sin saludar a nadie y me fui. Estaba demasiado imbuido en mi dolor como para ser capaz de registrar algo que no fuese yo mismo y mi sufrimiento.

Esa madrugada me oriné en la cama por primera vez y descubrí que todos los colchones llevaban fundas impermeables como protección. Sería habitual en mis primeras semanas ingresado levantarme empapado y humillado en mitad de la noche, resultado de un trastorno del sueño severo, que me hacía despertar a horas intempestivas o dormirme en momentos no deseados, como si el descontrol no solo se hubiese instalado en mi mente, sino que también se hubiese hecho dueño de mi cuerpo hasta trastocar las funciones más básicas de un ser humano.

Desvelado y medicado, habiendo dejado mi vida atrás, no hubo ningún rastro de orgullo maniaco. Mi autosuficiencia y petulancia se habían volatilizado. La socarronería, el cinismo y el humor negro, el jactarme de ser radicalmente libre, incontrolable, de disponer del universo a mi antojo, el hipnotizarme por la promesa romántica de la autodestrucción, como si mis días hubiesen sido un cursillo de aprendiz psicótico de Genet, habían desaparecido. En su lugar, habitando el vacío descarnado que dejaban meses y meses de excesos, de locura y de sinsentido, mi interior rebosaba de autodesprecio, terror y una aceptación silenciosa de haberme convertido en un monstruo desfigurado, irreconocible, que no era dueño de sus actos ni de sus pensamientos. Aún no estaba preparado para admitirlo delante de otros, pero, en algún momento del último mes, entre la llamada telefónica y mi presencia en esa habitación, había capitulado.

La adicción había dinamitado mi confianza y se había cebado con mi autoestima. Había arrancado de cuajo toda mi presuntuosa vanidad. Era un fantasma. Un desecho. Una aparición transparente. Ya no existía Javier Giner, al igual que ya no había objetivos, ni sueños, ni dirección, ni esperanzas. La rendición era total. Había abandonado la idea de intentar controlarla. Sabía que no podía, que hiciese lo que hiciese no era capaz. Estaba doblegado.

En ese cuarto comprendí, por primera vez, que la adicción es una ofensiva que no toma rehenes y que arrasa con todo aquello con lo que entra en contacto hasta hacerlo desaparecer. Su único mandato es la destrucción total. Es un ejército voraz, inmisericorde, despiadado, letal.

Estaba preparado para comenzar mi viaje.

3

Me resulta complicado detallar mis primeros días en la clínica debido a que fueron nebulosos, extraños, resacosos, difuminados bajo un manto de irrealidad, como un cristal esmerilado que no deja pasar toda la luz, a través del cual solo se adivinan sombras. Es lo que ocurre en cualquier proceso adaptativo a un grupo y un lugar desconocidos: un trabajo nuevo, una mudanza a una comunidad de vecinos nueva, un gimnasio nuevo. A la suma de rutinas, conductas y espacios, en este caso se le unían personas anónimas en estados emocionales que, en muchos momentos, bordeaban la ciclotimia salvaje. Los recuerdos se mezclan en mi cabeza ahora que intento describirlos y, al no haber recogido nada en el diario, no sé qué es irrefutable y qué no, ni qué viví esos días. Puedo hablar de sensaciones, pero no de hechos, porque mi memoria es imprecisa.

Es cierto que haber visitado ya la clínica en verano hizo este segundo aterrizaje menos despiadado. Ingresar por mi propio pie y decisión tras un periodo de sobriedad autoimpuesta también apaciguó mi llegada. No era lo común, puesto que muchos ingresos se producían a través de engaños y tretas familiares o en pleno brote psicótico, y era necesario estabilizar al paciente antes siquiera de poder decir que la persona había «llegado». Las desintoxicaciones de heroína, por ejemplo, debido al brutal síndrome de abstinencia, el famoso mono, eran peliagudas y debían ser supervisadas por un médico. En cualquier caso, si se ingresaba en un estado alterado, provocado por el abuso de la sustancia, lo principal era la estabilización. Sacar al enfermo de ese lugar en el que solo existe la paranoia y transformarlo en una persona, si no funcional, al menos con capacidad de comunicación y una mínima conexión con la realidad. De ahí la estructura del sistema de acogidas y la permanencia en habitaciones separadas del resto unos días, antes de pasar a la habitación definitiva en los edificios donde estábamos todos. Aunque el abandono de las sustancias y el encierro físico eran inmediatos, irrenunciables y categóricos, el ingreso real, el psicológico, debía hacerse poco a poco, fomentando una adaptación progresiva y sana de la persona al nuevo entorno. Un cursillo acelerado de cómo ser un yonqui ingresado en unas jornadas.

Recuerdo aquellos primeros tiempos con el peso de una vergüenza pegajosa y la acumulación asfixiante de sentimientos devastadores de fracaso, soledad y desamparo. La cabeza inclinada, la mirada huidiza, la espalda encorvada, los músculos tensos, los gestos inquietos, la mandíbula apretada. Esos días actuaba sin ser consciente de lo que estaba haciendo, habitaba sin habitar, como alguien que camina sin saber por qué se mueve ni quién está transmitiendo órdenes a sus piernas. Viví en un estado automático, robótico, ausente, encadenando horas, sin personalidad. Fui, volví, paseé, comí, hablé, participé, pensando lo menos posible, dominado por una zozobra omnipresente.

La medicación ayudaba. La incomunicación obligatoria con el exterior también, ya que la aceptación de la realidad era la única opción. Llegar a admitirme que estaba ingresado (como si el hecho pudiese ser un mal sueño o una situación efímera), por extravagante que suene, me llevó mi tiempo. Poco a poco, con el transcurso natural de los días, con la repetición de horarios y terapias, de caras, cuerpos, talleres y sonidos, como cuando una bruma se disipa, ese entorno tan insólito comenzó a volverse real.

Rememoré pronto qué hacía tan especial un lugar como aquel. Allí todo el mundo expresaba sus sentimientos y sensaciones abiertamente, de forma descarnada, sin filtro. En la clínica conocías a tus compañeros de una manera muy peculiar. Todo se invertía: la superficie pasaba a esconderse y lo oculto se mostraba. Eso se traducía en que quizá no estuviese al corriente de cuáles eran sus colores preferidos, ni de cuántos hermanos tenían, ni de su opción política; sin embargo, conocería rápido su dolor, sus miedos más recónditos, sus secretos más desgarradores, sus inseguridades, sus emociones negativas y sus traumas familiares. En el recinto se tendía a obviar las charlas superficiales y se propiciaba meterse de lleno en el barro desde el principio, en un estadio de confesión eterna. Se iba a la chicha, a lo que importa, que, normalmente, es lo que se encubre. Eso hacía que una de las maneras que teníamos de pasar el tiempo fuera simplemente hablar en los bancos de nuestras emociones o revelaciones psicológicas, dejando escapar las horas entre los dedos y encadenando cigarrillos con la mirada perdida. Muchas veces imaginé que alguien de fuera entraba y nos escuchaba. Habría pensado que éramos marcianos o que habíamos perdido la cabeza. Ninguna de las dos opciones distaba mucho de la realidad.

La ciclotimia, las conversaciones imposibles, la intensidad emocional, el huracán interior. Los días con el ánimo arriba y abajo, como una noria incapaz de parar, desbocada; la hipersensibilidad y la intimidad como única piel. También los olores, tan característicos: aromas a incienso y a aceites en quemadores; fragancias a naturaleza, a campo, a bosque, a, paradójicamente, libertad. La ausencia de contaminación acústica, de cláxones, de coches, de transporte público y del hormigueo frenético de la ciudad. Una calma bajo cuyo manto se adivinaban tormentas cercanas. Todo hacía imposible no entender que había dejado atrás el mundo real. Era otro código.

En una clínica, como en un rodaje o en un periodo de ensayos teatrales, se da una dualidad curiosa: por un lado, se alcanzan niveles de camaradería que rara vez se logran en el devenir natural y espídico del día a día; sin embargo, por otro, la atmósfera está cimentada en la privacidad y el respeto. Sospecho que tiene que ver con el hecho de que en ambos universos se trabaje con las emociones. En ese sentido, por ejemplo, en el centro nunca se hacían públicos los historiales médicos, ni los problemas terapéuticos. Solo sabíamos del otro lo que este decidía libremente comunicarnos. Los profesionales jamás nos proporcionaban información de alguien que no fuera uno mismo. Las fotos estaban prohibidas, por motivos obvios de privacidad. Nadie quiere descubrirse en Instagram varios años después etiquetado en una foto de su etapa de yonqui encerrado. Si a alguien le apetecía documentar su paso por el centro, se aseguraba de tener el beneplácito de aquellos a los que fotografiaba. Yo, desde el comienzo, me negué a salir en ninguna.

Todo ello fomentaba que conociera a mis compañeros mejor que a los miembros de mi propia familia, porque nos lo contábamos todo, principalmente aquellas cosas que no nos atrevíamos a compartir con nadie que no fuese uno de nosotros. Y cuanto más compartíamos, mejor, más comprendidos y aceptados nos sentíamos. Era el efecto terapéutico de expresarse. La comunión de compartir experiencias, aunque estas fueran traumáticas, o justo por eso. Lo que en otros ambientes resultarían absolutas aberraciones, por las que la sociedad te condenaría de inmediato en virtud de la doble moral, en la clínica eran historias frecuentes. Y sí, apaciguaba darse cuenta de que no eras el único que había cometido atropellos.

No se debe subestimar jamás el poder del grupo como red de apoyo y soporte. El ser humano es gregario por naturaleza y su dimensión social, por mucho que se nos vendan leyendas de independencia absoluta y deseable, es vital para nuestra raza. La autosuficiencia, como ideal, es irreal. Nos necesitamos unos a otros, sin caer, evidentemente, en la dependencia, tan insana como su contraria. Somos seres que creamos vínculos y que encontramos placer y sentido al hacerlo. Los afectos son salud y vida, queramos admitirlo o no. Tienen una importancia capital. De hecho, las primeras comunidades terapéuticas y los grupos de Alcohólicos y Narcóticos Anónimos nacieron cuando se empezó a comprobar la influencia del grupo en la resolución de problemáticas comunes. Compartir y expresar como medicina.

Mi realidad, paulatinamente, se fue llenando de gente a la que se le cerraban los ojos y que arrastraba los pies. De personas que no podían hablar debido a los fármacos y que se limitaban a existir, con restos de baba reseca en la comisura de los labios. De compañeros que se obsesionaban con detalles que no tenían la más mínima importancia. De pacientes incapaces de hacer otra cosa más que comer. De individuos que conversaban con gente que no existía. De enfermos que decían cosas inconexas o que tenían los párpados demasiado abiertos sin fijar la mirada en nada. De comportamientos y conversaciones bizarras. De excusas peregrinas. De muchas lágrimas. De ingresos con problemas médicos derivados de la adicción, pulmonares y cardiacos, y serias complicaciones bucodentales. De gente que se cortaba el pelo a sí misma en las habitaciones, creando diseños capilares indescriptibles que habrían hecho llorar de alegría a Vivienne Westwood. De combinaciones imposibles de colores y ropa maltrecha. De conductas maniacas o profundamente depresivas. De salidas de tono, explosiones de rabia o de victimismo o de dolor emocional y contestaciones sorprendentes, no coordinadas con el momento real, sino resultado de los pensamientos y del monólogo interior de cada uno.

Esos primeros días conocí a mis compañeros. En una clínica se sabe quién te acompaña en el viaje con relativa facilidad. El propio discurrir natural del centro está diseñado para propiciar el encuentro. Como en cualquier conjunto de personas aislado del mundo, las noticias vuelan, así que en muchos casos ni siquiera necesité presentarme, ya venían informados del patio. Por mucho que renegase de ellos, como había hecho la primera noche ingresado, no hubo manera de evitarlos: a lo largo de las primeras jornadas los conocí en todos lados (en los grupos de terapia, la cola de la medicación, las habitaciones, los talleres, el comedor, el análisis de orina, etc.). En la clínica, debido a la estructura de grupos, se formaban rápidamente subgrupos: por casualidad, por interés, por cercanía, por afinidad, por clase social, por edad, por sustancia adictiva... Las razones del agrupamiento eran múltiples, algunas tan aleatorias como compartir fecha de ingreso o pasillo de habitaciones.

Cuando alguien no te reconocía por el patio o tú no sabías

quién era, se presentaba o te presentabas. Siempre, casi antes del nombre, como he contado, se preguntaba: «¿Por qué has *entrao*?». Una vez saciada esa curiosidad cada uno proseguía su camino, sin darle más importancia. Ambos sabíamos que nos íbamos a encontrar al cabo de poco tiempo, en alguna actividad común.

En esos intercambios rápidos de información yonqui, profundicé en drogas que no sabía que existían y en adicciones desconocidas (mi favorita era una paciente adicta a hacer shows porno por *webcam*). Fumar base (pasta de cocaína) era algo muy común en aquel momento. Al parecer, no soy un experto, ya que nunca lo probé, el efecto era más potente y mucho más adictivo. También conocí el *speedball* (el uso combinado de cocaína y heroína en una misma jeringuilla para su uso intravenoso) y de otras adicciones más curiosas. De hecho, ser un adicto al alcohol y la cocaína esnifada, como yo, me convertía en un enfermo convencional y monótono en el variado y fascinante mundo de la clínica.

Pronto comprendí lo que Anais me había señalado a mi llegada. El grupo era muy distinto a mí. Iba más allá de la mera diferencia: no tenían nada que ver conmigo. No compartíamos referentes, ni gustos, ni códigos. No había nadie homosexual, ni creativo, ni famoso, ni que tuviese relación con el mundo urbanita, moderno, sofisticado y cosmopolita (más tarde se acuñaría el término *hípster* para definirlo) del que yo provenía. No había fotógrafos de moda, ni travestis, ni cantantes de electrónica, ni actores ni DJ profesionales. No había escritores ni artistas torturados. De hecho, la mayoría de los pacientes provenían de pueblos de toda la geografía, con existencias y trabajos vulgares, bastante paletos. Gente corriente y anónima. En aquel entonces yo pensaba que ser yonqui era patrimonio de las grandes ciudades, de los poderosos, la farándula, los *yuppies*, la prensa rosa, las mansiones y los grupos de rock, elevados por encima de la chusma que se plegaba a los condicionamientos sociales del entorno en lugar de vivir la vida al límite. Sin embargo, mi experiencia fue opuesta a ese prejuicio tan común: en la clínica no encontré nada de eso, más bien al contrario. Descubrí la dimensión socioeconómica de la adicción, que hace estragos en la clase obrera ahogada en precariedad y desesperanza, la que soporta sobre sus hombros las crisis, los recortes y la ausencia de futuros dignos. Por eso mismo mis compañeros no pudieron provocarme más que desinterés. Supe, en cuanto los vi, que yo no podría aprender nada de toda esa gentuza. Como en casi todo lo demás, en esto también me equivoqué.

Al entrar en el *meeting*, en la sala de Hormigas, hay una frase en la pizarra: «Doblega la voluntad, ahora es el momento». Llevo dos días en la clínica y esta noche, en el espacio autogestionado (sin presencia de profesionales) que tiene lugar todos los días a las 20.00 antes de la medicación y de la cena, voy a presentarme oficialmente al grupo. El responsable pasa lista y anuncia el orden de intervención. El ayudante del día apunta todo en el cuaderno, donde se recoge acta de lo que ocurre en las reuniones. Todos mis compañeros están sentados en sillas, formando un círculo. Hay un silencio respetuoso en el ambiente, roto por algún comentario entre pacientes por un tema de convivencia y de objetos perdidos. Los observo, intentando recordar sus nombres. Muchos de nosotros llevamos cuadernos y bolis, como en todos los grupos y talleres.

Un detalle. Todas las terapias y talleres se desarrollan en círculo. El círculo como imagen terapéutica, perfecto, infinito, sin comienzo ni final, sin jerarquías. Una figura geométrica que permite que todas las personas que forman parte de ella puedan verse las caras. Un espacio que se cierra sobre sí mismo y protege al grupo. Fin del detalle.

Antes de mi presentación, Alicia, adicta al cristal y alcohólica, quiere compartir algo, después de meses ingresada. Acaba de regresar de una salida de fin de semana a su casa y al parecer no ha ido todo lo bien que debiera. Esta mañana he escuchado algún comentario en el comedor acerca de lo que está a punto de ocurrir. Ato cabos en mi cabeza.

—Me bebí dos litros de leche antes del bote de pastillas. Evidentemente solo quería llamar la atención, no suicidarme —comenta Alicia.

Me he perdido el principio de su historia. Estoy pendiente de mis alrededores, desconcentrado, investigando los rostros y el aspecto de mis compañeros. Veo que la gente que no está dormida o con la mirada perdida se remueve.

—Somos expertos en el autoengaño, cualquier excusa es buena con tal de consumir o de jodernos la vida, tía —añade alguien.

El responsable le llama la atención de inmediato, puesto que no se puede hablar sin tener el turno de palabra. Anoto mentalmente esa regla, para el futuro.

—¿Leche? ¿Qué dices? —pregunta uno con sobrepeso que acaba de despertar, con la camiseta levantada dejando al descubierto la barriga peluda.

—Bájate la camiseta, que es asqueroso verte la panza. Pareces un orco —le recrimina una.

—Que me va pequeña, joder —se excusa el recién despertado.

—Digo que tomé leche, para protegerme el estómago... por las pastillas —responde Alicia, como si eso tuviese algún sentido en un intento de suicidio.

Observo la sala. Alguno está ausente, entretenido en descubrirse padrastros en los dedos o jugueteando con las cicatrices de sus piernas. Los que atienden miran a Alicia con una mezcla de aburrimiento e incredulidad. Saco la conclusión de que este tipo de actuaciones deben de ser habituales en ella.

—Me metieron una vía por la nariz y me limpiaron con inyecciones de carbón activado. Mi socio me ha aconsejado que lo comparta, que no me esconda. —Alicia se echa a llorar. Continúa hablando, pero no se le entiende lo que dice.

El yonqui que tengo al lado se revuelve en la silla y comienza a murmurar:

—Ya está la notas, ahora media hora llorando. Qué puta plasta de tía, hostias.

—Déjala, es su espacio también. Trabájate la tolerancia —dice otra.

El responsable agradece a Alicia el esfuerzo. Nadie tiene

nada más que añadir a la historia. Alicia sigue llorando, intentando sacar pañuelos de sus bolsillos. Me doy cuenta de que muchos de mis compañeros llevan chándal, ropa ancha de andar por casa y sandalias con calcetines, en pleno enero. Y de que parece que yo vaya a asistir a un estreno de cine en cuanto salga de esa habitación. Mi aspecto y mi silencio me delatan: soy nuevo.

—No hay manera de salir de aquí sin desgarrarte del todo por dentro antes, Alicia, ya lo sabes. No tires la toalla, es un camino jodido. Ánimo —le dice el responsable.

Ahora el que se revuelve en la silla soy yo. La frase me impresiona. El yonqui de al lado se echa a reír.

—No asustes al chaval, que mira cómo ha *apretao* el culo —le señala. Luego se gira hacia mí y continúa—: Esto no está tan mal. Más bajo no vas a caer, jefe. Ahora todo *p'arriba.* Me tenías que haber visto a mí al llegar.

Al compañero que me intenta animar le faltan varios dientes y se le ve la piel apergaminada, llena de arrugas y boquetes, falta de luz. Es una piel usada, dada de sí. El pelo lo tiene lleno de trasquilones. Parece un caimán psicótico desdentado. Si este es su aspecto bueno, no soy capaz de imaginar cuál es el malo. Me recoloco en la silla y bajo la cabeza.

Después de un par de intervenciones más y de alguna indicación en la que algún paciente comenta conductas que le molestan de algún compañero, como ducharse o cantar a las cuatro de la mañana o dar puñetazos en la pared que comparten, me llega el turno de presentarme. Me sudan las manos. Siento la presión de muchos ojos sobre mí. Estoy en una clínica de desintoxicación a punto de dirigirme a un público formado por yonquis y enfermos mentales. ¿Dónde han quedado las ruedas de prensa que soñaba dar? ¿Las películas que iba a dirigir? ¿Las sesiones de fotos?

Cuento que soy de Bilbao y que vivo y trabajo en Madrid. Que me dedico al cine y que también soy escritor. No doy datos de a quién conozco ni con quién he trabajado, entiendo que no viene al caso. No quiero que nadie me pregunte sobre esas personas. No estoy aquí por ellos.

—Anda, un artista, qué guay —dice una.

—Bueno, artista, artista, no sé... Pero sí, escribo. Publiqué un libro y ahora estoy trabajando en el segundo, tomando notas y tal. Quizá lo escriba sobre esto, sobre la clínica —comento.

—Lo que se cuenta aquí no se puede contar fuera —advierte uno.

—No, me refiero a que es una idea, pero que no lo sé. Que como voy a estar aquí un tiempo pues que igual aprovechaba, pero que no sé —contesto de inmediato, pudoroso.

El responsable, viendo mi azoramiento, me da la bienvenida en nombre del grupo y me pide que explique por qué estoy aquí.

—Porque ya estuve en verano unas semanas y... tengo problemas.

—Problemas tenemos todos. Lo terapéutico sería que compartieras los tuyos con el grupo —señala el responsable.

—Ya... Esto... Pues soy adicto al alcohol y a la cocaína, esnifada. —No puedo creerme que lo haya dicho en alto. Me invade el desánimo.

—¿Te ponías fino cuando se te calentaba el morro? —pregunta una, ojerosa, pálida, y se echa a reír.

—Supongo, sí, no a diario... pero cuando empezaba no podía parar —concedo.

—Llegaste ayer, ¿no? No viniste al *meeting*—apunta uno. Este tiene mejor pinta.

—Sí, bueno... Me quedé en el cuarto.

—Es que el primer día es un puto bajonaco, tronco —dice otro—. Ya estás aquí. Has *dao* el paso, colega.

—Los primeros días, relax, que son jodidos. Ya irás viendo cuando te salga el Alien de dentro. Lo importante es que has pedido ayuda, que somos expertos en aparentar fuerza, orgullo, para que no sufran por nosotros, y nos jodemos —comenta el responsable. Algunos asienten al aire. Parece que es el discurso aceptado.

—De eso va este proceso: de cambiar de piel, de reinventarte —continúa el ayudante del día—. De que seas capaz de soportar la incertidumbre y la angustia sin lanzarte a apoyarte en sustancias o en actitudes autodestructivas. Aprender a tolerar el malestar y la frustración.

—¿Estás rabioso? ¿Te ha *dao* por romper algo? ¿Has *intentao* pegar a alguien? —me pregunta el caimán desdentado.

Niego con la cabeza. Quiero irme.

—Ya se andará —concluye—. Verás qué mala hostia se te pone.

—No creo. No soy violento, ni agresivo —explico.

—El síntoma inequívoco de la adicción es su negación —añade Alicia, que está de vuelta de su drama suicida.

—Vas a flipar —dice de nuevo el caimán—. Cuando aparezca la rabia a ver cómo la gestionas, porque no sabemos qué hacer con ella. La rabia o la lanzas contra alguien o contra ti mismo. Sí, chaval, te crees invulnerable, inmune a todo, y para nada, no, aquí te das cuenta de que eres frágil. Todos aquí somos peleles y nos cuesta reconocerlo.

Varios vuelven a asentir al aire. Comprendo, en una revelación concluyente, que no solo están hablando de mí, sino también de ellos mismos. Al entenderlo, el caimán desdentado ya no me resulta tan desagradable de mirar, sino más humano, más cercano. Creo reconocer en él algo de mí, aunque no sé qué es.

—Aquí has venido a curarte, Javi. Ánimo. Bienvenido. Tienes al grupo para apoyarte. Ahora a la salida algunos te dirán cuál es su habitación, por si necesitas algo —finaliza el responsable.

Después, me dan un aplauso. Estoy oficialmente ingresado.

Esta noche me invitan a un cuarto en mi pasillo, otro rito ineludible en mi integración. Tomo mis primeras tilas comentando el día con los compañeros: situaciones o conversaciones esperpénticas, el devenir de nuestras rutinas, qué hemos aprendido, la importancia de la renuncia en nuestro proceso... No somos más de cinco, y las bromas vuelan, aunque yo permanezco callado la mayor parte del tiempo. Me explican cómo funcionan las compras en el recinto: pasas tu lista y sacan el dinero del depósito que has dejado. Tabaco, jabón, calentadores de agua, incienso, quemadores de aceites, etc. Como un colmado carcelario. Me dicen también que tengo muchas papeletas para engancharme a los puritos, que se fuman en el centro en cantidades industriales, pero les explico que nunca me han gustado, porque me recuerdan a mi padre. A las once asoma por la puerta Santi, el monitor de noche, y nos pide que nos recojamos. Me lavo los dientes y vuelvo a mi cuarto. Me tumbo a leer en silencio.

En el primer grupo de socioterapia al que asisto, tras sentarnos en círculo, Anais nos entrega unas fotocopias que luego guardaré en mis archivadores rojos. Las leemos en alto y conversamos. Se trata de estudios que responden a la pregunta de qué es la adicción. Comienzo a asimilar información acerca de la enfermedad que me asola.

La adicción es un enfermedad compulsiva, obsesiva, crónica y progresiva. Puede aparecer en cualquier etapa de la vida y, aunque habrá consumidores casuales o sociales que puedan dejar de usar la droga cuando quieran, el adicto, por el contrario, será aniquilado por la compulsión a consumir. Las alteraciones químicas en el cerebro le impiden su funcionamiento normal. El cerebro necesita la droga para recuperar su equilibrio y para reemplazar sus sustancias químicas naturales. De la misma manera en que se comportaría el organismo cuando tiene sed o hambre al faltarle el agua o el alimento, así se comporta el cerebro del adicto. La parte mental de la enfermedad, que todos los ingresados sufrimos, se equilibra con un sofisticado sistema de autoengaño, negación de la realidad y justificación para volver una y otra vez al consumo. Aprendo las características conductuales que mis compañeros y yo compartimos. Con independencia de nuestros contextos, historias y experiencias, todos los toxicómanos las tenemos, en mayor o menor medida. Son las siguientes.

El enfermo no acepta ser adicto, no reconoce que necesita ayuda. Vive en una subcultura particular y utiliza un lenguaje con códigos típicos de esa subcultura para comunicarse. Es una persona con inteligencia promedio o superior (la mayoría). Tiene conflictos con la autoridad y la rechaza. Es egocéntrico e individualista, se suele preocupar poco por los demás. Distingue entre el bien y el mal, pero cuando actúa primero lo hace y después piensa (es impulsivo). Tiene controles internos pobres o débiles. Es inconsistente, no persevera. Comienza las cosas pero no las termina. No tolera la rutina. Vive el presente como un niño. Quiere las cosas cuando las pide y no puede esperar. No planifica en base a la realidad. Es manipulador, siempre busca salirse con la suya. Es inmaduro, ansioso e inseguro. No aprende de sus experiencias ni de las de otros. Tiene una bajísima tolerancia a la frustración y también una bajísima autoestima. No se hace cargo ni se responsabiliza de sus conductas, los culpables siempre son los demás. Presenta embotamiento afectivo, le cuesta sentir amor y se le hace muy difícil recibirlo. Es mentiroso y se cree sus propias mentiras. Tiene ambiciones y autoexigencias desmedidas, así como una gran capacidad para seducir y agradar. No se conforma nunca, siempre quiere más. O provoca conflictos con su pareja (objeto que puede usar como quiere) o, por el contrario, se deja usar. Trata de modificar el mundo de acuerdo con sus propios intereses. Le cuesta aceptar las reglas y las pautas externas. Es un ser desconfiado. Su complejo de inferioridad a menudo se desarrolla en forma de patología narcisista. Tiene poca confianza en sí mismo. A veces se torna irascible, negativo y hostil. Siente una culpabilidad y una vergüenza permanentes con autodesvaloración, minusvalía y tendencia al autocastigo. Tiende a la amargura existencial y la depresión. Necesita obtener la aprobación de los demás.

Pasados unos días, como si la mente me hubiese concedido un descanso para adaptarme a mi nueva realidad, aparecen los recuerdos. Me atacan en flashes, reviviendo instantes, actos, pruebas de mi monstruosidad, sin orden ni concierto ni en los sentimientos ni en la memoria. La lógica no tiene cabida cuando se trata de revivir la experiencia de una vida destrozada. Me asaltan en cualquier momento, por sorpresa, como relámpagos que iluminan la noche cerrada. Asociaciones gratuitas de olores, de músicas, de sensaciones, de espacios, de luces, de sonidos. Imágenes de pesadilla. Mi depravación. Los recuerdos no desaparecerán durante toda mi estancia. En la actualidad, doce años después, a veces vuelven.

Ayer me pasó algo curioso. Escribiendo estas últimas páginas, sentí que algo hervía en mi interior y, presa de violentas arcadas, tuve que salir corriendo al baño a vomitar. No llegué a hacerlo, pero pasé varios minutos agarrado a la taza, con sudores fríos, en el suelo, sacudido por espasmos que anunciaban la náusea, pero que no llegaron a concretarse en nada más que en saliva y vértigos. Al poco, con la sensación desapacible aún presente, me recompuse y regresé al ordenador, sorprendido por la rapidez y la contundencia de mi malestar corporal. No me había pasado nunca. Soy una persona que maneja muy bien el estrés (después de aprender a gestionarlo, no nací aprendido). Si no fuese así, no podría dedicarme a lo que me dedico. Los ensayos, el caos del rodaje, las fechas de entrega, los estrenos, etc., son ambientes en los que disfruto. Nunca somatizo: no tengo calenturas ni eccemas ni problemas estomacales. Como mucho, alguna noche empeoran mis patrones de sueño, pero poco más. Por eso me asustó tanto verme ayer correr al cuarto de baño. Fue una reacción física del todo inesperada. Esta noche he dormido sin problemas, como si no hubiese sucedido nada.

Dicen que el cuerpo es sabio y que, está más que probado, se acopla a la mente de maneras que quizá ni sepamos entender aún. A lo largo de mi recuperación aprendí a interpretar las señales que me da mi propio organismo (las tensiones, los dolores, el cansancio) cuando no soy consciente de mis pensamientos. ¿Quiere esto decir que la escritura de este libro me remueve hasta el vómito? ¿Me provoca más pesadumbre de la que estoy dispuesto a admitirme?

Esta mañana, al sentarme, me he obligado a no pensarlo, para que no se instale el miedo. No quiero escribir con miedo. Solo puedo hacer una cosa: seguir adelante. He dudado mucho si reflejar lo que me ocurrió ayer, para evitar sonar melodramático y afectado, pero he pensado que merecía un espacio en esta historia. El viaje que hago escribiendo desde mi presente por obligación es un reflejo del que hice hace años, en mi pasado. Cada uno de ellos tiene su mochila. Parece que mientras escribo, ajeno a mi mente o justo por ser una única existencia indivisible, mi cuerpo se agita y regurgita, intentando desprenderse de ella.

Esther es una terapeuta de tintes fellinianos que viste colores oscuros, coronados por un exceso de maquillaje y una melena cardada azabache. Viene los fines de semana a la clínica a impartir talleres. Risueña y vital, comprensiva y chistosa, es una psicóloga social que identifico mentalmente con la Saraghina de *Ocho y medio.* Le cojo cariño de inmediato. El primer sábado nos reúne en la sala de Hormigas y nos hace entrega de unas páginas impresas. A lo largo de los fines de semana que pase ingresado esta rutina se repetirá: Esther llega, nos sentamos en círculo, nos entrega unas fotocopias, las leemos en alto y comentamos todo aquello que nos sugieren o que nos llama la atención. Serán siempre reuniones distendidas, charlas cómodas, donde nos sinceramos y exteriorizamos lo que ocurre en nuestro interior. Todas las hojas hablan de nosotros y de nuestra enfermedad.

La primera tarde que asisto a su taller tiene preparados sendos paquetitos unidos con grapas con los temas que trataremos: la baja tolerancia a la frustración y el miedo al cambio, dos de los pilares a solucionar en nuestra recuperación.

—Algunas personas —lee un compañero— no son capaces de tolerar la más mínima molestia, contratiempo o demora en la satisfacción de sus deseos y no soportan ningún sentimiento o circunstancia desagradable. Es decir, no toleran el hecho de sentirse frustrados.

Esos somos nosotros, radiografiados en negro sobre blanco. Las personas con baja tolerancia a la frustración no aceptan que sus deseos no sean satisfechos de inmediato, no quieren esperar, ni saben sustituir un deseo no realizable por otro que sí lo sea. Aunque este comportamiento suele ser frecuente en niños, también se da en los adultos que consideran que sus propias necesidades están por encima de cualquier otra cosa o persona, incluidas las leyes o las normas sociales. No soportan que las cosas no salgan como ellos quieren. Cometer un error es algo terrible y fracasar es inadmisible. Todo aquello que a las personas con una adecuada tolerancia a la frustración les resulta simplemente molesto o desagradable para nosotros es una verdadera catástrofe. Esther expone que la persona con baja tolerancia a la frustración (nosotros) exige, insiste u ordena que sus deseos se satisfagan y se torna angustiada, deprimida u hostil en exceso cuando esto no ocurre. Implica una sensibilidad extrema hacia todo lo desagradable, que funciona como una lente de aumento que magnifica el lado malo de cada situación. Con frecuencia se siente de mal humor, agitada, ansiosa, triste, resentida, humillada o enfadada con el mundo, que debería estar ahí para satisfacer todos sus deseos. Esta persona cree que es necesario que la vida sea siempre fácil y cómoda, y confunde sus deseos con necesidades reales. Por supuesto, la baja tolerancia a la frustración está directamente relacionada con la impulsividad, porque si una persona ve las cosas de este modo, hace lo que desea en el mismo momento en que ese deseo aparece en su mente, incapaz de soportar la espera. Si quiere algo, lo quiere ya.

Esther levanta la mirada y nos observa. Todos la tenemos fija en los papeles que sujetamos, probablemente preguntándonos, como yo hago, cómo alguien es capaz de redactar con tanta claridad lo que ocurre en nuestra cabeza sin conocernos, poniendo nombre a sensaciones y sentimientos que hasta ese momento no sabíamos cómo describir.

—En investigaciones realizadas sobre la personalidad base de los adictos —explica Esther—, la baja tolerancia a la frustración ha sido siempre el rasgo más típico y consistente. Imaginad una persona que en situaciones interpersonales siente una ansiedad de la que quiere huir a toda costa, porque le resulta molesta. Entonces descubre que un modo de hacerlo es recurrir al alcohol o a las drogas o a ciertas actividades. Cuando bebe o consume drogas se desinhibe, se tranquiliza y puede disfrutar de sus relaciones con los demás. A medida que pasa el tiempo, su dependencia aumenta, su deseo de huir del dolor, de esa ansiedad, es mayor que todo lo demás. Pensar en el daño que le está haciendo el consumo es muy desagradable, por lo tanto lo mejor es no pensarlo, centrarse en el ahora, porque ahora se siente bien. Una vez adquirida la adicción, aparece un nuevo problema: el síndrome de abstinencia que, magnificado por su baja tolerancia al sufrimiento, es algo que no está dispuesto a soportar. Ya no consume para sentirse a gusto con los demás, sino porque lo pasa mal cuando no recibe la dosis que le pide su cuerpo.

—La pescadilla que se muerde la cola —reconoce un compañero.

—Un callejón sin salida —apunta Esther—. El sufrimiento es cada vez mayor, y el deseo de aliviarlo también. Pero, paradójicamente, aquello que causa el dolor es lo mismo que lo alivia. Por eso al adicto no le resulta fácil escapar de la adicción. Dejar un hábito significa dejar de hacer algo hacia lo que nos sentimos impulsados. Centrado más en la recompensa inmediata, en satisfacer el deseo del momento, prefiere no pensar en las consecuencias a largo plazo, ya que este es un pensamiento que produce malestar.

—Joder, la hostia, ¿y qué hacemos? —pregunta una paciente, preocupada.

Algún compañero dormita, pero, en general, puedo vernos a todos concentrados, escuchando. Me sobreviene de nuevo la sensación de que, con independencia de nuestras historias personales, compartimos rasgos que nos definen.

—Ser conscientes. Hay que aprender a distinguir entre deseos y necesidades —explica Esther—. Todos queremos que las cosas nos salgan bien, no cometer errores, tener una vida fácil, ser felices, etc. Pero nada de esto es una necesidad orgánica que requiera satisfacción y alivio inmediato. Necesidades son el agua, el alimento, cosas así. Cosas sin las cuales literalmente no podríamos vivir. El truco está en aprender a ver todo lo demás como simples deseos que pueden satisfacerse o no y así manejar mejor las inevitables situaciones incómodas propias de la vida. También sirve controlar los impulsos: cuando aparezca algo que quieres vencer, si te pones a pensar «tengo que hacerlo», «no puedo evitarlo, lo necesito», sustitúyelo por «deseo mucho hacerlo, pero sé que no me conviene y no lo necesito como respirar». Y, muy importante, tenemos que aprender a soportar el dolor y el malestar. El dolor forma parte de la vida y los problemas aparecerán una y otra vez. Y eso no es una catástrofe.

—Así dicho suena sencillo, pero, claro, luego hay que hacerlo —dice uno.

—Claro, por eso dejar un hábito es tan difícil y frustrante —conviene Esther—. Y eso me lleva a lo siguiente: el miedo a cambiar. ¿Quién quiere leer?

—A partir de hoy, sería bueno que escribieses un diario de tu paso por la clínica. Escribir es terapéutico, y tú eres escritor.

—¿Y qué escribo? —pregunto.

—Lo que tú quieras. No es una lista de lo que has hecho en el día, sino lo que sientes, qué piensas, ¿entiendes?

—Sí, no un diario de a qué dedico el tiempo sino más de sentimientos, sensaciones y así —confirmo.

—Eso es, escribe todo lo que se te ocurra, aunque te parezcan marcianadas, vas a ver que te ayudará un montón a liberar y a soltar. A veces el acto de ponerlo en la hoja... hace que lo entendamos. Esa distancia nos ayuda mucho —me responde Anais. Está sonriendo. Anais siempre sonríe—. Y así pasas tiempo solo escribiendo, sin distracciones, tranquilito, que tenemos que trabajar en tu euforia y como rutina te va a venir de perlas también. Me da a mí que la soledad no la llevamos bien, ¿verdad?

Llevo media vida sintiéndome desgarradoramente solo, pero no se lo confieso. Estamos sentados en la pérgola, frente a la mesa de piedra, con dos infusiones humeantes en tazas blancas, separados del resto de la clínica, ella y yo. Hace un día precioso, invernal. El valle se despliega a nuestros pies con majestuosidad. Es mi primera socioterapia individual. Una hora a la semana.

—Cada semana quiero que me entregues unos objetivos previamente marcados por ti. Cosas que quieras hacer o que quieras plantearte conseguir. Y estaría bien que empezásemos desde ya a incluir límites. Límites que te impongas tú mismo. Por ejemplo: uno de los objetivos de esta semana puede ser escribir a diario en tu cuarto, solo, durante una hora. ¿Qué te parece?

Asiento.

—¿Qué más te gustaría hacer?

Me asalta la apatía. Lo único que realmente desearía es hacer que todo desapareciese, conseguir que nada hubiese ocurrido.

—¿Sonreír? —sugiero.

—Ese puede ser otro. Pero tiene que ser más específico. ¿Sonreír diez veces al día? Deben ser objetivos medibles, para que al terminar la semana podamos valorar si los has cumplido o no y qué es lo que ha ocurrido para que no los cumplas. Si es que no los cumples, claro. Por ejemplo, hacer deporte treinta minutos al día. Son compromisos que estás adquiriendo contigo mismo, Javi. Ni siquiera conmigo. Yo no te voy a valorar. Eres tú contigo. Es como la vida, no es un examen.

—Ya, no es un examen —repito, sin demasiada convicción.

—¿Haces tú el resto, tres más, y me los das luego?

—Vale —murmuro.

Lo de los objetivos me resulta una simpleza. Yo no estoy desestructurado, no soy un vago, soy una persona funcional. Yo mantengo trabajos. No soy una garrapata. Me empieza a sonar todo prefabricado, sin sentido, una engañifa.

—¿Qué tal estos días?

—Fuera de lugar —contesto con sinceridad—. Es raro...

—¿Te gusta el grupo? Hay gente muy maja.

—No nos parecemos mucho.

—Por eso es bueno que te hayan tocado compañeros así. ¿Te quitas las gafas? —me pregunta—. Con la mirada tan bonita que tienes y tú empeñado en ocultarla.

Es cierto, llevo las gafas de sol puestas. No digo nada. No me muevo.

—¿No quieres que te vea los ojos? —insiste Anais.

—Me molesta el sol.

—No hace sol. Yo estoy sin gafas.

Accedo a regañadientes y me desprendo de la armadura.

—Tenemos que decidir qué harás en laborterapia, por las mañanas.

—¿Qué opciones tengo?

—O jardines o cuadras o lavandería.

—Yo qué sé... ¿Lavandería? No me veo vaciando papeleras ni limpiando mierda de caballo, la verdad.

—Pues lavandería, sin problema. Luego habla con tus compañeros y os organizáis los turnos. El responsable esta semana es Lluís. ¿Cómo llevas la incomunicación?

—La llevo, qué remedio, ¿no?

Anais se ríe. Me pregunta si le quiero comentar algo más. Le respondo que no, que todo bien. Me siento sin energía, desanimado. No tengo ganas de hablar.

—A menudo te parecerá que no estás haciendo nada, o haciendo poco, pero incluso en esos días te aseguro que estarás haciendo un montón. Estarás trabajando por dentro, no de cara a la galería, sino para ti. Aquí todo es aprendizaje. Es algo a lo que no estás acostumbrado y te va a producir mucho dolor, pero lo que sientas, acéptalo, trabájalo, no te rebeles contra ello y compártelo, conmigo o con tu psicólogo. Aceptar que no siempre podemos estar bien es importante. No pasa nada.

La miro. No entiendo lo que me está diciendo y no sé si me interesa siquiera. Quiero volver a encerrarme en el cuarto y desaparecer. Me suena todo a charlatanería *new age* y me estoy poniendo muy nervioso.

—En el diario escribe también las preguntas que te surjan. Es muy importante hacerse preguntas. Que no te dé vergüenza, nadie va a leer esos cuadernos, son solo para ti —me asegura.

Las primeras palabras que escribo, con caligrafía atropellada, trazo marcado y urgente, en mi diario de la clínica, son estas:

El ritmo es distinto aquí. Todo es distinto. La forma de mirar. La forma de pasar el tiempo. La forma de hablar.

Si me guío por lo que apunté en el encabezado de la hoja pautada, en mayúsculas y subrayado, las anoté el 8 de enero de 2009, jueves, a los seis días de ingresar.

A partir de esa primera entrada, inicié la rutina de escribir a diario, en ocasiones varias veces en una misma jornada, primero por obligación, después con gusto, siempre con la misma estructura: fecha subrayada y contenido. Este hábito se integraría en mi realidad con el transcurso del tiempo y es algo que aún practico en la actualidad. Ha tenido, como principal pero no único efecto, la aparición en mi casa de una montaña amorfa de cuadernos, doce años más tarde. Ha habido ocasiones, especialmente cuando he convivido con relaciones amorosas, en las que he temido que, movidos por la curiosidad, terminasen por leer mis libretas. Que yo sepa, ninguno lo ha hecho. Ahora me encuentro con que, irónicamente, soy yo quien hace públicos mis diarios, aquello que más temía compartir. Lo hago especificando cuándo transcribo palabra por palabra y me impongo el rigor de no falsear mi experiencia con embellecimientos. Quiero recoger quirúrgicamente, por muy incómodo que me resulte, las palabras y emociones que expresé en ellos, y me obligo desde el comienzo a no pasarlas por el filtro del presente ni del pudor. Sé que si quiero reflejar quién fui, debo mostrar qué escribí.

Durante mi estancia en la clínica escribiré a diario dos tipos de cuadernos: uno será el mío personal, el propuesto por Anais, y otros serán libretas que llenaré con notas de conversaciones, situaciones o historias que me llamen la atención, por excesivas, extravagantes o inverosímiles. No pararé de escribir mientras esté ingresado, obsesionado por recoger mi experiencia en la clínica con la idea de, a la salida, escribir una novela, la segunda, que nunca escribiré sino que será sustituida, doce años más tarde, en la actualidad, por este libro, en el que ya no hay ficción.

Vaya adonde vaya, hoy me acompaña un cuaderno. Puedo asegurar que, en muchos momentos, sobre todo en aquellos en que los demonios intentaron doblegarme, escribir mi diario me ayudó a entenderme, a tomar distancia, y me salvó la vida.

Nada más sentarme en el comedor, noto el ambiente enrarecido en la mesa. Las comidas, que hacemos todos los pacientes juntos en mesas corridas, después de esperar de pie a pasar por las opciones culinarias con nuestras bandejas metálicas, son un buen termómetro del ánimo del día en la comunidad. Si hay mucho ruido, risas, alboroto, bromas y cánticos, probablemente estemos en pleno despiporre maniaco o haya ocurrido algo grave que estamos tratando de ocultar bajo un exceso de euforia. En esos casos alguien, por lo general un terapeuta o el monitor, nos llama la atención, puesto que el equilibrio de la salud mental en el recinto es muy delicado. Las emociones en la clínica se contagian con facilidad y, a menudo, la suma de las emociones individuales genera una emoción grupal generalizada, como si más que de sentimientos se tratase de un virus de una gripe infecciosa que nos pasamos unos a otros. Si, al contrario, hay un silencio plúmbeo, una variedad de bruma pesada, los estados depresivos serán los protagonistas del día.

Estoy agotado. Vuelvo a llevar puestas las gafas de sol, aunque esté en un interior. Algunos de mis compañeros de mesa se entretienen intentando acertar a meterse los cubiertos en la boca, presas de temblores, consecuencia de la medicación y del síndrome de abstinencia. Al fondo puedo a ver a dos prácticamente dormidos sobre sus platos.

—¿Qué te pasa? —me pregunta el que tengo sentado al lado.

—No sé qué hago aquí. No tengo hambre. Esto es una puta mierda —respondo, removiendo la sopa.

—¿Estás de festival de machaque, con el látigo a tope?

—Yo qué sé.

—La puta gabapentina no me hace nada. En cualquier momento me va a dar un chungo, joder. Tengo que ver a la Polaca —dice el que tengo enfrente, que no logra introducir la cuchara en su boca.

No deja que le ayude nadie. Todos actuamos intentando normalizar el esfuerzo que hace, respetuosos. Es curioso lo rápido que aprendes a desenvolverte así, sin que te lo explique nadie.

—A mí también me ha puesto gabapentina —le comento.

—Dice que es un puto estabilizador del ánimo. Qué cojones. ¿Me ves a mí la mano estable? Si no para quieta, hostias.

—No es un estabilizador del ánimo, es un antiepiléptico —explica una.

—Mi madre la palmó, ¿sabes? No lo llevo bien. Hago terapias —me revela él.

—Tu madre la diñó hace cuatro meses, tronco —repone el de mi lado.

—¿Y qué?

—Pues eso, yo llevo aquí ¿ocho meses? No has *tirao* tú de esa historia de la madre muerta ni nada.

—Me noto enfadado y muy desesperanzado —dice el de la gabapentina.

—Pero eso es porque tienes una personalidad agria y hace mucho que no follas, no por tu madre.

—Tengo que encontrar curro, joder.

—¿Qué curro vas a encontrar tú si no vas a salir de aquí en años, *flipao*? —El de mi lado se ríe por la ocurrencia de su compañero. Tiene la cara llena de marcas de acné.

—Tío, no te pases —le susurro—. Pobre hombre.

—Que no, que este tiene que coger consciencia de su enfermedad. Que lleva aquí media vida rascándose los huevos, de vacaciones. Si le importa tres mierdas lo que le digamos. Míralo.

—¿Aquí no vienen famosos? —pregunto.

Las conversaciones se mezclan. Me llegan ráfagas de otras mesas, entretenidas en comparar quién toma más medicación de todos y a quién van a poner a parir en el *meeting* de esta noche. La mujer me explica que sí que hay famosos, pero que están en la clínica vip y que ahí no podemos ir nosotros. Me pregunta si tengo mis cosas a buen recaudo.

—Aquí roba hasta el jardinero —me explica.

—No hay jardinero —repone el de mi lado.

Dos noches más tarde asisto a mi primera despedida en el *meeting*. En la pizarra hay escrita otra frase, que apunto porque, nada más verla, resuena misteriosamente en mi cabeza: «Imbéciles, que creéis que el NO es un abandono, cuando lo que representa es una elección», Albert Camus. El NO está escrito de esta forma tan definitiva, en mayúsculas enormes, resaltando su preponderancia sobre el resto de las palabras. NO. NO. NO. El mismo conjunto de letras del estribillo de Amy Winehouse, pero con motivaciones opuestas a las de ella. En la canción reniega de la ayuda, no quiere ingresarse; en esta frase, en este contexto, se subraya el dictamen de ayudarse a uno mismo: el poder de decir NO. En verdad la frase original no dice «el no», sino «la negación». Pero eso lo sabré años más tarde, cuando una tarde aburrido en casa revise uno de mis cuadernos y la descubra escrita en mayúsculas y encuadrada en rojo en mitad de la página. Me lanzaré a buscarla en internet, intentando descifrar su contexto original. Decidiré entonces que prefiero la adaptación de la clínica y, hoy en día, sigo usándola de manera errónea, como la aprendí. Estoy convencido de que a Albert Camus no le importa que un grupo de toxicómanos modifique sus palabras, con tal de servir de ayuda.

Un paciente informa en el *meeting* de que un hombre llamado Fernando ha muerto. La habitación se desborda en una riada de murmullos que intentan identificar a la persona (cuándo estuvo ingresado, por qué, cómo salió, cuánto tiempo estuvo, qué le ha pasado, quién es amigo suyo). La información corre de silla en silla, como una ola, para certificar que no se trata de ningún compañero que los pacientes conozcan, con quien hayan compartido tratamiento. Nadie sabe quién es Fernando, salvo dos de los más veteranos, que llevan más de nueve meses ingresados, a los que no parece afectarles demasiado. También es verdad que, en general, a estos dos, después de tanto tiempo dentro, hay pocas cosas que les impresionen. Sobreviven en un limbo químico que les mantiene calmados.

—Se piró hace mucho, pero estaba *cantao*. El cabrón lo tenía escrito en la frente —dice uno de ellos.

—¿Sobredosis? ¿Suicidio? —pregunta el otro. Lo hace con una ausencia de dramatismo, con una familiaridad y una llaneza que me dan escalofríos. No sé si yo sería capaz de hablar de sobredosis y de suicidios como si hablase de un nuevo peinado.

Un *flash-forward*. Lo seré, por pura aclimatación, pero aún falta tiempo. Fin del *flash-forward*.

No se sabe cómo ha fallecido. Lo único que puede aportar el paciente que informa, por un *email* que ha recibido, es que su novia ha buscado un servicio en Alemania donde extraen los minerales del cuerpo, del cadáver, y crean una especie de diamante para los familiares. Uno señala, impresionado, que eso debe de costar un pastizal, a lo que el informante responde que Fernando tenía mucha pasta, que la familia estaba «ultrabién» posicionada y comparte, como prueba, un listado rápido de empresas, cuyos nombres conozco a la perfección. A mí me sigue sorprendiendo que se hable con tanta naturalidad de situaciones tan esperpénticas, pero en la clínica todo el mundo parece aceptar sin problemas el componente más grotesco de la existencia.

—Lo contaba porque si veis a la novia dentro de un tiempo con un pedrusco en el dedo, que sepáis que esa piedra es Fernando. Tienes que estar muy tarada *pa'* hacer eso, ¿no? —termina de explicar el informador. Al menos coincide con lo que yo pienso: debes de estar como una regadera. Me alegra no ser el único que lo considera.

Los murmullos de nuevo. Puedo sentir la agitación adueñándose de la sala. La neurosis trasladándose de cuerpo a cuerpo. El responsable del día pide que vuelva la calma y nos recuerda que nos tenemos que ceñir a la estructura del *meeting*. Comprendo que, por desgracia, la muerte es un tema que abre heridas profundas en la comunidad, que es un agente que se infiltra y desequilibra gravemente los cimientos de la confianza de mis compañeros. Hasta el momento es la primera muerte de la que oigo hablar.

Un *spoiler*. No será la última. Fin del *spoiler*.

El responsable anuncia la despedida del compañero. Nos pide que guardemos silencio y que respetemos su espacio y su turno. Poco a poco las voces se apagan.

El hombre que se despide no supera la cincuentena y tiene el rostro hinchado y enrojecido, supongo que debido a la emoción del momento. Juguetea con su perilla, salpicada de canas.

No debe de ser fácil decir adiós a un grupo con el que has compartido tanto. Aunque llevo pocos días, empiezo a darme cuenta. Solo sé su nombre y su problemática con la cocaína y el alcohol, nada más. Los pacientes que están a punto de ser dados de alta ya no participan con tanta implicación como el resto en los espacios terapéuticos, puesto que tienen medio pie fuera, en la escalada progresiva de su salida del centro. Así que, aunque suelen ser los más estables y responsables de todos, a los que más capacidad se les presupone, ya no viven con el mismo interés que los demás el formar vínculos con el grupo. Deduzco que pasan los días con la mente ya más fuera que dentro, pensando en sus relaciones familiares y en lo que se conoce como el «átomo social» (amistades, referentes, etc.). En cómo comenzar a vivir en la realidad, lejos de estas paredes de contención. En todos los peligros que les esperan. El propio funcionamiento de la clínica propicia este movimiento continuo: entradas y salidas. Por eso es normal que los grupos de afectos se establezcan también por orden de llegada y tiempo de ingreso y que se nos avise desde el principio de que no estamos aquí para hacer amigos. Cada uno lleva un proceso de periodos distintos, y así debe ser. Se entra y se sale. Se sale y se entra.

El hombre comparte todo lo que ha aprendido en los cinco meses que ha estado ingresado. Le siento sincero, abierto a explicar su tratamiento con honestidad. La mitad de las cosas que dice no las comprendo, resuenan a terapia y a dictámenes suyos, hacia sí mismo. Cuenta lo cambiado que se siente. Un antes y un después. Ahora está preparado para disfrutar de forma sana de su vida y para valorar el presente. Algún día espero estar en su lugar. ¿Tardaré mucho? ¿Hablaré como él en ese momento?

—Estar tan cerca de la muerte cambia la perspectiva de las cosas —dice, así que entiendo que debió de darse un susto gordo en algún momento y que eso propulsó su desintoxicación. No lo sé.

Recuerdo que hace unos minutos he escuchado al monitor hablar con él de esto, en la garita del *staff*. «Cuando me agobio con algo, pienso que tarde o temprano me voy a morir y eso lo relativiza todo rápidamente. Nada es tan importante como pensamos», le decía Lucio.

El hombre explica que va a continuar con la terapia, de manera ambulatoria, y que seguirá viéndose con algunos profesionales para mantener la estructura y no perderse en el exterior. Agradece al grupo todo lo que ha hecho por él. Explica que sin ellos lo más seguro es que no hubiese podido salir de su infierno. Junto con su socioterapeuta ha decidido que no volverá a trabajar en el bar, del que se hará cargo a partir de ahora su mujer, para evitar situaciones de riesgo, y que va a sacarse la licencia de taxi, que es algo que siempre quiso hacer y no pudo, por los horarios que le exigía el establecimiento. Algunos compañeros le desean ánimo y le ofrecen palabras de confianza, recordatorios de todo lo que vale y de los amigos que deja en su paso por la clínica. Se prometen apoyo eterno y la disposición a ayudar en todo lo que puedan. Todos terminamos aplaudiéndole y deseándole lo mejor. No le conozco, pero me invade la sensación de que es un buen hombre, un buen marido y de que ha sido un buen compañero. No aprecio un ápice de maldad en sus palabras. No puedo contar quién fue, porque me lleva varios meses de ventaja, pero el hombre emocionado que habla esta noche frente a mí, el que ahora es, parece una muy buena persona, humilde, cercana, calmada, generosa, sana, feliz.

Este hombre, que se llama Berto, se irá al día siguiente. Regresará a su casa en un barrio obrero a las afueras de Barcelona. Sus amistades y su familia le notarán muy cambiado y se alegrarán por él. La relación con su mujer habrá mejorado y los problemas maritales, que a punto estuvieron de acabar con el matrimonio, se habrán esfumado, en su mayor parte. Al cabo de pocas semanas, un día le invadirán el cansancio y la pereza y no acudirá a una de sus terapias. Al poco tiempo, pondrá excusas y se saltará alguna más. A los tres meses, en una noche especial en la que organiza una cena romántica con su esposa, se sentirá nervioso y alegre y realizado y brindará con un poco de vino. Solo un poco. Un mes después, en una boda familiar, eufórico, contagiado por la felicidad del evento, consumirá cava y cocaína. Un par de rayas, nada más. Se meterá otro par con unos colegas, una noche de fútbol, de nuevo movido por la satisfacción de ver a su equipo ganar la final. No pondrá en práctica lo que ha aprendido en la clínica: no compartirá con nadie estos consumos, ni con su círculo cercano ni con su terapeuta ambulatorio. Simplemente lo hará y continuará viviendo. A los seis meses, un día agitado en el que nada irá como él espera, recriminándose no haber tomado una decisión que debería haber tomado, después de una discusión con su mujer (nada importante, un tema económico de un crédito), se descubrirá yendo a pillar con el coche, a lugares alejados que conoce de hace tiempo y de los cuales se ha mantenido apartado. Recaerá, con fuerza renovada. En una semana estará enganchado. Regresará al consumo diario, al trapicheo y a la colección de gramos, de idas y venidas, de mentiras, de excusas, de silencios, de olvidos, al aislamiento y a la rabia. Ingresará de nuevo en la clínica al cabo de siete meses, brotado. No se habrá terminado de sacar la licencia del taxi. Su mujer decidirá separarse de él y tendrá que traspasar el bar para poder costear el tratamiento y el divorcio. En su segundo ingreso, le hará la acogida el mismo paciente al que él ha acogido en este último mes, que todavía estará ingresado. El maestro volverá a ser aprendiz.

Ninguno de los que estamos aplaudiendo esa noche sabemos nada de esto, porque aún no ha ocurrido. Mientras aplaudimos, Berto, sonriente, sigue a salvo de sí mismo.

Al noveno día de ingreso, escribo esto:

Soy una montaña rusa emocional. Paso por todas las posibilidades, siento todo, todo a la vez. No sé cómo controlarlo, cómo dejar de sentir. No sé qué me pasa, pero no puedo dominarlo.

Ahora, desde el presente, lo comprendo: eran los días moviditos que había anunciado Anais. Más adelante conocería este estado como «la vomitona». Tiene algo que ver con el acto de vomitar, pero no se trata de malestar estomacal, sino emocional: expulsar sin cesar, liberando, sacando, buscando desesperadamente el bienestar y la calma. Esto es justo lo que ocurre en las primeras semanas en una clínica: la vida recluida se convierte en una noria de sentimientos que opera a una velocidad vertiginosa, mareante, desquiciada, incomprensible.

William Burroughs lo expone muy bien en su libro *Marica*, que leería durante mi ingreso, hablando de su protagonista, Lee (un *alter ego* del autor): «El caballo no solo le provoca un cortocircuito con el apetito sexual, sino que además le embota las reacciones emocionales, hasta casi anularlas, según la dosis. Cuando se quita la tapa, todo lo que ha estado controlado por el caballo sale a borbotones. El adicto con síndrome de abstinencia está sujeto a los excesos emocionales de un niño».

La adicción es una enfermedad que implica una conducta no adaptativa de evitación. Es una solución irreal y desestructurada a las miserias emocionales, los pensamientos negativos y el dolor. Un yonqui hará lo que sea con tal de no sentir y de no enfrentarse a sí mismo. Su manera de gestionar las emociones, según ha aprendido, es huir de ellas, taparlas, eliminarlas. Eso lo consigue mediante el uso indiscriminado de la sustancia adictiva, con consecuencias trágicas. Si lo piensas, no es muy distinto de lo que dice la gente común en la calle: «Estoy fatal, hoy salgo de fiesta», «Vamos a pillarnos un buen pedo y a pasar de todo», «Con unos cuantos bailes y un par de morreos se te quita», «Lo que necesitas es una buena juerga y olvidarte». Lo nuestro, lo de los yonquis, es ese mismo mecanismo evitativo pero llevado al extremo. Nosotros no salimos de fiesta, nosotros nos noqueamos. La adicción como una resistencia catastrófica a sentir dolor.

Por ello, cuando un toxicómano se ve obligado a ingresar y se queda incomunicado, sin estímulos externos que le distraigan y sin acceso a la droga que utiliza para paliar su dolor emocional (o su euforia maniaca), el estallido de emociones es atómico. Todo lo que ha permanecido anestesiado y negado aflora a la superficie con la contundencia aniquiladora de un tifón. Ya no existen maneras de acallar, de esconderse, de evitar la realidad, y el adicto debe aprender a lidiar con la ansiedad y la angustia y los complejos y las creencias y las inseguridades y los miedos y los abandonos y la desesperación sin destruirse en el camino. A pelo, sin muletas.

Así pues, durante los primeros días y me atrevería a decir que incluso durante el primer largo mes de ingreso, la sucesión de emociones que me poseyeron fue interminable: me sentía agotado, humillado, rabioso, desmotivado, ilusionado, confundido, harto, desbordado, incómodo, feliz, furioso, apático, seguro, resentido, curioso, frustrado, esperanzado, satisfecho, escéptico, aterrorizado, orgulloso, dudoso... A eso se le añadía la ambivalencia del proceso en sí mismo: querer salir y no querer salir, al mismo tiempo. Intentar y desear cambiar pero ser sorprendido por la inercia del no y del miedo al cambio. No querer soltar el control. Cambiar lo suficiente para no cambiar del todo. Sufrir, rebelarse y también, simultáneamente, idealizar y vivir en estados alterados de euforia. Quejarse. Padecer. Para volver a quejarse y a padecer. No ser capaz de vivir dentro de mi piel, el lugar desconocido, intentando huir de ahí a cualquier precio. Días identificándome con todo lo que escucho. Embrollo mental. Abrumación. El «sé perfecto» y el «date prisa» imperando en mi interior sin descanso. La culpa. La vergüenza.

Durante las primeras semanas busqué los ojos de Anais en repetidas ocasiones, por el patio, por los pasillos, en el comedor, para tranquilizarme. Sabía que, si ella estaba calmada, yo también lo podía estar, aunque no fuese capaz de entenderlo, aunque mi interior hirviese. Necesitaba unos ojos que me dijesen que todo estaba bien. Había aprendido rápido a no fiarme de mí.

A veces, cuando estoy solo, me ataca por sorpresa la lucidez de verme desde fuera, disociado, separado de mi propio cuerpo, en este lugar en una montaña a muchos kilómetros de mi casa en el centro de Madrid, rodeado de seres enfermos, desconocidos, deformes. En esas exhalaciones, cobro conciencia absoluta de la realidad, de dónde me encuentro, con quién, como si hasta esos momentos, entretenido en dejar pasar el tiempo, no me hubiese dado cuenta. Es una sensación seca, afilada, clarividente, que anuncia con neones brillantes un mensaje del que me es imposible apartar la mirada: «Estás ingresado en una clínica de desintoxicación, rodeado de locos. Tú también eres uno». Es entonces cuando mi cabeza estalla en una batería de preguntas sin respuesta: ¿Cómo una persona como yo, inteligente, culta, que lo tiene todo, ha podido terminar aquí, en este lugar tan lleno de desesperanza? ¿En qué momento me he convertido en basura marginal? ¿Cómo puedo ser el único de toda la gente que conozco fuera que ha acabado destruido, encerrado? ¿Cuál es el fallo en mi diseño? ¿Qué he hecho mal?

En esos minutos, de puro terror, tengo que lanzar la mano al aire y buscar a tientas una sujeción, un anclaje, apoyarme en alguna pared cercana para evitar derrumbarme en el suelo. Las piernas me flaquean, las rodillas se me doblan, mi cuerpo se sacude. Normalmente, cuando logro tocar la pared me calmo un poco. Apoyo la cabeza y la espalda y me dejo soportar por la estructura del edificio, ajena a mí. Me amarro a ella. Algunas veces pasa algún compañero, pero no dice nada. Me observa para asegurarse de que estoy bien y continúa su camino. Ahora entiendo que no hace falta que me pregunte: sabe a la perfección por lo que estoy pasando. Conoce el pánico. Se lo dicen mi palidez, el sudor de mi frente, mis ojos entrecerrados, la manera de recostarme con desesperación. Si necesito ayuda, debo aprender a pedirla. En este lugar se respetan fielmente los espacios personales del dolor. No se juzgan. Se permiten. Es sano y deseable que conectemos con estos abismos íntimos.

Esas noches, casi todas, pido el rescate. Me anulo, me anestesio, acallo las voces, la perspectiva, mi forma de mirarme. Intento dejar de existir.

Busco en el diccionario, hoy, a salvo de esos monstruos, una definición: «Temor opresivo sin causa precisa, aprieto, situación apurada, sofoco, sensación de opresión en la región torácica o abdominal, dolor o sufrimiento, estrechez del lugar o del tiempo». Es lo que se conoce como *angustia.*

Un interludio de revista musical. Uno, dos, tres. Es hora de que presente, con su nombre artístico, a mis compañeros. Las estrellas que pueblan esta psicótica fantasía *glam* de amor, dependencia, sexo y toxicomanía. Los mitos, las leyendas, los héroes, los patéticos, los salvajes, los olvidados, los incomprendidos. No es la compañía al completo, porque quedan actores secundarios por surgir y algunos de los que estoy a punto de anunciar desaparecerán pronto (entradas y salidas, salidas y entradas, un ballet depravado), pero en el momento temporal en el que me encuentro piso las tablas de este teatro de mi encierro, con traje de lamé largo y pedrería escogido para la ocasión, y doy comienzo al show. Irán bajando uno a uno por esa escalera dorada infinita que hemos construido en el escenario, bajo una cascada de confeti y purpurina, acompañados rítmicamente por el vaivén de plumas de los ocho avestruces alquilados. Hemos actualizado el sistema de sonido y colocado altavoces potentísimos por todo el teatro. Lo que suena es *Dance Me to the End of Love*, de Leonard Cohen, en bucle. Qué magia escuchar el sonido invadirlo todo, haciendo retumbar las paredes. Los animales no pueden evitar sentir la música y empezar a moverse, dando pequeños pasos y agitando el plumaje al compás de la canción. ¡Ya cae confeti! No hemos querido escatimar en gastos de producción para este momento. Es demasiado importante.

La primera es Begoña. Hoy se ha puesto tacones, pero Begoña nunca lleva tacones. Al contrario, casi siempre va en zapatillas de andar por casa. Pediatra en la treintena, adicta al *crack*, con un hijo de siete años al que, en diversos momentos, ha amenazado de muerte. No es capaz de perdonarse a sí misma las veces que ha pasado consulta colocada, a bebés y niños pequeños. Begoña es guapa, dulce, vergonzosa, callada, de caderas anchas y rostro redondo. Sus ojeras violetas esconden pesadillas que ni ella se atreve a admitirse. Lleva con nosotros mes y medio y lo que más le gusta es hacer pulseras trenzadas con cuerdas de colores, que regala a cualquiera que le dedique una sonrisa.

Ahora sale Rui. ¡Qué graciosa chasqueando los dedos! Buscavidas adicta a la heroína, en chinos y por vía intravenosa. Si Bette Davis fuese joven y okupa, sería Rui. Comparten la voz rasposa, la mala hostia y las salidas de tono cortantes, aunque bajo la coraza se adivine su vulnerabilidad. También sufren idéntico miedo al abandono y un gusto irremediable por todos los hombres equivocados. Rui es famosa en el centro por su desintoxicación: tuvieron que atarla a la cama, presa de un síndrome de abstinencia brutal que despertó una violencia volcánica que ni los medicamentos pudieron calmar. Los dolores musculares, los vómitos y las tiritonas debieron de ser legendarios. A veces el terapeuta que la cuidó aquellos días le recuerda que tuvo que llegar a darle puñetazos para calmarla, porque era una bestia incontrolable. Ella no recuerda nada, pero, según cuentan, aullaba e intentaba agredir con uñas y dientes a cualquiera que se le acercase, completamente trastornada. Ahora, en este momento, cuando desciende hacia la luz, Rui está con Deprancol y metadona. Disfruta cuidando animales. No le gusta ducharse.

Este que mueve las caderas de manera tan desacompasada es Enrique, mercenario adicto a la cocaína. Es un supermanitas que ha estado en el ejército y en Sierra Leona. Es sordo de un oído, debido a una explosión, por eso le cuesta seguir el ritmo de la canción. Habla poco. Adicto al café (con el que trapichea en la clínica), taciturno y voluntarioso. En sus botas de montaña se pinta esvásticas con rotulador, aunque jura no ser nazi, y también confecciona atrapasueños que regala a compañeros. Dibuja mariposas y animales en baldosines y elabora collares con piedrecitas. Duerme siempre con la ventana abierta. Su mayor deseo es establecerse, formar una familia y amar a alguien, porque siempre ha sido un vagabundo. Su desarraigo es un peso que le está destrozando la vida.

¡Endika, politoxicómano de manual! Cuando ingresa en la clínica, Endika sufre un trastorno psicótico severo. Pasa el día encerrado en su cuarto, sin luz, rodeado de jaulas con conejos y reptiles que los terapeutas le han dejado traer, puesto que solo tiene capacidad e interés en comunicarse con ellos. No habla con nadie más. No es capaz de desempeñar las funciones más básicas: higiene, limpieza, orden, horarios, etc. Acude a algunos espacios, pero no interviene y, cuando lo hace, no se le entiende. Al pobre le cuesta incluso abrir los ojos. Es la medicación. Se ha tomado varios Tranxilium 50 mg antes de salir, como hace a diario en el centro. Endika ha sido ingresado por su familia, que, desesperada, ya no sabe qué hacer para ayudarle. Tiene diecisiete años, un yogurín.

¡Mirad qué guapo el que baja ahora! Luismi tiene veinticinco años. Consumía cinco gramos de cocaína diarios. En sus fiestas, con el *house* a tope, ha llegado a meterse treinta gramos. En el último homenaje, después de cuatro días sin dormir, acabó en urgencias con una taquicardia grave y un ataque de pánico de caballo. ¡Normal, Luismi! Ya te lo dijo el médico: habías sufrido veinticinco microinfartos y tú sin enterarte, bailando *techno* y esnifando. Luismi tiene marcas en los brazos de heridas producidas por rascarse insistentemente en medio de brotes psicóticos, pero no importa, porque también tiene un gran corazón y es más bueno que el pan. Está locamente enamorado de su novia a la que escribe cartas y llama por teléfono sin parar.

A este que llega ahora le llamamos «Darth Vader». Veintinueve años, adicto a la cocaína. Tiene el tabique destrozado y, como hace ruido al respirar, hemos decidido ponerle ese mote, para que se sepa que podemos ser unos cachondos. Desarrolló un trastorno de esquizofrenia paranoide. Veía cámaras que le vigilaban y se imaginaba que un grupo de paramilitares y de gitanos querían acabar con él. Lo de los gitanos no es xenofobia, es que era a quienes les compraba la cocaína en un poblado y algo de la realidad se colaba por las grietas de sus delirios. Oía voces que le decían que le iban a matar. Culpaba a su novia de ser la cabecilla del grupo. Llegó a convencerse de que en su oreja había un microchip (era la cicatriz de un pendiente) y le pedía al psiquiatra que se lo quitara. Cuando su novia se encendía un cigarro y Darth Vader veía que alguien se encendía otro, por la calle o en el edificio de enfrente, pensaba que se mandaban mensajes en clave para atraparle. Al ingresar en el psiquiátrico, donde estuvo cuatro meses, en la habitación sí que había una cámara de seguridad, lo que probablemente le volvió más loco todavía. Su novia rompió con él. Cuando, tras su visita al frenopático, llegó a la clínica, abría los muebles para ver si había dispositivos. Agresivo y violento, ahora ha logrado estabilizar su trastorno esquizoide, con medicación y mucho trabajo. Su novia y él han recuperado su relación y se plantean un futuro juntos.

¡Este que sale es uno de mis amigos! Diego. Alcohólico y cocainómano. Diabético. Periodista bajo contrato en medios de ideología conservadora. Diego es vago por naturaleza y rechoncho, irónico y, como buen reportero, muy cotilla, además de esnob, bocazas y arrogante. También es muy ocurrente y bonachón. Le encantan el café y las prostitutas. Su padre es un eminente ginecólogo. Se convertirá en uno de mis mayores apoyos en la clínica. Sufre de problemas oculares, cataratas, y cuando no lleva las gafas no ve un pimiento.

¡Lluís es un semental! Heroinómano y punk oficial, de los de llevar imperdibles en el pantalón. Su mayor ilusión es ir a la escuela de circo para aprender acrobacias. Es el responsable de lavandería. Tiene treinta y un años. Es de Valencia y dice «nano» todo el tiempo. Anarquista convencido. Le flipa bailar *ska* y hacer grafitis. Es campeón de escupitajo con gargajo.

¡Qué guapa, Natalia! ¡Qué bien te has maquillado hoy! Natalia es fumadora profesional de base. Dependienta en una tienda de ropa de Mallorca, le han arrebatado la custodia de su hijo. La ha conseguido su pareja y padre del niño, que es aún más cocainómano que ella. Misterios legales. Como Natalia ha tenido trastornos alimentarios serios, además de la adicción, sigue una dieta estricta y se castiga los días que se la salta. Está un poco demacrada y tiene el pelo seco y áspero, por eso le gusta maquillarse y vestirse con prendas de colores vivos. Dice que es capaz de provocarse el sueño a sí misma y dormitar durante días enteros, aunque su socioterapeuta le señala que se bloquea emocionalmente y se vuelve una piedra, que es distinto. Natalia se enamora sin cesar dentro del recinto. Como Rui, tiene un gusto pésimo para los hombres. ¿Qué le puede hacer ella? Solo se siente atraída por lo que le hace daño.

Marc, baja tranquilo, tómatelo con tiempo, sin agobios. También tiene diecisiete, otro benjamín. Rubio, de ojos azules, cuerpo atlético y cara de ángel caído. Lleva ocho meses ingresado. Entró por adicción al cannabis, con una psicosis de aúpa de regalo. Tiene una confusión tremenda con su sexualidad. Follisqueaba con hombres en las dunas de las playas de Cádiz a cambio de dinero, droga y algunos lujos, pero le atraen las chicas. Ahora deja pasar el tiempo medicado, como un fantasma. Su familia lo ha sepultado por completo. Son los dueños de una importante metalúrgica.

¡Aquí llega Tino! ¡Uno de mis favoritos! Tino es pescadero en Galicia, además de cocainómano y esquizofrénico. Tiene dos hijos y la habitación llena de fotos de mujeres desnudas de la *Penthouse* y de bufandas de equipos de fútbol. Si algo hace especial a Tino es su capacidad de hablar con gente que no existe y que solo ve él. El día que entró tuvo una conversación completa, mientras pasaba la entrevista inicial, con la silla vacía que había a su lado. La Polaca preguntaba y Tino le decía al asiento: «¡Cállate! No sé cómo se llama... ¡Que no es puta, que es doctora!». Ninguno sabemos quién es esa persona a la que Tino habla, ni si son varias, pero sea quien sea le saca de quicio, porque siempre la está riñendo.

Este macizorro se llama César. Sí, es un *sex symbol*, pero va por libre. Sufre de institucionalización. Entra y sale de clínicas como modo de vida. Esta es la octava que visita. Su madre es una reputada psicóloga. En casa del herrero... Duerme en la habitación frente a la mía y su horario es completamente distinto al del resto de los pacientes. César, además de ser un caso perdido y acarrear problemas graves de politoxicomanía, tiene TLP (trastorno límite de la personalidad). Cualquier droga que le ayude a arruinarse la vida y le devuelva a un centro le vale.

¡Vamos, Agustín! ¡No mires al público, tú concéntrate en bajar, escalón a escalón! Agustín es politoxicómano y tiene algún trastorno que desconocemos. Lo único que hemos conseguido averiguar es que tiene fobia social y que sigue un horario y un proceso personalizados. Como objetivo principal se ha propuesto usar el transporte público e ir al gimnasio del pueblo más cercano a diario. Los últimos dos días Agustín ha regresado sin lograr entrar, por eso ahora aparece tan compungido. Para Agustín todas las mañanas son un reto.

¡Aquí llega el mito! Este maromo bajito y rapado es Juan Pablo: pintor de chapa en un taller mecánico, cocainómano y ludópata de manual. Un tío futbolero, ultraheterosexual, de barrio, que se pone de una mala hostia increíble si se siente atacado (cosa que ocurre todo el tiempo). Sufre paranoias persecutorias y dependencia emocional en grado superlativo. Le encanta tumbarse en la sala de la televisión y pasarse horas ahí echado, rascándose los huevos delante de todos como si estuviese en su casa. A mí no me molesta.

El mayor del grupo, dadle un aplauso. Este señor con jersey de punto, serio y educado se llama José María, y lo que más le preocupa en la vida es recibir su laxante diario. Le da lo mismo que sea en pastillas o en supositorios de glicerina, que consume de tres en tres. Pasó veintisiete días sin pisar el váter porque la heroína y la metadona son astringentes. Intentó superar el mono con Deprancol, pero no pudo. Se encerraba y a los cuatro días se lanzaba a consumir. Estuvo así más de un mes. Lo curioso de José María es que llevaba dieciocho años limpio, después de una desintoxicación en la clínica por alcohol y cocaína. Pero se lio con el juego, apostando por internet y en salas de barrio. El juego, por sorpresa, le metió de nuevo en el alcohol y, como era excocainómano, decidió probar la heroína, a la que no era adicto. Mala decisión, José María, te dejaste caer. No pasa nada. Entre todos te ayudaremos.

¡Arkaitz va encorvado porque tiene un problema medular y una infección en la sangre! Es un joven abandonado, de Vitoria. Su familia hace tiempo que le ha dado por imposible. Ha coqueteado con todo tipo de drogas, pero su némesis es la heroína. Muchos de sus problemas de salud vienen de ahí, comó la depresión profunda y los problemas de motricidad. ¡Por eso se medica con Adolonta y parches de morfina que se pone por todo el cuerpo! Lleva varias clínicas y varios intentos a sus espaldas machacadas. Le gusta el rock clásico, tocar la guitarra eléctrica y teñirse el pelo.

Y el último, el más importante, el único, el inigualable Sergi, mi compañero de travesuras. Si baja la escalera tan confiado es porque es un heterosexual dicharachero y cautivador, un liante seductor y presumido. Tiene una sonrisa y un carisma para hacer que la habitación entera se calle con su sola entrada. Es cocainómano, principalmente de los que fuman base, aunque no le hace ascos a nada. Viene de buena familia, sus padres están divorciados, y su madre regenta una farmacia y una ortopedia. El hábitat de Sergi es el club de polo, donde entrena a la burguesía en la hípica y seduce a todas las niñas bien, prometiéndoles romance y entregando solo sexo, mientras él va destrozándose la vida y trapicheando con droga en las altas esferas. Un niño rebelde de manual. Sergi ha ingresado un día antes que yo, el 1 de enero. Desde el principio, formamos pareja de baile. Somos Zipi y Zape, Victor y Victoria, Ginger y Fred. Somos inseparables.

Y, ahora, un aplauso para el coro, estos que salen todos juntos, caras y cuerpos irreconocibles que dan atmósfera y crean la ilusión de una vida dentro del recinto. Figurantes. Sombras. Murmullos. Ellos también son necesarios y lo están pasando tan mal como nosotros. Algunos ya han aparecido en estas páginas, otros aparecerán más adelante. Pero, por el momento, que bajen en sincronía y que bailen, que bailen, que bailen. Y mientras el escenario se llena de confeti y purpurina y la voz omnipresente de Leonard Cohen lo empapa todo, mientras nuestros cuerpos y las plumas de los avestruces se bambolean, entregados al público que nos observa, el cañón de luz se va apagando gradualmente. La luz decrece con suavidad y nosotros nos cogemos de las manos y nos apoyamos los unos en los otros, unidos. Poco a poco, nos vamos oscureciendo y es más difícil distinguirnos hasta que, por último, desaparecemos, para volver, como siempre, a la realidad. Fin del interludio de revista musical.

Todas las historias que oigo los primeros días en los grupos de terapia son tormentosas. Un sufrimiento horrendo, abismal. Parece que aquí todos somos unos incomprendidos, víctimas de nosotros mismos y de otras víctimas. La clínica está llena de personas irascibles que sobreviven sacando, como ingenieros y geólogos que extraen gas y petróleo del subsuelo, la rabia acumulada contra ellos mismos y contra el mundo que les rodea. El centro es un depósito energético, un arsenal. La pólvora somos nosotros: seres invalidados por pastillas que no se acuerdan de cómo eran antes de las drogas y que tienen que reconstruirse. Conocerse. Renacer.

En las primeras semanas descubro dos cosas muy curiosas que me llaman poderosamente la atención. La primera es que hay menos mujeres toxicómanas, en porcentajes estadísticos, pero a las adictas les es mucho más complicado salir de la enfermedad que a los adictos. Casi todas, además, sufren trastorno límite de la personalidad o trastorno bipolar. Y, al mismo tiempo, muchas de ellas también tienen trastornos alimentarios. No estoy capacitado para explicar en profundidad la razón médica de todo esto, si hay un componente genético o es simple construcción social, pero cualquier terapeuta especializado en la adicción puede certificarlo.

La otra, que no he podido olvidar desde que la escuché por primera vez en un grupo de terapia, es que los dos únicos síndromes de abstinencia que pueden provocar la muerte son el del alcohol y el de las benzodiazepinas. Ni la cocaína, ni el crack, ni las metanfetaminas, ni la marihuana ni ninguna de las demás sustancias conocidas provocan la muerte por abstinencia. El mono del caballo puede ser brutal y dolorosísimo, y hay que ser capaz de atravesar ese infierno, pero nadie fallece como consecuencia de él. No, los únicos dos síndromes que pueden provocar fallos a nivel médico en el organismo (paros cardiacos, respiratorios, etc.) que se traduzcan en muerte son el del alcohol y el de las benzodiazepinas. Que, paradójicamente, son las dos únicas sustancias legales.

Anoto en el diario lo siguiente:

Me he levantado guay. Luego de repente me he torcido, sin razón. Tengo emociones gratuitas, sin motivo aparente. La ansiedad es una hija de puta. Cuanta más siento, más fuertes son los impulsos de evasión. Más difícil lograr controlarme. Estoy tomando tres pastillas al día y la ansiedad sigue ahí.

Un poco más adelante, en la siguiente página:

En el taller de la tarde, el de Carmen, ha salido mi miedo a perder lo que he conseguido. No sé cómo, porque la manera en la que ocurren las cosas en este sitio... Yo qué sé. Entras en una habitación, te sientas en círculo, escuchas y cuando te das cuenta estás hablando, sin que te hayan preguntado. Ni siquiera sé lo que he conseguido en mi vida aparte de arruinármela. ¿Qué me pasa con el control? ¿Tengo miedo a perder lo poco que he conseguido o a perderme a mí mismo?

En los primeros quince días de incomunicación se produce en mí una curiosa duplicidad interna, que me mantiene dividido e irascible: deseo estar comunicado, informado de la realidad más allá de estas paredes. No quiero el silencio ni la calma. No quiero tener como público a mis compañeros, que son los únicos con los que se me permite hablar. No quiero que se me empuje a abrirme a ellos, por pura desesperación. Siento que mi salvaje dependencia del exterior corre libre, y noto el regusto amargo de la ausencia de noticias y eventos en la boca. Quiero saber, quiero que se me tenga en cuenta. Quiero enterarme de qué está pasando con mis amigos, con la noche de Madrid, con los estrenos, con mi mundo. No quiero que el exterior continúe ajeno a mí, que se me olvide. Quiero seguir en el centro de la noticia, conectado. Pero, de manera contrapuesta, en mi interior también asoman con timidez la ansiedad y el miedo que me provoca la entrada de la realidad en esta especie de burbuja en la que ahora vivo. En este zoo protegido.

El teléfono y el *email*, así, son deseados y temidos simultáneamente. No sé qué es lo que quiero. No sé qué es lo que me hace bien. No sé cómo debería sentirme. No sé siquiera si alguna vez me lo he preguntado.

Los dos primeros fines de semana que paso ingresado me asola una profunda resignación. A lo largo de la semana el tiempo transcurre más rápido, hay más actividad: terapias, talleres, encuentros, reuniones..., la clínica no descansa. Vamos de sala en sala recorriendo la cadena de producción terapéutica. El fin de semana es distinto y, aunque sigue habiendo eventos, da la impresión de que todo se ralentiza. Hay mucho tiempo muerto. Los profesionales libran, excepto los monitores de patios y las enfermeras de guardia, así que eso ya acentúa la diferencia. Ves otras caras. A esto se le añade que algunos de los pacientes salen un día o ambos y sus cuartos quedan vacíos, como ausencias muy presentes. Los monitores y los terapeutas nos recuerdan continuamente que saber disfrutar de la soledad de las horas que se estiran sin ocupación planeada, sin responsabilidades, y no temer al aburrimiento también son aprendizajes importantes que debemos realizar. Yo me refiero a ello como «aprender a aburrirse». Ellos tienen una expresión más profesional: *autogestión del tiempo.*

Es curioso lo que somos capaces de hacer los yonquis para huir de esas incomodidades: aunque durante la semana hemos compartido cosas muy íntimas en las terapias y los grupos, es durante el fin de semana cuando más conectamos unos con otros. Sospecho que, por puro tedio existencial, no nos queda otra cosa que hacer más que hablar y conocernos. Nos inventamos todo tipo de opciones de ocio: la gente escribe cartas y poemas, se depila, duerme durante horas, atiende las cuadras y a los animales, pasea por el monte, hace deporte, lee, se corta el pelo, se pinta las uñas, ve la televisión, se hace las cejas, juega al *backgammon*, al ajedrez, al pimpón, al Trivial o a las películas, aprende a coser, se intercambia ropa, limpia el cuarto a conciencia, fuma cigarro tras cigarro sentado a la fresca, toca la guitarra, hace excursiones por las instalaciones descubriendo qué robar y llevarse a la habitación. Casi todos nuestros tesoros son objetos cotidianos sin valor alguno. Aquí todo cobra una dimensión épica: una maceta, una chincheta, un trozo de periódico, un poco de celo, un Pilot, un cortaúñas o incluso un paquete de incienso abandonado.

En una de mis primeras expediciones descubro dos lienzos sin enmarcar pintados por dos expacientes que los abandonaron en la clínica. Uno representa el retrato de una mujer, en tonos amarillentos; el otro es un paisaje rural, con una *pagesa* en primer plano y un pueblo a sus espaldas. Alguno de mis compañeros comenta lo feos que son ambos. Pero yo, nada más verlos, pienso que acabo de dar con dos Francis Bacon y decido rescatarlos y colocarlos en mi habitación. Me gustan su intensidad cromática y su falta de pretensión. Hoy en día uno de ellos cuelga en la pared del salón de mi casa y el otro en la de mi dormitorio. Me han acompañado allá donde he ido. Ambos han aparecido repetidamente en mi perfil de Instagram. A menudo, dado que destacan en el altar de *horror vacui* que es mi hogar, la gente me ha preguntado qué son, quién los ha pintado, dónde los compré. Siempre he contestado con evasivas.

Durante el fin de semana una de nuestras conversaciones favoritas gira en torno a comparar nuestras pautas de medicación. Normalmente comenzamos a hablar de ello empujados por alguna historia que ha ocurrido en el centro, como, por ejemplo, que Endika sigue hablándoles solo a sus conejos y que lleva varios días sin ducharse o que Darth Vader deambula por las noches por los pasillos, hablando solo y haciendo cosas raras como cambiar muebles de sitio. Natalia jura y perjura que no entiende cómo puede ser, porque toma tres Zyprexa y también Rivotril, y eso tumba a un caballo, pero comparte, divertida, que ella le oye todas las noches arriba y abajo, con el paso lánguido. Sentimos admiración real por todos aquellos a los que los fármacos, por muy potentes y copiosos que sean, no logran doblegar. Los contemplamos como a superhéroes del lado salvaje de la vida, patéticos e insalvables. Y así, sentados en los bancos o despatarrados en cualquier lugar del recinto, nos lanzamos a analizar quién toma qué, cuántas veces al día, cuántos cambios de medicación llevamos, qué tenemos de rescate, si alguien ha probado uno en concreto, qué efectos sentimos... Repasamos las composiciones y los principios activos de todo: neurolépticos o antipsicóticos, relajantes musculares, antiinflamatorios, antidepresivos, estabilizadores del ánimo o eutimizantes, ansiolíticos o benzodiazepinas, hipnóticos, tricíclicos, inhibidores, anticonvulsivos, etc. Los yonquis los llamamos *pepas*. Son nuestras pepas. En el centro también entra en juego una curiosa jerarquía: cuanta más medicación tomas, peor estás; cuanto peor estás, menos recomendable eres. Así que los que tomamos poca, entiéndase poca en comparación con los profesionales de la química que hay ingresados, somos «los que mejor estamos». Aunque hay pacientes que prefieren existir acomodados en una bruma sintética, por regla general casi todos queremos que nos mediquen lo menos posible, al menos hasta que nos asalta la angustia. Cuando eso ocurre, no tenemos problema en bajar en el escalafón demandando enérgicamente que nos pinchen en las córneas si es necesario con tal de no seguir sufriendo.

Durante esas horas muertas, aunque estaba prohibido por el tema de las recreadas, solíamos compartir con los compañeros alguno de nuestros momentos más salvajes y desquiciados. No lo hacíamos con orgullo, al contrario: normalmente nos invadía una tristeza líquida y penetrante. Pero mostrábamos nuestras heridas ocultas al otro, para certificar, en ese intercambio, que estar ahí hablando era lo correcto, lo que debíamos hacer. Era un proceso en el que, día a día, con la confianza que se generaba, íbamos dejando atrás el pudor y exponiendo gradualmente la destrucción que nos había llevado allí. Era matemático: cuanto más tiempo llevaba alguien ingresado, con mayor aceptación hablaba de todo aquello que le provocaba un arrepentimiento doloroso. De esa manera, en estas conversaciones repasábamos el lenguaje de las drogas. Perico. Merca. Jaco. Farlopa. Goma. Zarpa. Nieve. Pasta. Bocina. Talco. Potro. Gramo. Pollo. Papela. Recuerdo que el día que escuché por primera vez *potro* me eché a reír.

—¿Qué coño dices? *¿Potro?* —pregunté.

—*Burro*, en mi zona se llamaba *burro* —explicó Arkaitz.

—¿No lo has *escuchao* nunca? Claro, nano. El potro da picores. Si se dice mogollón, joder —repuso Lluís.

—Tío, no digas «el potro», es de los ochenta. De yonqui chungo. —Este fue Sergi.

—¿Y tú qué hostias eres? —preguntó Lluís.

—Eso mismo, otro yonqui chungo. Di que sí. —Me reí.

—No digáis «yonquis», joder. Somos toxicómanos. *Yonquis* es de bajón —se quejó Rui—. ¿Os habéis *enterao* de la movida de Sandra? —preguntó.

—¿Qué Sandra? —De nuevo Sergi.

—La preñada. Se piró de aquí hace tres meses —informó Rui.

Nos encogimos de hombros. Nadie sabía quién era.

—Que el niño le ha salido enganchado. Adicción prenatal a la heroína. Me lo contó la psicóloga el jueves, troncos. Creo que la hijaputa me estaba amenazando. En plan que deje de hacer el canelo que mira lo que me puede pasar si acabo con bombo y no me quito, ¿sabes? —dijo Rui.

—Dios, qué monazo tengo, cabrón. Menuda recreada —admitió Lluís—. Cambiad de carrete, que me vuelvo loco, nanos.

Cuando alguien decía algo similar, todos entendíamos de inmediato que la conversación había terminado. Esa era la bandera roja, el grito de socorro de un compañero que comenzaba a verse superado por las ganas de consumir. Era la contraseña para hacernos ver que se iniciaba en su interior el proceso del *craving*. Ahí el grupo actuaba a la vez, como un ejército. Nos callábamos o alguien soltaba alguna estupidez que nos hacía reír, que es otra forma de decir que acudíamos en su ayuda y le sacábamos del agujero. Por lo general la persona en cuestión necesitaba un tiempo de desconexión, de bajada a la realidad, de relajación, así que le llevábamos de paseo o intentábamos, por todos los medios a nuestro alcance, que pensase en otra cosa. A esto acabaríamos por conocerlo como «darse unas vacaciones de uno mismo».

—La culpa es la consecuencia de una acción que viola un principio: lo que se debe hacer —explica Esther. Volvemos a estar sentados, en círculo, en uno de sus talleres—. La culpa no sirve de nada y es muy importante que os lo metáis de una vez en la cabeza —nos aconseja.

En el plano psicológico, nos explica, la transgresión del principio provoca un autorreproche, que en ocasiones es desproporcionado. No es lo mismo «ser culpable» que «sentirse culpable».

El sentimiento de culpabilidad se da mucho entre las personas acostumbradas a controlarlo todo, perfeccionistas, demasiado exigentes con ellas mismas, para las que el más mínimo fallo se convierte en algo imperdonable. Es también frecuente entre las personas inestables emocionalmente, que se alteran por cualquier gesto o frase de desaprobación, porque sienten miedo a ser rechazadas. Es decir, todos nosotros, los toxicómanos.

—Lo que os intento transmitir es que lo sano es la responsabilidad, no la culpabilidad. Responsabilizarse sí, culparse no —resume la terapeuta—. Equivocarse es de humanos, es parte del aprendizaje de vivir. Tan pronto como constate mi error y las consecuencias de este, lo que me reportará verdadero beneficio será invertir mis energías en cambiar el comportamiento en cuestión, reparar los daños que haya originado y tomar medidas para no volver a cometer el mismo error en el futuro o estar atento en el momento en el que trato de repetirlo.

—Pero ¿por qué es mala la culpa? Joder, a todos nos educan así. En plan: «Eres un niño malo» y todas esas mierdas —dice Luismi.

—La culpa siempre aparece de la mano del castigo. Es decir, me culpo, me autocastigo, de la forma que sea; aquí todos sabemos cuánto podemos llegar a castigarnos. Este es un círculo vicioso que hay que cortar de raíz —explica Esther—. Y la culpa tampoco sirve cuando la dirigimos a otros y los culpamos de lo que nos pasa, porque así también responsabilizamos al resto y no nos responsabilizamos nosotros, ¿entendéis?

Asentimos, en silencio. Sé a la perfección de lo que está hablando. Habiendo sido educado en un colegio y una universidad religiosos y proviniendo de la familia que provengo, la culpa ha sido inoculada en mí como un veneno desde el minuto cero de mi existencia. He chapoteado en culpa toda mi vida.

Estoy sentado solo en un banco, fumando, después de cenar. Siento la melancolía del entorno rural. Miro al cielo: en la clínica, alejada de la contaminación lumínica, se pueden ver todas las estrellas. Nunca me he parado a conocerlas, no sé cómo se llaman ni cuáles son las constelaciones. Los compañeros salen del comedor, dicharacheros, y, poco a poco, se van diseminando a lo largo y ancho del recinto o se recogen en sus habitaciones. Veo que Rui se acerca. Camina hacia mí, tarareando una canción con un cigarro consumido colgando de la boca y jugueteando con las piedras con sus botas de montaña. Llega hasta el banco y se sienta, no dice nada. Observamos a lo lejos a un hombre mayor que ha venido a pasar unos días entre nosotros. Ha llegado esa misma mañana y no puede ingresar, no tiene recursos para hacerlo. Tampoco quiere. Solo precisa descansar. Ha pasado unas semanas agitadas y necesita calma. No ha llegado a consumir, pero ha estado cerca y el pánico le ha dirigido hasta aquí, a protegerse de la manera más segura que conoce. Los responsables de la clínica le permiten estar tres días, sin coste, como apoyo y deferencia, ya que hay espacio en las habitaciones de acogida. Su época pasó, no pertenece a esta generación. La suya fue la original, la epidemia de la heroína en los ochenta.

Rui abre su riñonera y saca otro cigarro. Se lo enciende. Veo cómo balancea sus pies cruzados, al ritmo de una música que solo suena en su cabeza.

—Hay gente que lleva tantos años tomando metadona que los médicos prefieren mantenérsela porque si se la bajan se desestabilizan —dice con su voz áspera.

—¿Cuánto lleva ese?

—Veintidós años.

—¿Veintidós años tomando metadona? —pregunto, genuinamente sorprendido.

—Eso dice. No sé. Yo no quiero pasarme veintidós años tomando metadona, tío. Ese debe de llevar un huevo. Si se la toma a pelo.

—¿Y cómo se la tendría que tomar?

—Ese hijo de puta es un puto profesional. Ese es uno de los originales. Un puto mito. Incluso los más enganchados preferimos que nos la rebajen con agua.

—¿A qué sabe?

—A rayos. Muy amarga. Y da estreñimiento. Como si todo lo

que el cuerpo ha echado con los vómitos del jaco ahora quisiera quedárselo.

Me quedo en silencio vigilando al hombre, que da vueltas por el patio sin tener muy claro adónde dirigirse. Nos saluda desde la distancia. Levantamos la mano y sonreímos, devolviéndole la cortesía.

—Se le ve muy legal —comenta Rui—. Antes hemos *estao* hablando un rato largo, en la enfermería.

Entiendo que han coincidido cuando ambos han tomado la metadona. Rui lleva el pelo recogido en una coleta grasienta, pero eso no impide que parezca despeinada: mechones de cabello le caen sobre la cara y salen despedidos hacia todos lados, como si hubiese metido los dedos en un enchufe.

—Nunca he tomado heroína. ¿Qué se siente?

Rui me desgrana los efectos de los opiáceos. La relajación inmediata. La ausencia de preocupaciones y problemas. Los vómitos y picores. Las pupilas contraídas. Los sudores, los párpados caídos. Los agujeros en la ropa de *quemaos* del cigarrillo que se desprende de la boca, al quedarse en duermevela.

—Es lo contrario que la coca, que se te ponen los ojos como dos faros —me explica Rui—. Los de coca vais de finolis, como si nosotros fuésemos basura, pero al final es la misma mierda. Que paguéis más por vuestros gramos no os hace mejores.

Tiene toda la razón. Si alguien me hubiese intentado convencer de que acabaría sentado en una clínica de palique con una heroinómana con riñonera y botas de montaña, le habría tomado por loco. Los heroinómanos eran gente que salía en televisión y en el periódico.

Rui y yo nos quedamos en silencio. En la clínica aprendes rápido a dejar de preguntar. Se sustituye de manera natural por la prudencia, por permitir que sea la otra persona la que hable si quiere decir algo. Aquí no se fiscaliza. Es lo opuesto al exterior, donde existimos bajo avalanchas de preguntas continuas, muchas de ellas invasivas. No tengo nada que ver con Rui, no podemos ser más diferentes; sin embargo, algo, que no sé lo que es, nos une. Tal vez sean las circunstancias.

—Cada chute me prometía dejarlo, como quien echa un polvo chungo y se jura que no lo hace más. Hasta que el mono era tan insoportable que me podría haber picado yeso, tío. Entonces ya los pensamientos no contaban un carajo. Lo único que me importaba era volver a conseguirla. La desesperación es acojonante, tronco. ¿A ti te pasaba?

—Menos, creo.

—Menos, pero aquí estás sentado. Cada agujero tiene su profundidad.

Pasa una yonqui con dos natillas de chocolate en una mano y un bocata de queso en la otra. Tiene las comisuras llenas de saliva reseca y la ropa salpicada de restos de comida.

—Dame un piti, jefe —me pide.

—Tienes uno en la boca —le contesto.

La yonqui mueve la mano deprisa y deja caer el bocadillo. Rui se agacha y se lo recoge. Se entretiene limpiándolo, retirando las migajas de polvo y tierra pegadas al pan.

—¿Sí? No lo noto, colega.

—Si lo tienes encendido —le señalo. Se lo intento arrebatar para mostrárselo, pero se aparta instintivamente.

—Vale, vale, te creo. —La yonqui continúa su camino.

—¿Tú cómo estás? —me pregunta Rui.

—Tirando. Es todo bastante...

—Ya te acostumbrarás.

—¿Tú?

—Yo me las piro a cagar. A ver si lo consigo de una puta vez —sentencia Rui.

La observo alejarse, mientras se pelea con las piedras del patio, hacia el edificio de habitaciones.

Esa noche vuelvo a despertarme a horas intempestivas, sin lograr un sueño profundo sino un letargo ansioso lleno de pesadillas. Me arrastro hasta la garita del *staff* a pedir un rescate para poder dormir. Al llegar, Santi, el monitor de noche, señala que estoy tomando muchos rescates, que ya llevo varios días seguidos. Le ruego que no me meta discursos a estas horas. Que el primero que no quiere medicarse tanto soy yo, pero que si no duermo al día siguiente estoy hecho un basilisco. Que me voy a poner como objetivo bajar, que no es por gusto. El monitor me da el rescate y yo me vuelvo al cuarto, confiando en que ahora, con mi sangre bombeando química psiquiátrica, por fin lograré descansar.

Todos los domingos terminamos de la misma manera: con un taller, conducido por los monitores de fin de semana, que llamamos «taller de cierre». No se trata más que de una reunión de todo el grupo en el que compartimos, a gusto de cada uno, lo que nos apetezca expresar sobre nosotros mismos y el momento en el que nos encontramos. Estos talleres, asimismo, se usan para refrescar algunas ideas en torno a nuestra enfermedad y para darnos confianza a la hora de afrontar lo que nos queda por delante.

Dependiendo de las salidas que tengan, algunos de nuestros compañeros que han estado fuera también asisten. Los que han estado en las conocidas como «salidas familiares», fines de semana completos con la familia, normalmente no llegan a tiempo, puesto que regresan al recinto más tarde, a la hora de cenar. La vuelta de la gente es siempre un acontecimiento para nosotros. Todos los que estamos encerrados esperamos verlos reaparecer e intentamos adivinar en sus caras y gestos cómo ha ido la aventura por la realidad. Aunque las salidas las decide el equipo terapéutico, siempre conllevan un riesgo impredecible. Y, si bien son necesarias para el proceso y la progresión del tratamiento, no son pocas las que dan como resultado un fracaso estrepitoso y la vuelta a las andadas inmediata del paciente que se siente en libertad. De un toxicómano enfermo en activo jamás te puedes fiar del todo. Somos las personas menos merecedoras de confianza que existen.

Esta tarde Lucio nos explica el concepto de locura en la psicología social. Al contrario que en el caso de los psiquiatras, que entienden la locura como una enfermedad de origen médico, los psicólogos sociales entienden la locura como una herramienta adaptativa de la persona y dan mucha más importancia a los factores ambientales y psicosociales en su intento de definirla.

Para ellos, la locura no es más que el umbral de tolerancia de la persona al dolor. El cerebro, cuando siente que el cuerpo y la mente rebosan un punto de sufrimiento insoportable, desconecta de la realidad y entra en el terreno de la locura como estrategia de supervivencia. Como si el cerebro decidiese que es preferible volverse loco que morir de dolor. Evidentemente desconozco si esto es así ni soy competente para argumentarlo, pero cuando la escucho me parece una explicación preciosa, casi lírica. Porque de alguna manera yo también creo que ocurre así, no sé si de manera tan radical, pero estoy convencido de que en el germen de la locura siempre anidan grandes dosis de dolor. Lo veo a diario en la clínica, a mi alrededor. Aquí todos sufrimos.

Muchos años más tarde, leyendo *Nada se opone a la noche*, de Delphine de Vigan, encontraré una explicación literaria similar a la que aquella tarde compartió Lucio. Cuando la autora desgrana la enfermedad mental de su madre se refiere a ella en estos términos: «Esos momentos de delirio en los que la vida se había vuelto tan pesada para ella que había necesitado escapar, en los que su dolor solo había podido expresarse mediante la fábula».

Lucio nos explica que las drogas dan lo que prometen y que eso es una gran putada. Porque si no nos entregasen en bandeja el escapismo, la falsa seguridad, la confianza en nosotros mismos y la sensación de omnipotencia o de relax, no habría ningún problema. Nadie las tomaría. Drogarse no es una actividad placentera *per se*. Lo placentero son todas las sensaciones que provocan. Y esas sensaciones son reales, y las otorgan y luego las retiran para exigir más consumo para proveerlas de nuevo. Ahí reside lo diabólico de la adicción, porque las drogas no engañan, pero se vuelven compañeras traicioneras que te pillan por sorpresa y te apuñalan, cuando no tienes manera de escapar. También hablamos de cómo durante años nos hemos construido un personaje y de cómo llega un momento en el que ese disfraz ya no nos sirve de nada, lo cual es una de las razones fundamentales por las que estamos ingresados. Ahora una parte importante del proceso es ser capaz de descubrir a la persona que hay debajo, a la persona real, a la que nos hemos empeñado en aplastar y esconder. Aprender a vivir acorde a quiénes somos de verdad. Eliminar el peso de lo que se ha descargado sobre nosotros, de todo aquello que no nos pertenece.

Un poco más tarde decidimos hacer una ronda identificando cuáles son nuestros momentos de consumo: yo no tengo problema en hacerlo, ni ninguna duda. Solo he necesitado una semana en el centro para tener la epifanía. Son dos: cuando estoy eufórico o cuando estoy deprimido, ahogado en soledad, culpa, reproche y pensamientos incapacitantes y negativos sobre mí mismo. «El festival del machaque y el látigo», en lenguaje yonqui. Cuando estoy estable, ni siquiera feliz, solo satisfecho, ni se me pasa por la cabeza consumir. El problema es que en los últimos tiempos he buceado en una insatisfacción crónica continua. Cuando Lucio me pregunta cuándo fue la última vez que me sentí satisfecho, no soy capaz de contestar. Quizá no lo he estado nunca. No lo sé. Al escuchar al resto descubro que todos compartimos más o menos las mismas razones para el consumo y que todas, siempre, son emocionales. Ni una sola de las personas que estamos sentadas esta tarde en círculo identifica su consumo como «lo que le apetece» o «lo que quiere». Al acabar la ronda, Lucio nos mira y manifiesta:

—¿Os dais cuenta? No hemos hablado de drogas. Aquí en la clínica de lo que menos se habla es de drogas. Todos habéis contado cómo os sentíais en esos momentos previos. Por eso las drogas son solo un síntoma. La enfermedad es otra.

—Demasiada exigencia no es sana. ¿Sabes por qué?

Niego con la cabeza. No sé cómo funcionar sin exigirme.

—Si no me exijo, me dejo ir —le explico—. No sé cuál es el equilibrio. ¿Cómo lo hago?

—Ya lo iremos viendo, poco a poco. Por ahora, entiende que si te exiges y lo único que buscas son resultados..., te estás perdiendo todo el camino. Estar concentrado únicamente en el fin hace que no te enteres de lo que está ocurriendo ahora mismo, aquí.

—Ya... Eso siempre me ha pasado, la verdad.

—Javi...

—¿Qué?

—La vida no es un examen.

Hoy no llevo las gafas de sol puestas en mi sesión con Anais. Me noto más dicharachero, más abierto.

—Es fácil decirlo, pero... —Entiendo adónde quiere llegar, pero yo lo siento de otra manera.

—¿Por qué no te dejas disfrutar del camino? —me pregunta—. ¿Para qué tanto machaque a ti mismo?

Silencio. Me encojo de hombros. Realmente no soy capaz de responder a esas preguntas. Las apunto en el diario.

—Deja de intentar tenerlo todo bajo control. Lo único que consigues así es hacerte la vida imposible, Javi. Te haces sufrir sin ninguna necesidad. ¿Lo estoy haciendo bien? ¿Lo estoy haciendo mal? Da igual. Lo importante es que lo estás haciendo. Estás rompiendo tus hábitos, estás cambiando. Es una diferencia fundamental, Javi: estás haciendo las cosas de manera distinta.

Anais se queda callada unos instantes. Me mira a los ojos durante un espacio de tiempo que me parece eterno. Aparto la vista. De repente, me siento incómodo, pero ella permanece en silencio un rato más. Y luego, sonriendo, me hace una de las preguntas más importantes que me han hecho en toda mi vida:

—Javi, ¿qué te impide confiar en ti?

No sé qué decir. Anais me vuelve a preguntar lo mismo.

—No sé. —Un hilo de voz ahogado que casi no se oye.

—Date permiso. No tienes que saber siempre, Javi. Dilo con más fuerza.

Silencio.

—No sé —elevo la voz.

—¿Ves? Seguimos vivos, no se ha acabado el mundo. No saber está bien. Acéptalo. Ya sabrás. O no. Depende de si a ti te interesa saber. Yo hay muchas cosas que no sé y me da absolutamente igual.

Me invade la sensación de que, como siempre, Anais tiene la capacidad de penetrar en mi interior mejor que yo mismo. Sin necesidad de abrir la boca, ella sabe qué me pasa, sabe ponerle nombre, sabe decir las palabras necesarias y qué iluminar para seguir avanzando. Es una guía clarividente. Más tarde descubriré, porque me lo contará ella, que antes de estar en la clínica había trabajado durante muchos años como educadora social en los poblados de la droga más peligrosos de Madrid. Debe de estar curada de espanto de ver gente como yo y mucho peor.

—Me siento defectuoso —confieso—. Hay algo en mí que funciona mal.

—No digas eso, no eres defectuoso, Javi.

—Pues es como me siento.

—Odio esa palabra y estaría bien que tú empezases a odiarla también. Sería bueno que comenzases a fijarte en cómo te hablas a ti mismo. En las cosas que te dices. Apúntalas en el diario, ¿de acuerdo?

—Vale —acepto.

Anais pasa a sacar mi móvil, que extrae de una bolsita hermética, para que entre los dos borremos teléfonos de riesgo. Contactos como el del camello o los de amistades comprometidas relacionadas con consumos, orgías y demás vida disoluta. Decido eliminar el número de todo aquel que me recuerde a mis noches enloquecidas. No me cuesta. Creo que estoy decidido, al menos en este momento, a dejar esa vida atrás. Me pregunta si tengo deudas. Le respondo que no, le explico que me vi obligado a pedir créditos para costearlas y curioseo si el resto de mis compañeros las tienen.

—Eso te lo contarán ellos si les apetece, corazón. Yo no puedo —me dice—. ¿Qué tal con ellos? Vas haciendo grupito, ¿no?

Me encojo de hombros. Supongo que es cierto, pero no quiero reconocerlo todavía.

—La gente habla muy raro, tía. Cuentan todo el rato cómo se sienten, y hay un chaval que no para de decir que se quiere colocar vivo, todo el rato, sin parar... No sé... —comento.

—Ahí fuera dirían: «Hostias, ese tío está *zumbao*». Es justamente al revés: ese tío está más cuerdo que nunca. Es mucho más peligroso el que se lo cocina en silencio, sin compartirlo. Eso es imprevisible, puede estallar por cualquier lugar. Antes de que te des cuenta tú también lo estarás haciendo, verás. —Anais se ríe. Tiene una de las risas más frescas y sinceras que he oído.

—Son majos, supongo. Pero a veces pienso que yo no... pertenezco aquí, ¿sabes? Yo no me veo tan mal como ellos. Que ya sé que tengo problemas y tal, pero es que hay gente que está muy tronada.

—Javi, deja de pelearte con eso. Confía en mí. Cada persona tiene sus circunstancias y su historia. No te sirve de nada compararte con el resto. ¿No habías tocado fondo? ¿Querías seguir? ¿Hasta acabar en la UCI? ¿Hasta gastarte todo el dinero de tu familia? ¿Hasta perder a todos tus amigos? ¿Hasta morirte? ¿Cuál es el límite? Estás donde tienes que estar.

Me quedo callado. Me asalta la imagen de mí mismo, en mi casa de Madrid, consumiendo con taquicardias y pensando que si me muero da lo mismo. Mi posterior llamada de socorro a Iñaki. El recuerdo de mi madre rescatándome. Puedo sentir en la boca la acidez del arrepentimiento. Anais me pide que escriba en grande en una página lo siguiente: «TÚ PUEDES/TÚ VALES». Y que lo ponga en el corcho, en mi cuarto. Que lo mire todos los días al despertar y que haga el esfuerzo de recordármelo. Yo la observo como si estuviese viendo alunizar frente a mí un ovni pilotado por un unicornio de color fucsia.

—¿Lo dices en serio? —pregunto.

—Ya sé que te parece una cursilería.

—No sé...

—Sí, te parece una gilipollez. Pero hazlo. Prueba, a ver qué pasa. No pierdes nada —me anima.

Al llegar al cuarto sigo su recomendación. Contemplo los papeles clavados en el corcho. Me siento ridículo. ¿Qué van a pensar mis compañeros cuando entren y vean eso puesto ahí? ¿A esto se reduce toda mi problemática y mi recuperación, a conjuros de autoayuda de libro de aeropuerto?

Ahora, doce años más tarde, tengo dos papeles pegados con celo en la base de mi ordenador, en el que escribo estas líneas. En ellos se puede leer «Tú puedes/Tú vales». Quizá, tan reticente como era, por pura exposición a esos mensajes he terminado por creérmelos. Cada vez que he sentido mis piernas temblar y me ha acometido el torrente de dudas sobre mí mismo, he lanzado la mirada hacia ellos, intentando desentrañar de nuevo su secreto. Hasta el momento, nunca me han fallado.

A estas alturas de mi reclusión he mantenido ya varias terapias individuales con el psicólogo. En contraposición a los encuentros con Anais, estos espacios son terapia psicológica pura, similar a la que conozco de Madrid. Duran siempre entre cuarenta y cinco minutos y una hora. Llego a la habitación, me siento, hablo, el psicólogo me lanza preguntas o me hace alguna devolución para que reflexione y me vuelvo a ir por donde he entrado. Rafael, mi terapeuta, es un hombre venezolano calmado, de rostro ancho y facciones suaves. Durante mi ingreso iré basculando entre mis conversaciones con Anais y con él, mis dos terapias individuales. Las primeras visitas no han sido excesivamente exitosas. Lleva tiempo confiar en un psicólogo. Las barreras se resquebrajan muy poco a poco, al menos en mi caso. Quizá sea una herencia vasca. Quizá esté condicionado por mi experiencia previa con las psicólogas madrileñas. Quizá saber que la terapia hablada no tiene objetivos ni resultados concretos, al menos de una manera rápida y comprobable, hace que considere mi paso por esa habitación una pérdida de tiempo.

Así, las primeras terapias han resultado imprecisas. Le he explicado a Rafael mi problemática, datos sobre mi biografía, algún sentimiento peregrino, pero nada que no pudiese confesar a la cajera de un supermercado. En definitiva, no me he abierto. Los encuentros han transcurrido de idéntica forma: Rafael me plantea cuestiones y yo las contesto con la boca pequeña, midiéndole en silencio, preparado para levantarme y escapar.

En la cuarta terapia se produce un cambio. Por primera vez, no sé por qué, abro mi diario y comparto con él algunas de las cosas que he ido apuntando en los días previos, en la soledad del cuarto. De pronto, con ese gesto, la terapia se profundiza. Como si se cayese un muro de ladrillos y al otro lado hubiese una autopista despejada por la que comenzar a caminar. Descubro así una nueva manera de trabajar, que ya me había señalado Anais. Apunto lo que pienso, lo que siento, no huyo de ello, me obsesiono por recogerlo y soltarlo en la página. Luego lo comparto con mi psicólogo. Cuando consulto mi propia letra, mis vaivenes emocionales, mis barreras, se van deshaciendo.

En esa cuarta visita, charlando con él, aparece la existencia de una imagen mental del «Javi perfecto», de la que igual no me he percatado pero a la que aspiro con desesperación, sin saber en qué consiste y sin corresponderse con ninguna realidad definible. Es una idea borrosa, transformada en condena inconsciente, formada de retazos que no logro identificar. Seguimos tirando del hilo y reconozco ante él mi incapacidad para la intimidad y para las relaciones amorosas y afectivas por mi creencia de «no ser suficiente». Él me explica que mi psiquismo trabaja inconscientemente de la siguiente manera: «No valgo, no soy suficiente, no soy digno de tu amor. Si me quieres, eres un imbécil, porque estás amando a una persona que no es perfecta. Por lo tanto, por el hecho de quererme, por hacerlo, no te puedo respetar». Me recuerda que las relaciones afectivas son necesarias e importantes. Los vínculos. Le confieso que creo que hasta ahora no he sido nada más que un esnob y que es algo que me continúa pasando en el interior de la clínica, donde juzgo a todo el mundo. Creo, además, que casi todos mis amigos han sido elegidos por las razones erróneas, por su posición social, por el estatus («imaginado por ti», me recuerda Rafael) que me concede su amistad a ojos del resto. Admito que una de las cosas en las que más me he equivocado en mi vida es en que he buscado la repercusión, la admiración, etc. Atraído por los focos, me he olvidado de mi trabajo de hormiguita, solitario: escribir, crear, dedicarme a lo que me gusta. Me he centrado en las consecuencias, en el éxito, y me he rodeado de gente que tiene una categoría, de fiestas, de eventos, para sentirme alguien. Pero he desatendido lo único importante: mi trabajo, mi deseo, yo.

Por la noche escribo lo siguiente en mi diario:

Sigo teniendo la percepción de que soy defectuoso, me da igual lo que diga Anais o lo que digan los demás. Hay algo en mí que no funciona como debería. Sé que no soy suficiente, no soy suficiente, ni soy digno de amor ni digno de respeto. Vivo bajo el yugo de «no valer», «no poder». Quizá por eso no soy capaz de mantener una relación. Siempre estoy dando explicaciones y justificándome, ante todo el mundo. Eso es lo único que he querido siempre: ser admirado y respetado. Siempre el resultado, la recompensa, lo de fuera, nunca el interior. Adelanto acontecimientos continuamente y me autoprovoco estados de ansiedad continuos. Necesito controlar todo: a mí mismo, la situación, la sociedad, todo. Tengo que aprender a tolerar y soportar el malestar, la impotencia, la frustración. Tengo que aprender a hacerlo. Si no, no lograré salir de esto. No valoro el momento presente ni lo que hago. Siempre estoy en «otro sitio», dibujando flechas y círculos. Con eso solo consigo estar pero no estar, pasar por encima de las cosas sin valorarlas ni disfrutarlas. Acumulo, pero no vivo. ¿Por qué me comparo continuamente con todos? ¿Por qué esa ansia de ser siempre perfecto y el mejor en todos los aspectos? ¿Por qué la necesidad atroz de atención y admiración instantáneas?

Ahora no me reconozco en estas palabras. Me cuesta trabajo creer que yo, una persona que en aquella época tomaba tres ansiolíticos diarios, pudiese estar dominado por emociones tan oscuras e intensas, propias de la neurastenia. ¿Cómo habría sido todo si no hubiese estado medicado? No me lo quiero ni imaginar. Buceando en mis propias palabras, se despliegan ante mí como una prueba irrefutable de lo enfermo, perdido y desesperado que llegué a estar. Teniendo en cuenta que si actualmente tomo un ansiolítico es solo para dormir en ocasiones excepcionales y que su efecto es inmediato y relajante, hoy las leo como frases rescatadas de alguien que no sé quién es. Supongo que en eso consiste el éxito de mi tratamiento: en la evolución que conlleva no ser capaz de reconocerme en lo que escribí en cierto momento de mi vida.

Si este libro fuese un abrazo, estaría en estos momentos escribiendo esta frase para abrazarme a mí mismo hace doce años. El yo de hace doce años reaccionaría con brusquedad, porque no soportaba que le demostrasen cariño, no era capaz de gestionarlo, pero yo le aseguraría que todo iba a salir bien, aunque no me hubiese creído.

Esa misma noche me despierto tres veces, angustiado, pero me obligo a no pedir el rescate, no sé si por convicción o para que el monitor no me dé la turra. Me ducho a las 3.30, decidido a arrancarme la sensación opresiva que me invade la piel. Siento el malestar de encontrarme desvelado mientras todos duermen. En el silencio de la noche no tengo más remedio que estar conmigo mismo, no hay posibilidad de escapatoria. Nada me sosiega: intento leer, pero no lo consigo. Abandono el libro. Me levanto y me siento a escribir, libre, sin sentido, borboteos incesantes de palabras que abrasan.

Al día siguiente visito a la psiquiatra, la Polaca. Quiero hablarle de los rescates y de todas las pesadillas que tengo. Le explico, acongojado, que necesito dormir. Me aconseja que se lo mencione al psicólogo y que trabaje los sueños con él, que puede tratarse de mi inconsciente apareciendo por las fisuras que comienzan a abrirse en mi armadura. Me planteo que quizá tenga razón y esté llevando a cabo, sin saberlo, una limpieza de mi mente. Le aseguro que lo haré, y le explico orgulloso cómo yo solo he cambiado de idea respecto a seguir pidiendo más rescates. Cuando me pregunta si recuerdo las pesadillas, le comento que todas tienen relación con mi estatus en la clínica y con la sensación de encierro, de no poder salir. Me pregunta, como hizo Anais, qué tal me desenvuelvo con el grupo. Esta vez modifico mi respuesta, de manera instintiva: «Bien, me estoy aclimatando». Me sorprendo a mí mismo admitiéndolo en voz alta, contradiciendo lo que me negaba a reconocer hace escasos días.

La monitora de día me ha llamado la atención en la comida, delante de todos, y me ha pedido que me calle. Estaba sentado a una de las mesas, rodeado de compañeros, y me he puesto a montar el show, hablando muy alto, polemizando. El *enfant terrible.* El personaje, de nuevo. Mencionaba divertido, excesivo y folclórico, con mucha pluma a propósito, la relación entre el caballo y los flamencos. Me había pasado media comida comentando lo interesante que era antropológicamente que todos los grandes cantautores flamencos fueran yonquis del caballo. Un compañero me explicaba que yo no lo entendía porque no consumía heroína, pero que era una filosofía de vida.

Al salir de la comida, mientras damos un paseo por el bosque, le pregunto a la monitora si me ha llamado la atención por el tema o por el tono. Me explica que por ambos:

—Ya sé que lo has hecho sin malicia, pero tienes que entender que no todo el mundo eres tú y que hay gente a la que le puede afectar mucho oírte decir cosas como esas. Empatía, Javi. Pensar en el otro.

—Pero si la mitad de la clínica escucha a Camarón y a Chiquetete... —me defiendo.

—Sabes perfectamente a qué me refiero. No me hagas explicártelo más, que tú eres listo.

Disfruto mucho de los paseos tranquilos a la hora de la siesta, sin más objetivo que andar, algunas veces acompañado, otras solo, rodeado de naturaleza. Estoy empezando a descubrir el placer de caminar sin rumbo, de sentarme a hablar y escuchar. No es algo que sepa hacer en Madrid, donde todos los pasos son rápidos y tienen un propósito y una dirección concreta y donde siempre estoy intentando demostrar algo que no sé qué es.

Las pesadillas se repiten. No hay una sola noche en la que no las tenga. Ahora, cuando las recuerdo, las escribo. En las de esta noche salía gente de Madrid, gente famosa y conocida. Me despierto con una sensación asfixiante de presión social, fobia y vergüenza. En el sueño había también bichos, como pulgas, que crecían y me comían los dedos. Me levanto con fiebre y dolor de cuerpo, malhumorado. Explico en la enfermería que sufro de faringitis crónica. Me recetan Zitromax, porque les expongo que necesito antibióticos potentes. Desde la adolescencia paso dos faringitis al año en las que la garganta se me llena de placas. Después de tomar la primera pastilla vuelvo a la cama. Paso dos días intentando dormir y sanar. Los compañeros me traen la comida en bandejas de metal que recogen cuando termino, los terapeutas pasan a comprobar mi estado, la enfermera me acerca la medicación.

El segundo día en cama apunto lo siguiente en el diario:

Tengo la sensación de que estoy haciendo una limpieza a todos los niveles. Me estoy deshaciendo de toda la mierda, en todas sus formas: pesadillas, enfermedad, estómago, etc. No es una cura psicológica: el cuerpo también se está higienizando. ¿Dónde va todo eso que está saliendo? ¿Volverá?

Al cabo de varios días retomo mi actividad rutinaria en la clínica, recuperado, pero paso una temporada rebelado contra el proceso y contra mí mismo. Asoma la rabia de la que me hablaban los compañeros y yo no sentía. Ahora sí lo hago. Son días que paso enervado, enfadado con el mundo y con cualquier ser vivo que me encuentro en el camino. Mi ira toma la forma de castigo silencioso, de no querer responder, de aislarme en mí mismo, de llamar la atención con desplantes, bravuconadas y latigazos de ironía cruel hacia compañeros y terapeutas. Ellos, que se conocen la sinfonía, no me prestan atención. Me dejan sentir. Así que, si me paso de listo, me ponen un límite templado y contundente, pero no se preocupan por mí. Saben que necesito atravesar este bache yo solo. Son estados que debo aprender a habitar y a abandonar por mi propio pie. Educarme en que la rabia, motivadora como puede llegar a ser, es un impedimento fundamental para mi crecimiento y una barrera emocional que me evita tener que lidiar con el dolor. En ese contexto, es un sentimiento incapacitante. He de asimilar también que bajo la rabia se esconde un profundo sentimiento de tristeza continua. Y hasta que no conecte con ese pesar, nadie a mi alrededor va a hacer nada para ayudarme. Porque comprenden, hoy lo entiendo, que mi rabia no es peligrosa y que no la voy a lanzar contra los demás ni contra mí mismo de manera irreversible, nada más allá de gestos y palabras. Saben que es un proceso natural. Saben cómo funciono. Saben que, poco a poco, irá desapareciendo y que, después de hacerlo, regresará, y entonces vuelta a empezar, hasta que haya aprendido cómo gestionarla. En resumen: se inauguran los tiempos de dejar de ser un cínico acomplejado.

Carla y Álvaro llegan desde la masía de consecuencias. Me los presentan. Han estado quince días aislados, porque se escaparon al pueblo, compraron cervezas y se encerraron en una habitación a beber y esnifar Diazepam mezclado con Tranxilium y Topamax. Decidieron que atrancarse en un cuarto, machacar la medicación y metérsela vías nasales arriba podía ser una manera de matar el tiempo. Ambos son muy jóvenes y no parecen alocados, solo perdidos.

Me provocan rechazo inmediato. No entiendo que estén aquí y que hagan eso. Me pregunto si a mí me pasará lo mismo, llegado el momento. La familia de Álvaro le llamará esta noche. Más tarde, en la habitación, bebiendo tilas, nos explicará que le han gritado: «¡Nos estás robando!». Nos confiesa que no va a quedarse mucho más tiempo ingresado, porque sus padres ya no pueden seguir costeándolo. Álvaro no sabe qué le va a pasar ahí fuera. Lo cuenta con tristeza, puesto que escuchar a su familia perder los nervios con él de nuevo le ha dolido mucho. Y se responsabiliza: es consciente de que se lo merece, de que es un imbécil, un fracaso. Advierto la culpa que producen de pronto esas palabras en mí: mis padres también se están gastando dinero. Yo también les estoy robando. Yo también soy un fracaso. Yo también me he ingresado harto de causarles daño.

Un apunte. La estructura terapéutica del proceso completo es la siguiente: en una primera fase, el ingreso en la clínica en la montaña; el segundo paso es lo que se conoce como la fase de habituación: unos meses en «la Torre» (un edificio en la zona alta de Barcelona que funciona como un piso tutelado en el que los pacientes pueden comenzar a hacer vida normal e ir a dormir al recinto); y en la última etapa, el tratamiento ambulatorio, en el que los adictos ya viven de manera independiente, reinsertados en la sociedad, pero siguen asistiendo a grupos de terapia y a terapia individual cada semana. El tratamiento completo dura, de media, entre nueve meses y varios años. Fin del apunte.

Me ausento mentalmente unos minutos y nos observo en la habitación: el grupo parece unirse ante la adversidad. Compartimos demasiados rasgos para no hacerlo. Por encima de todo, culpa. La culpa se expresa continuamente: a través de los ojos que no mantienen las miradas, con los silencios, con el paso dudoso, con la inquietud, con nuestra irascibilidad. En esta habitación, escuchando a mis compañeros animar a Álvaro, por primera vez me doy cuenta de una verdad que no he querido admitir hasta el momento: da lo mismo quiénes seamos cada uno, de dónde vengamos, cuál sea nuestro nivel cultural o nuestras circunstancias individuales; todos nos reflejamos en el resto, y ahí reside la importancia y el poder del grupo. Debajo del contexto y del disfraz, al despojarnos de los hechos que conforman nuestras biografías, somos iguales. Eso es lo que hace que, en ocasiones, al escuchar ciertas palabras, sienta que mis compañeros hablan de mis sentimientos. Por eso me he sentido representado por gente a la que también he despreciado. Por eso he reconocido destellos de mí en los otros. Porque, en la clínica, todos somos espejos del resto, actuamos como superficies reflectoras que, a su vez, nos devuelven imágenes de nosotros mismos. En esto se basan los vínculos: en entender que todos somos humanos y sentimos cosas parecidas, y que no importa nada más.

Casi todas las noches nos reservamos un rato antes de acostarnos para pasarlo en alguna habitación. Los subgrupos se distribuyen así en diferentes cuartos. Por lo general yo siempre termino con Sergi, Natalia, Diego, César y algunos otros. Charlamos, tomamos infusiones, seguimos conociéndonos y compartiendo vivencias. Nos apoyamos. Escuchamos a Nick Cave, Calexico, Bowie, Jamiroquai, Devendra Banhart, Antony and the Johnsons, Bebe, Nina Simone, Los Planetas, Sufjan Stevens, Apparat, Casiotone for the Painfully Alone, Fiona Apple, Radiohead, Chet Baker, Iván Ferreiro, Azure Ray, CocoRosie, Blur, Bob Dylan, Eels, Death Cab for Cutie, Chimo Bayo, Everything but the Girl, The Concretes, U2, Regina Spektor, Placebo, Leonard Cohen, José González, Albert Pla, Shakira, Lou Reed..., lo que nos echen.

Al cabo de poco tiempo tengo mi primer estallido en el grupo de terapia. Por la razón que sea, esa mañana estoy harto de escuchar a gente que casi no sabe hablar o que lloriquea o que se duerme. Así que levanto la voz, me impongo, aprieto la mandíbula, insulto, juzgo, soy cruel y gratuito. Intento contenerme, relajarme, pero exploto. Me noto superado. Todos me molestan. Mis compañeros, de nuevo, me parecen analfabetos, gilipollas, engreídos, ridículos, perdedores, lamentables, asquerosos. Me gusta ser el centro de atención; no tolero el segundo plano. Quiero que me agasajen con afecto y admiración, que me escuchen, que aprendan de mí. No acepto a los demás, no acepto su manera de querer ni de actuar. Me doy cuenta de que a través de mi garganta se escapa el rencor, un rencor profundo que desconocía. La terapeuta no pierde la tranquilidad y me pregunta qué me pasa. Le respondo delante de todos que estoy harto de estar encerrado, de que todo el mundo haga lo que le salga de la polla. Me pregunta si me he planteado ponerme en juego, delante del grupo, y dejar de protegerme. Estallo contra ella también, hiriente y caprichoso, con palabras violentas. Me contesta, con la misma calma, que parece que me paso el día en mi mundo, leyendo, tomando notas, pero que no me pongo en juego. Que en mis palabras se perciben condescendencia y unos aires de superioridad que no sabe si son del todo reales. Que quizá esa sensación angustiosa y repetitiva de «no pertenecer» tiene algo que ver con ello.

—¿Cómo quieres pertenecer si no te implicas? —me pregunta.

Yo sigo siendo sarcástico, esquivando los dardos como puedo. Soy una culebra que se resiste a dejarse atrapar, lanzando dentelladas, defendiéndose con el ataque.

—Tal vez si haces un esfuerzo por salir de ese prisma a través del cual lo ves todo desde la distancia, desde las alturas, protegido, que te permite juzgar a los demás, y a mí y a ti mismo, sin conectarte con nada... Quizá entonces no te sientas así de superado y molesto. Puede que, si dejas de obligarte a actuar como si no te pasase nada, cambien las cosas. Nadie en esta habitación es culpable de cómo te sientes, excepto tú mismo. Está muy bien que apuntes todo, pero también estaría bien que empezases a sentir. No has salido de tu esfera intelectual. Lo que me pregunto es si realmente te molesta el grupo o si te molestas tú a ti mismo.

No tengo ni idea de qué me quiere decir, pero me rompe que lo haga en público, delante de todos. Me siento humillado. «Que te jodan. ¿Tú qué sabrás? No me conoces, no sabes quién soy», quiero decirle. Tampoco me importa demasiado. Prefiero levantarme, salir de la habitación con un portazo y dejarla con la palabra en la boca, herido y colérico. Más adelante aprenderé que esto, en lenguaje yonqui, se conoce como «actuar la angustia». Lanzarla sobre el resto en forma de rabia. No saber responsabilizarme ni gestionar mis emociones. Pero aún es demasiado pronto y no estoy preparado para entenderlo.

Cuando salgo de la habitación, oigo que Enrique dice:

—Por mucho que corra y se intente evitar, no va a poder escaparse de sí mismo. Es una putada, pero aquí te encuentras de todas todas.

Me quedo detrás de la puerta cerrada, escuchando, deseando volver a sentarme pero demasiado orgulloso para hacerlo.

—Si nos dice esas cosas horribles a nosotros es porque se debe de decir cosas horribles a sí mismo —continúa Enrique.

—Estás proyectando, tronco —le dice Luismi.

—¿Y tú proyectas? —le pregunta la terapeuta.

—¡Yo soy un profesional de la proyección! —contesta Luismi, y se echa a reír.

Salgo al patio y me siento a fumar, alterado. Tengo el corazón que se me sale del pecho. No logro comprender qué acaba de pasarme. No sé cómo, sin darme cuenta, de pronto he terminado aquí fuera. No hay una concatenación lógica de causa y efecto. Es como si simplemente hubiese ocurrido. Un estallido. Pim. Pam. Pum. Me siento solo. Deseo que los compañeros vengan a preocuparse por mí. Pero no lo hacen, porque continúan en sus grupos de terapia, y eso me hace sentir aún más aislado. Se acerca Lucio, el monitor. Me pregunta qué hago ahí sentado. Le explico lo que ha ocurrido. Lucio me escucha asintiendo con la cabeza, comprensivo. Me recomienda que lo hable con Anais, con Rafael y en el *meeting* con el grupo. Por delante de nosotros pasa algún paciente fumando su purito Reig, ajeno a mi vendaval interno. Otros vagabundean por el centro, como pingüinos medicados, dando pasitos cortos y pesados. Ahí va Marc, que últimamente no va a ningún grupo y solo deambula en pijama. Le pregunto al monitor por qué tanta gente arrastra los pies. Lucio me explica que muchos esquizofrénicos sufren efectos secundarios de los fármacos, como movimientos involuntarios de las piernas, y que tienen muchos problemas en los pies porque se les atrofia el cerebro y terminan arrastrándolos.

—¿Los que arrastran los pies son todos esquizos? —le pregunto.

—Todos no. Hay muchos que son solo vagos —me responde—. Aquí es jodido distinguirlos —me dice, lanzándome un codazo y echándose a reír.

Una aclaración. Los esquizofrénicos no son personas agresivas. Más bien al contrario. Son gente bastante dulce que vive muy asustada. Conviví durante meses con muchos de ellos, incluso algunos que sufrieron brotes, y puedo certificarlo de primera mano. Jamás presencié violencia contra mí ni contra ningún compañero. El mayor peligro que representan los esquizofrénicos es hacia ellos mismos, no hacia otras personas. Fin de la aclaración.

—Oye, ¿qué significa *proyectar*? La psicóloga le ha dicho a uno que estaba proyectando —le pregunto al monitor.

—Es cuando hablas de otro pero en realidad estás hablando de ti. Como si cargases sobre esa otra persona tus defectos. Se trata de un mecanismo de defensa que tenemos las personas. Nos resulta más fácil ponérselo a otro que aceptarlo en nosotros, ¿entiendes? —me explica—. ¿En qué piensas? Te has quedado en pausa, Javi.

—Creo que yo proyecto mogollón.

Esa noche, en el *meeting*, me disculpo con el grupo. Explico, con sinceridad, que de pronto me ha salido todo eso y que he sido incapaz de preverlo y controlarlo. Y que sí, que estoy proyectando mi mierda en cualquiera que pasa por delante. Que no siento de verdad nada de lo que he dicho. Un compañero me explica que es positivo que haya pasado, porque así me voy conociendo mejor. Que todo eso también forma parte de mí.

Otro me recuerda:

—¿Ves como sí que estabas rabioso? Te lo dije. Ya se te bajarán los humos, no te agobies. Es cuestión de tiempo. Nos pasa a todos. Nos creemos los más listos.

—Es que somos listos. Yo todavía no he conocido a un yonqui que sea imbécil. Si no, ¿cómo vamos a poder robar y trapichear como lo hacemos? Si mentimos y nos montamos unas películas que da gusto. Manipulamos a todo el mundo y nos salimos siempre con la nuestra. Seguro que, si nos hacen un estudio, los yonquis somos más inteligentes que una persona normal. Lo que pasa es que se nos va la perola porque no sabemos ponernos límites —manifiesta Sergi.

—Que no digáis «yonquis», joder —apunta Rui.

—La actitud es un reflejo de lo de dentro. Si te peleas con el mundo es porque estás peleándote contigo. El que habla mal es porque se habla mal a sí mismo. El que juzga es porque se juzga. Siempre criticamos en los demás lo que nos criticamos a nosotros mismos —añade Enrique.

Me empiezo a poner nervioso. Me saca de quicio que hablen todos como especialistas. Si lo fueran, no estarían aquí sentados conmigo, en un cúmulo de vidas despedazadas. Estarían dando conferencias por el mundo, haciéndose de oro y saliendo en las contraportadas de los periódicos. Meneo el pie, irritado. Como una de las reglas del *meeting* es que no podemos contestar, para evitar que nos lancemos a justificarnos, no me queda otro remedio que permanecer callado y atender a lo que me dicen mis compañeros. Es una norma perversa pero muy inteligente, porque te obliga a escuchar, sin posibilidad de defensa, sin estar pendiente de qué les vas a responder y cómo se la vas a devolver, porque no tienes permitido decir nada. Elimina tu impulsividad de protegerte mediante el ataque. Hace que comiences a ver a los demás no como enemigos sino como personas que pueden aconsejarte. Aunque a algunos les falten varios dientes.

Empiezo a comprender que la recuperación en este lugar es continua. Y que, más allá de dejar las drogas, hay aprendizajes por todos lados: en cómo reaccionas ante cualquier detalle (lo que tardan en darte la medicación, la atención que te prestan, las contestaciones que te dan, etc.), en las conversaciones que mantienes, en cómo juzgas a los demás, en los pormenores de la convivencia... Más tarde, a solas en el cuarto antes de acostarme, escribo lo siguiente en mi diario:

No sé aceptar las diferencias. Soy un gilipollas intolerante. No sé vincularme con el otro de igual a igual: o me coloco por encima o por debajo, pero nunca a la misma altura.

Y luego en mayúsculas, subrayado, con exclamaciones:

¡¡¡NECESITO UNA CURA DE HUMILDAD!!!

Odio el yoga. Me pone frenético estar obligado a relajarme. El profesor, un yogui extoxicómano, me saca de mis casillas con sus consejos de iluminado. No soporto no ser capaz de mantener las posturas, fallar en la realización de los ejercicios. No tengo aguante. Me he vuelto a marchar de la clase por sexta vez consecutiva. Aborrezco la espiritualidad, el olor a incienso. Me cago en la cara de quien inventó el Kundalini.

Sentado en el patio, escribo en el diario:

¿Tiene que ver con mi perfeccionismo? ¿La incapacidad de hacer solo una cosa a la vez, de centrarme en el esfuerzo? ¿Abandono todo antes de empezar? ¿Me convenzo de no ser capaz? Sigo comparándome sin descanso con los demás, con su proceso, con su estado... ¿Hago siempre las cosas de puertas afuera, para demostrar, nunca para mí? ¿Ante quién me examino? ¿Ante los demás? ¿Ante mí mismo?

Me acerco a la puerta con ventana y observo a mis compañeros hacer los ejercicios. Algunos aprovechan para dormir, tapados con mantas. Los hay que están distraídos mirando para todos lados y poniendo caras. Algunos balbucean. Otros parecen estar en la práctica, presentes. Ellos están dentro y yo estoy fuera, fumando. Soy incapaz de relajarme en las dos actividades diseñadas para ese efecto: el yoga y el taller de relajación. Al contrario, son los momentos en los que me invade un nerviosismo más incontrolable. Quizá sea la falta de práctica. Quizá sea que me pongo ansioso porque quiero relajarme rápido. No tengo constancia ni capacidad de dosificación. No las conozco. Soy una ola que rompe contra el acantilado, con violencia, y que rápidamente se diluye en espuma que termina desapareciendo en el mar. Reconozco ese patrón: ha sido así siempre.

Sigo resistiéndome a aprender de algo que no sea mi dolor. Decido pasear, subo hasta la cima del monte, que llamamos «mirador» por el paisaje que se despliega al frente, poderoso. Unas horas después, sentado bajo un árbol, escribo lo siguiente:

Soy muy competitivo y perfeccionista. Me machaco.

De inmediato me asalta el primer recuerdo de la infancia que tendré en la clínica. Lo apunto:

De pequeño en casa siempre se hablaba de quién era el primero de la clase, si era yo o si era otro. El colegio fue una competición constante en mi casa. Mis padres siempre comparándome con mis amigos, con mi hermano, con cualquiera. Se me exigía y motivaba sin descanso a ser el primero y solo ser el segundo era vivido casi como una hecatombe. Había un libro que tenía mi padre que medía la edad mental a través de test y con el que jugaba con mi hermano y conmigo. Papá nos explicaba que estábamos adelantados a la media, que éramos más inteligentes que el resto. Mis padres se ponían muy contentos cuando sacaba todo sobresalientes, les gustaba que fuese el primero de la clase. Siempre fui el primero o el segundo. ¿Cuál era el objetivo? ¿Aprender o ser el primero?

Dos noches más tarde, Luismi toca a mi puerta. Le invito a pasar y me explica que viene a leerme una carta de amor que le ha escrito a su novia. Aunque sé que está follando a escondidas con una de la clínica, porque ella nos lo ha contado, evito comentarlo. Me pide que le recomiende un poema para mandarle a su «chorba», que sabe que yo soy un tío listo que lee y que seguro que conozco alguno que le haga ilusión. Le sugiero poemas bastante atormentados de enfermas mentales tipo Sylvia Plath y Anne Sexton, pero puedo ver en su cara que no le convencen. Busca algo menos deprimente porque dice que para suicida y loco ya le tiene a él. Intento pensar en poemas de amor más *mainstream* y le recomiendo «Táctica y estrategia» de Benedetti.

Al día siguiente Luismi vuelve a aparecer por la noche en mi cuarto con el poema impreso, pero ha tachado palabras y le ha cambiado cosas como él ha querido. «Suena mejor así», me dice. Me emociona ese uso antiacadémico y anárquico que hace un yonqui housero de un poema de un escritor intocable famoso mundialmente.

Esa noche nos quedamos los dos en mi cuarto, charlando y riendo. Le pregunto por su historia, ya que ha entrado antes que yo y me la he perdido. Luismi me explica que necesitaba salir de su entorno familiar. Según me cuenta, su madre descubrió que su padre se había estado tirando a una colombiana durante diez años (a ella ni la tocaba) y perdió la cabeza. Acosaba al padre, quería venganza, le perseguía por la calle, entraba en su oficina; el padre cambiaba de móvil y la madre llamaba a Luismi a las cuatro de la madrugada amenazándole con que se tragaría un bote de pastillas si él no le daba el móvil de su padre. Su hermano pasaba de todo y él cargaba con toda la depresión y la psicosis de la madre, y para evadirse, porque no podía con la vida, se drogaba hasta las trancas hasta que un fin de semana de pasote tuvo veinticinco microinfartos.

Me dice:

—Soy un tío que se desvive por los demás, aunque tenga pinta de hijoputa, pero solo son las pintas. Tengo la patata supergrande. De siempre. Me desvivía por mi novia, siete años y medio, eh. Habría *arrancao* la luna si me la hubiese pedido. Fui un hijoputa de canijo y luego lo di todo por mi familia, porque sentía que tenía que hacerlo para no seguir jodiéndoles. Mira, yo tenía un amigo maricón que se enamoró de mí y yo le dejaba dormir conmigo, y me decía que se había enamorado de lo bueno que yo era, de mi personalidad, y me pedía que le petara el culo, hasta que tuve que mandarle a comer mierda, y me arrepiento la hostia, porque lo hice de puta pena... Le pegué una somanta de palos que lo dejé *baldao*.

—Hostias, Luismi... —respondo yo.

—Ya... —admite—. No me denunció ni nada, ¿eh? A ver, que se me fue. El barrio es chungo, joder. No es como esto. Mira, a ti no te he *tocao* y también eres maricón.

—¿Me querías zurrar por ser marica? —pregunto, confundido.

—Qué dices. No flipes.

Soy incapaz de imaginarme a esa persona que tengo frente a mí poniéndole la mano encima a nadie.

Luismi, al cabo de unos días, me regala una rebeca de punto que le había visto y me llamaba la atención. La conservaré durante muchos años y será una de mis prendas favoritas para estar por casa. Hay varias fotos en mi Instagram en las que la llevo puesta. Él saldrá de la clínica unas semanas más tarde y no volveré a verle. Quizá conserve ese poema que adaptó a su gusto, como yo aún tengo mis cuadernos. Tal vez le pidiera disculpas a ese amigo al que pegó. Quién sabe.

Llevo tres días sin ducharme. Hace frío. He dejado de estar pendiente de mi ropa y de mi aspecto y, según pasa el tiempo, yo también voy adquiriendo el atuendo oficial del toxicómano ingresado: chándal, chancletas, camiseta ancha, sudadera con capucha, pijama y zapatillas de andar por casa. Los vaqueros comienzan a parecerme un esmoquin. Además, he empezado a comer sin descanso, con avidez. He descubierto el alioli, que mezclo con cualquier cosa. He inventado los bocadillos de alioli, que me sirven de acompañamiento perfecto o para llenarme si los platos del día no me convencen. Vivo con el estómago pesado, duermo fatal. Cuando no puedo conciliar el sueño, en vez de pedir un rescate de inmediato, paso tiempo con Santi, el monitor de noche, en la pecera, hablando durante horas. Esas noches aprendo que está estudiando para ser trabajador social, porque su sueño es currar en una clínica, y que hace esto como prácticas. Estuvo enganchado a la heroína durante muchos años, pero ahora lleva casi siete limpio. Me da esperanza hablar con Santi. Me tranquiliza conversar con alguien que ha pasado por lo mismo que yo. Me explica que el proceso es así, por momentos incontrolable, pero que es necesario. Que llegará un momento en el que pasaré de contener a valorar, y que en ese momento cambiará todo. Que solo tengo que seguir hacia delante.

El psicólogo me pregunta en la terapia quién soy yo. Qué me impide estar conmigo mismo. Intento sortear sus preguntas. No tengo respuestas claras para ninguna. Me pregunta si sé disfrutar de los procesos o si solo concibo el resultado. No le contesto. Me pregunta por mi infancia, y a mí su simple curiosidad me mata del aburrimiento. Evito mencionarle mi primer recuerdo, que ya he tenido. No tengo interés en bucear en mis primeros años. No quiero entrar en ese territorio, me resisto. Me parece vulgar, obvio, un estereotipo de diván. No concibo que haya respuestas en esa región tan lejana en el tiempo. Rafael, supongo que adivinando mis resistencias, me anima.

—Piensa en qué le ocurre a una planta cuando la riegas demasiado.

—No sé qué le pasa a una planta cuando la riegas demasiado —contesto, irritado.

—La ahogas.

Poco antes de terminar con la sesión, resume:

—Entre lo que eres y lo que quieres ser, estás tú. Al pelear por el respeto, a menudo te olvidas de ser.

Ha terminado mi incomunicación. El encierro, la intensidad emocional y el despliegue de la rutina diaria desvirtúan por completo el concepto de tiempo, que pasa demasiado lento y muy rápido cuando no piensas en él. Cuando Anais me anuncia que ya puedo comunicarme con el exterior, tengo la sensación de llevar ingresado en la clínica varios meses y, a la vez, solo un par de días. Han pasado dos semanas.

Me acerco a la sala de ordenadores. Allí hay varios compañeros navegando por internet. Nos permiten cuatro horas a la semana y nos miden el tiempo rigurosamente, a través de la obligación de tener que conectarse al servidor. Reviso mis *emails*. No tengo demasiados. Me produce una desazón profunda, pero me recuerdo que el mundo piensa que estoy aislado escribiendo un libro, así que tampoco hay muchas razones para que nadie rompa mi concentración. Quizá no me escriben para respetar mi espacio, sin saber que no es real. Me da igual, me molesta. De inmediato se adueña de mí la dependencia del exterior, el querer saber, querer comunicar. Me obligo a pararme. Voy a probar a aguantar esta sensación frenética y chequear el correo solo una vez al día: voy a intentar tolerar ese malestar. Se convierte en uno de mis objetivos semanales: visitar la sala de ordenadores solo una vez al día. Descubro que internet y mi vida, a través de esos cables, me producen ansiedad. Identifico la implacable necesidad de atención. La burbuja de incomunicación estaba surtiendo efecto, la eliminación de esos estímulos externos me había pacificado. Estar ahora ahí, contemplando la pantalla, es como permitir que la vida de fuera penetre y me distraiga y me sitúe en una perspectiva donde es aún más evidente que estoy encerrado, olvidado. Me siento como una persona con discapacidad empeñada en competir en los Juegos Olímpicos.

Uno de los socioterapeutas me ha pedido colgar las listas de asistencia. No solo lo hago, sino que me preocupo de organizar y limpiar los tableros y corchos, porque están llenos de papeles y no hay chinchetas. Le pido a Sergi que me acerque las cosas al grupo de socioterapia que tenemos con Anais, porque estoy enredado con mi cometido y no voy a llegar a tiempo. Reorganizo todo, me implico. Cuando me uno al grupo y antes de poder abrir la boca para pedir disculpas por llegar tarde, dispuesto a explicar de dónde vengo, Anais me ataca. Quiero decir, sé que no me atacó, pero yo lo viví como un ataque. No recuerdo qué me dice exactamente, pero me siento agredido. Intento expresar mi desacuerdo, porque opino que se me está tratando con injusticia, pero Anais no me escucha. Se limita a decir a los demás, sin mirarme, que los que lleguen tarde es mejor que no entren, así que, por un impulso, decido marcharme.

Autocastigo, rabieta, desplante, exageración. Siempre llego puntual a todos los espacios, incluso antes de tiempo. Es la primera vez que llego tarde y además porque estaba haciendo algo por la comunidad. Me sienta fatal. Así que, como no sé cómo manejar la situación, prefiero regresar al cuarto, abandonar la batalla. Escribo:

Me siento muy mal. Por un lado, he actuado en consecuencia con lo que pensaba, pero por otro quizá haya sido demasiado impulsivo, chulo, rebelde. En el fondo, para variar, el que sale perdiendo soy yo, porque me he perdido la terapia. ¿He vuelto a lanzar la rabia contra mí mismo? Es el segundo espacio del que me salgo en dos semanas.

Unas horas más tarde, ante la indiferencia de Anais, que no ha hecho ningún amago de acercarse a hablar conmigo, me aproximo a ella. Me pide disculpas, porque me confiesa que se ha comportado así a propósito. Le explico que no sé si mi decisión ha estado bien o mal. Siento que necesito una figura que valide mis acciones, que les dé entidad. Anais me ofrece tomarnos una infusión en la pérgola. Nos vamos allí. Me señala la importancia que le doy a las cosas. Me habla de aprender a cerrar, de pasar y ya está. No puedo tornarlo todo en algo que me amargue el día ni estar dándole vueltas sin parar. Me asegura que está todo bien, y que sabe que aceptarse a uno mismo no es un proceso fácil. Pero Anais quiere que me dé cuenta de que puedo aguantar el malestar. Que el malestar, aunque es incómodo, no me incapacita para el resto del día. Es cierto, claudico frente a ella: me paso el día dando vueltas e importancia a cosas que no la tienen, y me bloqueo y me quedo el resto del día rumiando, imaginando catástrofes. De nuevo, no dejo ir. Soy yo mismo, mis pensamientos, el que no me deja disfrutar. Me inmovilizo, me desmorono, me cabreo con el mundo. Algo, no sé qué es, se revuelve y sale de forma desagradable. Anais me apoya: «Lo bueno es que ahora eres consciente de todos estos procesos, aunque aún los estés atravesando». Le confieso que incluso cuando me siento bien, yo mismo me planteo juegos mentales, ideas intrusivas, para agobiarme a mí mismo. No sé por qué no me permito ser feliz. Me paso mucho tiempo en las nubes, sin un anclaje real. Tiendo a ver mi vida desde fuera, disociado, como si fuese un personaje al que observo. Una película. Una novela. Le explico que ahora que escribo mi diario me siento abrumado por todo lo que veo que hay de erróneo en mí y en mis actitudes. Por todo lo que me revelan esas páginas, todo lo que sale de mí. Me pregunto si soy capaz de cambiarlo, si me acordaré de todo, si no olvidaré las cosas. Me agobia mucho, no quiero estar en la clínica diez meses. Me angustia el pasado, el presente y el futuro, todo a la vez. Soy un perfeccionista frustrado, ahogado en mil «deberías», intolerante con mi imperfección y con la de los demás. Lo veo todo claro y dos minutos después estoy hecho un lío de nuevo. Es un balanceo eterno. El resultado es siempre el mismo: soy mi peor juez, soy un flagelador profesional, un boicoteador, solo albergo espacio para lo negativo de mí mismo, no tengo ninguna clemencia hacia mí.

Anais me pregunta: «¿Por qué siempre quieres más? O mejor aún: ¿para qué quieres siempre más? ¿Para qué no dar valor a las pequeñas cosas?».

No sé qué contestarle. Anais me sugiere que cambie las preguntas que me hago. Que deje de cuestionarme los porqués. Que, a partir de ese momento, me pregunte *para qué*. El *por qué* conecta con la razón, con la lógica, con la causa y el efecto, con la culpa. El *para qué*, con la motivación que se esconde, durmiente, debajo del acto. Es distinto preguntarse «¿por qué me enfado?» que «¿para qué me enfado?». Es un consejo que sigo aplicando hoy en día.

Esa tarde hablo por primera vez, desde que he entrado, con mis padres, desde la cabina pública de la primera planta del edificio. No recuerdo la conversación, sinceramente. Supongo que fue emotiva. A partir de ese momento, hablaré cada semana con ellos, a menudo varias veces. Debo administrarme las tarjetas, que, al igual que los ordenadores, tienen un tiempo establecido. A todos se nos suelen acabar. Para poder disponer de más, debemos solicitarlo a los socioterapeutas. A no ser que haya una situación urgente o de importancia vital, nunca nos lo conceden. Debemos aprender a gestionar nuestras cosas, a ponernos límites.

Y, si nos invade la frustración, trabajarla en terapia. Evidentemente, como somos toxicómanos, trapichear con las tarjetas de compañeros y las nuestras propias se convertirá en una de nuestras actividades favoritas. No nos lleva demasiado tiempo observar que en la clínica hay gente muy sola, con tarjetas que apenas utilizan, que se convierten en tesoros codiciados a ojos del resto.

Todo lo que recogí en mi diario de esa primera llamada fue esto:

He hablado con mis padres. Nos hemos entendido bien. Hemos hablado mucho tiempo, mucho rato. Les he intentado tranquilizar todo lo posible y les he pedido disculpas. Estamos unidos. No sé si su calma me hace sentirme más culpable. Me sigue preocupando muchísimo el tema del dinero. Estoy cansado de pensar y pensar. Mi madre me ha preguntado si llevaba mal estar encerrado. Lo cierto es que no. Me gusta estar aquí y me noto con ánimo, convicción y ganas de limpiar toda la mierda que llevo sobre los hombros. Ahora sé que es mucha. Supongo que eso es bueno.

En posteriores llamadas, mi madre me informará de que, durante el periodo de incomunicación, Anais había hablado con ella una vez por semana, sin yo saberlo, para comentarle mi desarrollo, mi estado, y tranquilizarla, explicándole qué hacía. Siempre en términos generales, puesto que parte de la labor de Anais como terapeuta es también proteger mi intimidad con delicadeza. Situada en tierra de nadie, me protege de mi familia y a ellos de mí. Les informa, pero no les revela. Ella es solo una mensajera equidistante, con mi salud como única motivación. El esfuerzo de compartir lo que sentía con mis padres, tampoco lo sabía entonces, me competería hacerlo a mí, llegado el momento, si yo quería. Llegó, pero fue muchos años más tarde. Durante todo el proceso, Anais hará lo mismo: hablará con ellos una vez por semana. Les dirá cosas como: «Se está adaptando», «Esta semana ha sido complicada para él», «Está vomitándolo todo, y eso es bueno», «Ha hecho algún amigo con el que se lleva muy bien»...

Pocas horas más tarde, escribo una carta que envío a mis padres. Decido hacerlo así para que sea más personal. Quiero implicarles en mi proceso y que también ellos reflexionen sobre su manera de relacionarse conmigo. Creo que, sin darme cuenta, he dado más vueltas de las que creía a lo que me dijo Rafael: «Piensa en qué le ocurre a una planta cuando la riegas. La ahogas». He estado sobreprotegido y sobreestimulado y he tomado la decisión de romper ese círculo. Por un lado, me siento muy privilegiado de ser su hijo porque son unos padres maravillosos. Por otro, me han tenido entre algodones y eso me ha calado por dentro, me ha incapacitado.

Es habitual durante estos días que me pregunte si la vida no es algo mucho más sencillo que lo que estoy haciendo aquí dentro. Intento entender si la solución de veras pasa por estar todo el día autoanalizándome. De todas maneras, no sé qué más puedo hacer encerrado. Todo en el recinto (las actividades, las conversaciones, las terapias) está diseñado para provocar eso: que no deje de darle vueltas a la cabeza. Sin embargo, me recuerdo entonces, ya sé qué final tiene el no hacerlo: el mismo de ahora, acabar encerrado en una clínica. Me he pasado la vida actuando sin pensar, en modo automático, no creo que reflexionar durante una temporada, aunque me pase de frenada, vaya a matarme. Una tarde jugando al pimpón, comparto con Sergi estas sensaciones. A él le ocurre lo mismo. También se encuentra ciclotímico, de arriba abajo, sin entenderse. David, un heroinómano de cincuenta años que ha entrado a vernos jugar, nos tranquiliza: es lo normal. Sergi le contesta que no le pasa todo el mundo, que hay gente que afirma que está bien. David le responde: «Aquí dentro siempre encontrarás a alguno que dice que no, que él está bien, pero ese es siempre el que peor está de todos».

Una noche en la cama, leyendo *Otra noche de mierda en esta puta ciudad* (una maravillosa novela autobiográfica de Nick Flynn, en torno a la destrucción, el perdón, el encuentro y la supervivencia), me descubro mirando los otros libros que tengo para decidir cuál será el siguiente que lea. No disfruto del libro, sino que elijo castigarme pensando en todos los que no estoy leyendo por tener ese entre las manos. Me gusta acumular, pero luego no disfruto de las cosas. No soy capaz de dar valor a la independencia de cada objeto o ser. De entender su individualidad y aprovecharla. Comienzo a plantearme que es un patrón que se repite en todos los aspectos de la vida, como ya me ha señalado Anais: no valorar las cosas pequeñas, los momentos, solo concentrarme en el conjunto y en su efecto a ojos del resto, en la grandiosidad de lo enorme. Así me pierdo todo y me frustro porque no logro abarcar, siempre hay más. Parece que es cierto: me rijo por el «más es mejor». Miro mi habitación, que ya tengo abarrotada de cosas: libros, cuadros, recortes... Le doy mucha más importancia a lo que parezco que soy (la apariencia, el conjunto, la imagen que quiero proyectar, la construcción del personaje y su entorno...) que a quien realmente soy. ¿Es por eso por lo que no sé qué contestar a Rafael cuando me pregunta quién soy? ¿Es mi ambición tan desmesurada que me ha consumido a mí mismo?

Al día siguiente, la Polaca me muestra los resultados de mi analítica. Tengo algunas descompensaciones vitamínicas, pero el misterio serológico está en orden. No soy positivo en VIH. Suspiro, aliviado. Debo confesar que, a día de hoy, considero un milagro inexplicable que no contrajese el virus. Tenía todas las papeletas, con la vida sexual alocada e irresponsable que llevaba. Pero es cierto que siempre, en todo momento, se impuso en mí una lucidez desquiciada que hizo que me protegiera. Quizá asociaba demasiado la enfermedad con la muerte y, en aquellos tiempos, estaba dispuesto a abrasarme en las llamas del infierno, pero no a morir. No lo sé. En mi mente no se compagina todo lo que llegué a hacer, en términos sexuales, con haber practicado siempre sexo seguro. Abandonarme de la manera en la que lo hice no casa con la férrea protección que apliqué. Es algo que nunca he entendido.

Aprovecho la visita para explicarle a la psiquiatra que creo que la gabapentina me afecta a la memoria, porque leo cosas y luego no las recuerdo. Me asegura que no, que, si me ocurre eso, es debido al estado emocional que estoy atravesando, no a la medicación. Me aconseja que deje de inventarme efectos secundarios que no existen.

Salgo aliviado de la consulta, con la seguridad de haber recibido una nueva oportunidad para vivir, sin un lastre arrastrado de mi época anterior en forma de virus. Es necesario explicar que pertenezco a una generación que vivió el VIH como lo que fue al comienzo: una epidemia estigmatizadora que conllevaba una sentencia de muerte. Hubo gente a mi alrededor que falleció a causa del sida. En aquellos años no había los avances médicos que hay ahora ni era lo que es actualmente. Crecí en pleno auge de la enfermedad y, quizá por ese motivo, me costó superar el terror y normalizar lo que ahora es, afortunadamente: una situación crónica, nada más. Tal vez eso fue lo que me salvó.

Estuve a punto de compartirlo con mis compañeros, alegre, desahogado, pero decidí ser discreto. Recordé el consejo de la monitora en el que me señalaba que no todos eran como yo. Caí en la cuenta de que había muchos adictos que consumían por vía intravenosa y con vidas sexuales tan disolutas como la mía. Igual alguno era positivo y le arruinaba el día que yo celebrase mi estado serológico. No podía saber quién, si es que había alguien. Esa era, probablemente, la única conversación que no teníamos entre nosotros en el interior de la clínica.

Cuatro días más tarde, escribo en el diario:

Hoy es la tercera clase de yoga que termino. POR FIN. La primera la hice entera. Fatal, no di ni una, pero la hice. La segunda y la tercera me tumbo a mitad de la clase y me relajo y me quedo dormido. No me siento culpable ni me machaco por ello. Bueno, un poco, pero paso de centrarme en eso. Es más importante el éxito de conseguir estar allí sin irme. Quiero eliminar el pensamiento negativo de «no puedo», que, incluso dentro de la clase, me invade a menudo. Esta clase absurda me está ayudando a revisar mi perfeccionismo machacante, a empezar a pensar que no tengo que estar al cien por cien todo el día, que tengo que aprender a escucharme. ¿Estoy comenzando a aceptar que estoy aquí?

Vuelvo a hablar con mis padres. He decidido que voy a ir a la Torre, en Barcelona. Estoy convencido de que volver a Madrid directamente desde la clínica no es una buena idea. Es un cambio demasiado brusco, universos opuestos, sin correlación. Me aterra perderme en la inmensidad de Madrid, sin una red de apoyo cercana. Lo hice en verano y fracasé estrepitosamente. El salto, esta vez, me parece demasiado grande. Necesito un paso intermedio, varios meses más en Barcelona, para poder readaptarme e integrarme en la realidad, con calma. Hace unos días lo hablé con Anais. Ella también considera que es una buena opción. Que me vendrá mucho mejor ir asegurando los cambios poco a poco. Pero me recomendó no pensar en eso ahora mismo. Por supuesto, yo no le he hecho ni caso y he rumiado la posibilidad sin descanso, comentándola con mis compañeros. Mis padres señalan que lo que yo considere necesario estará bien. Me preguntan qué dice Anais y les explico nuestra conversación. Me dicen que, si yo pienso que es bueno, adelante. Cuelgo el teléfono. Siento sosiego. Es la primera decisión que he tomado por mí mismo desde que estoy ingresado. Y, curiosamente, extenderá mi tratamiento varios meses más. Hay una voz interior, desconocida, que me conduce en esa dirección. Sin saberlo aún, estoy aprendiendo a priorizar mi recuperación y a mí mismo por encima de todo lo demás. Sin ser consciente, estoy aprendiendo a escucharme. Me estoy atreviendo a dejar de tener prisa.

Mientras todo esto ocurre, todas las mañanas, a las 6.45, paseo por el bosque acompañado de todos mis compañeros, como un ejército de zombis narcolépticos, y a media mañana paso dos horas metido en la lavandería, un espacio amplio de azulejos blancos y azules lleno de lavadoras y un patio trasero con tendederos, junto con Lluís y Sergi, con la música a tope, organizando cargas de ropa y fumando. Lo haré hasta el día que abandone la clínica, durante varios meses. Pero como hablar de bragas, calzoncillos, camisetas, chándales embarrados y sudaderas sudadas me resulta escatológico a la par que poco interesante, he decidido omitirlo. Hoy me río imaginándome a Escarlata O'Hara, probablemente el personaje de ficción más parecido a mí en las primeras semanas ingresado: una pija bocazas, insegura, rabiosa y engreída, encerrada y obligada a limpiar ropa interior de yonquis. Me parece un milagro no haber salido traumatizado de esa experiencia.

4

Llueve insistentemente. Los jardines de la clínica se encharcan con rapidez, convirtiéndose en un barrizal, así que limpiamos las habitaciones, aquellos que lo hacemos, más de lo normal. Los días se vuelven grisáceos, de una languidez decaída. Sopla viento y el entorno se transforma en un microcosmos desapacible y húmedo. Pero la rutina del centro no cesa. Paseamos cada mañana, aunque el cielo chorree, y llevamos a cabo todas las actividades programadas, aunque nuestras pisadas transporten tierra empapada allí adonde vayamos.

Antes de entrar, pensaba que el frío y la lluvia serían insoportables en un hábitat así. El doble aislamiento, la extensión infinita de horas, estar encerrado en el cuarto a cubierto sin posibilidad de distracción. Sin embargo, ya me he enfrentado a varios días de este tipo y he pasado la mayor parte de ellos en el interior sin mayor problema. No sólo no ha sido horrible, sino que, sorprendentemente, lo he disfrutado.

El fin de semana, por ejemplo, me he convertido como por arte de magia en Gwyneth Paltrow. He encendido velas, he visitado habitaciones, he deambulado por los pasillos, he creado resortes para evitar el aburrimiento. He escrito, he reflexionado, he escuchado música, he leído. He jugado a las películas, al ajedrez, al pimpón, al Scrabble y a las cartas, he tomado infusiones y he fumado cigarrillos hablando de lo divino y lo humano. Me he probado ropa que antiguos enfermos dejaron atrás. He dado de comer a los perros. Me han enseñado a arreglar un mechero que se vacía y a hacer figuras de papiroflexia. He dejado el tiempo transcurrir mirando por la ventana, escuchando el ruido del agua desplazándose en riadas a través del cristal. He tocado la guitarra y cantado canciones de campamento que llevaba mucho sin cantar. Todo ello me demuestra, y así lo escribo en el diario, que a menudo adelanto pensamientos derrotistas que luego no se cumplen y que tengo más fuerza y capacidad (de adaptación, entre otras cosas) de lo que me concedo. Detecto un patrón que se repite: espero lo peor cuando en realidad no sé si ocurrirá ni cómo reaccionaré llegado el momento.

El malestar sigue presente a diario, pero con el paso de los días (y quizá con la ayuda de la medicación que continúo tomando), sus ataques en oleadas parecen volverse más manejables. La ansiedad y la angustia aún me persiguen, pero de un tiempo a esta parte son consortes con las que puedo convivir. Quizá ahora que me estoy enfrentando a ellas sobrio, sin huir despavorido por primera vez, puedo empezar a gestionarlas de otra manera, confrontándolas y adaptándome a su presencia. Estos días comprendo que en mi cabeza la preocupación es un visitante asiduo y que, cuando no hay realidad que la genere, cuando no hay motivos, yo mismo me los invento. ¿Es esto lo que significa estar acostumbrado al malestar?

Más tarde, cuando se lo comento a mi psicólogo, Rafael, él se refiere a ello como una profecía autocumplida de fracaso: cuando imagino y adelanto el fracaso, inconscientemente doy todos los pasos necesarios para fracasar. Si mi mente augura el fracaso, haré lo que sea para que eso se cumpla. Después de todo, el mundo lo estructura mi mente, y ella siempre tiene razón. Los seres humanos no estamos preparados para que la realidad nos devuelva una visión que no se adecúe a lo que pensamos.

También se lo comento a Anais. Ella responde sonriente:

—Me alegra ver que llegas tú solo a algunas conclusiones.

—Es porque no paro de analizarlo todo y de preguntarme cosas —le confieso, orgulloso—. Mira que estaba reticente al comienzo, pero te estoy haciendo caso. Creo que tenía miedo de que fueseis a cambiarme los gustos o a convertirme en un robot o algo así chungo...

Pienso en lo que me ha dicho. Algunas veces escucho pero tardo un poco en procesarlo.

—¿A qué conclusiones dices que he llegado? —le pregunto, dudoso. Acabo de perderme yo solo en la conversación. Mi cabeza va más rápida que mis palabras y se extiende hacia todos los lados.

—A que adelantar acontecimientos no te sirve de nada. Funcionas así: anticipas en tu cabeza el peor escenario posible y eso hace que se te ponga en marcha la máquina, con lo cual te autoprovocas ansiedad.

—Eso es típico de mis padres, ¿eh? Espera, repite eso, que lo voy a apuntar.

—Apunta: «no adelantar acontecimientos». Intenta ser consciente de cuándo lo haces y, en ese momento, lo paras.

—¿Y si no puedo?

—¿Darle vueltas obsesivamente a algo que no sabes si va a ocurrir te sirve de algo? ¿Lo soluciona?

—No.

—Pues ya está. Suéltalo. ¿Para qué quieres agarrarte a algo que no te sirve?

—¿Para hacerme la vida imposible?

Anais asiente, satisfecha.

—Te vas a dar cuenta de que el noventa por ciento de las cosas que imaginas, para las que intentas prepararte, nunca llegan a pasar.

—¿Y si pasan? —le pregunto.

—Si pasan, ya te encargarás. Estás lo bastante preparado para lidiar con ellas.

—¿Tú crees?

—No lo creo, Javi. Lo sé —me asegura ella.

El tercer domingo que paso en la clínica asistimos a un taller que llaman «taller de aprender a estar solo». Hasta el momento, ya llevo sobre mis hombros un buen número de horas de terapias grupales e individuales y de talleres, pero los de fin de semana son más intensivos y suelen durar varias horas concentradas en un solo día. La estructura de todos los encuentros (los semanales y los de fin de semana) es siempre la misma: una rueda de presentación tras la que se pasa a desarrollar distintos ejercicios o conversaciones y, finalmente, lo que se conoce como rueda de cierre, en la que uno a uno vamos poniendo en común cómo hemos vivido la experiencia y cómo nos sentimos al terminar. Yo cada vez estoy más cómodo expresando en público cómo me hacen sentir las cosas que experimento o los pensamientos que me invaden en los diferentes espacios. En un entorno que funciona como una burbuja de respeto y tolerancia lleva poco tiempo comenzar a soltar lastre.

En las últimas horas hemos hablado con honestidad acerca de los dolorosos sentimientos personales de soledad (sorpresa: todos nos encontramos sepultados por ellos) que experimentamos en nuestra vida. La soledad y la alienación en las que hemos convertido nuestra existencia, la ausencia de vínculos reales, sanos y sinceros, la poca importancia que hemos dado a la compañía propia y cómo hemos huido despavoridos de nosotros mismos. Luego hemos hecho varios ejercicios, en solitario, por parejas y en grupo. Hemos aprendido cosas importantes que he ido anotando, como que dentro de nosotros albergamos algo importante, una especie de energía, no sé cómo llamarlo, pero es algo poderoso. Lo grandioso de una pequeña caricia, del contacto físico sin temores, del abrazo, de la cercanía, de la intimidad. Lo difícil pero maravilloso de poder mirar a los ojos de alguien en silencio y decir: «Desde mí te veo a ti». El bienestar que nos invade al abrirnos física y emocionalmente al mundo, aunque nos sintamos vulnerables. La necesidad de la soledad, de ser capaz estar con uno mismo en silencio, como condición para el florecimiento personal. Que la soledad no solo puede ser positiva, sino que es imprescindible: un terreno esperando a ser abonado. Y a valorar la tolerancia y la importancia de respetarnos a nosotros mismos y a los demás.

Muchos comentamos la vergüenza que sentimos haciendo cosas solos. Casi ninguno se atreve a ir a un restaurante solo, por ejemplo, porque lo vivimos como una certificación de que no merecemos compañía. Llegamos a la conclusión de que lo único que sabemos hacer en soledad, en una soledad buscada, es destruirnos. El resto de las actividades, acompañadas de la falta de compañía, nos hace sentir defectuosos y conflictivos.

Ahora, fuera del contexto del taller y de la clínica, mientras escribo estas líneas, no puedo evitar apreciar que parece que estoy describiendo una secta de sugestionados. Memeces *new age* de libro de autoayuda. Y quizá sea así en el devenir del día a día, en el ruido de la existencia, en las prisas de la realidad. Sin embargo, mi experiencia aquellos días fue la opuesta. Hoy entiendo que esos espacios los integrábamos personas con autoestimas destrozadas, heridas internas supurantes, que muchos de nosotros nunca hasta entonces habíamos penetrado en esas zonas de nuestro interior, y que hacerlo, de alguna manera, nos robustecía. Después de ir, poco a poco, deshaciéndonos de los disfraces, llegábamos a la carne viva, latente, a la que nos enfrentábamos por primera vez. Las reticencias que inicialmente todos teníamos, porque las teníamos, se veían desplazadas por los resultados que obteníamos al entregarnos a lo que se nos proponía hacer. Muchos de nosotros estábamos aprendiendo a sentir y a expresarnos, sin miedo, sin refugios. No estoy diciendo que la gente supere su adicción con tres cánticos y cuatro ejercicios grupales, ni mucho menos. Pero cuando la vida está sumida en la vergüenza y la recriminación, acceder a esos sentimientos y sensaciones, hablar de ellos sin pavor, sin culpa, sin juicio, en público, en grupo, es profundamente sanador. Y, por muy *new age* que suene, se convierte en un paso imprescindible en el camino de la gestión emocional. Cuando durante demasiado tiempo dar un abrazo te hace sentir frágil, cuando acceder a la intimidad parece un castigo porque la realidad se ha transformado en un búnker de cemento y has anulado la emocionalidad, aprender a hacerlo de nuevo, recuperar el calor que encierra ese contacto, es cuestión de vida o muerte.

Tanto es así que en aquel taller ocurrió algo inexplicable. En mitad de un ejercicio rompí a llorar de repente. No estaba triste, ni siquiera emocionado, y no recuerdo qué estaba haciendo con exactitud, porque tampoco debía de ser algo especial. Lo que ocurrió fue algo puramente físico. Estaba tumbado en el suelo y, como si una presa se abriera, sin control, me eché a llorar. Sentí que algo se desataba en mi interior, que un nudo se deshacía, que dentro de mi cuerpo una barricada se hacía pedazos, y el llanto afloró de forma incontrolable. Un torrente de lágrimas desordenadas. Varias personas se acercaron a mí preocupadas, pero el conductor del taller las apartó y me susurró: «No te preocupes, suelta, suelta lo que tengas que soltar. Respira. Está todo bien». A los demás les pidió que me dejasen. Y estuve así, tumbado en el centro de la habitación, mientras el resto continuaba con otros ejercicios, berreando durante un buen rato, incapaz de parar. Algo salió de mi cuerpo en esos minutos, una presencia líquida y antigua, y con ella me abandonó un peso tremendo.

Esa noche escribí lo siguiente en el diario:

En el taller he llorado como un niño. Me he tocado el pecho y ha sido como tocar a alguien desconocido, como si en todos estos años no hubiese tenido ningún interés ni en mí mismo ni en mi cuerpo. Nunca me he parado a mirar mis manos, a ser consciente de qué y quién soy. He sentido un dolor terrible al experimentar esa falta de interés. He llorado por experimentar físicamente que no me quiero.

Una mañana Anais me anuncia sonriente en el patio que me estoy acercando a llevar un mes ingresado. Le pregunto a gritos si me dan una medalla o algo por ser un yonqui ejemplar. Ella me guiña el ojo y continúa su camino. Ha pasado rápido y, al mismo tiempo, ha sido eterno. Todos los días se parecen, aunque son muy distintos. Nos levantamos pronto, lista, paseo, terapias, lavandería. Últimamente disfruto mucho paseando, respirando, cogiendo flores, escuchando en silencio la naturaleza. Mis sentidos parecen ir abriéndose poco a poco y registrando olores, sonidos y luces que antes pasaban desapercibidos. Mis ritmos se apaciguan. Comida, terapia, talleres, *meeting*, periódico, reuniones en las habitaciones, apagamos la luz.

El paso del tiempo se sustenta en el calendario y en las frases que a diario cambian en Hormigas (Hoy es el primer día del resto de mi vida – El aprendizaje es un regalo, incluso cuando el dolor es tu maestro – Nadie tiene derecho a mirar al otro desde arriba salvo si es para ayudarle a levantarse – Lo que no escuchamos en nosotros es lo que aumenta nuestro dolor más hondo). También cambian las palabras que cada uno decimos en el periódico, cada día, antes de finalizar la jornada, y las historias y sensaciones que se cuentan en los grupos de terapia. Arriba, abajo, tristes, fríos, distantes, brotados, alegres, eufóricos, rabiosos, deprimidos, esperanzados, emocionados, asustados, inquietos, calmados, satisfechos... Además, están los cambios sutiles, silenciosos, que se aprecian en nuestra forma de vestir, de peinarnos y de mantener la higiene personal y la limpieza del cuarto. El interior tiene correlación con el exterior. Por ejemplo, Begoña, la pediatra, lleva días disociada, haciendo gala de una frialdad que la mantiene por encima de todo, un mecanismo de defensa que le permite sobrevivir al dolor que siente tras la visita de su madre. Desde entonces, va con el pelo recogido y tirante, como una dama de hierro. Se cubre con capucha y gafas de sol, se esconde. Alguien comenta que hace varios días que no se ducha y, efectivamente, su mata de pelo resplandece aceitosa. La tensión de sus emociones tiene un reflejo directo en cómo Begoña se presenta al mundo, aunque ella no se dé cuenta. Nos ocurre a todos.

Escribo en el diario:

He vuelto a hablar con mis padres. No sé si lo estoy haciendo por obligación o porque realmente quiero. Mi madre sigue dándome consejos de cómo tengo que hacer las cosas. Mi padre no habla, pero está al otro lado, aprobándolo todo con su silencio. Sé que lo hacen desde el cariño y el amor, pero no me están ayudando. No se dan cuenta de que este es un camino que tengo que recorrer solo, que ellos no lo pueden hacer por mí. El tema económico me sigue carcomiendo. Sin embargo, hablo con ellos con mucho cariño y me siento muy querido. Les debo la vida dos veces.

Creé, poco a poco, un grupo de amigos cercano. Soy una persona sociable y práctica, y en algún momento de ese mes eterno decidí bajar el hacha de guerra. Entendí que estaba obligado a convivir y que rebelarme no haría más que aumentar mi sufrimiento.

Una tarde estoy fumeteando en el cuarto de Sergi, escuchando música. Me pruebo camisetas suyas para ver si consigo convencerle de que me regale alguna que me quede bien. No las necesito, pero el simple hecho de que no sean mías les otorga un valor incalculable y las convierte en deseables. Sergi es varios centímetros más alto que yo, pelirrojo, con barba y ojos azules penetrantes. Tiene un cuerpo fibroso y se mueve con seguridad, con las piernas arqueadas. Alguna vez le he dicho que se le han quedado así por montar demasiado a caballo. «Pues a las nenas de la hípica estas patorras las vuelven locas, chaval», me contesta. Es dos años más joven que yo, así que manejamos referentes generacionales similares. Nuestros procesos son bastante paralelos y supongo que esa simultaneidad nos une. Aunque también somos muy distintos. Por ejemplo, Sergi es un pichabrava heterosexual, elegantemente macarra y sonriente, con una fachada de seguridad desarmante: un malote encantador. Lo sabe y lo potencia, orgulloso. Es un niño de papá, aunque su padre desapareció siendo él pequeño, y, como todo niño de papá que se precie, es un rebelde engatusador. Sergi hace las cosas, destrozarse a sí mismo incluido, con una naturalidad envidiable. Disfruto mucho con él. Me cachondeo, me río y, de alguna manera, es un puente de acceso a una realidad que yo desconozco: el mundo de los heterosexuales anónimos con dinero y muchos problemas.

Me hace gracia que no tenga el más mínimo pudor en quedarse desnudo delante de mí para cambiarse de ropa. Lo hace continuamente. No comparte el concepto de cuerpo-templo que creo que manejo yo. Yo soy muchísimo más recatado que él. Quién lo diría con mi currículum. Pero es cierto, sin sustancias que me desfiguren, soy muy vergonzoso. Otra contradicción más para la lista.

Ahora Sergi está junto al armario y le veo en todo su esplendor, con el pene colgando, mientras rajamos de algún compañero y yo fumo acodado en la ventana. Se recorta el vello púbico. Siempre pensé que los heteros iban asalvajados y no se preocupaban de ese tipo de cosas, salvo si eran futbolistas con contratos de imagen millonarios. Desde donde estoy apoyado puedo ver un párrafo que tiene colgado con chinchetas en su pared: «No tendré miedo. El miedo mata la mente. El miedo es la pequeña muerte que conduce a la destrucción total. Afrontaré mi miedo. Dejaré que pase sobre mí y a través de mí; y cuando haya pasado, giraré mi ojo interior para escrutar su camino. Allá donde haya pasado el miedo ya no habrá nada. Solo estaré yo», *Dune.*

—Te estoy viendo la polla, Sergi.

—¿Y qué? Si sabes más cosas de mí que mi madre.

Así dicho, no se lo puedo negar.

—Pero eso no quiere decir que me tengas que pasear el rabo por la cara. Que por mí ningún problema, solo te lo dejo saber.

—Para ser yonqui y maricón eres un poco monja, ¿eh?

—No puedes decir *maricón.* Es homofobia.

—Pero si tú lo dices todo el tiempo, pavo.

—Porque soy maricón. Yo puedo decirlo.

Sergi ha encontrado unos pantalones cortos de deporte que pasa a ponerse.

—¿Vas sin calzoncillos?

—Claro, tío, para que me bambolee la polla. Las pibas se fijan en eso.

—Hostia puta, Sergi, eres un *cuñao* de manual.

Rompemos a reír. Me pregunta si me voy a quedar alguna camiseta, pero no lo he decidido. De pronto, suena la canción de un cantautor que reconozco de inmediato. Me pongo a dar saltitos, expresando la alegría de que suene justamente él. Sergi me cuenta que estuvo en la clínica.

—¡¿Qué dices?! ¡¿Aquí?! —suelto, sorprendido.

—Hace mucho.

—¿Cómo lo sabes?

—Porque me lo contó el Santi. Dame una calada. —Sergi me arrebata el pitillo.

Espero a que siga hablando. Necesito saberlo todo. Este cantautor me encanta. Pero Sergi se ha quedado callado, sentado en la cama, junto a mí.

—¿Qué más te dijo?

—Que está como una puta regadera.

—Pero ¿por qué ingresó?

—Por caballo, como todos en aquella época. Estuvo en el otro edificio, en el piso de arriba, en la habitación del Tino. Dice el Santi que fue mítico. Que a la segunda noche de estar aquí el pavo se tiró por la ventana, cayó sobre los arbustos y, cuando todos corrieron pensando que se había *matao*, el tío se levantó, se sacudió las hojas y les dijo: «Ahora ya me he suicidado. Puedo renacer». Y se volvió al cuarto y se desintoxicó.

—Cuando le vea en concierto me voy a acordar de eso siempre.

—Pero ¿no has *escuchao* la versión de *Gracias a la vida* que tiene?

—No me suena. —Me encojo de hombros.

—No, tío, no está publicada. Se la regaló al director al pirarse de aquí. Espera, que la tengo yo, me la pasó el Enrique.

—¿Qué será de él? —pregunto al aire. Enrique, el mercenario, dejó la clínica hace ya más de una semana. Lo que vimos en su rostro al salir no presagiaba nada bueno.

Sergi tararea mientras busca entre sus CD. Saca uno grabado con una carátula manuscrita: «Gracias a la vida» y el nombre del cantautor. Me lo da. Lo sostengo en las manos. Me recorre un escalofrío: aunque siempre se habían comentado sus escarceos con las drogas, no tenía ni idea de nada de esto. Quizá por eso su música me atrajo siempre. Porque compartía algo con él, sin saberlo.

—Lo pongo —anuncia Sergi.

Una versión acústica, un lamento desnudo y susurrado, delicado, comienza a sonar. En la voz y la desnudez de esta versión, la canción no es orgullosa ni alegre, ni siquiera nostálgica, sino más bien una nana desesperada llena de desconsuelo. Sin ser una canción que me interese demasiado, esta versión y lo que significa hacen que me emocione. Sergi y yo nos quedamos en silencio, durante los siete minutos que dura, atendiendo a un antiguo enfermo que atravesó lo que nosotros estamos atravesando en este momento, en el mismo lugar.

Hoy en día sigo escuchándola a veces. Ahora mismo lo estoy haciendo. No ha perdido un ápice de capacidad de evocar. Después de doce años me sigue conmoviendo como el primer día.

Sergi se convirtió en mi mejor amigo y en la primera persona para la que no tuve ningún secreto. Sé que a él le ocurrió lo mismo conmigo. Dejamos ver al otro nuestros lugares más oscuros. También fue el primer hombre heterosexual con el que creé un vínculo íntimo sin sentirme inferior a él. Pasamos horas y horas juntos, desmenuzándonos, apoyándonos. Dormimos juntos. Nos aconsejamos, nos acompañamos. Él no lo sabe, pero gracias a él descubrí mi homofobia interiorizada y le puse remedio (un tema demasiado extenso del que podría escribir otro libro). No es que yo tuviese ningún problema con mi homosexualidad, la vivía abiertamente, pero las personas LGTBI que lean estas líneas, al menos las de mi generación, entenderán de qué estoy hablando: el sentimiento tóxico de haber interiorizado décadas de mensajes negativos acerca de ti mismo, el peso de la diferencia, la opresión silenciosa de haber crecido bajo el yugo de las masculinidades hegemónicas, la condena inasumible de considerarse inferior por ser homosexual.

La amistad de Sergi me curó de muchas maneras, muchas de ellas insospechadas.

Unas horas más tarde, instalados en mi habitación, tomamos infusiones. Se nos han unido Natalia y Diego. Me asalta el presentimiento de que Sergi y Natalia están follando, por la manera en la que ella le ríe las gracias y se acerca a él. Natalia es una cocainómana y una dependiente emocional de manual, que intenta desesperadamente ocultar que lo es, pero ninguno se lo decimos, porque para eso están los profesionales. Me hago una nota mental de preguntárselo a Sergi más tarde. Yo he compartido mi descubrimiento acerca del cantautor y todos se me han quedado mirando: soy el último en enterarme de todo. Natalia, motivada, se lanza a detallar cómo cierta mujer muy famosa, asidua de las revistas del corazón, también estuvo en la clínica.

—Joder, al final aquí ha estado todo Cristo —suspiro.

—¿Qué te pensabas? Pues anda que no hay yonquis... —dice Sergi—. Y todos los que no tienen huevos *pa'* venir aquí, que andan ahí fuera, locos.

Diego está en silencio, ausente. Me extraña, porque si algo le gusta al periodista es un buen cotilleo, acumular información que posteriormente pueda utilizar.

—¿Estás bien? —le pregunto.

—En la siesta he soñado que iba a pagar a la asistenta y todos los billetes tenían forma de turulo y había que desenrollarlos y me cagaba de vergüenza —murmura Diego—. Se me ha jodido el día, socio.

Cosas como esta ocurren a menudo: sopapos de realidad que nos embisten por sorpresa. Es un paso crudo de la comedia sofisticada al drama árido. Natalia intenta rebajar la tensión que se ha aposentado en la habitación contando la historia de aquella secretaria de banco que se hizo adicta a la cocaína por contar billetes en el trabajo. Al parecer, España está a la cabeza de residuos de cocaína en los billetes, y la pobre mujer se agarraba unos colocones de escándalo por el simple gesto de contar euros y llevarse inconscientemente los dedos a la boca. Ninguno nos lo creemos.

Sergi trata de tranquilizar a Diego y comparte que él lleva ya varios sueños de consumo. En el último fumaba base y se despertó con muchísima ansiedad, como si le acabase de pegar una calada. Le asegura que nos pasa a todos, que hace bien en expresarlo, que lo hable con su terapeuta. Natalia asiente.

—A mí no me pasa —confieso.

—Porque tú lo tienes que hacer todo a tu puta bola, Javito —me dice Sergi sonriendo—. Ni para ser yonqui puedes ser normal.

—Me parezco bastante, bocas.

—¿A quién? —pregunta Diego, interesado.

—A vosotros, no sé, a todos —comento.

Lo creo. Cada día me siento más cerca de los que antes me parecían enfermos y chiflados. Intento hablar con todos, entenderlos, conocerlos. He comenzado a dejar de juzgarlos y los escucho con atención, apartando de mí la conocida petulancia protectora. Ya no se aparecen ante mí como zumbados, sino que me reconozco en ellos. Me identifico con muchas de sus historias, sus ansiedades, sus pensamientos intrusivos, su sufrimiento... En casi todos los espacios alguien dice algo y me sorprendo asintiendo en silencio, porque sus palabras son las mías y habla de cosas que podrían ser perfectamente aplicables a mí. No importa que sea el dueño de un bar grasiento o una parada del INEM. Esa sensación es reparadora, porque hace que la soledad de la enfermedad desaparezca. Que alguien sienta lo que siento yo me da fuerzas. Ya no soy yo contra el mundo. Hay otros que lo experimentan de la misma manera. Soy uno más, diferente pero idéntico. Día a día he ido comprendiendo que yo también soy un enfermo.

Este fue otro de los grandes aprendizajes que realicé en la clínica: descubrir todo lo que podía aprender de personas que, en un primer acercamiento, me producían rechazo, por considerarlas inferiores a mí. De aquellos que etiquetaba de cutres, de paletos, de despojos, de seres marginales sin ningún interés. Entender que bajo todas las capas que conforman nuestra identidad (de dónde venimos, cómo vestimos, a quién conocemos, cómo es nuestro cuerpo, cuáles son nuestros logros, cuánto dinero tenemos...) somos seres humanos, con una emocionalidad muy parecida. En una sociedad cimentada en la imagen, los logros, el ascenso social, las clases, la individualidad, el poder económico y político, yo tuve que encerrarme para darme cuenta de que nada de esto tenía la más mínima importancia. Aprendí a ser humilde y a abandonar una arrogancia irreal que lo único que conseguía era separarme del mundo.

Unos días más tarde me levanto atómico. Durante la noche, no sé cómo, se me ha desprendido la bolita del pendiente que llevo en la lengua desde los diecinueve años y me la he tragado mientras dormía. Me acomete el pánico de que, si no consigo un *piercing* nuevo lo más pronto posible, el agujero se cerrará y perderé esa seña de identidad. Soy así de gilipollas: pienso que ese pendiente define quién soy. Pero no me falta parte de razón, teniendo en cuenta la de mamadas que he hecho con ese pendiente puesto. Como en la clínica se vive todo con bastante intensidad, no es complicado imaginar mi estado al verme correr despeinado y a medio vestir por el recinto como si me estuviese persiguiendo la mafia rusa con Kaláshnikovs.

Cuando se lo explico a Anais, me responde que no se puede hacer nada. Aún no se me permite salir de la clínica y conozco a la perfección la estructura: la primera salida es la visita familiar, para la que faltan dos semanas. Rompo a llorar, desolado. Intento que comprenda lo que ese *piercing* significa para mí, dónde me lo hice, lo unido que estoy a él, lo mucho que me dolió, cómo se me hinchó la lengua y solo pude ingerir líquidos durante varios días. Anais me mira con paciencia, decidiendo si está asistiendo al espectáculo de un ataque de nervios, provocado por otras situaciones que nada tienen que ver con el agujero que tengo en la boca. Le pido, le ruego, le suplico que confíe en mí, que solo quiero solucionar este tema que para mí es tan vital. Perder mi *piercing* puede hacer que se derrumbe toda mi estructura psicológica. Finalmente accede a que me acerque al pueblo más cercano, Mataró, donde tal vez haya una tienda de tatuajes y pendientes. Pone dos condiciones: me acompañará un paciente de segunda fase y no voy a llevar móvil. El dinero estará a recaudo de mi acompañante.

—Y con calma —me aconseja.

Asiento y me preparo. En menos de dos horas callejeamos por Mataró, buscando un lugar donde poder comprar un reemplazo del pendiente desaparecido en mi estómago. Logramos encontrarlo y le pongo remedio al desastre. Vuelvo a estar completo. Respiro tranquilo. Mi acompañante y yo salimos a la calle y, de pronto, me embiste la ansiedad. Me hago consciente, pues no lo he sido hasta el momento, entretenido en solucionar el problema, de la gente que camina, de los ruidos, del devenir de la realidad, ajena a mi vida en la clínica. La calle comienza a dar vueltas, los espacios se deforman, los sonidos se acrecientan, mi respiración se acelera.

—¿Estás bien? —me pregunta el de segunda fase.

—Creo que me está dando un ataque de ansiedad —susurro.

Él se ríe. Me pregunta si llevo encima algún ansiolítico. Antes de salir me han dado un sobrecito con una pastilla, así que lo busco y me lo tomo a pelo.

—Vamos ahí un rato, hasta que se te pase. Respira. —Me coloca una mano en el hombro en actitud protectora.

Nos acercamos a un banco público y nos sentamos. La gente sigue caminando a nuestro alrededor. El de segunda fase se saca un cigarro y se lo enciende. Es un *groupie* de la música metal con el pelo rapado y lleno de *piercings*, que lleva una camiseta de Metallica, adicto al crack. Sé que, aunque es muy joven, tiene dos hijas.

—A mí también me pasó la primera vez que salí. No te agobies.

—¿Podemos volver? No quiero estar aquí fuera. —Me paraliza el miedo. Me invade la sensación de que no formo parte de ese mundo. De la realidad. De la gente normal. Me siento diferente, señalado, defectuoso.

—Vamos. En menos de media hora estás a cubierto.

—La hijaputa de Anais siempre tiene razón. Flipo con ella —reflexiono en alto—. Antes de salir me ha dicho: «Y con calma». Sabía que me iba a pasar esto.

—Se las sabe todas. Es una jefa —admite él—. Tienes suerte de tenerla.

Nos levantamos y nos dirigimos a la parada de autobús. Quiero regresar al lugar donde estoy rodeado de personas que son como yo, a resguardo.

En nuestro siguiente encuentro, Anais me explica que todo lo que me pasa es normal, que estoy vomitando y aprendiendo. Que es importante saber en qué momento me encuentro. Que ya llegarán el orden y las razones y las estructuras. Que no hay recetas, ni las tengo que buscar. Que acepte que ahora es el momento de estar perdido, de expulsar todo. De admitir que todo es un camino y un proceso progresivo. Cualquier cosa. Que es imposible unir el comienzo a un resultado instantáneo. Que de eso van el esfuerzo y la constancia. Que no se trata de un paso enorme, sino de muchos pequeños pasos. Y la confusión y el caos, el no comprender, el no controlar, forman parte del viaje. Anais también me aconseja que confíe, que las respuestas ya vendrán más adelante. Ahora no tengo que pensar en ellas. Le confieso que me angustia no estar seguro de qué es lo que estoy aprendiendo. Me dice que no es el momento, que ya lo veré. Este tipo de conversaciones a menudo me hacen sentir como una persona que da sus primeros pasos, como si en toda mi existencia no hubiese aprendido absolutamente nada. Algo de eso hay, aunque no me lo quiero reconocer.

—¿Qué le pasa a Natalia? —le pregunto a Sergi.

Natalia lleva varios días irascible, contestando mal a todo el mundo, inalcanzable, desapareciendo entre lágrimas de algunos espacios. Ha dejado de maquillarse. No viene a las habitaciones, no sabemos nada de ella. La vemos junto a su terapeuta paseando o sentada en un banco alejado sin parar de hablar y llorar. Nos evita en el comedor y se sienta al fondo, en la última mesa, sola. Hemos intentado acercarnos, pero cada vez que lo hacemos saca las garras y nos gruñe, como una gata defendiéndose de un ataque.

Sergi y yo estamos en lavandería, con Lluís, que se ha pintado la cresta de color verde y lleva un pantalón lleno de rotos. Si me cruzase con Lluís por la calle, probablemente me cambiaría de acera, asustado por la posibilidad de ser atracado a punta de navaja. Sin embargo, aquí compartimos con toda naturalidad bolsas de ropa sucia que metemos en una lavadora industrial. A menudo envidio su carácter, que parece aceptar nuestra situación como parte indivisible del hecho de existir.

—Viene su madre de visita —me explica Sergi.

—¿Y por eso está desquiciada? Eso es bueno, joder. ¿No le apetece?

—Lo dudo, socio —murmura Lluís.

—¿Por qué dices eso?

—Aquí las visitas de la familia suelen ser de todo menos terapéuticas. Ya lo verás. Pon suavizante ahí, tío, que luego dicen los hijos de puta que les raspa la ropa.

—Lluís, ¿a ti te gusta el *ska*? —Llevo tiempo queriendo preguntárselo.

—Claro, nano. Pegaba unas hostias con las puntas de acero que flipas, tronco.

—Pero ¿tú eres okupa? ¿O qué eres tú? —indago.

—Yo soy okupa y lo que haya que ser —sentencia él—. Y si hay jaco de por medio, soy lo que tú quieras.

Los fines de semana conocemos a muchos de los familiares de nuestros compañeros, que vienen a recogerlos para llevárselos de salida. Normalmente les dejamos su espacio, porque sabemos que son momentos delicados y privados, pero en algunos casos, por casualidad, interactuamos con ellos. Los familiares suelen acudir incómodos, sin saber bien cómo gestionar la visita, el entorno de la clínica y el encuentro con los pacientes. Intentamos ser simpáticos y acogedores. Ellos, a cambio, luchan por comportarse como si no hubiesen entrado en un mundo de locos, con una naturalidad forzada que hace las conversaciones un poco tensas. Pero les reconocemos el esfuerzo. Recuerdo un caso concreto, llamativo, que recogí en el cuaderno.

Un domingo, una madre pudiente, de cincuenta y pocos, con una media melena cuidada, gafas de sol y arreglada, viene a recoger a su hijo. La mujer se acerca al patio insegura, acompañada de un niño pequeño, y se sienta cerca de mí, en uno de los bancos de la entrada. Susurra un «buenos días» al que yo respondo con otro y una inclinación de la cabeza casi imperceptible. Estoy allí leyendo, con una infusión, esperando a que el sol me dé en la cara y a que abran la cocina para poder desayunar. Ese día he madrugado mucho y la niebla está comenzando a levantarse. Reina una atmósfera líquida y algo brumosa. Nos envuelven los sonidos de la naturaleza que despierta, deseosa de enfrentarse a una nueva jornada. Con el rabillo del ojo percibo que la mujer aprieta el bolso contra su cuerpo y acerca al niño, un gesto reflejo que dice mucho de lo que pasa por su mente en estos momentos. Peligro. Situación desconocida. Pocos segundos después, se dirige hacia nosotros un yonqui con los cascos puestos y la ropa arrugada, haciendo que toca la batería en el aire. Me temo lo peor.

—¿Te gustan los Smiths? —le pregunta el yonqui, a gritos. Su pregunta rasga el aire con una potencia agresiva que hace trizas la tranquilidad de la mañana.

—No sé quiénes son... —contesta ella, sonriente.

—¡¿Y los Sex Pistols?! —Es evidente que el yonqui no ha podido escucharla con la música al volumen que la lleva, pero eso no le impide continuar con su interrogatorio.

—*¿Sis Pistol?* Supongo que alguna canción me gustará de ellas —admite ella, sonriente.

—¡Mira, mira, mira los insectos cómo corren! —señala el yonqui, entusiasmado.

Levanto la vista del libro y confirmo que no hay ningún insecto en ningún lado. La madre me mira buscando ayuda. Decido ignorarla. Yo solo busco paz. Que se entere de cómo funciona esto.

—¡Mira, mira, mira! Sabes por qué corren, ¿no? —El yonqui está emocionadísimo de poder compartir su descubrimiento.

—¿Tienen prisa? —aventura ella.

El toxicómano se retira los cascos. Ahora la música sale atronadora hacia todos lados.

—Quita eso, tío, que estoy leyendo —le digo.

—Tienen frío. —Mi compañero apaga la música, sorprendentemente—. Con el frío te dan ganas de correr para entrar en calor, a los seres humanos también nos pasa. Algunos se chutan para no pasar frío, pero eso no es bueno. Las drogas son malas, ¿sabes?

—Claro. Son horrorosas —conviene ella, recolocándose en el banco.

—Yo ya no me drogo. Lo hago todo bien —explica el yonqui.

—Me alegro. Eso tienes que hacer. Portarte bien.

El yonqui se sienta en el banco, entre nosotros. La mujer ha comenzado a ponerse perceptiblemente nerviosa. Podría hacer algo para ayudarla, pero si me meto puede ser peor. Nunca se sabe cómo puede reaccionar un paciente. Hay que dejar que la vida se desarrolle por sí sola, incontrolable.

—Mira qué rápido van las nubes. Mira, mira, mira —señala el yonqui haciéndose visera con las dos manos.

—Este sitio es muy bonito. —La mujer vuelve a sonreír.

El niño que acompaña a la señora, entiendo que hermano del paciente que vienen a recoger, está callado, con la boca abierta, mirando el cielo.

—¿Tienes tatuajes?

—No, yo no —admite ella.

—Yo sí, pero solo me dejan hacerme uno por año aquí. Allí también.

—¿Allí dónde?

—En el psiquiátrico.

—¿Cuánto llevas?

—Veinticinco años. Aquí unos meses. No sé. ¿Cuánto llevo aquí, Javi?

—Cuando yo llegué ya estabas, y cada día dices una cosa distinta —señalo.

—He estado en muchos sitios, pero me escapo de todos.

—Ah... —La mujer saca un paquete de tabaco y se enciende un cigarro.

—¿Me das un piti?

—Claro, toma. —Le tiembla la mano, pero intenta aparentar calma.

El yonqui espera a que le dé fuego, con el rostro levantado y el cuello estirado, como una jirafa hambrienta.

—Solo tengo un tatu, ¿quieres verlo? Luego me quiero hacer aquí y aquí y aquí. Puntitos, como en el talego. En la trena se hacen lágrimas, así: pimpimpimpimpimpim. Por toda la jeta. ¿Me das otro piti?

—Claro.

—Dame cuatro mejor, para luego.

—Sí, sí, toma.

—Hay peña aquí que le pega a la farlopa, ¿sabes? Pero no digas nada, que la gente aquí está de la puta olla y vete tú a saber.

—No sé qué es *farlopa.*

—Cocaína —explico yo—. Perico, farla... Son formas de llamarla.

La mujer traga saliva.

—También piden chocolate y se ponen hasta el culo. Se esconden por ahí y *fsssssssh, fsssssssh.* ¡Colocón! ¡Colocón! ¡Colocón!

—Marcos, relaja. Recreada —le digo al yonqui.

La mujer tiene los ojos muy abiertos y me mira. Me está pidiendo ayuda, superada, pero no sé qué puedo hacer.

—En cuanto salga de aquí, en un plis, me hago una cresta roja y con una cobra a este *lao* y un... ¡Qué rico este cigarrito! Un... bicho de esos que pican. Y me meto en un grupo de *punk rock* y me pongo a cantar y a pelármela en el escenario. ¡Menudo es el Marcos!

La mujer no sabe dónde meterse.

—¡Claro, tronca! Yo con dieciséis era rockero y boxeaba en el ring. Me ponía ciego de rulas e iba a zurrarme. A dar mamporros sin descanso. ¿Me das otro piti?

—Te he dado cinco...

—Bueno, otro, para luego, ¿sabes?

La mujer accede, alterada.

—¿Tú por qué estás? ¿Caballo? —le pregunta el yonqui a la mujer.

—No... Yo vengo de visita.

—¿Me das un beso?

—No, no, perdona. —Se vuelve hacia mí—. Oye, ¿dónde están los terapeutas?

—Por ahí —contesto.

—Mira, tócame aquí en el paquete, verás cómo crece.

—¡Pero ¿qué dices, hombre?! —La mujer alza la voz, sobresaltada.

—Marcos, tío... Córtate. Te estás pasando... —manifiesto.

—Tengo unas ganas de estar con una mujer de verdad... ¿Te puedo dar un beso en la mano?

—¡Que no hombre, que no! —La mujer se ha levantado y da vueltas sobre sí misma, encendida.

El yonqui solloza. Ella se siente culpable de inmediato. Es asombroso lo manipuladores que podemos llegar a ser los adictos. Incluso psicóticos perdidos somos capaces de seguir tocando las teclas necesarias para obtener lo que queremos.

—La semana que viene salgo, que me recoge mi hermano. ¿Quieres que nos veamos?

—Pero ¿a ti te van a dejar salir?

Niego con la cabeza, para que se tranquilice. Le hago un gesto con los ojos indicándole que nada de lo que dice es real.

—Claro. Me dan un permiso si no me sacan. Para ir a ver a mi madre. ¿Sabes lo que me dice? Que tiene ganas de que vaya a casa para cocinarme como cuando era pequeño. Qué buena es mi madre... No sé por qué le pegué.

—¿A tu madre?

—La vieja me tuvo que denunciar.

La mujer se acerca a mí, desesperada:

—Oye, ¿me tengo que quedar aquí? ¿Dónde están los terapeutas, por favor?

—Yo iba loco de jaco, por la nariz, todo esnifado, pero loco, loco, loco, loco, y también nariz...

—Ya has dicho *nariz*, Marcos.

—Y alcohol y anfetas y un carro de rulas. Le pedí dinero, no me dio, y vi un diablo que me hacía *sssssssssssssh, sssssssssssh.* —Marcos levanta las manos y deforma la cara. Se le cae un poco de baba, que aterriza sobre su forro polar Quechua.

La mujer parece estar viendo a ese demonio imaginario. Le tiembla todo el cuerpo. Mira a todos lados, buscando a alguien con bata blanca, supongo. Estamos solos. Le quedan dos telediarios para echarse a llorar.

—Se reía de mí el muy cabrón. Perdí los nervios. Así que le pegué un palizón a mi vieja, la mandé al hospital y me fui por ahí. La obligaron a denunciarme. Pero no me enchironaron, me llevaron directamente al psiquiátrico y me hincharon a pepas. Ahora estoy mucho mejor. Yo ya no tomo, desde hace mucho tiempo. Las drogas son malas.

—Si te escapaste y te pusiste hasta el culo hace tres semanas, Marcos —le corrijo.

—Me he fugado cincuenta y ocho veces. Tengo el récord.

La mujer lo intenta de nuevo:

—Oye, ¿dónde está mi hijo?

—¿Cómo se llama? Aquí hay mucha gente —le pregunto.

La mujer me dice el nombre de un compañero.

—Está por ahí. —Señalo las instalaciones.

—Mi hijo... está bien, ¿no? —La mujer mira de reojo a Marcos. Necesita que le confirme que su hijo no se ha convertido en alguien como él.

—Es una clínica de desintoxicación... No estamos ninguno muy fino.

—Voy a buscarle.

—No vayas sola, espera aquí a que vengan. Aquello —extiendo la mano y abarco un espacio sin definir— es un poco una jungla.

—Será mejor que esto —señala a mi compañero, que está entretenido alentando a sus bichos inexistentes a caminar en fila india.

—Se parece bastante.

—Tú estás... bien, ¿verdad? Pareces muy tranquilo y... agradable.

—Yo finjo. Es mi especialidad. Llevo haciéndolo toda la vida.

Esos días continúo calmando la ansiedad con la comida, pero lo equilibro haciendo deporte, sobre todo saliendo a correr por el monte. Las carreras me hacen sentir libre, poderoso, conectado. Me estructuran la mente, apaciguan los temores. Adelgazo y engordo a la velocidad del rayo. Hablo con Rafael de que es un patrón en mi vida. Recuerdo cómo al volver del colegio, siendo pequeño, me sentaba delante del televisor y devoraba tostadas de mantequilla con fideos de chocolate y mermelada hasta ponerme malo. He comido repetidas veces en mi vida hasta caer enfermo, con un empacho real. La gestión emocional deficiente atacando de nuevo. «Ansiedades orales», las llama él.

Escribo en el diario:

Nombrar es comprender. Comprender es identificar. Identificar es ser consciente. Ser consciente es cambiar. Cambiar es superar. Superar es vivir. Vivir es hacer que nada vuelva a ser igual. Vivir es cambio. Todo lo que no se dice no existe, no tiene palabra. La ausencia de palabra no se puede tratar. He vuelto a dormir agarrando una almohada como si fuese un cuerpo. Me vuelvo a sentir solo.

Una madrugada, Agustín entra en mi habitación, acelerado y sin llamar. Se agarra a la manilla para no perder el equilibrio. Tiene la boca contraída y los ojos enormes, con las pupilas dilatadas. Va en calzoncillos, sin camiseta, descalzo y despeinado. Me revuelvo en la cama. Enciendo la luz.

—Hola, Agustín. ¿Pasa algo? —le pregunto, sobresaltado.

Hace unas pocas horas hemos compartido el baño, al lavarnos los dientes, pero no me ha dicho nada. Ni siquiera ha contestado cuando al entrar yo le he saludado, apoyando mi toalla sobre la encimera y haciendo tres pases de baile ridículos, como un Nuréyev narcotizado, para anunciar mi llegada.

—Hostia, tío, perdona. Voy sonámbulo. Pensaba que estaba entrando en el gimnasio.

En la bruma de mi cabeza, me recuerdo que ese es su único objetivo en la vida: lograr entrar en el gimnasio. Pobre chaval. Para él todo es una colina en ascenso, como si fuera un Sísifo catalán.

—Tranqui, tío, no pasa nada —intento tranquilizarle con una sonrisa.

He convertido sonreír más en uno de mis objetivos semanales perpetuos. Por ahora lo estoy logrando. Es increíble cómo el simple gesto de sonreír me predispone favorablemente a enfrentarme a lo que sea. Puedo ver que Agustín está más nervioso e incómodo que yo. Debe de sentirse ridículo. A mí me pasaría.

Mira a su alrededor, sin entender cómo ha llegado ahí, intentando reconocer dónde está y por qué.

—Agustín, tranqui. Está todo bien. ¿Mañana vas al gimnasio?

Asiente. Antes de cerrar la puerta, vuelve a introducir el cabezón con melena por la ínfima rendija, desafiando a las leyes de la física.

—¿Cómo te va? —consulta.

—Aquí, durmiendo. —Sonrío de nuevo. He aprendido a normalizar cualquier situación que se da dentro de las paredes de la clínica. Ya no juzgo.

Oigo ruido en la habitación de al lado. Debe de ser Tino hablando con la persona que no existe o moviendo los muebles por decimoctava vez hoy. Hace un par de horas nos ha comentado que le gusta despertarse y ver que está en un espacio distinto.

—¿Tú cómo estás, Agustín?

—Yo, bien, bien. Medio sonámbulo, tío.

—Hala, pues descansa. —Respiro al ver que cierra la puerta.

Le escucho alejarse y entrar en otro cuarto, que tampoco es el suyo.

—¡Me cago en mi puta vida, Agustín, menudo susto, hostias! —grita Natalia.

Me he desvelado. Estiro el brazo y cojo un libro. Me pongo a leer.

Un compañero regresa de su salida de fin de semana a casa con un gramo de cocaína. No dice nada en los grupos ni en el *meeting*: nos cuenta que ha pasado unos días estupendos y que se ha relacionado de forma sana con su entorno. Durante la semana posterior parece feliz, seguro, motivado. Participa en los espacios, habla, aconseja, ríe. Unas noches más tarde confiesa que ha tenido el gramo varios días sobre la mesa, para probarse a sí mismo que es capaz de contenerse, pero que ha terminado por consumirlo. Nos lo cuenta en el círculo, destrozado. Toda la seguridad anterior ha desaparecido y ha sido sustituida por la recriminación, las lágrimas, la desesperación y la vergüenza. El equipo terapéutico ha decidido enviarle al aislamiento.

A la salida del grupo, me quedo en el patio junto con Sergi y Diego. Estamos furiosos. Caminamos hacia el *staff* y nos sentamos con Santi, el monitor de noche.

—Joder, ya no se trata de lo que se meta él por la tocha, tronco —murmura Sergi—. Puto gilipollas...

—¿Le habéis dicho algo en el grupo? —pregunta Santi.

—De todo. Le hemos puesto de vuelta y media. Y los iluminados yoguis han caído sobre él con ganas —afirmo yo—. En plan asertivo y todo eso, pero a machete.

—¿Cómo puedes ser tan hijo de puta de tener un gramo de farlopa encima de la mesa en una clínica? Si yo me entero de que eso está ahí, salgo corriendo y me lo meto de una, hostias —continúa Sergi.

—Sergi...

—Es la puta verdad, joder. ¿A ti no te darían ganas? —me pregunta.

—No sé, no me lo he planteado —confieso.

—Yo le tenía aislado un mes y a tomar por culo —dice Diego.

Que alguien introduzca sustancias en la clínica desestabiliza al grupo, que ahora se esparce revolucionado por el recinto. Saber que llevamos una semana conviviendo con un gramo de cocaína hace que reaccionemos como si les hubiesen dado una descarga eléctrica a nuestros cerebros. Muchos esa noche tomamos rescates, para calmarnos y poder dormir. La presencia de la droga nos recuerda nuestra vulnerabilidad. Acrecienta nuestros miedos y nuestra poca confianza en nosotros mismos, en el control de nuestros propios impulsos. Elimina la seguridad del encierro, la apariencia de levedad. Pero estamos aprendiendo, sin saberlo, a defendernos y a hacer responsables a los demás de sus decisiones de mierda. Especialmente de todas aquellas que son un ataque directo hacia nosotros y que nos ponen en riesgo, nos debilitan. Estamos asimilando cómo protegernos.

Eso es justo lo que nos señala el monitor: es importante que ocurran este tipo de cosas para que cada uno pueda trabajarlas. En algún momento vamos a estar expuestos a la realidad del mundo. Y la realidad del exterior está repleta de sustancias, por todos lados, en los lugares más inesperados. Eso es algo que permanecerá invariable. No vamos a necesitar ni buscarlas, porque saldrán ellas a nuestro encuentro.

Por delante de nosotros van pasando compañeros sobrepasados en busca de medicación. En un momento dado llega a la pecera Endika, que no sabe nada del tema, porque lleva semanas sin asistir a las terapias y a los grupos, encerrado en la habitación con sus conejos y reptiles. Arrastrando los pies, empanadísimo, en pijama, con los ojos semicerrados y el pelo grasiento, entra en la garita y pide toda la medicación que haya para dormir. Lleva en la mano un trozo de fuet que va mordisqueando. Cuando le pregunto qué es eso me mira como si hubiese enloquecido y me dice:

—Pues qué va a ser, tío, fuet.

El monitor está comprobando la pauta de Endika.

—¿Tranxilium de cincuenta? —le pregunta.

Endika se encoge de hombros, haciendo ver que no tiene ni la menor idea de qué toma, cosa que probablemente sea verdad. Sus ojos son esquivos, como los de un castor. Sigue mordisqueando su tesoro.

—Endika, pero ya llevas cuatro hoy —le señala Santi—. ¿Por qué no intentas dormir sin tomar nada más, y si ves que no puedes, vuelves y te lo doy?

Endika niega con la cabeza. No está dispuesto a irse sin su medicación de rescate. Intento imaginarme cómo debe de ser la existencia bajo semejante cantidad de químicos dominando las funciones del cuerpo. No consigo hacerme una idea. Finalmente, Santi le da la pastilla y Endika regresa a su cuarto.

—Esas han sido las primeras palabras que me dirige desde que le conozco —digo.

Santi nos explica que Anais, que también es su socioterapeuta, se tiene que sentar en el suelo de su cuarto, a oscuras, rodeada de las jaulas de animales, por debajo de su línea de visión, para poder conectar con él. Todo lo que no sea esa situación espacial, Endika lo vive como una agresión, como una imposición, y se cierra, inexpugnable. Al parecer, el hedor que desprende el cuarto es insoportable. Mantiene todo el tiempo las ventanas cerradas. Para Endika es un éxito cortarse las uñas o afeitarse, cosas que, por ahora, solo consigue cuando tiene visitas familiares. Le observo alejarse. Me pregunto cuánto tardaremos en verle de nuevo. Se apodera de mí la tristeza de verle caminar hacia su cárcel y no poder hacer nada para ayudarle.

Una mañana me levanto y, al salir de la cama, mis pies chocan con un papel que alguien ha introducido por la rendija de mi puerta durante la noche. Al recogerlo, veo que es un folio con un mensaje manuscrito:

«Los seres humanos vivimos con el miedo continuo a ser heridos, y el hecho de que intentemos permanentemente evitarlo da origen a grandes conflictos. Aprende a escuchar de nuevo esa voz interior que acallaron tantos miedos, temores y sentimientos de inutilidad y de culpa y prométete a ti mismo tener el coraje de convertirte, de una vez por todas, en la persona positiva, libre y llena de entusiasmo, valores y posibilidades que realmente eres. Hablar de los miedos, los temores, las dudas y las vacilaciones que nos afectan contribuye a debilitarlas. Si exteriorizas tus miedos, si te haces consciente de ellos, si les plantas cara, los minimizas hasta el punto de que no tendrán la menor fuerza sobre ti. Una mente herida no puede amar».

Sonrío. Me hace ilusión recibir este recado sin firma. Abro la puerta y asomo la cabeza, intentando descubrir quién ha sido. No hay nadie en el pasillo. Las puertas están cerradas y todo está en silencio. En la habitación, sostengo la hoja frente a mis ojos, tratando de identificar a quién pertenece la letra. Durante días me fijaré en los cuadernos de mis compañeros en un intento por averiguar quién me dejó ese papel una noche, quién consideró que merecía recibirlo. Alguien se tomó la molestia de escribirlo, desplazarse hasta mi cuarto y deslizarlo bajo la puerta como regalo. En la actualidad sigo sin saber quién lo hizo.

Dos días más tarde asistimos a un taller médico impartido por el psiquiatra jefe de la institución. El taller pertenece, como su nombre indica, a la rama clínica de la adicción. En él aprendo que el alcohol es un depresor profundo del sistema nervioso (es decir, que provoca la depresión física en el cuerpo) y oigo por primera vez las explicaciones psiquiátricas sobre los neurotransmisores y los circuitos de gratificación instantánea de la adicción. Es increíble la de cosas que ocurren en nuestra existencia, dentro de nosotros, con nuestro absoluto desconocimiento.

Descubro todos los mecanismos que se activan en el cerebro de los seres humanos al consumir cualquier tipo de sustancia (desde una simple cerveza hasta las drogas más duras). La dopamina, de la que yo no había oído hablar hasta entonces, es un neurotransmisor, es decir, se encarga de transmitir la información de unas neuronas a otras. Este es un intercambio tan rápido que no somos conscientes de él: lo sentimos, sin más. La dopamina está involucrada en distintas funciones y procesos, entre ellos, explicado de la manera más simple posible, enviar información de placer al cerebro. Por eso se la conoce como la hormona del placer. Cuando se libera, nos sentimos bien. Activa las mismas vías de recompensa y gratificación instantáneas que se activarían ante algo que nos produce un placer enorme, como el sexo o una tarta de chocolate. Consumo y gratificación. Instantáneo. Inmediato. Incuestionable.

Si he mencionado la tarta de chocolate y el sexo no ha sido por casualidad: las adicciones al sexo y al azúcar pueden ser tan dañinas como las de las drogas ilegales. Porque la realidad, estudiada e irrefutable, es que, más allá de sustancias y actividades, vivimos en una sociedad adicta. Volveré sobre esto más adelante.

Los circuitos que se activan en los seres humanos en el proceso adictivo y en el consumo son los mismos que se activan en las ratas de laboratorio. Existen vídeos en YouTube en los que las ratas, ante descargas de cocaína, regresan a ella, buscando el placer, hasta provocarse la muerte. ¿Por qué ocurre esto? Porque al consumir de forma habitual una sustancia adictiva el cerebro se acostumbra a ella, lo que hace que se suprima su producción normal de dopamina y se necesite una dosis más alta de esa sustancia para compensar la pérdida. La escasez o abstinencia de esos niveles de dopamina genera estrés, ansiedad y dolor, los cuales solo se mitigan temporalmente mediante el consumo de la droga que solicita el cerebro. Es decir, si se intenta huir de este malestar y buscar los mismos niveles de placer o superarlos, se necesitan dosis cada vez mayores de la sustancia. Por debajo de toda esta cháchara médica se esconde una cuestión fundamental: queremos sentirnos bien, y algunos, en esa búsqueda eterna del placer, sin límite y sin conciencia, nos destrozamos, como hacen las ratas.

Un dato explosivo. Los circuitos neuronales de gratificación son exactamente los mismos en la adicción a las drogas que en la adicción a las redes sociales. Fin del dato explosivo.

En el taller también aprendo todas las consecuencias negativas que puede llegar a producir la enfermedad de la adicción en una persona. La lista parece un compendio de las peores pesadillas posibles: trastornos cardiovasculares, neurológicos, hematológicos, osteomusculares y metabólicos, infecciones, cambios genéticos, síndromes paranoides, alucinaciones, desorientación, depresión clínica, disfunción sexual, deterioro intelectual, trastornos de ansiedad, trastornos psíquicos, trastornos cognitivos, demencia, pánico, cáncer, hipertermia, hiponatremia, suicidio y un larguísimo etcétera.

¿Cuántas cosas ocurren en mi interior sobre las que no tengo ningún control? ¿Cuántas células, neurotransmisores, válvulas, músculos, órganos, venas y circuitos están operando en todo momento ajenos a mí y a mi consciencia? ¿Era esta la explicación de mi desamparo? Quienquiera que nos haya diseñado, si es que existe y no somos una simple casualidad del cosmos, nos ha otorgado un desconocimiento absoluto del funcionamiento de nuestro cuerpo y de nuestra mente, las dos herramientas más importantes de nuestra realidad. La sociedad que hemos construido tampoco fomenta que lo descubramos. Es, cuanto menos, llamativo.

He cambiado de capítulo y varios de los personajes que presenté en el anterior ya han salido de la clínica. Entender que el camino de la recuperación es personal, individual y un esfuerzo solitario también es un aprendizaje de la clínica. A cambio, rellenando el hueco que han dejado algunos compañeros con su marcha, en estas últimas dos semanas han llegado otros nuevos. Así funciona un centro de desintoxicación: como un corazón que bombea enfermos, incansable, imparable. Día y noche.

Rosa ha entrado hace una semana. Desde el principio, el gallinero se alborota. Los yonquis se pasean a su alrededor con el pecho henchido y sonrisas juguetonas en los rostros. Le abren las puertas, le dejan que pase por delante en algunas colas, la visitan en el cuarto. Poco importa que Rosa tenga su acogida, los toxicómanos se pelean por servirla. Se preocupan por su bienestar. La danza, cuyo objetivo único y fundamental es follarse a Rosa, empieza a las pocas horas de que ella ingrese. Rosa es una veinteañera de rostro angelical y media melena rubia. Tiene un cuerpo apretado, de formas armoniosas y delicadas, y, en su presentación, nos explica que llega desde otra clínica, en una isla, donde llevaba ingresada ocho meses. Al parecer su paso por esa clínica no ha ido del todo bien y el embrujo de la botella sigue causando estragos en su vida. Rosa es una alcohólica de rama dura, de las de garrafa de vodka nada más despertarse. Es diabética y tiene problemas de hígado. Según ella misma nos cuenta, está en la lista de espera para un trasplante. Si vuelve a beber una gota de alcohol, ya le han avisado de que el órgano le puede fallar y ella quedarse en el sitio. Además de que la retirarían de inmediato de la lista. Nada de todo esto impide que Rosa beba a la mínima oportunidad que tiene. Habla de manera dulce, con un volumen controlado, y se ríe con esa risa tan típica de mujeres desoladamente inseguras, necesitadas de atención, una risa histérica, fría, gorjeante, como un diamante que se rompe en pedazos.

A la salida de su presentación, Diego me lleva a una esquina y me dice que Rosa miente más que habla. Le atiendo a medias, estoy empezando a no confiar demasiado en la información que me transmiten de esta forma. Prefiero descubrir las cosas por mí mismo.

—¿Cómo eres tan cotilla? —le pregunto.

—No soy cotilla, soy periodista. Necesito obtener información, vivo de ello.

—Pero si acaba de entrar. ¿Cómo lo sabes?

—Tengo mis fuentes, que no puedo desvelar.

Diego se aleja, mirándome de reojo, mientras se pincha en la barriga con el lápiz su dosis de insulina. Diego es un personaje curioso al que tengo muchísimo cariño. Es jovial, irónico y tremendamente vago. Cualquier esfuerzo que implique algo físico lo rechaza sin pensar. Esta actitud va acorde a su peso corporal, que no deja de aumentar durante su encierro. Disfruta trapicheando con café con cafeína. Suele llevar polos de marca y tiene el pelo largo, con los reconocibles caracolillos que fácilmente se identifican en personas con ciertas inclinaciones políticas. Otro milagro de la clínica: soy amigo de un heterosexual de derechas. En la actualidad mantenemos el contacto y, cuando ha venido a Madrid o a Barcelona, nos hemos asegurado de quedar para ponernos al día. Continúa trabajando en lo que más le gusta: el periodismo. Vive lejos de los centros de poder, en su lugar en el mundo. Cada uno de nosotros, los que hemos sobrevivido, hemos aprendido a identificar cuál es ese lugar y a pelear por habitarlo. El mío, por ejemplo, es Barcelona. He intentado que sea Madrid, por la cantidad de personas que me unen a la ciudad a las que quiero, pero no lo he logrado. Sus calles, de manera inconsciente, llevan consigo el manto de autodestrucción que experimenté en ellas y, aunque he vivido varios años en la ciudad sin recaer en conductas similares, es un espacio que asocio a las épocas oscuras de mi vida y en el que no me gusta anidar, porque ya no me reconozco en él.

Es inevitable que a veces pensemos en cómo la vida en el exterior continúa su curso sin nuestra presencia. Como si fuésemos un reactor supersónico al que se le ha echado el freno de mano de emergencia, intentando amortiguar el desastre. Esos días algunos temblamos, por la propia inercia de la velocidad arrancada de cuajo, y entramos en contacto con la sensación de ser prescindibles, de que pase lo que pase el mundo se perpetuará a su ritmo. Nuestra ausencia no hace que la realidad se paralice. Dependiendo del día, estos sentimientos nos sumen en un decaimiento profundo, en el que comenzamos a comprender nuestra humanidad imperfecta y temporal; otros, nos lanzan a una liberación contagiosa o a la rabia de querer que todo sea distinto. Hay días en los que nos gustaría ser normales y capaces de funcionar en sociedad. Nos preguntamos por qué los demás pueden y nosotros no. Nos invade el victimismo y la certeza de ser defectuosos. Otros días entendemos que estamos haciendo lo correcto y que solo estamos actualizándonos para poder seguir viviendo.

Natalia nos contará a los pocos días que Rosa es bulímica.

—A ver, no es bulimia como tal, es que le encuentra placer al vomitar —explica.

Es la primera vez que oigo eso. Natalia nos explica cómo se ha dado cuenta ella. Es el radar. Pequeños detalles: desapariciones, carrasperas a destiempo, chicles de menta, toses, irritaciones... Yo no consigo creerme que a alguien le resulte agradable devolver. Los demás se unen a mi perplejidad. Nos pide que confiemos en ella porque para algo ella misma se pasó vomitando muchos años y sabe de lo que habla, mientras que nosotros no tenemos ni puta idea porque somos una panda de catetos. Finalmente, contagiados por la pasión investigadora de Natalia, nos disponemos a pasar con Rosa una hora después de comer y de cenar, tenerla vigilada para obligarla a hacer la digestión. Compartimos pasillo con ella, así que nos sentimos responsables, en cierto modo. Aun así la tía nos manipulará y se las ingeniará para desaparecer para poder vomitar. Tienes que ser una verdadera profesional para conseguir escaparte de cuatro yonquis que no te quitan la vista de encima. Ni Houdini, vamos. Terminaremos por darla por imposible. Bastante tenemos nosotros con lo que tenemos, como para estar pendientes de una enferma que hace lo que sea con tal de conseguir vomitar. Poco tiempo después comenzaremos a llamarla *La Dolores*, porque descubriremos que todos los días le pasa algo: diarrea, fiebre, cansancio, malestar, contracturas...

Guardo una anécdota muy especial de Rosa, que, sin ser conscientes ninguno de los dos, tuvo un efecto decisivo en mi vida. Rosa, curiosamente, además de una borracha profesional de Badajoz, era una pija de manual. Su habitación estaba repleta de cremas, velas, aceites y millones de colonias y tratamientos dermatológicos carísimos. Había llegado con tres mil cojines y ochocientas maletas. Ella es la que me hace dudar de si ocupo el primer puesto de cantidad de equipaje al llegar a la clínica. Una de sus múltiples posesiones era un estuche con todo tipo de cachivaches que usaba para hacerse la manicura y pintarse las uñas de mil colores distintos. Era tan pija que, una vez que le levantaron la incomunicación, se pasaba horas y horas en internet mirando la página web de Colette en París para ver qué podía comprar. Se pasaba la vida recibiendo paquetes en la clínica, entre ellos sábanas de seda que obligaba a su madre a adquirir y enviarle porque, según ella, no podía dormir con las de la institución porque le raspaban la piel. Pero a lo que iba: una tarde Rosa me hizo la manicura. En una de esas jornadas interminables de fin de semana en las que nos inventábamos de todo para matar el tiempo, Rosa, Diego y yo nos sentamos en el patio y ella me hizo mil virguerías en las uñas de las manos: cinco limas distintas, una capa de nutriente, otra de hidratación y yo qué sé cuántas cosas más. Mientras procedía, Diego y ella hablaban de los problemas que los diabéticos tenían con los uñeros del pie. Yo asistía a la conversación en silencio observándola manipular mis dedos. Hasta ese día yo me mordía las uñas, y verme las manos no era... estético. Había intentado dejar de hacerlo innumerables veces en mi vida, incluso utilizando aquel líquido con un sabor horrible, al que me terminaba acostumbrando. Después de hacerme la manicura, Rosa me propuso pintármelas. A mí me hizo gracia la idea y decidí ponérmelas de negro, para probar. Al terminar me miré las manos y me sentí Lou Reed. Me gustó tanto lo que vi que dos días después me di cuenta de que no me las había mordido.

Así que decidí continuar pintándomelas, para evitar comérmelas. Estuve con las uñas de negro varios años. Desde ese día en el patio no he vuelto a mordérmelas jamás. Durante el tiempo que llevé las uñas pintadas, mucha gente pensó que me había dado por hacerme gótico. Yo sonreía en silencio, sin poder explicarles cómo había comenzado. Muchas de las cosas más importantes de mi vida han ocurrido así, de pura casualidad.

Cuatro años después de salir de la clínica me llamaría un terapeuta para comunicarme que Rosa había fallecido. La sacaron de la lista de espera o su hígado terminó fallando, no recuerdo bien qué pasó. Solo sé que su alcoholismo se la llevó por delante. Cirrosis hepática a los veintitantos, o algo parecido. No asistí al funeral. Fue la primera muerte (no sería la última) de un compañero cercano que experimenté y la siguieron unos días terriblemente duros, en los que tuve que aceptar y sobreponerme a la pérdida de una acompañante de tratamiento, intentando continuar con mi realidad de ese momento. Ahora recuerdo una frase que he subrayado hace escasos días mientras leía *Sobre los huesos de los muertos* de Olga Tokarczuk: «La muerte de un conocido quita a cualquiera la seguridad en uno mismo».

—Son un horror —me dice Anais señalándome las uñas.

—No pasa nada, me tienen que gustar a mí, no a ti —le contesto, sonriendo.

Ella me devuelve la sonrisa y me guiña el ojo.

—Mejor que te acostumbres, porque voy a seguir pintándomelas —le advierto.

Volvemos a estar sentados en la pérgola, bajo la buganvilla. Sopla viento y yo fumo, abrigado. Anais lleva también una chaqueta de montaña de plumas de un color apagado. Hemos estado comentando el taller médico y todo el circuito de la gratificación instantánea. Ella me ha explicado que cuando pase de fase, en el taller de prevención de recaídas hablaremos más de todos esos temas: de cómo superar la adicción se sustenta en ser capaz de posponer la gratificación y tolerar la frustración que eso implica.

—Llevo varios días pensando en una cosa que quería comentarte —le digo—. Desde que estoy aquí... es raro, no sé cómo explicarlo. No me planteo solo dejar las drogas. De hecho, casi no pienso en ellas. Es como que... lo que deseo lograr es ser feliz. Sé que, si consigo eso, las drogas ya no serán un peligro, ¿sabes lo que quiero decir?

Anais asiente.

—Pero cuidado con la felicidad —señala—. La felicidad es el camino. Es importante que comiences a valorar las pequeñas cosas. —De nuevo ese consejo.

—¿A qué te refieres?

—Estás haciendo muy buen proceso, Javi. Pero tiendes a fijarte en los resultados. Va siendo hora de que valores los pequeños pasos que das. De que dejes de querer siempre más. De que te conformes con lo que hay, de que mires a tu alrededor y valores las pequeñas cosas. Esa felicidad de la que hablas está en la calidad, no en la cantidad. Lo cual me recuerda que tengo un regalo para ti.

—¿Un regalo? —pregunto, sorprendido.

Se abre el plumas y saca de su interior una pequeña libreta troquelada de color rojo, anudada con un cordón.

—¿Otro cuaderno?

—Este es un cuaderno especial.

—No me jodas... Me vas a pedir que haga algo, que nos vamos conociendo.

Anais estalla en una carcajada.

—A ver... —digo, ofuscado—. ¿Qué tengo que hacer con este cuaderno?

—Además de escribir tu diario, todas las noches, te tomas unos minutos, cinco, diez, los que veas, y escribes una lista de diez cosas que merezcan la pena del día.

—¿Cosas que merezcan la pena?

—Pueden ser cosas que hayas hecho bien o simplemente cosas que valores ese día, que te hagan sentir capaz... Es para que entrenes en qué pones el foco y el pensamiento positivo. En tu caso vamos a trabajar mucho en eso.

—¿En qué?

—En desarrollar el pensamiento positivo. Para evitar las inercias, el machaque, la sentimentalidad del pasado, la actuación, los patrones. Todo se resume en que empieces a hacer las cosas de manera diferente y no de carrerilla, sin ser consciente ni pensar.

Al día siguiente, aletargados, un grupo de nosotros jugamos al «Yo soy», despatarrados en la zona de sofás junto a las habitaciones de acogida. El juego, que ha propuesto Natalia, consiste en que cada uno coge un folio y se define, escribiendo una lista de adjetivos que le representan. No es que la idea nos estimule demasiado, pero después de dos partidas al Trivial, es eso o seguir hablando mientras fumamos y bebemos infusiones, así que, más por desesperación que por ganas, hemos decidido jugar. Después de que cada uno haya terminado, entregamos el papel a la persona que tenemos a nuestra izquierda y cada uno escribe adjetivos o descripciones del dueño de ese papel. Vamos pasando los papeles, una y otra vez, hasta que nuestra hoja original vuelve a nuestras manos.

Al finalizar, todos descubrimos lo mismo: somos nuestros peores jueces. Estamos tan ocupados en criticarnos y flagelarnos que no vemos todo lo bueno que los demás ven en nosotros. En este momento me sobreviene un recuerdo de mi infancia: un cura del colegio diciéndole a mi madre que soy muy inteligente pero que no soy humilde. En aquel entonces yo tendría nueve o diez años. El cura le está explicando a mi madre que tengo un problema de arrogancia, que me creo muy listo y lo digo abiertamente. Mi madre me hace prometerle que voy a ser humilde y yo asiento, sin llegar a entender del todo de qué están hablando esas dos personas. Lo cierto es que la arrogancia es una cualidad detestable, que aborrezco incluso a día de hoy, porque me resulta un intento vacío de concederse una importancia que por lo general no se tiene, pero no puedo evitar preguntarme: ¿cuántas cosas no quise otorgarme a mí mismo, cuántos aciertos, cuántas virtudes, con tal de no perder esa humildad que había prometido poner en práctica? ¿Arrasé también, en el empeño por ser humilde, con todas aquellas cosas que de manera saludable podría haberme aplaudido?

Sergi y yo estamos en el cuarto de César, a tres puertas del mío. César es un ingreso especial: ha pasado tanto tiempo entrando y saliendo de clínicas que él mismo admite que no sabe funcionar en el mundo real, que le parece ya más ficticio que el encierro. Cada vez que César pisa la calle y se acerca a ser libre, la lía, de mil maneras distintas. Ha consumido, ha robado, ha agredido, ha hecho lo que sea y más por estar ingresado de nuevo. Tiene varias causas judiciales pendientes y demasiado miedo al mundo real como para atreverse a no fallarse a sí mismo. Al parecer, por lo que nos ha contado, César ha probado de todo: medicación por un tubo, terapias de ayahuasca, constelaciones familiares, retiros, *reiki*, conductismo, psicoanálisis, cuencos tibetanos... Da igual. Siempre vuelve a las andadas.

Si alguien lo conociese no sería capaz de imaginar el espectro que reside en su interior. Es un chaval calmado, dulce incluso. Sonríe mucho, excepto en los días en los que no sonríe nada. César también es el doctor Jekyll y Mr. Hyde, como muchos de nosotros. Pero en su caso la aparición del monstruo es aún más incontrolable y explosiva. César, además, domina a la perfección los mecanismos teóricos de la recuperación. Tampoco es un logro mayúsculo, ya que lleva no sé cuántos años recuperándose. El problema es que no se aplica ninguno. Él mismo lo reconoce: «Me sé toda la teoría, pero no sé ponerla en práctica». Por eso César, aunque sea TLP, es una especie de chamán, de anciano de la tribu, al que reclamamos audiencia. Lleva una vida paralela al resto de nosotros, sus terapias son individuales, no acude a los espacios. Su tratamiento está especialmente diseñado para él. Después de más de un año ingresado es lo mínimo que la clínica puede hacer.

Sergi y yo a menudo le visitamos en su cuarto. Él nos recibe con alegría. Sospecho que disfruta de que acudamos a hablar con él. Le gusta estar al tanto de lo que ocurre en el recinto, y a nosotros nos gustan sus historias. Creo que, secretamente, tanto Sergi como yo encontramos un placer tenebroso y algo ruin en descubrir que no somos los que peor estamos. Hoy en concreto le estamos explicando que estamos muy inquietos, y que a veces nos sube una cosa por dentro que nos insta a destrozar puertas a puñetazos o a romperle la boca a alguien. César no le da ninguna importancia, según él es algo normal.

—Si supieseis las movidas que he visto aquí y en los otros centros... La cuestión es que no hacéis nada, solo lo pensáis. Estáis conectando con la incertidumbre de no estar en el punto A ni en el punto C.

—Ahora mismo no tengo ni idea de qué estás diciendo, César —confieso.

Tiene una montaña de basura, llena de colillas y de tierra, en mitad de la habitación, de la que yo no puedo apartar la vista.

—Tío, deja de mirar la puta montaña porque te veo mirarla y me cago de ganas de recogerla.

—Vale, vale, perdona. Es que me da ganas a mí también, joder —me justifico.

El socioterapeuta de César le ha colocado en mitad de la habitación esa escultura de desechos y le ha prohibido recogerla hasta dentro de dos días. Terapia de choque para su TOC. Ahí estamos, sentados alrededor de una montaña de desperdicios sin poder deshacernos de ella.

—Pero ¿de verdad os dan ganas de recogerla? —pregunta Sergi.

—No te lo puedes ni imaginar, tronco —admite César—. Es como si tuviese ahí puestos tres gramos de farla, esperándome. Si me paso la noche mirándola...

—A mí un poco, la verdad. ¿Eso es que tengo TOC también? —pregunto en alto, pensando en todas las veces que he recolocado libros o cuadros en mi casa para que compongan líneas perfectamente rectas.

—Con calma, que tú te apuntas a todo. Si nadie te ha dicho que tienes TOC es que no tienes, Javi. —Sergi se enciende un cigarro y nos ofrece uno. Aceptamos todos—. A mí me sopla la polla verla ahí. Debo de ser un puto cerdo, porque no me importa en absoluto que me coma la mierda.

—¿Dejamos de hablar de esto, por favor? ¿En qué estábamos? —César empieza a ponerse nervioso.

—En el punto A y el C —le recuerdo.

César se levanta, se acerca a su mesa, aparta tres revistas porno que tiene ahí mismo y coge papel y boli. Dibuja una línea recta. En el inicio escribe A y en el punto donde la raya desaparece escribe C.

—Mirad: estos sois vosotros, esto es la línea del tratamiento, ¿vale?

Sergi y yo asentimos.

—Lo que os pasa es que estabais en A y ahora, poco a poco, vais hacia C, ¿sí? La movida es que mientras avanzáis estáis en B. —César acompaña sus palabras trazando la letra B en mitad de la línea.

—Vaaaaaaaaaale, ahora te pillo, coño —digo—. La A es cuando entramos, ¿no? Y la C la libertad, o algo así; o sea, la C es cuando nos curamos. Y la B es el presente.

—Más o menos. Mientras estáis en B, alrededor solo hay desierto. No veis nada. Solo arena, kilómetros y kilómetros de arena, ¿entendéis?

—Que sí, joder, que no somos subnormales, César —ríe Sergi.

—Desierto, arena, el horizonte alrededor. No tenéis..., ¿cómo lo digo? No tenéis una referencia visual, solo hay arena.

—La hostia puta, tío, que sí, que estamos en mitad del desierto y solo vemos arena —confirma Sergi.

—Cállate, joder, déjale que siga. No seas turras, Sergi.

—Ya no estáis en A, pero tampoco podéis ver todavía C. Aún no sabéis adónde os va a llevar el camino y estáis muy lejos de la casilla de salida. Miráis adelante y no hay nada. Miráis atrás y tampoco. Estáis en el vacío, rodeados de arena, preguntándoos continuamente si estáis perdidos o si deberíais volver sobre vuestros propios pasos o si, por el contrario, deberíais seguir avanzando con la confianza de que llegaréis a C. Estáis contactando por primera vez con la incertidumbre, con el desconocimiento.

Y entonces... os revolucionáis. Estáis en una pelea con vosotros mismos. Por eso yo siempre vuelvo: porque no tengo cojones para seguir hasta la C. Me cago de miedo en mitad del camino y abandono y regreso.

—Pero, tío, no comprendo que entendiendo todo esto y sabiéndolo no... no hagas otras cosas... —le confieso a César.

—Eso mismo dice mi terapeuta. Ni puta idea, tronco. Hay algo dentro de mí que no funciona. Es esta puta enfermedad. A mí me ha vencido. Avanzo y retrocedo y vuelta a empezar. Soy un peligro para mí mismo.

Siempre que salgo del cuarto de César o cuando le observo en silencio caminar por el recinto me asalta una nostalgia húmeda al repasar el modo de vida que lleva esta persona tan válida, y muchas veces deseo en silencio que se atreva a dar el paso, que venza el terror a vivir, porque es un chaval que merece mucho la pena y está lleno de bondad. Pero César nunca lo hace.

Begoña comparte con el grupo en el *meeting* que cada día se siente mejor, que su terapeuta le ha dicho que está progresando mucho, pero que le faltan aún algunos recuerdos y que esa ausencia le raya y le hace sentirse muy triste, porque es como experimentar lagunas que son años enteros.

—No me acuerdo de mi vida, es una personalidad perdida. A ver si la encuentro, por ahí debe de andar —dice Begoña.

Todos escuchamos, respetuosos. Yo levanto la mano y comparto que a mí me ocurre justo lo contrario, que estoy empezando a advertir una avalancha de recuerdos, muchos de ellos indeseados, sin orden ni concierto, que aparecen sin más. Algunos compañeros asienten. Supongo que ellos también experimentan la aparición sorpresa de las pesadillas. Uno de los veteranos explica que es normal que nos pase esto, que la mente se está reorganizando, que es otra manera de procesar lo que nos ha pasado, y que la cabeza es un instrumento muy complejo y que en este lugar todo lo que ocurre es por algo y nos sirve para trabajarlo, que estemos atentos a lo que nos pasa y que lo compartamos con nuestros terapeutas. Me gusta escuchar a los veteranos porque cuando lo hago me imagino que ese seré yo dentro de un tiempo, y que entonces yo también entenderé qué me pasa.

—Dios no ayuda a los negros, va a ayudar a los blancos. Dios no existe, hombre —dice Tino.

Los que estamos despiertos nos miramos entre nosotros sin entender a qué ha venido eso. En silencio decidimos que Tino está discutiendo con esa persona con la que habla y a la que nadie ve. Él ni siquiera se da cuenta de que acaba de romper la dinámica del grupo. El responsable del día nos pide que continuemos.

Una compañera se queja de los de lavandería (Lluís, Sergi y yo), porque le hemos encogido toda la ropa sin querer al lavarla con agua caliente. Está muy mosqueada y nos reprocha nuestra irresponsabilidad, nuestra dejadez y el poco interés que les ponemos a las cosas que no son nuestras, y que de esa manera la hemos obligado a tener que vestir como una pordiosera. Como no podemos contestarle, los tres asistimos en silencio a sus palabras. Puedo ver cómo comenzamos a mover nerviosamente las piernas, sobre todo Lluís, que ha empezado a resoplar.

—A mí me han lavado la ropa toda la vida. Y yo pago por estar aquí, coño —termina ella con la mirada clavada sobre nosotros, que la desviamos.

—Cómeme los huevos, puta pija —dice Lluís por lo bajo—. Payasa.

—Esto cuesta un cojón al mes —señala un compañero, como si ese argumento lúcido fuese relevante de alguna manera.

A ese sí le miramos y, de paso, le fulminamos con la vista.

Otro levanta la mano.

—Pues tienes suerte de que no sea una institución pública. Allí sí que hay yonquis de los que dan miedo. Eso es el infierno. Te tratan como a un perro, como si hicieses todo el tiempo las cosas mal. Esos mendas no se andan con polladas. Un colega mío recayó, lo echaron y no le dejaron volver en varios meses, por falta de sitio. Te lo tienes que currar para volver allí. Mi colega durmió durante un mes a la puerta del centro, para probar su voluntad de dejar el caballo. Lo readmitieron.

—¿Y se curó? —pregunta uno.

—No, recayó a los tres meses. Pero aquello es una comedura de tarro. Te prohíben escuchar música, te obligan a vestirte de una manera determinada. Es un puto lavado de cerebro, una enorme fábrica de robots. No es como aquí.

Una levanta la mano.

—Yo estuve en un centro donde dormíamos en barracones, con camas corridas, durante cinco meses, sin apenas separación entre nosotros. Nos dedicábamos a hacer mudanzas a las seis de la mañana como trabajos y la comida la daba la Cruz Roja, así que imagínate el chollo que se habían *montao*. Les salíamos gratis y encima tenían el negocio de las mudanzas.

—Me parece muy bien, pero yo estoy sin ropa —dice la paciente ofendida.

Un paréntesis. A lo largo de los próximos años entraré en contacto con personas que han pasado por clínicas públicas y por clínicas privadas. Conozco casos de recuperación y de fracaso en ambos mundos. De nuevo, es probable que tenga más que ver con la persona que con el lugar. Fin del paréntesis.

A la salida Lluís, Sergi y yo nos acercamos a la compañera y, tragándonos nuestro orgullo masculino, le pedimos disculpas sinceras. Después nos sentimos mejor. Entendemos que hemos hecho lo correcto. Nos guardamos este gesto como un logro: por la noche lo anoto en mi cuaderno de cosas que merecen la pena. El ego, estoy aprendiendo, no sirve de nada.

Una de esas noches nos sentamos en la oscuridad del porche del patio. Hemos decidido que pasamos demasiado tiempo en las habitaciones tomando infusiones y que necesitamos que nos dé el aire, así que trasladamos nuestra quedada nocturna al exterior, aunque el grupo habitual se descompone. Somos cuatro yonquis fumando puritos, después de cenar, viendo las estrellas acomodados en sillas de plástico, vestidos con chándal y chanclas. Estamos en silencio con los ojos levantados hacia el cielo. Diego se limpia las gafas, Lluís juguetea con sus *piercings* y Sergi contempla el firmamento. Yo hago respiraciones profundas. Un sonido salvaje y percutor dinamita la quietud de la noche. Rápidamente nos agitamos en los asientos y nos cubrimos la cara con las capuchas de las sudaderas y de los plumas.

—¡Joder, te has roto el culo! ¡Se te ha *quedao* como cuando me folló a mí el negro! —grito.

Sergi estalla en una carcajada. Lluís acompaña la atmósfera con un sonoro eructo.

—Hostia, qué asco, qué cerdos, hijos de puta —dice Diego.

—¿Qué negro? ¿Qué dices? —Sergi llora de risa—. Es el alioli, tío, me da gases.

—Perdí la virginidad con un negro —confieso.

—Tío, me asfixio, estás podrido. ¿En serio te la metió un negro? —pregunta impresionado Diego. Ha cambiado la entonación entre frases al instante, como un actor profesional.

—Sí, me folló un negro, en Nueva Orleans, ¿qué pasa?

Los tres ponen cara de perplejidad vacilante.

—Yo me paso la puta vida escuchando vuestros polvos. Os toca escuchar los míos.

—¿Te metiste la tranca de un negro la primera vez? —curiosea Diego.

—Te lo estás inventado, nano, no jodas —dice Lluís.

—Que no. Me pasé media vida esperando el momento perfecto, para que fuese algo especial, romántico, y al final, después de tanto esperar, el primero que me folló fue un negro que me encontré por la calle camino de casa. Iba muy mamado. Le conocí en una esquina y ahora no tengo memoria de cómo perdí la virginidad. Solo sé que yo llevaba un condón de color negro y él uno de color blanco y recuerdo pensar: «Anda, qué gracia...». No sé ni cómo se llamaba.

—Pero a ver, Javi, o sea, ¿tú...? —empieza a preguntar Diego.

—Yo sirvo para todo, puto cotilla. No vayas por ahí.

—Pero si lo acabas de contar tú... Has dicho: «Me metí la tranca de un negro».

—Ya, pero no mola esa pregunta. Yo a ti no te pregunto si te meten dedos en el culo cuando follas.

—A todos los tíos les meten dedos en el culo follando, nano —sentencia Lluís.

—Mirad, la Osa Mayor, ¿la veis? Eso de ahí en forma de carroza. —Sergi sigue descubriendo estrellas, ajeno a la conversación. Ha desconectado hace un rato. Sergi hace eso mucho. Lo hacemos todos, realmente.

—A mí me parece un signo de interrogación —dice Lluís.

—Bueno, claro, depende de cómo pongas la cabeza, maricón —le señalo.

Lo cierto es que no puede haber cuatro personas más dispares que nosotros y, sin embargo, estamos cómodos los unos con los otros.

—Lluís, se te ha quemado un hombro, te estás pelando —le indica Diego.

No sé cómo puede verlo, yo no distingo casi nada en la oscuridad de la noche cerrada.

—Ya, y un huevo. Me he *quedao* sopa al sol con el huevo fuera. Y el alma, el alma sí que la tengo abrasada.

Diego nos cuenta que Rosa está pidiendo a pacientes que le compren cremas y movidas de estética por internet, ya que ella aún no tiene acceso a la sala de informática. Diego ha ido recopilando información en los mentideros del recinto: al parecer, todas las noches tiene a una víctima masculina que le hace masajes durante dos horas, sin sujetador, en su habitación. Les dice que sufre problemas severos de cervicales y que por eso necesita los masajes. Los va alternando, pero los avisa a todos de que ella no se los va a follar. Es dueña de un harén de adictos psicóticos a su disposición.

—Pues yo no me la follaba ni aunque me pagaran —comenta Sergi.

Nos volvemos a quedar en silencio. Me ha asaltado una imagen.

—¿Os cuento un secreto? —pregunto al aire.

—Sorpréndenos —me anima Sergi.

—Nunca me follaba a los putos. O sea, no se la metía ni me la metían. Les llamaba, follaban entre ellos y tal, pero yo nunca me metía en el ajo... Es friki, ¿eh?

—¿Y qué coño hacías? —pregunta Diego.

—Se pueden hacer muchas más cosas aparte de meterla o que te la metan, neandertal.

—¿La tranca de un negro por el culo que no sabes cómo se llama sí te la metes pero luego te pones exquisito con los putos que pillas? No entiendo nada —señala Diego.

—No sé para qué he dicho nada del negro.

—Yo me los habría calzado del derecho y del revés —añade Sergi—. Encima que te dejaste media herencia.

—Puf, yo tenía una... La brasileña meona, la llamaba —dice Diego.

—Puto vicioso, chaval. —Sergi rompe en una carcajada.

—No te pega nada que te guste eso —le digo.

—No sabes lo que era esa tía. Una diosa del sexo. Me acuerdo y me pongo malo.

Había compartido ya en algún espacio mis aventuras con los chaperos, pero esa era la primera vez que me lancé a explayarme algo más con mis compañeros. Me daba demasiada vergüenza y no me gustaba hablar de ello, me hacía sentir sucio y decadente. Pronto descubrí que casi todas nuestras experiencias no solo tenían relación con las drogas sino con conductas sexuales también autodestructivas. El terminar mezclando drogas y sexo era muy frecuente, y compartirlo me hacía sentir menos solo. La ausencia de juicio normalizaba todo lo que a mí me provocaba tantas pesadillas.

Les pregunto si aún tienen deudas. Lluís no, pero Diego le debe nueve mil euros a un camello y Sergi mil y dos mil quinientos a dos distintos. Me dicen que no les preocupa, porque si los *dealers* empiezan a joder o se ponen chungos, hay un socioterapeuta en la clínica que les llama para acojonarles y que cambien de idea. Al parecer en el pasado alguno ha aparecido por la institución reclamando el dinero que se le debe.

El monitor de noche nos hace señas desde el patio para que volvamos a las habitaciones. Es hora de acostarse.

—Ni trasnochar nos dejáis. Putos nazis —le decimos al pasar hacia los cuartos.

—Que descanséis, llorones —nos desea Santi.

Antes de entrar en la habitación, me giro y les digo a mis compañeros:

—¿Alguna vez pensáis en lo mal que podríamos estar si hubiésemos seguido con lo mismo? Quiero decir, que aquí ya vemos cómo termina todo eso. *Colgaos* perdidos. Que igual... No sé, quizá nos hemos salvado a tiempo.

—Lo pienso todos los días —contesta uno de ellos.

El psicólogo decide que ha llegado el momento de comenzar a hablar de mis relaciones sentimentales, de mi currículum amoroso, de mi historia del corazón, de mi promiscuidad sexual. Como frente a todo lo importante, reacciono protegiéndome, pero él pregunta e indaga y, respuesta a respuesta, va derrumbando mis murallas. Salgo de esa sesión de terapia sobrecogido, incómodo, exhausto. Cruzo el patio y me dirijo directo a mi habitación, a apuntar lo siguiente en mi diario:

La necesidad de que el otro esté siempre ahí para mí, de que haga lo que yo espero que haga, que se comporte y sienta como yo. Que me admire y me cuide y me proteja. Que se responsabilice de mí. Estoy predestinado a fracasar en las relaciones amorosas. Probablemente por experiencias pasadas que se repiten (drama, abandono, traición, deslealtad) y que, sin darme cuenta, llevo a la situación presente, viviendo cada pequeña dificultad como una prueba irrefutable de que el fracaso volverá a ocurrir. Yo mismo construyo mi fracaso, a veces conscientemente, otras inconscientemente. No pienso en otras posibilidades, como construir mi mediocridad o construir mi éxito. ¿Por qué me siento así? He admitido que echo en falta un compañero, una relación amorosa estable. Su ausencia me hace sentir que hay algo que no funciona en mí. Me pesa la soledad. En cualquier caso, con lo poco que me quiero a mí mismo, ¿cómo va a ser posible que me quiera alguien? Rafael me ha hecho una pregunta a la que no he sabido qué contestar. Algo tipo que por qué busco en los demás el cuidado, cariño y atención que yo puedo darme a mí mismo. Que por qué he puesto tanta energía y dedicación en las relaciones con los demás, cuando he dejado de lado la más importante: la que tengo conmigo. ¿Por qué? ¿Para qué? Es una buena pregunta.

Ese fin de semana me da por aplicar algunos de los conocimientos que he venido desarrollando en los talleres de arteterapia, en los que hemos dibujado y aprendido a usar témperas, acuarelas y óleos, a expresar nuestras emociones a través de lo plástico. Vagabundeando por el recinto, encuentro dos contraventanas de madera abandonadas junto a las cuadras y, en un arranque de becario de Frida Kahlo, decido lijarlas y pintarlas con acrílicos. ¿Por qué? Ni la menor idea. No es insólito que a muchos nos dé por estos arrebatos artísticos. He visto a gente decorar macetas con cristalitos, aprender punto, hacer canastos con mimbre e incluso tallar maderas. Supongo que cualquier actividad que nos ayude a matar el tiempo nos hace la vida más entretenida.

Me encierro con música y termino pasando dos horas trabajando la madera y combinando explosiones de colores. El resultado se asemeja a dos contraventanas pintadas por Pollock en un arrebato de ira. Son dos garabatos llenos de color y rabia. Al enseñárselas a mis compañeros, la conclusión general es que son espantosas.

Hoy en día ambas están en mi casa. He acarreado conmigo por todos lados las dos maderas enormes y me siguen allá adonde voy. No es que me parezcan logros artísticos insuperables de los que no puedo deshacerme por su hipotético valor futuro en el mercado del arte, ni mucho menos, pero al verlas recuerdo aquella mañana aburrido en la clínica, y es una manera contundente de no olvidar. Esas dos contraventanas me representan a mí en un momento, y hoy, al observarlas, puedo reconocer la madeja de sentimientos, de vitalidad y muerte, que representa su abigarramiento. En la actualidad posiblemente haría algo muy distinto. Pero las miro y entiendo que son una fotografía de mi interior, de un tiempo concreto, en un contexto puntual, que, aunque superado, no quiero desdeñar. Cuando alguien las ha señalado en mi casa, preguntando qué son, yo siempre he contestado: «Unas cosas que hice una vez, hace ya mucho». Nadie lo entiende. También les parecen horrorosas. Supongo que no tengo ningún futuro como artista plástico.

Sergi me está contando cómo en la última sesión de terapia con su psicólogo estuvo sentado sin hablar, midiéndole. Está sorprendido porque el cabrón del terapeuta no dijo ni mu y se pasaron toda la hora en silencio, hasta que, una vez transcurrido el tiempo, el psicólogo le citó para la semana siguiente.

—Te está bien empleado, por vacilón —le digo.

—Estoy harto de que ese gilipollas me hurgue en la cabeza —se justifica Sergi—. Lo jodido es que fijo que la semana que viene no me callo y empiezo a hablar según entre por la puerta.

La monitora de fin de semana se acerca a nosotros, acompañada de Natalia, Rosa y Lluís. Sergi y yo estamos sentados en el patio, fumando. Sergi, que podría estar en las cuadras o saliendo a pasear a caballo, ha decidido no formar parte de ese mundo. Le recuerda demasiado al que ha dejado atrás, en Barcelona.

—Vamos a hacer un cineclub —nos anuncia la monitora—. Los sábados por la tarde. Vemos una película y la debatimos. Acabamos de decidirlo —explica.

—¿Y qué vamos a ver? —pregunto.

—No sé, tengo un listado de películas que voy a pasar a socioterapia para que nos lo aprueben. ¿No os mola la idea?

Yo me encojo de hombros. No me apetece mucho ver películas. Desde que estoy encerrado, la única ficción que tolero es en forma de libro. Quizá lo audiovisual me recuerda demasiado a mi vida en Madrid, como a Sergi los caballos.

—Al Lluís ponle *Trainspotting* o *El pico* —propone Sergi riéndose.

—Hostia, tío, cómo mola esa —señala Lluís.

—¿Cuál? —pregunta la monitora.

—*El pico*, vaya viaje —admite Lluís.

—¿Has visto *Navajeros*? —le pregunto.

—Hombre, claro. Y *Amiguetes* —dice.

—Es *Colegas, zumbao* —le corrijo.

—Ese era un artista, nano.

—Eloy de la Iglesia —señalo—. Era un director maldito.

—Pues ese era un puto artista y de maldito nada —sentencia Lluís.

—Tienes que ver *Arrebato*. Mola un huevo. Es de Zulueta —le aconsejo.

—¿Salen drogas? —pregunta la monitora.

—¿En *El pico*? —pregunta Lluís—. Se meten unos cañonazos que no veas.

—Están todos muertos, creo. Eran todos yonquis —explico.

—Pues entonces no. Son poco terapéuticas —decide la monitora.

—Pero que acaban todos fatal. Tienen moraleja —repone Lluís.

—Que no, si hay drogas nada.

El cineclub ha muerto antes de empezar.

Algunas noches en que llueve, uno de los perros de la clínica pasea hasta el interior del edificio a dormir guarecido. Viene a mi habitación. Apoya el morro en la puerta y rasca con la pata, pidiendo que le deje entrar. Cuando lo hago, camina despacio hasta el sillón, se encarama a él, se tumba y me contempla. Solo viene los días de lluvia y, normalmente, cuando despierto ya no está. Si luego me ve por el patio, me ignora. Al comentarlo, alguien me explica que su amo, que falleció en el recinto, ocupaba mi habitación, y por eso el animal, las noches de lluvia, viene a resguardarse allí. El resto de las noches duerme en el exterior, esperando a su dueño, que nunca volverá.

Me entretengo todo el rato con pequeñas actividades cotidianas: ordenar y limpiar mi cuarto, sacar ropa de un cajón para meterla en otro, organizar los papeles, recoger la mesa de trabajo, etc. He recogido unas ramas de romero que he plantado en una maceta y he colocado en mi habitación. Ahora tengo velas, algunas robadas, otras regaladas, y he comenzado a implementar rutinas de autocuidado: me pongo crema hidratante, inciensos y música suave y me relajo. Pinto botellas de plástico vacías con témperas, escuchando a Radiohead. No sé qué me ha dado últimamente por pintar todo lo que me encuentro. Releo todos los días mi diario y reflexiono y escribo, páginas y páginas. Muchas veces ni siquiera sé qué estoy escribiendo o no entiendo bien lo que pretendo reflejar, pero me he acostumbrado a vaciarme sobre el papel. Me siento bien pasando tiempo solo en la habitación. Me tranquiliza sacar conclusiones. No juzgo lo que redacto, solo me concentro en seguir haciéndolo. Tampoco es escritura automática, porque tiene un sentido, existe una narración.

El 29 de enero, cuando llevo casi un mes ingresado, apunto lo siguiente:

Anoche me sentí superbién trabajando sobre mis cosas. Aunque me suele dar pereza ponerme a ello, luego lo disfruto mucho y después tengo una sensación de calma muy placentera. Ahora sí creo que estoy aprendiendo, creo que muy poco a poco se me van quedando cosillas. Creo que estoy empezando a pasar del vómito a la reflexión. Mis zonas problemáticas se están empezando a delimitar y definir bastante. Eso me apacigua. Espero que esta sensación dure.

El yoga, curiosamente, no se me da del todo mal, una vez superado el primer encontronazo con él. En las últimas semanas he conseguido mi objetivo semanal de terminar todas las clases e incluso, para mi sorpresa, soy capaz de mantener alguna postura durante el tiempo propuesto. Sigo quedándome sopa en algunas de las meditaciones, pero ahora no lo achaco al fracaso, sino a la relajación. En cualquier caso, creo que el yoga me está ayudando. No sabría explicar muy bien cómo ni por qué, pero me noto más apaciguado y después de cada clase, cuanto más practico, siento una calma interior novedosa y estimulante.

Así que, llevado por un impulso, decido hablar con el maestro yogui y me comprometo a realizar la *sadhana*. La *sadhana* es una práctica individual del yoga que se realiza antes de la salida del sol, a las seis de la mañana. Es un compromiso individual que uno adquiere para realizarlo como primera actividad del día, antes de desayunar. Consiste en una serie de posturas pautadas y una pequeña meditación. En total, suelen ser entre cuarenta minutos y una hora de práctica. El truco, además de lograr acostarse pronto y levantarse a la hora, es el siguiente: debe realizarse cuarenta días seguidos. La razón es que cuarenta días, según los antiguos escritos, es lo que se tarda en deshacerse de un hábito e implementar uno nuevo. Si en algún momento de esos cuarenta días seguidos uno se salta la práctica, vuelve a la casilla de salida, al primer día. Y así hasta que se complete la *sadhana.* El cuarenta es un número que aparece en muchos lugares: fueron los días de la peregrinación de Moisés en el desierto, Mahoma tuvo su revelación a los cuarenta días también, fue el tiempo que duró el diluvio universal, tiene una importancia capital en la Torá y el Talmud... Yo no sé qué significa, sinceramente, porque no soy teólogo, ni astrólogo ni nada parecido, pero algo debe de tener ese número para aparecer repartido por todos lados de esa manera.

No hace falta que revele que a día de hoy no he conseguido realizar una sola *sadhana* completa y que lo he intentado innumerables veces. Creo que a lo máximo a lo que he llegado ha sido a cumplir veintidós días seguidos. Puede decirse que mi voluntad deja bastante que desear en este departamento. Siempre me pasa algo: tengo sueño o hambre, trasnocho leyendo, duermo acompañado y no voy a levantarme a las seis y ponerme a hacer posturas delante de recién conocidos, vete tú a saber qué... La cuestión es que, por mucho que lo he intentado, la *sadhana* y yo no nos llevamos del todo bien.

Para poder comenzar a hacerla solo tengo que planteárselo al maestro y concretar un momento del día en el que él me va a enseñar la práctica y me va a explicar en qué consiste. Me siento un poco incómodo compartiendo un espacio en soledad con él, pero me lanzo a ello. A partir del día siguiente, a cambio de realizar la práctica a las seis de la mañana, se me liberará de la hora de yoga pautada para todos los pacientes. Es entonces cuando descubro que hay varias personas en distintos momentos de *sadhanas* individuales. Y yo todo este tiempo pensando que eran vagos que no aparecían por los espacios que requiriesen esfuerzo físico... Para apoyar la práctica y que no me pierda al hacerla yo solo, el maestro me entrega unos papeles. En ellos descubro un párrafo con el me siento identificado de inmediato: «Algunas personas se vuelven intelectuales en vez de inteligentes. Discuten interminablemente con ellos mismos y con los demás y terminan con preguntas y dudas. El análisis es bueno, pero solo si no te lleva a la parálisis de la acción sobre importantes elecciones que son claramente conocidas por tu corazón y tu alma. Eso solo conduce a la inseguridad intelectual y a la pasividad». Copio el párrafo en mi cuaderno y señalo: «Este soy yo».

El maestro me habla de la cantidad de pensamientos que malgastamos en creencias, hábitos..., en cosas que sabemos que ya no nos funcionan. De cómo habitamos una mente llena de ruido que nos confunde y nos distrae. Me explica que lo más importante que voy a aprender con la *sadhana* es que la relación conmigo mismo se sustenta en dos pilares: rigor y tolerancia. Como en el templo de Salomón, la estructura se sustenta sobre dos columnas y un equilibrio entre ambas. Mi vida es igual. No puedo sostenerme solo en una. La única manera de que el techo no se derrumbe es una combinación equilibrada de ambas.

Las primeras veces que hago la *sadhana* no siento nada, solo satisfacción por haberla terminado. Después, poco a poco, se empezarán a remover cosas. Una mañana aparecerán imágenes de mis padres convenciéndome de la maldad del mundo, de que tengo que desconfiar de todos. A mi padre su socio se la jugó una vez y, de pronto, recuerdo las charlas que me dio al respecto. Evoco flashes de mi infancia en los que siempre sacan fallos a mis amigos y a todo el mundo. No me gusta experimentarlo y no entiendo bien de dónde proviene todo eso, pero salgo de la práctica con una seguridad: siempre han criticado y culpado a mis amistades de muchas cosas, y juzgan mi vida y mi entorno de manera muy posesiva. Creo que mi negatividad, esa forma de adelantar acontecimientos tremendistas, en parte me la han inoculado mis padres en su intento continuo de protegerme.

Estos días escribo en el diario:

¿Vuelvo a fijarme en el afuera para evitar mirarme a mí? ¿Dónde está el equilibrio de implicación entre ser un histérico-amargado-impulsivo y pasar absolutamente de todos y todo e ir con orejeras? Cuando me implico, me implico de tal manera que el más mínimo contratiempo

me desestabiliza. No sé cómo manejar los estados histéricos de frustración, los arrebatos de rabia, la ansiedad. Si me resisto a estallar me frustro aún más y se me desborda el vaso. No sé cómo puedo mantener mi estabilidad emocional ante una serie continua de frustraciones. De nuevo, el rigor y la tolerancia, las dos columnas.

Cuando le explico a Anais cómo me siento, ella me recuerda que nadie me pide que controle mis sentimientos, porque eso es imposible. No puedo decidir cómo sentirme; puedo analizarlo, cambiar de perspectiva, pero yo no decido cómo me siento. Lo único a mi alcance es controlar las acciones que mis sentimientos generan. Y ahí reside la diferencia y lo realmente importante: aprender a decidir qué hacer con ellos.

Dos días después me descubro en el cuarto de Rui, acariciándola. Me la he encontrado tirada en la cama, en una posición extrañísima, con la puerta abierta, al pasar por el pasillo. Está temblando, ojerosa, desencajada, así que lo único que se me ha ocurrido es entrar a hacerle compañía y una cosa ha llevado a la otra. Mi relación con Rui es curiosa: hablamos mucho, pero no somos amigos íntimos, no forma parte de mi cuadrilla. Es una presencia recurrente en grupos y terapias, pero nos mantenemos a distancia. Sé que tiene otra patología, además de su adicción, porque acude a los espacios reservados para la patología dual, pero nunca le he preguntado cuál es.

Rui me está contando que algunos heroinómanos beben agua con una gotita de lejía para falsear la analítica. Todo esto yo ya lo he oído, pero la dejo hablar. Me da la sensación de que cuando está entretenida se le difumina el malestar físico que me dice que siente. Está muy alterada por el mono de metadona. Alguien en algún momento me contó que hablando mucho se le rebajaba el mono, así que doy por hecho que a Rui le ocurrirá lo mismo. Le están bajando la dosis de cinco miligramos en cinco miligramos y ha dejado el Deprancol. Quiere ver a sus hijas sin estar tomando nada. Me lo dice así, con sencillez, sin darse cuenta de que yo ni siquiera sabía que tuviese hijas. El padre de las niñas, también toxicómano, como el padre de Rui, está en el hospital, y ella quiere estar allí con él y con ellas. Y ha decidido quitarse la metadona a lo bestia para conseguirlo. Rui siempre va con el ojo a media asta y casi nunca se le entiende bien lo que dice, pero tiene una fuerza de voluntad admirable. Va a todos los espacios, participa, se implica. Decido preguntarle qué enfermedad mental le han diagnosticado y ella me confiesa que es esquizofrénica. Me cuenta, además, quiénes lo son en la clínica. Le digo que de Tino ya lo sabía, porque se había puesto a soltarle en la cena a una presencia invisible «Mátate, que te mueras, mátate, que te mates, muérete», y que ninguno habíamos dicho nada porque estábamos aprendiendo a ser tolerantes. Rui sonríe y me explica que a ella no le da por hablar con peña que no existe.

—¿Tú sabes que yo tengo una adicción dual? —le pregunto, para equilibrar su confesión con una mía.

Rui se encoge de hombros. Ha cerrado los ojos. Yo sigo acariciándola y hablando, como si le estuviese contando un cuento.

—O sea, en mi caso el alcohol, además de ser una adicción, es un facilitador. Que se me calienta el morro, ¿sabes? Una cosa me lleva a la otra y al final me lío y termino siendo adicto a las dos. Nunca me he drogado sobrio, por eso mi adicción es dual —le digo—. Hay gente aquí que se drogaban sobrios, a pelo. Pero yo no.

Alguien camina por el pasillo, y según aparece en mi campo de visión le indico con las manos que no haga ruido. Mi compañero me susurra que va hacia el baño porque hay uno que lleva sentado en la taza toda la mañana, con diarrea, quejándose de que le han medicado de más y se la han provocado, y la enfermera le ha enviado para que chequee cómo está. Continúa su camino.

Rui se ha quedado dormida. Puedo notarlo en su forma de respirar, en el compás relajado de su cuerpo junto al mío. Veo las marcas de los pinchazos en sus brazos y heridas que no sé de qué son, pero puedo imaginarlo. Decido quedarme allí, a su lado, para que cuando despierte encuentre a alguien en la habitación y no se sienta tan sola.

Por primera vez hablo de mis padres con el psicólogo. Las terapias son expediciones de averiguación. Supongo que el terapeuta tiene una senda diseñada y que él ya puede intuir lo que me ocurre y qué teclas debe tocar para hacerme avanzar, pero yo voy a oscuras, descubriendo el camino según paso por él. Como un ovillo enorme que se va deshaciendo muy poco a poco según tiro del hilo.

El tener que seguir habitando el mismo espacio después de las terapias me impide escapar a la realidad del mundo para evadirme. Hago terapia y después la regurgito, como una vaca en un pasto, sin nada más que hacer. Solo darle vueltas y más vueltas.

En cuanto comenzamos, me doy cuenta de que la familia va a ser un tema importantísimo. En el futuro entenderé que es un tema fundamental en cualquier adicción, pero eso todavía no lo sé. Por el momento, cada vez soy más consciente de toda la influencia que arrastro de mi educación. No he necesitado hablarlo con nadie, lo he sentido al escuchar las historias de muchos compañeros y sentirme identificado con ellas.

Le explico a Rafael que anoche hablé con mis padres y les confesé que estoy nervioso por su visita. Que necesito conseguir autonomía respecto a ellos, eliminar sus consejos asfixiantes, su sobreprotección, las previsiones catastrofistas. Le pongo como ejemplo cuando me puse mi primer *piercing* y mi madre me sacó a colación la muerte de un italiano a causa de que se le había infectado la herida. Según el discurso de mi madre, en aquel momento, ponerse un pendiente equivalía a morirse. Mi objetivo respecto a ellos es poder construir una relación entre adultos, que no piensen por mí, que no hagan por mí, que no vivan por mí, que dejen de «preocuparse» por mí. Anoche, le explico al psicólogo, llegamos a un pacto: cuando yo vea que tiran hacia esas cosas, les daré un toque para que ellos se den cuenta de que lo están haciendo. Le cuento también que me gustó mucho la conversación porque fue muy amable, la conduje muy bien, de forma muy asertiva. En ningún momento les reproché nada. Se lo dije todo desde el cariño y las ganas de formar un equipo sano. Quedamos en hablar de todo esto en la visita.

—Son muchos años en el mismo rol. Los cambios provocan movimientos siempre. Normalmente cuando un integrante de la familia se mueve, lo transforma todo —me dice Rafael—. En procesos de desintoxicación es muy común que ocurra.

—Sé que habrá resistencia al cambio, tanto por su lado como por el mío, pero estoy decidido y esperanzado —le confieso—. Son buenos padres, mi infancia ha sido un cuento de hadas, ha sido una infancia perfecta. Como de *Sonrisas y lágrimas*.

Rafael me pregunta por mi hermano. Le explico que él se libró: fue el pequeño, el segundo. El peso fundamental de las expectativas recayó sobre mí. Le reconozco que cuando hablo con mis padres por teléfono me invade una mezcla de sensaciones. Sus voces me despiertan sentimientos encontrados, amor y rechazo, que me hacen sentir culpable. Quiero poder decirles «Estoy mal, lo estoy pasando mal», y que no me contesten, sino que se limiten a escucharme. Que me dejen ser, sin intentar continuamente cambiarme.

Esos días, de repente, comienzo a oír a mis compañeros hablar de sus familias. Es probable que ya lo hicieran antes, pero esto es algo curioso que ocurre en la clínica: el proceso personal influye en lo que se registra. Como cuando las embarazadas solo ven embarazadas por la calle. En la desintoxicación pasa algo similar: según vas centrándote en partes de tu trabajo personal, encuentras un reflejo directo en tus compañeros. Algunas de las historias que oigo son tremendas. Por respeto hacia las personas que las sufrieron no las voy a reproducir. Son narraciones que hasta el momento solo había visto en películas o leído en libros, que nunca había escuchado en directo unidas a una cara y a un cuerpo concretos. Un nutrido abanico de los peores instintos parentales y humanos posibles.

Yo no me identifico con nada de eso, porque mi infancia es opuesta a esos horrores. No todos hemos sufrido traumas tan destructivos. Hay compañeros que provenimos de una familia perfectamente estructurada. Poco a poco voy entendiendo que, con independencia de las circunstancias concretas, todas las historias que oigo tienen un denominador común: en ellas mis compañeros se presentan como víctimas para luego convertirse en verdugos. ¿Víctimas y verdugos de quién? ¿De sus familias o de ellos mismos? Son preguntas que me hago, porque yo también me siento como una víctima y un verdugo con respecto a mis padres. Pero no sé explicar por qué.

Una noche decido compartir con el grupo mis reflexiones en torno a mi familia, mi educación y sus expectativas. Todos tienen algo que aportar.

—No sabes cómo te entiendo, tío —comenta uno—. Los yonquis hemos normalizado el maltrato. Repetimos esquemas pasados: ahora nos maltratamos a nosotros mismos.

—Bueno, a mí no me han maltratado —repongo.

—A mí mi padre me ha despertado con un bate de béisbol y he logrado perdonarle —musita Rui.

—Hostias, Rui, lo siento —digo.

—Eso no es nada. El cabrón era el que me pasaba la sustancia, tuve que dejar de verle. Le dije: «Sigue chutándote, papá, ya iré a tu funeral». El odio no te deja avanzar. Ya no le odio, ahora me da pena.

—Mis padres me decían —explica otra compañera—: «Los malos están fuera, los que te quieren están aquí dentro».

—A ver, a ellos les hacemos daño, pero los que más sufrimos somos nosotros —señala otro.

En el grupo de terapia, la psicóloga nos dice:

—Tenéis que fiaros de nosotros, de vuestros terapeutas, casi más que de vosotros mismos. Vosotros os sabéis engañar, sois expertos en eso y en joderos la vida. De la única persona de la que tristemente, ahora mismo, no podéis fiaros es de vosotros mismos. Es clave. Esto y la abstinencia. Si no, volvéis a perder la perspectiva y la distancia. Y desde la cercanía estáis condenados.

Uno de los compañeros habla de su ambivalencia. Él no la llama así, porque es un término psicológico, pero sí explica cómo hay días que echa de menos el pasado y que esos días piensa que no estaba tan mal. Y que, sabiendo todo lo que sabe ahora, cree que será capaz de tomar una cerveza y ponerse límites. Identifico de inmediato la fantasía de control del yonqui. Yo hace tiempo que he comprendido que eso no es cierto. Que en mi caso la única solución posible es la abstinencia total.

Otro le contesta:

—Yo renuncié, tú aún no has renunciado. Sigues pensando que puedes ganar la partida. En el pulso con la botella, lo tengo clarísimo: a mí siempre me gana ella.

Idealizar nuestro pasado, echarlo de menos, decirnos que no estábamos tan mal, que no era tan horroroso como nos quieren hacer creer ni como pensamos... Los días en los que hacemos eso son peligrosos. Son los días en los que perdemos la perspectiva. Son los días en los que, en la calle, sin estar ingresados, podemos correr peligro, minimizando el riesgo y olvidando el infierno. Hay gente a la que le han recomendado llevar fotos de sus familias y de sus parejas en las carteras, para, cuando se dé la situación, poder mirarlas y recordar inmediatamente todo el daño que les infligimos.

En nuestra última terapia individual antes de que me visiten mis padres, le solicito a Anais que, ya que vienen desde Bilbao y que van a pasar dos meses hasta que vuelva a verlos, me deje algo más de tiempo con ellos. La normativa especifica que la primera salida son cinco horas, pero me resulta poco para el desplazamiento que van a realizar. Se deberían realizar pequeñas adaptaciones para pacientes cuyas familias vienen desde lejos, argumento. Tengo muchas ganas de verlos. Accede sin problemas. Hablamos de cómo voy a enfrentarme a la visita. Le cuento lo que ha ido pasando, aunque ya lo sabe. Me dice:

—A menudo la pretensión de que otro cambie le impide cambiar a uno mismo. Con calma y, sobre todo, disfruta de ellos. Nada de expectativas. Y no adelantes...

—Acontecimientos. Ya, ya sé —me anticipo.

Luego me asegura que todo va a ir fenomenal y que me va a sentar muy bien ver caras conocidas, más aún siendo mi familia.

—Me pasa una cosa —le digo.

—¿Qué?

—A veces, cuando escucho algunas de sus historias..., me siento un gilipollas.

—¿Qué historias?

—Las de algunos compañeros. Aquí hay algunas historias muy fuertes... A mí no me ha pasado nada de eso; quiero decir, yo no he sufrido malos tratos ni abusos ni mis padres son toxicómanos, ni tengo problemas familiares ni... ¿Y si todo se resume en que soy un payaso caprichoso y que he estado muy aburrido porque no he tenido problemas reales? En mi historia no hay... épica.

—O sea, ¿que no tienes derecho a estar aquí?

—Me siento como si fuese un pijo consentido. Un tipo de persona que detesto.

—¿Antes no tenías derecho a estar fuera porque eras menos y ahora tampoco tienes derecho a estar dentro porque eres más? ¿No tienes derecho a estar en ningún sitio?

—¿Para qué me machaco, no?

—Efectivamente. No necesitas haber sufrido un gran trauma para estar aquí, Javi. Lo de que se necesita que te pase algo gordo para convertirte en adicto no funciona así. Hay muchísima gente adicta como tú. ¿Tienes un problema con las sustancias?

Asiento. Otra cosa no, pero eso ya me ha quedado claro.

—Pues eso es lo único que importa. Deja de compararte con todo el mundo. No necesitas levantarte y consumir para ser un adicto. Ni haber sufrido abusos. Tú no eres ellos. Tú eres tú. Cada uno recorre su camino.

—Ya, tienes razón. Siempre tienes razón, coño.

—Siempre no.

—¿Tendré culpabilidad de clase? A ver, que tampoco soy... Que soy de Barakaldo, que es un pueblo obrero, como Mataró. Aquí hay gente de familias con muchísima más pasta que la mía.

—Esta enfermedad ataca a todo tipo de personas. No es de pobres ni de ricos ni de listos ni de tontos. Es una epidemia, Javi. Mira que te gusta ponértelo difícil...

Asiento, en silencio. Anais me tiende la mano abierta con un mechero.

—¿Qué ves? —me pregunta, divertida.

—Un mechero.

Ella niega. Silencio. Observo el artefacto en su mano.

—Mira otra vez.

—Anais, eso es un mechero.

Ella se lo cambia de mano.

—¿Qué haces? —le pregunto. No me suele divertir cuando siento que están jugando conmigo o vacilándome. Y este es uno de estos momentos. Reconozco la tensión, la expectación y el nerviosismo que me produce la visita familiar.

—Sé que tengo que decir algo distinto a «un mechero», pero eso es lo que veo. Y no entiendo de qué va esto. Ahí hay un mechero.

—¿Y mi mano? ¿Y mis dedos? ¿Y estos dos anillos? ¿Las uñas? ¿Esta herida?

Me quedo callado.

—¿Te das cuenta? Tenemos que trabajar esto. Solo ves lo que tú quieres. No valoras lo que realmente hay. No valoras las pequeñas cosas.

—Eso ya me lo dijiste.

—Pero no eres consciente, no te das permiso para fijarte. Hay mucho más de lo que quieres ver. Y puedes disfrutar de ello. Tenlo presente este fin de semana, ¿vale?

Me emociono. No le falta razón. Asiento. Cuando terminamos con la terapia individual, Anais me acompaña a la recepción de la clínica para firmar los papeles de la salida familiar. Ella no estará mañana, cuando lleguen mis padres, y hay que dejarlo todo preparado. No me va a permitir llevar dinero ni el móvil. Me sorprendo al darme cuenta de que llevo más de un mes sin acceso a mi móvil y lo poco que me importa llegado este momento. He aprendido a sobrevivir sin él, sin estar conectado. Al firmar la hoja de salida, delante de la secretaria, Anais me señala que no se entiende nada de mi firma. Llevo firmando de la misma manera desde que tengo uso de razón: un garabato circular que se cierra sobre sí mismo y que no tengo muy claro qué significa o qué representa. Anais me pregunta por qué no firmo con mi nombre.

—No sé, no me lo he planteado nunca, la verdad.

—Parece que te quieras esconder detrás de todas esas rayas, muchacho.

—Se parece a la firma de mi padre. También hace un gurruño así —reconozco.

Ella me observa, silenciosa. Le devuelvo la mirada poniendo los ojos en blanco. Pruebo otra manera, pero antes le explico a Anais que si lo estoy haciendo es para que deje de darme la turra.

—Que es solo una firma, que no es una metáfora de mi existencia —le argumento—. Es solo una firma, tía.

La secretaria nos mira en silencio, deduzco que divertida.

—Por eso mismo, que se lea tu nombre, ¿no? —insiste Anais.

—Ay, de verdad. Y luego el cabezón soy yo...

No volveré a firmar de la misma manera. No es que ahora se pueda leer con claridad lo que pone, pero sí puede adivinarse que detrás de esas dos palabras que hoy son mi firma hay una persona. Ahí mismo, en esa recepción de madera, de manera casual, me deshice de un dibujo que podía pertenecer a cualquiera, una abstracción gráfica sin identidad. Ahora en todo lo que firmo hay un nombre y un apellido, y mi firma ya no se parece a la de mi padre.

Desde entonces firmo siempre como Javier Giner.

5

Las conversaciones telefónicas con el exterior no son privadas, porque las mantenemos desde cabinas que hay en los edificios de habitaciones, una en cada planta baja. Eso significa que mientras hablamos de pie, inclinados sobre el aparato, hay compañeros y terapeutas que pasan por delante camino de habitaciones, baños y pasillos. Como en la cárcel pero sin uniformes.

Es común encontrar personas gritando, compadeciéndose y berreando, agarradas al auricular como si les fuese la vida en ello o susurrando palabras de amor y acertijos subidos de tono, en actitud seductora. Las posibilidades son muy variadas, tanto como el despliegue de sentimientos y conflictos que pueden darse entre dos seres humanos.

Yo, hasta ahora, no he hablado con nadie que no sean mis padres, normalmente de noche, que también es el momento en el que la cabina está más demandada, así que suele haber colas. Con el resto de las personas con las que me comunico, muy pocas en verdad, lo hago por correo electrónico. Puede decirse que he estado bastante aislado del exterior, al principio por imposición, más tarde por decisión propia. He resuelto tomarme por primera vez en mi vida este tiempo para mí, como límite autoimpuesto, porque siempre he actuado de manera contraria, hacia fuera, sin tenerme en cuenta. Ahora soy yo el que gestiona cómo y cuándo responder y doy importancia a la gente que realmente la tiene y no a cualquiera de quien recibo un mensaje.

Esperando para usar el teléfono, sentado en las escaleras superiores (que sea público no significa que no intentemos conceder a los compañeros toda la privacidad posible), Diego me explica que hoy es día de sentencias y que hay dos pacientes que están esperando resoluciones judiciales.

—¿No se presentan en el juzgado? —le pregunto.

Es habitual, por lo que me han informado, que haya gente ingresada en espera de dictámenes. No sé quiénes son. Tampoco quiero saberlo, para que la información no condicione mi forma de relacionarme con ellos.

—No, están aquí. El director habla con los jueces y hace informes para que les caiga menos bulla. Algunos eligen esto en vez de la cárcel, ¿sabes? Argumentan problemas y les meten aquí, para evitar enchironarlos.

Oímos gritos con un acento extranjero provenientes del vestíbulo. Es Pawel, que está usando la cabina. Pawel es un toro eslavo o de algún lugar de Europa del Este con un cuello tan grande como mi cintura. Es un portero de discoteca con tendencias fascistas enganchado a la cocaína. No sé mucho más de él, porque no acude a los espacios. Confieso que me da un poco de respeto. Es un miedo fundado en su tamaño corporal y su ideología, porque realmente no hace nada: pasea y deja los días correr, vegetando. Parece un neonazi calmado, al menos en el interior de la clínica. Que yo sepa no se ha metido en ninguna pelea.

—Mira, ese está hablando con su abogado —me señala Diego, estirando la cabeza por encima de mi hombro para conseguir una visión clara de lo que está ocurriendo escaleras abajo.

—Qué brazos tiene el cabrón —le susurro.

Nos quedamos callados, escuchando, intentando enterarnos de todo lo que podemos. Dentro de unas horas lo contaremos en nuestras reuniones del cuarto.

—¿Y si dentro de un año no pasa nada? Ya, ¿tú crees que eso es bueno? Yo no tengo ni puta idea tío, ¿qué voy a decir?, no sé —le oímos decir.

Repentinamente, Pawel cuelga el teléfono y empieza a intentar arrancar la cabina de la pared en un arrebato de violencia maniaca. En cuestión de segundos, está rodeado de compañeros y del monitor, que le pone la mano sobre los hombros.

—Venga, tranqui, tranqui, no merece la pena. —Lucio se lo lleva fuera, entiendo que a la garita, para intentar calmarle. Quizá aprovecha y le medica. No lo sé.

Diego y yo no nos movemos. Los pacientes que han salido de sus habitaciones vuelven a ellas y el edificio recupera el silencio. Diego me da una colleja cariñosa.

—Te toca, mariquita.

Me levanto y me dirijo a la cabina. Voy a llamar a mis padres para desearles buen viaje. Estaré con ellos en dos días. No les voy a explicar nada de lo que acabo de presenciar para que no piensen que vivo en el salvaje Oeste. Años más tarde, Anais me contará que Pawel falleció por sobredosis.

En la clínica, la máxima de «no te acostarás sin saber una cosa nueva» se multiplica por mil. Casi todo es información que quizá no hubiese necesitado o deseado conocer, pero se cumple. Mucho, evidentemente, tiene que ver con el uso que se le puede dar a un amplio abanico de sustancias y con maneras creativas de doler, destrozarse la vida, manipular y mentir. Como nos pasamos el día hablando, es inevitable que sea así.

Sentado con Juan Pablo, el pintor de chapa cocainómano y ludópata, y con Sergi en la sala de la televisión, los escucho hablar de las terapias de ayahuasca, las mismas de las que había oído parlotear a César, que se hacen en una institución en Brasil, adonde parece que se envían a los casos más desesperados, los que ya no tienen solución, los que consiguen exasperar a base de testarudez adictiva hasta al ejército de profesionales de la clínica; los más extremos, seleccionados cuidadosamente entre un ramillete de casos ya de por sí excesivos. Estamos jugando al parchís, después de cenar. Nadie quiere jugar al Trivial conmigo, porque dicen que gano siempre.

A lo largo de los años, fuera de la clínica, he conocido a muchas personas «normales» que viajaron a Latinoamérica a hacer retiros de ayahuasca para encontrarse a sí mismos. Incluso llegué a publicar un artículo en *El País* al respecto. Yo, debo declarar, no la he probado y no tengo, por ahora, interés en hacerlo.

Está el detalle, no puedo olvidarlo, de que ya no consumo sustancias, líquidos o personas que alteren mi estado.

Juan Pablo está enganchado intentando hacer avanzar sus fichas a golpe de dado y describiéndole a Sergi todas las supuestas virtudes de la ayahuasca: el descubrimiento personal, la lucidez psicodélica, el renacimiento lisérgico, la amplitud de la conciencia. Asisto en silencio mientras percibo que se la está vendiendo como un antes y un después, un empujón a comprender, a través de la paranoia, los secretos más intrincados del funcionamiento de la vida. Sergi, por su parte, le recuerda los vómitos y diarrea que supuestamente provocan las tomas de ayahuasca. No sé cómo saben de estas cosas, me hacen sentir un *amateur* absoluto.

—Que no te enteras tío, que lo haces supervisado —señala Juan Pablo—. No puedes estar tomando medicación y no te cagas encima porque sí. O sea, hay un recipiente donde vomitas y todo eso. Y además vas de blanco y hay un chamán. No lo haces tú con tus colegas como si te metieses ácido. Y ponen música. Es como una meditación, lo que pasa es que vas como colocado, pero tampoco vas colocado. No es como irse a un poblado a meterse farlopa, joder. No seas cateto, hostias. Javi, tiras tú.

Miro el tablero. Me percato de que hace tiempo que he perdido interés en el juego y estoy concentrado en la conversación. Últimamente soy incapaz de hacer varias cosas a la vez. Suspiro y lanzo los dados. Comienzo a contar.

—Justo eso necesito yo, cagar en un cubo vestido de blanco delante de una panda de *zumbaos* en Brasil. Tú estás mal del tarro —le reprocha Sergi.

La imagen me parece repulsiva. Se lo hago saber.

—Pues como a mí esto no me vaya bien, entro en un despacho y exijo que me lleven a Brasil y a tomar por culo. Y vuelvo de allí renacido.

—Creo que William Burroughs escribió de eso en *Marica*, pero no me acuerdo bien. Y lo acabo de leer —digo yo. Es cierto, me lo he terminado hace poco, pero sigo sin recordar lo que leo.

—¿En dónde? —pregunta Juan Pablo.

—Un libro sobre un viejo y un putillo joven pseudohetero

que se internan en la selva latinoamericana en busca de eso, de ayahuasca. Creo que era ayahuasca —le explico.

—¿Adónde iban? —pregunta Juan Pablo.

—A Ecuador, me parece.

—Qué cosas más raras lees, joder —dice Sergi—. ¿No puedes leer a Jorge Bucay como todos?

—Prefiero que me arranquen la piel a tiras. Pues contaba cosas muy interesantes.

—¿Sobre la ayahuasca? —pregunta Juan Pablo, que lo único en lo que está interesado desde hace días es eso. Los yonquis somos así: nos obcecamos en algo y no lo soltamos hasta exprimirlo del todo.

—No, sobre los maricones y la violencia mexicana. Si queréis os lo dejo.

—No te lo tomes a mal, pero a mí esas movidas me comen los huevos —responde Juan Pablo.

—¿Y cuándo decides si te vas a Brasil? —le pregunta Sergi, pero Juan Pablo no contesta.

Ha dejado el parchís, abandonando la partida sin decírnoslo, y ha encendido la tele en busca de un partido de fútbol. Entiendo que es mi señal para salir de escena. No soporto el deporte. Cuando al cabo de unos días le pregunto a Anais si cree que yo necesito una terapia de ayahuasca en Brasil, si me ayudará a clarificar cosas, a ordenarme la cabeza, me aconseja que deje de decir tonterías y que me centre en lo mío. Y que deje de prestar atención a cualquier cosa que oigo en el patio.

Hoy, escribiendo estas líneas, me intento poner en el lugar de mis padres, aunque me resulte complejo, ya que eso me obliga a ser verdugo y víctima al mismo tiempo. No sé realmente cómo vivieron ellos mi encierro, aunque puedo imaginarlo. Desde el principio, todas las conversaciones se centraron en mi dolor, pero nunca hablamos del suyo. Supongo que es la estructura oculta que sostiene las relaciones paterno-filiales (al menos hasta que el hijo es un adulto responsable y tiene capacidad de comunicarse como una persona autónoma, atributos que yo en aquel momento no poseía todavía) en las que los padres protegen al hijo, y no es hasta que los padres se convierten en personas dependientes cuando las sillas cambian de lugar y el hijo pasa a ocuparse de ellos.

El viaje que hicieron para visitarme debió de resultarles dolorosísimo. No puedo imaginarme a una pareja, educada y cumplidora, que se desplace seiscientos kilómetros, de Bilbao a Barcelona, a visitar a su primogénito, ingresado en una clínica de desintoxicación, para la que un viaje de estas características no sea como un puñetazo en el estómago. Imagino que fueron dejando atrás autopistas y peajes recordando las mentiras, los abandonos, las desapariciones, las faltas de respeto, las rebeliones, los desplantes, las lágrimas, los gritos y la preocupación eterna, los desvelos insomnes a los que les sometí durante tanto tiempo. Preguntándose cómo era posible que estuvieran haciendo ese recorrido. Conjeturo que sentirían la misma irrealidad viscosa que sentí yo los primeros días encerrado. Desconozco sus conversaciones previas, los preparativos que hicieron, si hablaron de mí camino de verme, o si, por el contrario, condujeron todo el trayecto en silencio, pero tengo la seguridad de que debió de resultar extremadamente cruel y difícil para ellos. Supongo que compartirían recuerdos de mi infancia, quizá de mi nacimiento, del embarazo, de las notas del colegio, de mi alegría infantil, de las obras de teatro, preguntándose en qué momento fallaron y cuándo me extravié yo. Qué podrían haber hecho de forma distinta para evitar mi dolor.

Como padres, es inconcebible la devastación que supone tener un hijo con esta enfermedad. Saberle a resguardo en una clínica, por un lado, entiendo que les llenaría de tranquilidad, pero una cosa es pensar en ello y otra muy distinta penetrar en ese mundo y descubrirle en ese entorno. Deduzco que es imposible no vivirlo como una demostración atroz del fracaso como educadores. Sospecho que ellos experimentaron parte de la culpa, que yo también sentía, a kilómetros de distancia. El hecho de que yo estuviese revisando mi vida debió de provocar en algún momento que ellos explorasen la suya, como individuos, como estructura y como pareja. Pero, si lo hicieron, nunca me lo dijeron.

He buscado con insistencia en mis cuadernos y en mis diarios, la materia de la que me nutro para escribir, guía y recordatorio de todo lo que cuento, detalles de la visita y de la salida de aquel sábado, tan importantes para mí. Sorprendentemente no hay registro ninguno. No escribí nada al respecto. Me deja un regusto agridulce: yo, que hasta ese día escribo obsesivamente todo lo que siento y vivo en mi proceso, decido no relatarle a mi futuro yo una de las jornadas más importantes. El reencuentro con mis padres es, de este modo, una ausencia desgarradora en el devenir natural de mi diario. No existe.

Solo hay un párrafo huérfano que anoto al día siguiente, plasmando una sensación que, presumo, consideré merecedora de recordar:

He estado con mis padres. Me siento como la calle en obras que he visto paseando por el pueblo junto a ellos. Yo también estoy incompleto, lleno de polvo y residuos. Soy un proyecto sin terminar.

¿Cómo es posible que eso fuese todo lo que capturara? ¿Qué pensé o aprecié o viví para decidir no contarlo? No tengo respuesta. Ha pasado demasiado tiempo y mi memoria es borrosa, caprichosa, imperfecta. No puedo evitar especular que ahora, escribiendo, tengo la oportunidad de solucionar lo que desde el presente me parece un error de mi pasado, un olvido (¿fue un olvido?) imperdonable.

Decido preguntarle a mi madre qué recuerda de la visita. Saben que estoy inmerso en la escritura de este libro, así que la pregunta no le sorprende. La veo dubitativa, sosteniendo un cigarro en la cocina, jugueteando con los dedos delante de un vaso de agua. Me fijo en su perfil. La mujer a la que está intentando recordar tenía menos arrugas que la que hoy hace esfuerzos por rememorar. No está segura, hace ya mucho tiempo de eso. Le explico que necesito de su recuerdo para completar este agujero de la narración.

—Fuimos a verte y a un pueblo, pero no recuerdo cómo se llamaba. Estuvimos en una librería. Te compraste unos libros. Siempre has leído mucho, desde pequeño. Siempre querías libros en tus cumpleaños, y te aprendías los cuentos de tanto escucharlos, y pasabas las páginas como si supieses leer. Era muy sorprendente.

Son historias que he oído cientos de veces, así que intento reconducir la conversación.

—¿Cómo iba vestido? ¿Vosotros? ¿Qué libros compré?

—No me acuerdo... —La veo esforzarse, pero tiene razón. Hace ya doce años de aquello. Es prácticamente imposible recuperarlo.

—Luego fuimos a comprarte un plumífero, porque en el monte hacía frío. Estuvimos comiendo. Tú llevabas un sobre marrón con la medicación del almuerzo. En aquel momento tomabas mucha medicación, nos dijiste.

—¿Fuimos a un buen restaurante?

Ella niega. Lo pregunto porque a mi padre le encantan los buenos restaurantes y las sobremesas eternas, que a mí me desesperan, con copa y puro y mucha charla y debate.

—¿Y papá no dijo nada? ¿No se quejó?

—¿Por qué se iba a quejar?

—Por comer en cualquier lado, con lo que es papá para esas cosas...

—No dijo nada. Anais te había aconsejado que lo importante era la compañía, no el sitio ni la comida... Y tú nos lo dijiste. Así que tu padre se adaptó.

—¿Qué más hicimos?

—Regresamos a la clínica y nos la enseñaste. —No sé si son imaginaciones mías, pero creo detectar un matiz de incomodidad y tristeza en su voz.

—¿Os presenté a otros pacientes?

—Creo que estábamos nosotros solos. Habría más gente en la clínica, seguro, pero no me suena hablar con nadie. Nos enseñaste la habitación y las cuadras con los caballos. Luego nosotros nos metimos en el coche y nos volvimos a Bilbao. Hablamos mucho ese día, eso sí me acuerdo. Hablamos más de lo que habíamos hablado en mucho tiempo.

—¿Fuisteis y os marchasteis en el mismo día?

—Viajamos el día anterior, nos quedamos a pasar la noche en un hotel en Mataró y a la mañana siguiente, a primera hora, te recogimos en la clínica. Después de dejarte, nos fuimos.

—¿No te acordarás de qué hablamos o de alguna cosa, no sé, algo especial?

Mi madre exhala el humo de su cigarro y me mira, agotada.

—Javi, que hay días ya que no me acuerdo ni de qué hice la semana pasada.

Entiendo que no puedo pedirle que siga rememorando esa época. El que está escribiendo soy yo. No se merece que le haga pasar de nuevo por todo aquello.

En las entradas de los diarios de los siguientes días, sin embargo, sí aparecen referencias a la visita. Pero lo hacen de un modo velado, tangencial, como si hubiese decidido no dejar constancia directa. Todo lo que puedo recuperar es a través de lo que escribí, que se reduce a lo que trato con el terapeuta en la siguiente sesión. Ni siquiera lo que recojo mantiene la forma en la que hasta el momento he transcrito otras de mis terapias. Esta vez es un párrafo enorme, construido con puntos y seguidos, ideas, preguntas, reflexiones. Tengo la sensación, al leerlo hoy, de que quise quitármelo de encima con rapidez, pasando de puntillas, intentando olvidar su contenido una vez volcado sobre el papel.

He trabajado la visita de mis padres con Rafael. Dependencia/sobreprotección/perfeccionismo. Necesidad de autonomía. Cambio por ambas partes (compromiso-ayuda). Resistencia al cambio. Me comporto con los demás como mis padres conmigo. Establecer límites para mí y para ellos. Siento continuamente tener que «rendir cuentas», «pasar el examen». Centro neurálgico: el patrón se extiende a otros estados de mi vida. Rebeldía interna contra eso: ante la asfixia, el perfeccionismo inalcanzable, la opresión, la culpa por no llegar, frustración y autocastigo. Muchas cosas quizá sean cómo viva yo las cosas —esos son los cambios que tengo que hacer yo—. Mensajes recibidos de autoestima bajos. Negativismo: para prevenirme del mal futuro, me transmiten un mensaje catastrofista y eso hace que construya mi propio fracaso. Exigencias veladas: la ropa que llevas, el primero de la clase, etc. Sentimiento de ingratitud y preocupación por decir todo esto. Temas económicos: mi dependencia. Mejorar la relación y la comunicación no desde la obligación, sino desde el deseo. Vuestra única vida no pueden ser vuestros hijos. Vosotros tenéis vuestra vida. No podéis vivirla a través de nosotros. Quiero funcionar como persona autónoma, con sus éxitos, sus errores, sus aciertos, etc. Lo gracioso es que nadie de la gente que está afuera y me conoce podría pensar que así es como me siento. Las apariencias son muy distintas. Está bien haberles pedido un cambio. Mi objetivo es lograr una relación sana, familia unida, comunicación entre adultos. ¿Qué cambio yo respecto a mis padres?

Tengo la sensación, pero es una hipótesis que construyo en el momento presente, de que ver a mis padres probablemente me ayudara mucho pero también me sumió en una culpa, una tristeza y una melancolía desoladoras. En una apatía y un odio a mí mismo que me hizo sentirme vencido y saturado.

Al dejarme de nuevo ingresado, paso por la garita del monitor a firmar la llegada. El resto de la clínica está en el taller de fin de semana, así que no tengo mucho que hacer hasta que sea la hora de tomar la medicación. No me apetece estar solo en el cuarto, llego removido y agotado de tantas emociones. Pienso que mis padres en estos momentos están viajando de vuelta a Bilbao y que posiblemente irán tristes y yo vuelvo a estar encerrado.

Lucio y yo nos ponemos a hablar de Bolaño, cuyo *Llamadas telefónicas* he empezado a leer hace poco. Los cuentos de Bolaño me están gustando tanto que he estado buscando información sobre su vida en internet y ahora se la transmito a Lucio, animado, recomendándole que lo lea en cuanto pueda. Le hablo del desarraigo, del misterio, del amor por la literatura que destilan los relatos. Le aconsejo también que los complete con la lectura de *Los detectives salvajes* y *2666*.

En un momento dado, entra un chico al que no reconozco y que Lucio me presenta. Es un paciente nuevo, que ha llegado hoy mismo. Es un chaval muy joven, con acné, pelo rubio teñido y alborotado, *piercings*, tatuajes y ropa de rapero, ancha, caída. No deja de moverse, inquieto y excitado. Sé perfectamente por lo que está pasando. Comparado con él, yo parezco una estatua de mármol. Hace un mes y poco ese chaval era yo. Me hago una nota mental de recordar este momento, para cuando en el futuro, confuso y asustado, me invada la sensación de no estar avanzando. Puedo notar mi progreso en detalles pequeños como este. Ahora soy capaz de estar relajado, sentado, hablando, sin necesidad de estar haciendo quince cosas a la vez, con el cuerpo a toda pastilla.

—¿Qué consumías? —me hace la pregunta de siempre.

—Coca y alcohol. ¿Tú?

—Coca. Bueno y porros. Y *speed.*

—*Speed* también me he metido yo. Pero no mucho, porque me picaba la cabeza. ¿A ti no te picaba la cabeza?

El chaval niega. Lucio nos observa. Nos deja hacer. Permite sonriente que el chaval entable conversaciones y vaya abriéndose a su nuevo entorno.

—¿Cuánto consumías? —quiere saber.

—No consumía a diario. Pero, vamos, cuando consumía, mucho.

—¿Cuánto es mucho?

—Pues la última vez siete u ocho gramos.

—¿En cuánto tiempo?

El nuevo es un rápido francotirador de preguntas. Puedo ver su ropa interior asomando por encima de los pantalones. Calzoncillos de tela. Buena familia. Me he acostumbrado a clasificar a las personas según la ropa interior que utilizan. También lo he aprendido en la clínica, supongo que como efecto colateral de estar a diario en la lavandería.

—En veinticuatro o cuarenta y ocho horas, no recuerdo bien. Lo tengo un poco difuso todo.

—¡Hostia puta! —exclama, abriendo la boca y dejando ver una hilera de dientes que estoy convencido de que han conocido tiempos mejores.

—¿Qué pasa? —pregunto, sin levantar la voz.

—Que eso es un cojón, macho.

—Esto ya es territorio profesional, las grandes ligas. ¿Tienes tu acogida ya?

—Sí, me la han presentado. Es una piba. No sé dónde está.

—Estará en el taller —le informa Lucio.

—¿Y yo qué hago ahora? ¿Tengo que hacer algo? —le pregunta al monitor.

—Descansar un poco en el cuarto. Intentar relajarte —le aconsejo, aunque sé que no lo va a hacer. Yo tampoco lo hice—. ¿Vienes para mucho?

El chaval se encoge de hombros.

—Supongo que hasta que me ponga bien, ¿no? —murmura.

—Esa es la mejor manera de entrar. ¿Quién es tu acogida? —le pregunto.

El nuevo dice el nombre de una compañera.

—Es muy maja, ya verás. Le digo yo que pase a buscarte por el cuarto antes de cenar y bajáis juntos.

El nuevo se queda en silencio, mirándome. Puedo ver el miedo en sus ojos y en su boca semiabierta. Se lo pongo fácil.

—Si necesitas algo, yo estoy en la segunda planta de ese edificio. ¿Tú estás aquí, en las habitaciones de acogida?

—Sí, hasta que me digan dónde me meten.

—Guay. Bienvenido —le ofrezco la mano—. ¿Te acuerdas de cómo me llamo?

—Javi, ¿verdad? Yo soy Álex.

Asiento. El chaval me da la mano. Se despide de Lucio, confirmando la hora a la que tiene que bajar a cenar. Le observo retirarse, inspeccionando las paredes. Está comenzando a hacerse a la idea del lugar al que ha llegado.

—Parece centrado, ¿no? —comparto con Lucio—. Se le ve bien.

Lucio niega con la cabeza. Álex es psicótico. Le explico que un socioterapeuta me contó que todos los psicóticos tienen un punto de lucidez extrema sorprendente. Él me detalla que los psicóticos, en la antigua Grecia, eran los que hacían de oráculos y videntes, porque tenían esa capacidad que les volvía especiales. Lucio se queda en silencio, rumiando algo. Luego me mira a los ojos.

—Los admiro, admiro la fuerza de su organismo. Algunas

noches aquí sentado, de guardia, pienso si realmente son toxicómanos —comenta.

—Eso dicen que somos. ¿Qué podríamos ser si no? —pregunto.

—Para mí son superhéroes. Pero tienen la ropa de trabajo, la capa voladora un poquito jodida, roñosa.

Sonrío. Es enternecedor y ridículo.

—Espera a arreglarte la capa y empezar a volar —me dice.

No sé qué responder. Me planteo si me está tomando el pelo.

—Me piro, Lucio. Voy a ver si pillo a alguien por ahí.

—Pírate, Javi.

Me levanto y salgo de la garita hacia el patio.

—¡Oye, Javi!

Me doy la vuelta.

—¡Espero que encuentres tu equilibrio y tu lugar en el mundo, tío!

—¿Te has *fumao* un porro? —pienso seriamente en la posibilidad de que se haya colocado con las pastillas de la bandeja de rescates.

—Anda, vete por ahí y no jodas.

Por la noche, después de la cena, en la que he visto cómo la acogida acompañaba al nuevo, le iba presentando a los pacientes y le explicaba cómo funcionaban las colas de comedor y los diferentes horarios, vuelvo a estar en el cuarto de Rosa, junto con Natalia, Sergi y Diego. Rosa ha convertido su habitación en un templo de los colores pastel. Hay peluches por todos lados. Estoy más callado de lo normal. He tenido que responder a sus ciento cincuenta preguntas sobre la salida con mis padres, pero no me apetece hablar más. Me entretengo poniendo tilas a todo el mundo, abriendo la ventana para fumar y encendiendo inciensos. Diego y Sergi están sentados en la cama, con sus nucas apoyadas en la pared, y Natalia con los pies en alto sobre el escritorio, acomodada en la silla. Se lanzan un osito rítmicamente.

—Es que a los tíos os flipan las putas. Sois asquerosos —dice Natalia.

—Los tíos necesitamos follar, no hay más. Es biología, genética —justifica Diego.

—¿Y las tías no? ¿Las tías solo queremos ser vírgenes? —arremete Natalia.

—¿Sabéis lo que me ha dicho hoy el Tino? El pavo va y me dice: «Mi mujer me cortaba las uñas de las manos y de los pies con la boca. Me las dejaba mejor que en una manicura». —Sergi se echa a reír.

—Diooooooooooos —se lamenta Diego.

—Qué desagradable —dice Rosa, que está rebuscando en los armarios de madera blanca una crema que prestarle a Natalia para algo que no consigo saber qué es.

En los cuartos hablamos mucho de sexo, de coños, pollas, pajas y pedos, y nos reímos como niños pequeños. También conversamos sobre putas, drogas, golpes, robos, familias, el resto de los pacientes y barbaridades que se han hecho antes en la clínica, como meter desodorantes vacíos en la chimenea para que exploten. O como aquel ingreso con psicosis tóxica que se escondió en la enfermería, se hizo pasar por el psiquiatra con los nuevos y les cambió las pautas de medicación, desestabilizándolos durante días. Algunas son graciosas, otras no. Como la historia de una chica guapísima («como una modelo, no te puedes ni imaginar lo guapa y dulce que era») que terminó prostituyéndose para conseguir base, desarrolló esquizofrenia y acabó suicidándose.

Desconecto. No soy capaz de escuchar más. Estoy exhausto. Pienso en mis padres. Por dónde irán. Si estarán más tranquilos después de verme. Me doy la vuelta y observo el monte a través de la rejilla antimosquitos de la ventana, calmado, a oscuras. Al otro lado del jardín, en el edificio de enfrente, puedo ver las siluetas en movimiento de compañeros en sus habitaciones. Leen, se ponen los pijamas, fuman, escriben, regresan de la ducha. Las voces de mi grupo me llegan amortiguadas, como si alguien hubiese bajado el volumen, como si las hubiesen distorsionado.

—Estamos instalados en la queja. Que sí, que a todos nos han pasado cosas putas, pero así es la vida. La vida es puta. No te dejan de pasar movidas. Lo importante es qué hacemos con todo eso. Si te quedas en la queja, no te responsabilizas, y si no te responsabilizas, no avanzas —dice Sergi, a mis espaldas.

Rosa comparte que se ha enterado de que Tino se está follando a Rui.

—Mira el cabrón del esquizo, no pierde el tiempo —comenta Diego.

—Pero si Rui está de novia de Juanma... —repone Natalia.

Juanma es un paciente que se relaciona en exclusiva con los perros de la clínica y que pasa casi todo el tiempo en el monte. Al resto solo nos gruñe. Yo literalmente jamás le he oído hablar, solo emitir sonidos guturales amenazantes. Vive debajo de mi habitación e intento cruzármelo el menor número de veces posible. Todos pensamos que es un asesino en serie o un caníbal o algo peor, así que le dejamos tranquilo. Natalia explica que su socioterapeuta le reveló que muchos de nosotros nos entendemos mejor con los animales que con las personas, porque son leales, no pueden respondernos y nos aceptan tal y como somos. Y que relacionarnos con ellos nos viene muy bien para nuestra autoestima, porque nos hemos acostumbrado a que nos pisoteen y nos dañen.

—Me voy —les comunico, y tiro la colilla por la ventana.

—¿Estás bien? —me pregunta Sergi.

—Sí, sí. Estoy... removido. Son muchas cosas de pronto, ¿sabes?

—Claro, tío. Descansa —dice Diego.

—Si necesitas algo, ya sabes dónde picar —me recuerda Rosa.

Cuando salgo, me quedo unos minutos apoyado en la puerta cerrada. De pronto, estar junto a ellos hace que todo me parezca de nuevo irreal, ficticio. ¿Quiénes son todas estas personas que se han convertido en amigos? ¿No debería estar en el coche, con mis padres, camino de Bilbao, el lugar donde nací y me crie? ¿Por qué no puedo dar marcha atrás y tomar otras decisiones para evitar esta realidad? Entro en el cuarto y me tumbo vestido en la cama. No me gusta sentirme así, pero voy aprendiendo, poco a poco, que la única manera que tengo ahora de manejarlo es tolerándolo. Estoy dolorido, confundido, rabioso, harto. No pasa nada. Está todo bien. Mañana será distinto, espero.

A los pocos días me dirijo con paso decidido a ver a la Polaca. Pretendo dejar de tomar el antidepresivo. He resuelto purificarme, hacer una intrépida limpieza del interior de mi cuerpo, eliminar los químicos y toxinas de mi organismo y salir de la clínica con la menor cantidad de medicación posible. Cuanto más lo reflexiono, más me convenzo de que es un momento perfecto para dejar de tomar la pastilla matutina de la felicidad. Estoy en un entorno controlado donde puedo elaborar, a cubierto, cualquier efecto emocional colateral indeseado que me pueda suponer su retirada. Curiosamente, no se me pasa por la cabeza dejar de fumar, por mucho que algunos terapeutas nos indiquen que no tiene ningún sentido que superemos nuestras adicciones y no nos despidamos del tabaco, que es otra más. Cuando me lo recriminan, les echo en cara siempre lo mismo: «No bebo, no me drogo, no follo y ahora no puedo fumar. Si quieres me crucifico o me encierro en una abadía».

La Polaca me recibe feliz y dicharachera porque dice que nunca la visito, que la tengo abandonada, con todo lo que ella me quiere, y que solo me ve por el patio. Como es habitual, se levanta a abrazarme y besarme, mientras me señala que es muy típico que estemos todo el día en su despacho llorando sobre nuestras pautas o que no asomemos la cabeza por ahí. Me encuentra bien y se alegra mucho de que esté cogiendo peso.

—Que no estoy cogiendo peso, joder —le digo, y para certificarlo me levanto la camiseta y le enseño la barriga—. ¿Ves? No estoy cogiendo peso.

—Lo que tú digas, lo que tú digas. Estás muy guapo, nada más.

La retirada de un antidepresivo debe hacerse de manera controlada y con mucho cuidado. No es una medicación inocua, como un analgésico, y los efectos secundarios de su mal uso pueden ser brutales e inoportunos, a nivel emocional y psicológico. Lo especifico yo que en ese momento llevaba tomándolos (cuando me acordaba, que no era siempre) cuatro años, y consumiendo alcohol y cocaína simultáneamente. A veces no tengo vergüenza.

La Polaca decide que me va a reducir la dosis a la mitad durante siete días y a un cuarto día sí, día no, a lo largo de las dos semanas posteriores. Me tranquiliza haciéndome entender que no estoy tomando mucho en comparación con otros pacientes, así que prevé que no notaré demasiado su retirada. Una vez que transcurran esas tres semanas, me la eliminará por completo. Tengo que estar atento a cómo reacciona mi cuerpo al cambio de pauta. Las tres benzodiazepinas diarias y la gabapentina las mantengo. Salgo del despacho satisfecho, preparado para este nuevo proyecto químico.

Sin embargo, las siguientes semanas viviré en un estado que solo se puede describir como trastornado. No sé si es un efecto directo de la supresión de medicación o si, por otro lado, es la excusa que empleo para seguir exteriorizando zonas ocultas de mi personalidad. Durante esos días, surcaré todo tipo de reacciones: vértigos, mareos, llanto, falta de apetito, hambre desmesurada, alegría eufórica... En resumen, una ciclotimia emocional y física desquiciada y desquiciante. Además, la libido se me despertará con la fuerza de un vendaval y viviré erotizado las veinticuatro horas del día, como un obseso que se restriega contra las paredes. No será extraño verme por la clínica un poco ido, con estallidos emocionales que tan pronto se convierten en júbilo maniaco como en un pesar insondable. Durante la deshabituación, visito de nuevo a la Polaca, preocupado por estos vaivenes. Siento que, una vez conseguida una cierta estabilidad, he vuelto a montarme en el primer vagón de la montaña rusa, y no sé si me he equivocado al tomar la decisión.

—Es buenísimo. Esto quiere decir que tu organismo está muy limpio y que reacciona mucho a la medicación —me explica la Polaca, satisfecha—. Eres sensible a los fármacos, eso es muy buena señal.

—¿No hay alguna manera de calmar todo esto? Me siento un poco... descontrolado —murmuro yo.

—Aguántate unos días —me recomienda ella. No sé si me lo está diciendo para asegurarse de que la visito más a menudo.

En cualquier caso, termino por abandonar por completo el antidepresivo y con el paso del tiempo mi mente y mis emociones vuelven a estabilizarse, no sin antes dejar varios momentos reseñables, casi todos relacionados con Anais, que paso a desgranar a continuación.

Una mañana, mientras esperamos entre terapia y terapia, bailo y canto en el patio. Estoy atómico, hablando muy alto, riendo y haciendo bromas con Sergi y algún compañero más en la zona del porche, a la vista de toda la congregación toxicómana. Estoy en modo show, en modo revista, en modo «quiero que me hagáis caso», en modo «ponedme a mí el foco», haciéndome notar, vociferando cosas del estilo «¡Qué ganas tengo de comerme un buen rabo, joder!». Cero terapéutico, se mire por donde se mire.

—¿Qué te pasa? —Anais se acerca a nosotros, con los brazos en jarras y un rictus indescifrable en el rostro, con los labios apretados y el mentón elevado.

—¿A quién? ¿A mí? —le pregunto.

—Sí, a ti. ¿Qué te pasa?

—Nada, ¿qué me va a pasar?

—Estás todo alterado, dando gritos. Deja de dar la nota, anda.

—Estoy contento. No seas cortarrollos.

—¿Estás contento?

—Te la vas a ganar, Javi —me advierte Sergi.

Pero a mí no hay quien me pare.

—La gente aquí está todo el día *jincando* sin que os enteréis. No entiendo cómo es posible que sea el único maricón de toda la clínica —le digo a Anais—. ¿Voy a ser el único que no folla? ¿Sabes cuánto llevo sin follar? ¿Te importa siquiera?

Sergi y mis compañeros bajan la mirada, avergonzados, decidiendo no participar ni tener nada que ver con lo que están presenciando. Me acerco a Anais, midiéndola. Ella no se achanta ni un centímetro.

—Pero ¿quién te dice a ti que eres el único de toda la clínica? —me pregunta, enigmática.

—Hombre, pues la gente. ¿Quién me lo va a decir?

—Pues no te fíes tanto de la gente, ¿no crees?

Me acaba de desarmar. Esa respuesta no me la esperaba. Echo un vistazo a mis compañeros, confundido, y vuelvo a fijar la mirada en Anais.

—¿Hay más como yo? —pregunto, genuinamente sorprendido.

—Eso te lo tendrán que decir ellos, si quieren y si lo saben. Y ahora vete a tu cuarto y relájate un poco o escribe o pinta o haz algo de provecho en vez del canelo aquí fuera. ¿Qué hemos trabajado tú y yo?

—¿Cuidado con la euforia?

—Correcto. Ya sabes.

Anais se aleja, dejándome con una duda que habitará en mi cerebro durante el resto de mi estancia, haciendo que a partir de entonces vea maricones por todos lados.

—¿Vosotros creéis que hay más maricones o lo ha dicho para que me calle?

Sergi y el resto se encogen de hombros. No piensan decir nada más. No tienen la más mínima intención de terminar pagando ellos las consecuencias.

—¿Vosotros sois maricones? No sois maricones, ¿verdad? —pregunto.

Sergi estalla en una carcajada.

Otro día, no mucho después, estoy que echo pestes por el patio. He llorado tres veces esa mañana. Me dejo caer en un banco y me pongo a dar patadas a los hierros con el talón. Estoy enfadado con el mundo y me siento abandonado. Son momentos, los tengo asiduamente, en los que la felicidad de cualquiera que me rodee me irrita. Parece que albergo la creencia inconfesable de que todos merecen ser tan infelices como yo.

—Pareces un toro encerrado —comenta un compañero camino del gimnasio.

—Estoy hasta la polla de este sitio y de hurgarme por dentro —mascullo yo.

—Yo no quería ir a hacer deporte y mira, me he puesto las pilas.

Recibo sus palabras con una pátina de desprecio y hartazgo. Mis sentimientos, lo exhausto que me encuentro, pueden leerse a la perfección en cada uno de mis gestos, fruto de la nube oscura que da vueltas sobre mi cabeza. Al rato veo a Anais atravesar el patio y le pregunto a gritos si puedo hablar con ella. Corro a su lado, necesitado.

—Tengo cinco minutos, Javi. Ni uno más.

—¿Me estás poniendo un límite?

Ella no contesta. Me observa.

—Mira, estoy frustrado, estoy hasta los huevos del equipo terapéutico.

Siento cómo todo me sube por la garganta, un ímpetu inmediato incontrolable, hablo de carrerilla y no tengo la más mínima intención de parar el borbotón que sé que sale desmandado por mi boca. Me quejo del divismo de los profesionales, que se erigen en dueños de nuestras vidas con argumentos insostenibles, pinchándonos y sacándonos de quicio. No aguanto las charlas con frases preaprendidas, de autoayuda chunga. Me resulta todo muy cutre. Me parecen una panda de manipuladores que abusan de su poder sin sentido. Hay muchos momentos en los que me rompen las pelotas con su actitud de maestros de guardería. Y me cabreo todavía más porque no pienso abandonar y voy a seguir aquí al pie del cañón por mucho que me aprieten. Y deberían tener cuidado conmigo, porque me las sé todas.

—¿Has terminado? —me pregunta ella, calmada.

—No.

—¿Qué más?

No sé qué más decir, pero me niego a dar por concluido este posicionamiento bélico en el que he decidido colocarme.

—Todo eso.

—Guay, pues ve a escribir al cuarto.

Anais se da la vuelta y se aleja de mí. Me deja en mitad del patio, huérfano, con la palabra en la boca. En el fondo, incluso en momentos como este, celebro la poca implicación que muestra Anais en mis paranoias y caprichos. Es capaz de distinguir a la perfección lo que es importante de lo que son arrebatos prescindibles. Yo quiero ser como ella, pienso a menudo.

—¡Oye! ¡He dejado los antidepresivos! —le comunico a gritos.

—¡Ya lo sé! ¡Por eso estás así! —me responde ella sin girarse.

—¡¿Así cómo?!

—¡Insoportable! ¡No te aguantas a ti mismo!

—¡¿Y te vas y me dejas?!

—¡Querer es dejar ir, Javi!

—¡Cómo te pasas! ¡Me cuesta aceptar la realidad!

—¡Ya lo sé!

Anais desaparece dentro del edificio y, como no encuentro tarea en la que malgastar mi tiempo y no hay nadie a mi alrededor a quien molestar, doy media vuelta y me dirijo a mi habitación, a escribir y a escuchar a Lou Reed y a David Bowie, que, en días como este, son los únicos que me entienden.

Una mañana se nos ocurre a Sergi, a Diego, a César y a mí despertar a la clínica con música, como si viviésemos en los barracones de *Good Morning, Vietnam.* Así que ponemos la canción de *La abeja Maya* a todo trapo con las ventanas abiertas, desde la habitación de César, con los altavoces colocados en el alféizar, berreando «¡Buenos días, amiguitos!» a pleno pulmón, como cuatro enajenados. Desde los edificios nos llegan insultos, gruñidos y algún espontáneo que se asoma a su ventana y canta con nosotros. Cuando la canción termina, con prácticamente toda la clínica ya excitada, ponemos *Coños* de El Chivi a todo trapo, una canción que es de todo menos políticamente correcta.

Un apunte. El Chivi, de quien se rumorea que solfea desde un psiquiátrico donde está encerrado, y Los Chichos y Camarón, de quienes se comentan sus problemas con las drogas, son los tres artistas musicales que ocupan los primeros puestos del Billboard Hot 100 de la clínica. Deduzco que porque todos los que estamos ingresados sentimos que tenemos muchas cosas en común con ellos. Fin del apunte.

Por supuesto, Anais termina subiendo como un miura al cuarto de César y nos pone de vuelta y media. Ahí estamos, cuatro yonquis en pijama con pelos en los huevos, muertos de miedo, porque la realidad es que esa terapeuta de baja estatura nos tiene acojonados. Nos quedamos callados, y bajamos la mirada, avergonzados y arrepentidos, como niños pequeños a los que echan un moco. Pedimos disculpas. Prometemos que no volverá a ocurrir. Solo queríamos compartir nuestra alegría. Es admirable cómo esta mujer nos tiene dominados sin despeinarse.

Un mediodía calmado, camino del cuarto a echar una siesta, me encuentro a una compañera sentada en un banco, intentando encenderse un puro, mascullando mientras llora. Va vestida con una mezcla de colores y tejidos complicados de combinar. Tengo la sensación de que se ha puesto lo primero que ha cogido sin importarle el resultado; es la única explicación que encuentro a que lleve puestos *leggings* y dos faldas distintas de deporte, una sobre la otra. Hasta el momento no creo haber visto nunca a una mujer usar dos faldas a la vez.

—¿Estás bien? —le pregunto. No quiero molestarla, pero tampoco hacer como que no la he visto. Es una paciente con la que no hablo mucho. Solo sé que es alcohólica y que la vida le duele, porque lo ha compartido en grupos—. ¿Te importa que me siente?

—No, qué va. Es solo que la mierda esta de mechero no enciende, joder.

El mechero da llama, pero sus aspavientos nerviosos hacen que el fuego se extinga al nacer. Ella me mira y trata de sonreír, pero es un intento trágico, porque está cubierta de mocos y lágrimas.

—Estoy hecha unos zorros, ¿verdad? —pregunta.

—¿Qué te pasa?

—Nada, que me acabo de enterar de una cosa.

Esto suele ocurrir mucho. Llegan noticias, de fuera, de dentro, del exterior, del interior, de nuestra cabeza. Todo nos afecta. No pregunto, le doy la oportunidad de que sea ella la que me lo cuente, si quiere.

—Una antigua paciente de aquí, de mi tercer ingreso... Que te coges cariño, aquí se coge cariño con mucha facilidad, aunque también se odia rápido, pero bueno, claro, a veces... es así... Coges cariño y pues te enteras de estas cosas y te llevas un palo y la puta mierda del mechero este que se ha *empeñao* en no encender, hostia.

—Toma. —Le ofrezco fuego.

Ella se enciende el puro y le da una calada eterna. Inmediatamente tose. Escupe. Se echa hacia atrás y se lleva la palma de la mano a la frente. Se masajea. No encuentra una posición en la que se sienta cómoda.

—Esta estaba muy bien, la mejor de todo el grupo, era una líder positiva y todo. Cogió peso, que entró hecha un cadáver, volvía a sonreír, a interesarse por las cosas, y se podía hablar con ella, que cuando llegó era el puto diablo, quería zurrar a todo el mundo. A mí por poco me hostia porque decía que le había *robao* unas bragas de la lavandería, hasta que le expliqué que yo nunca llevo bragas y que no quería yo unas bragas ni suyas ni de nadie *pa'* nada. Total, que poco a poco se fue recuperando y terminaron por darle el alta. Yo pensaba que estaba bien, y ahora me entero de que le ha vuelto la paranoia con la que entró.

—¿Nunca llevas bragas? —Es una pregunta absurda, pero es la que le hice. Me debió de llamar la atención.

Ella da otra calada inmensa al puro y niega con la cabeza. Tose. Escupe.

—¿Y qué paranoia le ha dado a la chica esta?

—La mierda de siempre: que le ponen cámaras como en *Gran Hermano*, que la tienen vigilada. Entró convencida de que le espiaban con cámaras y micrófonos, la típica psicosis tóxica de esas. Y ahora me han dicho que les ha desmantelado a los padres el salón: primero arrancó las fotografías de la familia, con clavos y todo, que imagínate cómo tienes que estar para arrancar las alcayatas y todo con las manos, y después se puso con el papel de pared. Se la encontraron llorando en el suelo, medio en bolas, cubierta por un papel de pared feísimo de esos antiguos. A la madre por poco la ingresan, porque era el papel de pared que había puesto su abuelo o algo así. Que yo cuando me lo han contado he pensado que lo había arrancado porque no le gustaba. Si es que encima soy gilipollas. Cuando me lo han dicho, yo he soltado: «Eso lo habrá hecho porque a la chica no le gustaba el papel, seguro».

—Dios mío.

—Pensaron que se le había pasado porque pidió mogollón de disculpas y además ella todavía no había dicho ni mu de cámaras ni de nada y se comprometió a empapelar la habitación y a pagar el papel nuevo, que también te digo que no sé de dónde pensaba sacar el dinero, porque esa, aparte de estar un tiempo de puta *pa'* pagarse el vicio, no ha trabajado en su vida, y ahora con la crisis pues imagínate, y aquí, delante de mí, en mi cara, juró la última vez que no volvía nunca a hacer la calle. Que me lo juró a mí a la cara, que no es que me lo hayan *contao*. ¿Tienes un pañuelo?

Le ofrezco una servilleta donde he guardado dos galletas con virutas de chocolate. Los perros se acercan al olor de los dulces, y se sientan solícitos, observándonos.

—Y de verdad que no era mala tía —continúa la paciente. Reconozco en ella un impulso que a mí también me domina a menudo: una vez que empiezas a hablar, ya no puedes parar—. A la mañana siguiente se piró de casa y regresó a los tres días puesta hasta el sombrero, con los ojos como dos sartenes. Los padres, los pobres, que trabajaban, la tenían que dejar sola en casa, y ella pues todo el día enganchada al televisor, alentando la paranoia, fijo, como si la viera. Aquí no le permitían ver la tele porque decía que oía voces que le hablaban. Me han contado que dos días después de volver se la encontraron en plan minera, le faltaba el casco, que hasta para estar loca tiene estilo: estaba pico y pala haciendo agujeros por toda la habitación de punta en blanco. ¿De dónde sacaría la puta loca el pico y la pala? Si vieras lo bien que vestía aquí... Se ponía unas cosas preciosas, como de gasa fina. El lino y el algodón le sentaban muy bien, con esa carita de ida que tenía, que parecía que nunca conseguía enfocar la mirada. Creo que le fallaba una córnea..., pero no estoy segura...

No sé si me estoy confundiendo con otra. Al final se maquillaba y todo, eso fijo, porque me quitaba el maquillaje a mí. Estaba tan guapa...

Los recuerdos que afloran hacen que rompa de nuevo a llorar.

—Pero ¿qué pasó? ¿Picó la casa? —interrogo.

Todas las narraciones de gente loca me interesan sobremanera. Sé que en breve estaré en el cuarto anotándola para mi futura novela de ficción. Siempre he creído que en la extravagancia y la extrañeza, en lo inesperado, es donde se esconde la verdad.

—¿Picó...? —Me mira paralizada como si no supiera de lo que hablo—. Ah, sí, se la encontraron de cal y yeso hasta las cejas gritando que ella no quería ser vigilada, que no quería estar en un programa de televisión, que ella quería una vida normal. Ahí es cuando ya se dieron cuenta de que estaba brotada. Todos los que estuvieron conmigo han recaído, no se ha salvado ni uno solo. Ni yo. Esta era la última que quedaba.

Guardamos silencio y ella sigue sorbiéndose los mocos y llorando y fumando el puro, todo a la vez. El maquillaje se le ha corrido por toda la cara en un reguero oscuro. Parece una máscara de una película de terror de bajo presupuesto. Me planteo por un segundo que esté inventándose todo, pero dentro de su histeria actual parece tener sentido lo que me dice.

—Lo siento —digo, y nada más decirlo me pregunto por qué lo he dicho. A veces no entiendo muy bien mis propias reacciones. ¿Debería darle un abrazo?

—Da igual, es lo que tiene la hijaputa de la droga, ¿no?

Pasa un compañero, arrastrando los pies, botas de montaña y gafas de sol.

—¿Oye, te acuerdas de Marta? —le dice ella, a gritos.

—¿Qué Marta?

—La que estuvo aquí el año pasado.

—¿La que hablaba rápido, con gafas y paranoias?

—Sí, esa.

—¿Qué le pasa?

—¿A que vestía superbonito? ¿A que era buena gente?

—¿Esa? —Parece sorprendido—. Era un puto monstruo —sentencia y, al hacerlo, gesticula con el internacional símbolo de la locura: trazando círculos con el índice en su cabeza—. Estaba como una puta chota. Un monstruo.

La otra se queda sin palabras, atrapada.

—Pues ha recaído, la pobre. —De nuevo a llorar.

—Pues que no vuelva por aquí, por la cuenta que nos trae. Estamos muy tranquilitos sin ella.

—¿Adónde vas? —le pregunto.

—Al psico —continúa su camino, sin afectación ninguna por la noticia.

—No es culpa tuya, no podías hacer nada. No puedes ayudar a quien no se quiere ayudar a sí mismo —digo mientras me como la galleta—. ¿Quieres?

—No, me voy a tomar un rescate. Que me tumben y así no me entero.

—¿No es mejor que lo trabajes, que lo hables con la terapeuta?

—¿Qué eres, psicólogo?

—Perdona, no quería... —balbuceo.

Pero se ha levantado y la veo dirigirse a la enfermería. Inmóvil, contemplo el cielo, de un azul eléctrico y vivo, lo contrario que todos nosotros. El ambiente está amansado en la hora de descanso de después de comer. Muchos de mis compañeros dormitan. Yo me encuentro sorprendentemente poco alterado por la historia que acabo de escuchar. La normalidad dominante. Desde alguna habitación me llega un rumor de griterío y de la lejanía una canción que no conozco ni me interesa. Creo que es Soziedad Alkohólika o algo parecido. La paz de este lugar me pone nervioso.

Escribo en mi diario:

Me he levantado, duchado y me he ido a hacer la sadhana. *Si me dicen hace unos meses que estaría despertándome a las 6 de la mañana para hacer esto me hubiese reído. Me he puesto música e incienso. No me he machacado por no hacerla perfecta y he «disfrutado» haciéndola. Me falta un montón para «hacerla bien del todo» pero no me ha importado.*

La he hecho lo mejor que he podido y al terminar me he sentido muy satisfecho y relajado. Creo que empiezo a ser más paciente. Me lo noto en pequeñas cosas. Cuando llegué me ponía nervioso estar despierto mientras los demás dormían y ahora me encanta levantarme antes que nadie y hacer la sadhana *mientras duermen con toda la sala de Hormigas para mí solo. ¿Estoy cambiando y no me doy cuenta?*

Leo una entrevista a Martin Scorsese en un suplemento, sentado al sol. Últimamente he dejado de salir a pasear por el monte y aprovecho los momentos de después de comer, cuando el patio está en silencio y casi todos mis compañeros se encuentran en sus habitaciones echando la siesta, para realizar actividades que me gustan, como, por ejemplo, leer el periódico. Lo hago con cuidado, porque hay noticias que me revuelven y pueden alterar el frágil estado emocional en el que sobrevivo.

Una aclaración. En la clínica recibimos cada mañana varios diarios, que podemos solicitar al monitor y leer. Yo he convertido su lectura en uno de mis placeres irrenunciables. Fin de la aclaración.

En la entrevista, Martin Scorsese dice lo siguiente, promocionando el estreno de una película (si me guío por las fechas debió de ser *Shutter Island*): «De repente, empecé a sentirme muy triste por el sufrimiento que rodea a esta historia. Tenía que contarla. Trata del descubrimiento. ¿Cuál es la historia más importante del mundo occidental? Conócete a ti mismo. Creo que existimos para esa búsqueda. Conocernos a nosotros mismos para encontrar la paz». La leo e inmediatamente arranco la página, porque siento que, de alguna manera, a través de las fronteras y los idiomas, Martin Scorsese, que no sabe que existo ni dónde estoy, me está hablando a mí. Un compañero pasa con una azada, camino de las cuadras. Deseoso de compartir mi descubrimiento con él, le voceo, ilusionado.

—¿Sabes quién es Martin Scorsese? —le pregunto.

—Hombre, claro, el que viene a visitar a la Búlgara —responde, sin dejar de caminar. La Búlgara es como llamamos a una compañera extranjera joven y excesiva adicta al cristal.

—Sí, ese —claudico.

—¿Qué le pasa?

—Nada, que igual no vuelve más.

Cada terapia con Anais avanza en distintos aspectos conductuales que se añaden unos a otros, como si jugase a un videojuego en el que conquisto pantallas y mi avatar se desplaza haciendo acopio de diversos trucos y poderes que puede utilizar en su aventura. Los villanos a los que me voy enfrentando al atravesar los distintos niveles son reflejos y partes de mí mismo. El decorado de los mundos no cambia, es la clínica, y el contenido del videojuego viene dado por mis experiencias en ella, por mis actividades, por mis reflexiones, por lo que escribo, por lo que siento. Es un videojuego interactivo en el que yo soy protagonista, antagonista y creador a la vez.

Un apunte. En las terapias, tanto con Rafael como con Anais, vuelvo sobre mis pasos a menudo. En estas páginas impera la ley de la progresión dramática y todo va hacia delante, así que no narro de nuevo aprendizajes que ya he trabajado. Pero lo que ocurre en realidad es que regreso continuamente a temas tratados con anterioridad, para reforzarlos o penetrar en las diferentes capas que los componen (sobre todo en el tratamiento de psicoterapia: lo más parecido a pelar una cebolla). Un paso adelante, dos atrás, dos pasos adelante, cuatro atrás, en un baile de lo más variado, compuesto por resistencias, miedos, dudas, arrepentimientos, incertidumbre, impotencia, frustración. Fin del apunte.

Esta mañana le estoy comentando a Anais mi progreso con la *sadhana* y la caña que me pego a veces, con mis exigencias y mis prisas.

—Empieza a hacer las cosas porque quieres hacerlas, por el gusto de hacerlas, no porque tengas la obligación. Nadie te las exige —me dice ella.

Hoy me resulta sorprendente que alguien tuviese que decirme algo tan sensato y evidente, pero es así. Anais me estaba enseñando a darme permiso a mí mismo. Debía de vivir en aquella época asfixiado por mi propio perfeccionismo y por los fantasmas del fracaso.

—Es la culpabilidad de no estar siendo productivo todo el tiempo —murmuro—. Pero me cuesta evitarla, es como si estuviese programado para eso, ¿sabes? Es mi manera de hacer las cosas, no sé.

—No parar.

—Supongo, sí. No sé.

—La motivación es buena, no hay nada malo en ella, como en el esfuerzo o el perfeccionismo. Pero tienes que valorar cuándo se convierte en un enemigo.

—Me paso de frenada, ¿no? —pregunto.

Anais me recuerda lo fácil que me resulta hacerme la vida imposible a mí mismo, sobrecargarme, exigirme, sepultarme.

—Vamos a verlo. Acércate aquí. —Da unos golpecitos con la mano sobre el banco de piedra invitándome a que tome asiento junto a ella y yo me muevo, curioso.

Sopla una brisa de invierno y desde donde estamos sentados veo el valle a nuestros pies. En la lejanía puedo distinguir un *jeep* transitando por un camino forestal. Volvemos a estar en la pérgola, que se ha convertido en nuestro lugar. Anais coge un papel y dibuja una línea continua.

—Este eres tú. Te mueves en esta línea, pero solo usas las esquinas.

—¿Qué hay en las esquinas? —Recuerdo el dibujo de César y me pregunto si será lo mismo, pero no digo nada.

—A eso vamos...

En una de las esquinas escribe: todo. En la otra: nada. No es lo de César, certifico mentalmente.

—¿Todo, nada? —pregunto.

—Funcionas con todo o nada, los polos opuestos. ¿Que me salto la dieta? Me hincho hasta reventar. ¿Que no puedo hacer yoga? No hago nada, me salgo de la clase. ¿Que me llevo una desilusión con alguien? Le saco de mi vida. ¿Ves lo que quiero decir? Eliminas las zonas intermedias. La vida no es blanco o negro, todo o nada. La vida es gris. Eso hace que emocionalmente estés instalado en estas esquinas: vives polarizado. No hay intermedio. No te das permiso. Es o el éxito rotundo o el vergonzoso fracaso. O la responsabilidad tensa o la irresponsabilidad absoluta. O merezco la pena o soy una puta mierda y no valgo nada. Piénsalo.

No hace falta. Vuelve a tener razón, como siempre.

—De esto nos habló el otro día Esther en el taller. Nos dijo que esto era típico de personas perfeccionistas... O sea, yo.

—Lo que tenemos que intentar entre los dos es eliminar el «todo o nada». Sacarlo de tu mente y de tu vida.

—¿Y qué hago?

—Empezar a poner en práctica la «tercera vía»: el gris. Todo lo que hay en esta línea en el medio.

—Es lo mismo que la *sadhana*: los dos pilares. Rigor y tolerancia.

—El único caso en el que esto no se aplica es la abstinencia —apunta.

—Porque los toxicómanos no tenemos ningún control y no hay zona gris posible. Ahí sí que es todo o nada. Y cuando pensamos que controlamos, con las fantasías de control nos pegamos la hostia —reflexiono yo solo en alto.

—Eso es. ¿Que no haces toda la *sadhana*? Bueno, igual haces un poco. Y al día siguiente haces un poco más. Por que no hagas tres ejercicios no tiras toda la práctica a la basura. ¿Que una tarde comes más dulce del que querrías? Vale, pero eso no implica que lances la dieta por la ventana.

—Es un poco lo mismo que el pensamiento positivo, ¿no? Poner el foco en lo bueno... y dejar de ser mi peor juez, mi boicoteador... —murmullo.

Anais asiente y me confirma que está todo relacionado.

—La realidad, no solo tuya, sino la de cualquiera, la mía también, es que ninguno somos ni un éxito ni un fracaso. Somos una mezcla de todo, ¿entiendes? No tienes que ser perfecto en todo, y puedes darte permiso. El error forma parte de ser humanos. Te vas a equivocar muchas veces, Javi, quieras o no.

—No sé por qué, pero es como que busco continuamente en el exterior pruebas de que «soy una mierda». Me expongo yo solo a situaciones que subrayan ese pensamiento. Lo vivo todo como un rechazo. Y no sé por qué. Para qué —me corrijo.

—Te lo tomas todo de manera personal. Vives las cosas como un ataque personal.

—¿Y cómo me lo tomo, si no? Soy una persona.

—Empieza a darte cuenta de que lo que el otro expresa tiene que ver con él, no contigo. Incluso cuando te critica... Cuando criticamos a alguien realmente estamos criticando aspectos propios que no nos gustan. Los vemos en los demás porque los vemos en nosotros. Pero nos resulta más sencillo calzárselo al de enfrente que admitírnoslo. Debes comenzar a discernir que lo que la otra persona expresa o hace tiene que ver con él, no contigo. Y tienes que ser consciente de que tus exigencias te ahogan —remata.

—Pero ¿de dónde me sale toda esta mierda? —pregunto, ofuscado.

—Eso es algo para tratar con tu psicólogo, Javi.

Todos los terapeutas parecen independientes, pero están interrelacionados. Las terapias retroalimentan las demás terapias, que a su vez dan contenido a la siguiente terapia, y así en un círculo eterno. Aquí todo es objeto de análisis. Aunque con cada uno de los profesionales tratamos temas distintos, la realidad es que nos muestran diferentes caminos que al final son el mismo. Es una intervención psicosocial ejecutada como una coreografía programada. Evidentemente esto es algo que sé hoy en día, en aquel momento no. Esos días avanzaba a oscuras, frustrado, confiando.

—Lo que yo estoy intentando decirte es que vives bajo una pila de exigencias que es imposible que llegues a cumplir. Tienes que soltar. Pero, ojo, si tenemos en cuenta esta línea, exigirse no es malo. Motivarse no es malo. Esforzarse no es malo. Lo que no es sano es que te lleves todo eso a estas esquinas: o me exijo todo o no me exijo nada. Pasa lo mismo con las palabras *siempre* y *nunca*. ¿Las dices mucho?

—Todo el tiempo, claro.

—Pues no. Vamos a sacarlas de tu vocabulario.

—¿Por qué?

Me pone un ejemplo:

—«Siempre me dejan», «Nunca consigo lo que quiero»... ¿Dices estas cosas?

—Mmm, no sé si las digo, la verdad —contesto.

—¿Las piensas? Ya te digo yo a ti que sí, mucho más a menudo de lo que crees.

Otra vez la sensación de que Anais me conoce mejor que yo mismo. ¿Seré un caso de estudio en el programa de trabajo social? ¿Soy tan poco original que se me puede definir en un libro que se estudia en la universidad? ¿Cómo sabe todas estas cosas?

—Supongo, sí.

—¿Y es cierto?

—No quiero contestar, porque siempre tienes razón. Paso.

—¿En todas las relaciones que has tenido te han dejado? ¿No ha habido una sola vez en tu vida en la que hayas conseguido lo que querías? Haz memoria —insiste ella.

—Ya te pillo. Todas, todas, no.

—Entonces en vez de decir «Siempre me han dejado» o «Nunca consigo lo que quiero», serían más acordes a la realidad «Me han dejado muchas veces» o «Algunas veces me han dejado» o «En ocasiones no consigo lo que quiero», ¿no?

—O sea, resumo: tengo que abandonar los absolutos y darme un respiro.

—No consigues nada machacándote. Solo acumular tensión e ir llenando la olla hirviendo.

—Hasta que rebosa y me explota en la cara.

Anais me mira. Por momentos me ataca la sensación de estar en presencia de una figura maternal comprensiva, paciente y cariñosa. Otras, sin embargo, se me asemeja al general Patton.

—¿Quieres apuntarlo en tu diario? —pregunta.

Sí que quiero, pero no estoy dispuesto a que tenga razón también en esto, así que niego. Necesito ganar algún movimiento de esta partida, no rendirme.

—Sí estás deseando apuntarlo, mira cómo se te mueven los pies.

Evidentemente, termino apuntándolo.

En el grupo de socioterapia, Anais nos entrega una hoja fotocopiada que lleva por título *NO*. Es un poema, un escrito, una reflexión lírica, no sé cómo definirlo, de un tal Hugo Finkelstein. Anais nos anuncia que vamos a trabajar cómo decimos «no» para que seamos conscientes de lo mucho que nos cuesta. Hoy en la sala hay una atmósfera extrovertida y se pueden sentir las ganas de diversión que nos dominan, así que inmediatamente nos lanzamos a coro a hacer chistes con el archifamoso anuncio de «Di no a las drogas». Anais, resignada, deja que nos cachondeemos unos momentos, antes de entrar en faena y comenzar a leer.

«No» es no y hay una sola manera de decirlo. No. Sin admiración, ni interrogantes, ni puntos suspensivos. «No» se dice de una sola manera. Es corto, rápido, monocorde, sobrio y escueto. No. Se dice una sola vez. No. Con la misma entonación. No. Como un disco rayado. Un no que necesita explicaciones y justificaciones no es un NO. «No» tiene la brevedad de un segundo. Es un no para el otro porque ya fue para uno mismo. «No» es NO, aquí y muy lejos de aquí. «No» no deja las puertas abiertas ni entrampa con esperanzas, ni puede dejar de ser NO, aunque el otro y el mundo se pongan patas arriba. «No» es el último acto de dignidad. «No» es el fin de un libro, sin más capítulos ni segundas partes. «No» no se dice por carta, ni se dice con silencios, ni en voz baja, ni gritando, ni con la cabeza gacha, ni mirando hacia otro lado, ni con símbolos devueltos, ni con pena ni menos aún con satisfacción. «No» es no, porque NO. Cuando el no es NO, se mira a los ojos y el no se descuelga naturalmente de los labios. La voz del no no es trémula, ni vacilante, ni agresiva y no deja duda alguna. Ese NO no es una negación del pasado. Es una corrección del futuro.

Hoy que soy capaz de decir «no» sin culpa, y que no me tiemblan las piernas al hacerlo, este texto me resulta una ñoñez remilgada, pero sospecho que en aquella época lo encontré necesario y reparador, merecedor de toda mi atención, porque esa misma noche lo colgué en el corcho de mi habitación, sobre mi cama. Ahí se quedó hasta que abandoné la clínica.

Aunque todavía no he pasado oficialmente de fase, Anais me comunica que estoy preparado para tener mi primera acogida y me anuncia que el equipo terapéutico ha decidido asignarme una, que me presentarán cuando ingrese, en unos días.

Escribo en mi diario:

Me han dado mi primera acogida. Me ha hecho mucha ilusión. Siento también una gran responsabilidad. Me va a venir muy bien para entrenar mi «entrega a los demás». Tiendo a entregarme mucho, a olvidarme de mí, así que me va a servir para trabajar todo esto. Que me la hayan asignado antes de pasar de fase es un voto de confianza. Voy a aprender mucho, estoy seguro.

Llevo varias sesiones tratando el tema de mis padres con el psicólogo: cómo me afectó su visita, qué conclusiones saqué de esas horas que pasé con ellos, los sentimientos que he almacenado después de verlos, qué se ha removido en mi interior. Haciendo un desvío, recuperamos el tema de mis relaciones amorosas, pero esta vez también incluimos cualquier tipo de relación de amistad. En cuestión de pocos minutos reaparece, como un torrente, mi dependencia emocional, la falta de límites autoimpuestos. Me implico con las tripas, me diluyo en el otro, satisfago mis necesidades con el otro, pongo el poder en el otro y Rafael me señala, acertadamente, que nadie nunca podrá llenar mis propios vacíos.

—La autonomía que tanto dices desear comienza por trabajar los límites de tus relaciones, tus espacios. ¿Qué crees que se esconde detrás de tu ausencia de autonomía, de esa dependencia? —me pregunta.

—¿Pavor a estar solo? —respondo en un susurro.

Rafael asiente, y se recoloca las gafas con un gesto suave.

—Pones las necesidades y sentimientos de los demás por delante de los tuyos, porque quizá crees que esa es una manera de asegurar su compañía. Si le soy útil, si le caigo bien, no me dejará solo. Le das el poder a la otra persona. No te priorizas. No te posicionas. No expresas tus necesidades ni tus deseos. Esperas que sean adivinados. Das, pero no sabes pedir, porque admitir lo que necesitas te da vergüenza y...

—Miedo —me adelanto.

Rafael se queda en silencio, mirándome. Está sentado en su sillón orejero y la luz anaranjada de la tarde entra por la ventana, dejándole en contraluz. Puedo ver las motas de polvo surcando el aire a su alrededor.

—Dando me siento bien, cómodo, en control. Pero pedir me horripila, me hace sentir necesitado, vulnerable, me aterra el rechazo —confieso.

Es cierto, exceptuando un caso, mi círculo afectivo en Madrid es un desastre casi inexistente, porque no he sabido construir relaciones verdaderas, ni íntimas. El disfraz que he confeccionado, de un superhéroe autosuficiente y poderoso, ha impedido que lleguen a conocerme. Por vinculación directa, Rafael menciona mi vida sexual y cómo he utilizado el sexo como otra forma de validación y de respeto.

—Un ser humano tiene valor por el simple hecho de haber nacido. Es un valor inherente. No necesitas nada más, Javi. Si alguien no quiere valorarte a partir de eso, es su problema. No es el tuyo.

—Lo del sexo es cierto. Me he follado a gente solo para poder contar que me los había follado. O sea, supongo que tendría ganas, pero sí, en muchas ocasiones lo he hecho para luego contarlo. Para apuntarme una medalla. Para sentirme mejor.

—¿Y cómo te hace sentir eso ahora?

—Muy triste.

—Lo conviertes en una herramienta al servicio de la vanidad y del ego y no en un fin en sí mismo, placentero. Y así te pierdes lo mejor que puede darte. Lo importante es la calidad, no la cantidad —dice Rafael. Recuerdo que es algo que ya me ha dicho Anais. Me parece mentira estar hablando estas cosas—. Y esto es algo que puedes aplicar a prácticamente todo en tu vida, Javi. Es una frase hecha que oímos a menudo, la decimos todo el tiempo, pero no nos paramos a ponerla en práctica. ¿Qué estás pensando? —me pregunta.

—Que he vivido demasiado pendiente de la opinión de los demás, incluso adelantándome a lo que piensan de mí, intentando adivinar el efecto que causo sobre ellos. Si tenía pareja, siempre he sentido que me validaba socialmente y lo pregonaba a los cuatro vientos y me entregaba y luego lo jodía todo y vuelta a empezar. Si tenía pareja significaba que merecía tenerla y, por lo tanto, era respetable y digno de cariño, parecía pensar, ¿sabes? Existen dos patrones opuestos que se dan en mi vida: miedo a estar solo y miedo a que me hagan daño, que tienen como consecuencia una colección continua de relaciones carentes de intimidad real. O la de engancharme a imposibles que desde el comienzo sé que no van a ningún lado pero que subrayan el pensamiento interno de «no soy capaz», «no merezco nada bueno», «no valgo»... El problema es que así pongo mi valía en cualquier lugar que no soy yo. Mi valía tiene que venir de mi interior, no de cómo los demás se comporten conmigo. No quiero serme infiel a mí mismo...

Escucharme decir estas palabras en voz alta me sorprende. A menudo me ocurre en las terapias con Rafael: se abre una exclusa que derrama un contenido que ni siquiera sabía que cargaba dentro.

—Así construirás una base segura que te permita sostenerte en momentos de adversidad ¿Dónde encontrabas la seguridad en tu infancia? —Rafael cruza la pierna.

—Supongo que en mis padres, como cualquier niño, ¿no? —Bucear en mi infancia me cuesta.

—¿Algo que recuerdes?

—No... —digo, reticente.

—¿Y cuando no estaban?

De inmediato me asalta un flash, sustraído directamente de mi memoria, como si lo hubiesen arrancado con tenazas. Me sobreviene la imagen de estar en casa, de pequeño, frente a la puerta, subido a un taburete observando por la mirilla, esperando a que mis padres volviesen de cenar. Cada vez que salían, aunque nos dejaban a mi hermano y a mí con mi abuelo, yo pasaba horas detrás de la puerta, con el ojo pegado al círculo, esperando su llegada. Y hasta que no regresaban era incapaz de relajarme e irme a la cama. Se lo cuento a Rafael, impresionado por el recuerdo.

—Has dejado tu amor propio y tu seguridad en manos de otros, y eso te hace sufrir. Y sufrir, por mucho que nos eduquen en lo contrario, con esa conciencia católica de la culpa, el castigo y el esfuerzo, no sirve de nada. No es necesario sufrir. Nos vemos en tres días —finaliza Rafael.

Anais me informa de que mi acogida es periodista musical, aunque lleva años sin ejercer, y maniaco-depresivo, adicto a la cocaína y la heroína, con varios intentos de suicidio y varios centros a sus espaldas. Por el momento, le tienen con dosis altas de todo tipo de pastillas. Una perla.

Cuando me lo presenta, su aspecto me asombra. Es un hombre de tez morena y pelo rapado, entradas profundas, con perilla. Debe de rondar los treinta y pocos. Tiene la boca semiabierta, de labios finos, la frente amplia, los pómulos carnosos y los ojos difuminados tras un velo de medicación. Bajo ellos, bolsas y ojeras violetas hinchadas, probablemente efecto de la falta acumulada de sueño. Sus manos son gruesas y peludas, al igual que su cuerpo. Al verlo pienso en un oso anestesiado. Viste de manera formal y con colores grisáceos, con chinos y un jersey de pico de marca. Me presento. Él reacciona intentando darme la mano, su peso muerto. Le ayudo a completar el gesto.

—Te vamos a dejar descansar un rato, Mario. ¿Te parece? —le sugiere Anais.

Mario mueve el cuello despacio, aunque no asiente del todo. Reacciona a nosotros, pero no es capaz de moverse libremente. Anais y yo entendemos que nos ha dicho que sí, así que salimos del cuarto para permitirle dormitar y cerramos la puerta.

—¿No había uno que estuviese mejor, con las facultades más... intactas? —pregunto.

—Te va a venir muy bien. Es un chico encantador —me apunta ella—. Deja de quejarte por todo.

Varios días más tarde Mario empieza a asemejarse a una persona. Es capaz de mantener una conversación y, aunque continúa existiendo en una nube de placidez farmacológica, el efecto ya no es tan extremo y le permite desplazarse por la clínica e interactuar tenuemente con el entorno. Deciden colocarle en una habitación de mi pasillo, cercana a la mía, pared con pared con César. Mario, como César, es TLP, así que consideran que tener a su acogida, yo, y a otro paciente como él de referencia le hará bien. Viviendo a unos metros podemos controlarle y estar atentos a lo que necesite. En esos días me dedico a explicarle a Mario el funcionamiento general de la clínica, aunque al ser diagnosticado como patología dual seguirá un horario especial, diseñado especialmente para sus circunstancias, con el resto de los pacientes duales. Solo coincidiremos en las terapias de grupo y en los espacios autogestionados.

Como forma de integrarle, a César y a mí se nos ocurre distraerle poniéndole canciones. Ya que era periodista musical, suponemos que eso le gustará. Mario tiene un conocimiento enciclopédico del *rock and roll* y de cualquier tipo de música que le enseñemos. Identifica todos los artistas, los años y lugares de grabación de los temas, los productores musicales con los que los hicieron. Da igual que sean los Rolling que Daft Punk que Jobim que Mina que Astrud que Juliette Gréco que Rocío Jurado. Lo conoce todo. César y yo convertimos el entretenimiento en un concurso de talentos en el que él siempre resulta ganador. Nos pasamos varias tardes con él dedicadas a que nos demuestre todo lo que sabe. Los primeros días, además de conversar de música, a Mario también le distrae hablar de nihilismo, de corrientes conspiranoicas que relacionan ciertos hechos históricos con el fin de la humanidad, de conjuros oscuros, asesinatos, sangre, cortes y automutilaciones, y se ríe cuando habla de rajar vísceras. Descubro que también es un amante del cine y de los libros, aunque lleva años sin leer ni ver películas, porque ha estado centrado exclusivamente en intentar quitarse la vida y en drogarse. Resulta que tengo muchas más cosas en común con Mario de las que parecía.

Al poco tiempo, escribo lo siguiente en mi diario:

Tener una acogida está resultando muy terapéutico. No le juzgo y estoy aprendiendo tolerancia, aunque la mayor parte de las cosas que dice me pongan los pelos de punta. Estoy pasando por muchas etapas y me parece muy interesante la relación que establezco con él: de libertad, dejándole su espacio y rigor. Otro lugar donde necesito y quiero trabajar el equilibrio. He sido una persona muy absorbente, tan inclinada a ayudar (¿he querido a ayudar o he querido ser necesitado por otros?) que muchas veces esa ayuda me anula a mí, porque pongo a la otra persona y mi responsabilidad hacia ella por encima de mí. Me desvivo no POR los demás, sino EN los demás, dándolo todo. Así que me está resultando muy útil lo de la acogida para empezar a establecer mis límites, con relación a mí y a los demás: hasta aquí te ayudo, esto depende de ti, me voy a la habitación a escribir o a descansar (y no sentirme culpable de dejarle a su aire) y también saber cuándo sí es necesaria mi ayuda (por ejemplo, anoche, que tras veinticuatro horas encerrado en la habitación le obligué a que se vistiera y se bajara conmigo a cenar). Creo que en mi vida he dado muchísimo y que, como me dice Rafael, si doy tanto, ¿qué me queda para mí? Otro nuevo equilibrio a tener en cuenta: entre dar y recibir.

—¿Qué pasó con Néstor? —me pregunta Rafael.

He mencionado a Néstor en alguna de las terapias: el novio que me dejó y que impulsó mi primera visita a la psicóloga en Madrid.

—Nada... Después de ocho meses, acabamos a hostias en unas vacaciones en Ámsterdam, delante de mi hermano, que vivía allí. Rompimos. Cortó conmigo en mitad del viaje. Desaparecí toda la noche, los dejé tirados y estuve drogándome y follando en saunas. Luego volví a la casa y acabamos zurrándonos. Se me fue de las manos. Me pudo la rabia.

Rafael no dice nada. Espera a que yo mismo continúe, para evitar el silencio que se cierne sobre nosotros.

—Él tuvo que salir por patas, ayudado por mi hermano. Creo que esa fue la primera vez que pensé que tenía un problema... Mi hermano me dijo que la persona que vio no era yo, que le di... miedo. Néstor y yo regresamos a Madrid, cada uno por su lado. Me sacó de su vida. Yo me sentía fatal, ahora sé que era la culpa que me asfixiaba... Entonces pensaba que era el desamor. Le escribí una carta pidiéndole disculpas... No para retomar la relación, o quizá sí, yo qué sé. Quería que... me perdonase. Necesitaba que me perdonase. Pero nunca me respondió. Supongo que cualquiera que tuviese dos dedos de frente me habría evitado. Fue una época muy chunga. Pero bueno, pasé por varios terapeutas y ninguno... No estaba preparado para escuchar ciertas cosas.

Estamos sentados de nuevo en la sala donde hago terapia, frente a frente. He ido haciendo un resumen rápido de los hombres con los que he tenido una relación sentimental estable, a los que he considerado parejas. Relaciones que en un tanto por ciento bastante elevado he destrozado o me han aniquilado. Fracasos sentimentales basados en mentiras, abandonos, maltrato emocional e inmadurez. Rafael me escucha recostado en su sillón. Me está creciendo el pelo y tiendo a juguetear, mientras hablo nerviosamente, con alguno de mis mechones. Me incomoda retomar el tema de mis relaciones amorosas con ese hombre que hace tres meses no sabía ni que existía. Es extraño abrirse frente a un desconocido.

—¿Qué crees que pasaba con Néstor que te hacía actuar así?

Me encojo de hombros. Estoy exhausto. No quiero seguir pensando.

—Era una relación cómoda..., pero no sé si realmente me gustaba. El sexo era un cuadro. Ahora no me imagino estando con él, por ejemplo. Estaba bien, pero... no era suficiente. No había..., no sé cómo definirlo..., ¿pasión? ¿Fuegos artificiales?

—¿El amor son fuegos artificiales?

No sé qué responder.

—Quizá cuando eres un adolescente y estás ávido de experiencias y de vida y quieres comerte el mundo. Pero en una etapa más adulta el amor se transforma en un sentimiento sosegado, silencioso. Lo demás son historias de ficción que nos venden para que sigamos viendo películas.

—Puede ser, sí... —admito.

—¿Entonces?

—No sé. Eso. Que era un coñazo —sentencio.

Quiero dejar de hablar de Néstor y del amor y de mis romances. Me hace sentir sucio, como un malhechor.

—¿Un coñazo?

—Sí, un tío aburrido, sin vida, no sé, gris. Gris no, era un tío normal.

—¿Qué te resultaba tan aburrido de él?

Suspiro, nervioso. Me recoloco en el sillón. Me gustaría ver cuánto falta para acabar la sesión, pero no tengo reloj ni móvil.

—Ya sé lo que me vas a decir —le aviso.

—Solo quiero saber qué te resultaba tan aburrido de él, Javi.

—Pues eso, que lo tenía todo en su sitio. Tenía un trabajo común, intereses... vulgares, típicos. No era espontáneo, no improvisaba, no vivía con intensidad. La cabeza sobre los hombros. Una vida normal en su piso alquilado...

—¿Y crees que todo esto que acabas de decir es algo malo?

—En aquella época yo estaba muy confundido. No soportaba la normalidad. Estaba enganchado al drama, a vivir intensamente, a sufrir, a castigar y castigarme... Tenía problemas. No pensaba. Me movía por impulsos. Era irreflexivo. Era tóxico. Dañino. —Las palabras brotan de mi boca.

Ahora el silencio domina la habitación y yo paseo la vista por ella, convencido de que la he salpicado con mi inmundicia.

—¿Te sientes incómodo?

Me tiembla la garganta y puedo sentir las venas de mi cuello hinchándose. No respondo.

—¿Tú dirías que Néstor te quería?

Asiento con la cabeza. Rafael me observa, sin desviar la mirada.

—Por eso era aburrido, supongo. Porque yo sabía que me quería —consiento, en un susurro.

—¿Y no mereces que te quieran?

—No sabes las cosas que he hecho... He sido un monstruo...

—Me hago una idea. ¿No mereces que te quieran?

Silencio.

—¿Es por eso por lo que sales huyendo de cualquier cosa que tiene continuidad y la revientas? ¿Puede ser miedo a que te quiten la careta y descubran que tu piel está toda quemada?

¿Puede ser que creas que si mantienes una relación en el tiempo y compartes una vida normal llegará el día en el que descubrirán que no eres más que eso, un monstruo? Si te quieren, tú mismo te encargas de apartarles. Haces lo imposible por que salgan huyendo de ti. Te aseguras de que ni siquiera pueda haber reconciliación, porque lo haces estallar todo de tal manera que sabes que no habrá vuelta atrás. ¿Te das cuenta de todo el dolor que tienes ahí dentro acumulado? Yo te escucho y no distingo maldad, solo veo dolor.

—Llevo toda la vida mendigando amor en cualquier sitio. No tengo dignidad. Y si no es amor, es admiración. Cuando lo obtengo no me parece suficiente —confieso—. Toda la vida he querido que me quiera todo el mundo. Es una puta mierda. Así que salgo a buscar más. Pero nunca es suficiente.

—¿Y tú?

—¿Yo qué?

—¿Tú eres suficiente? ¿A ti alguien te ha dicho que eres suficiente? ¿A ti alguien te ha hecho saber que sí mereces que te quieran? ¿Que mereces ser feliz?

Percibo cómo una lágrima silenciosa brota de mi ojo izquierdo, se derrama y me recorre la cara.

Esa tarde, en el taller de expresión corporal, hacemos ejercicios de estiramientos y posturas para aprender a activar y a relajar el cuerpo. Trabajamos la respiración, la amplitud de los gestos y los músculos. La sala de Hormigas está llena con todos los pacientes de la clínica que, como una compañía de ballet con problemas psicomotrices, intentamos seguir las indicaciones de la conductora del taller. Todos acudimos a este tipo de actividades con la ropa más cómoda que tenemos para hacer deporte y mancharnos si es necesario, así que, si normalmente parecemos enfermos desarraigados, en estos talleres sería sencillo confundirnos con vagabundos que intentan hacer gimnasia: camisetas rotas, pantalones repletos de agujeros, calcetines con tomates, zapatillas machacadas... La monitora se desplaza entre nosotros, dándonos indicaciones, meciéndonos con su voz al ritmo de la música. Nosotros tan pronto estamos sentados tocándonos unos a otros, explorando nuestros huesos y tendones con las manos, interviniendo digitalmente zonas de nuestro cuerpo a las que no hemos prestado nunca atención, como paseando en círculo o dando vueltas sobre nosotros mismos con los brazos en el aire y dejando la cabeza caer, descansando sobre nuestro pecho.

Como siempre, una vez que terminamos nos sentamos en el suelo, formando el círculo para poner nuestra experiencia en común. Después de estos talleres se suele sentir una cálida ligereza adueñarse de la sala y de todos nosotros. Supongo que, como vengo de estar arañándome las entrañas con el psicólogo, hoy no formo parte de los ligeros.

—¿Cómo os habéis sentido? —nos pregunta.

Escucho a mis compañeros murmurar «Bien, bien...». Decido, no sé por qué, ser sincero y enfrentarme a cómo me he sentido. Fuera. Incomunicado. Disociado. Harto.

—Ridículo —admito en alto.

Veo que la conductora del taller arquea las cejas, sin perder su sonrisa.

—Me gustó más lo del otro día, lo del bosque —convengo.

Me refiero al último taller, en el que nos llevó al bosque de paseo y nos hizo gritar «¡NO!» de mil maneras distintas. En el que nos enseñó a adueñarnos de las negativas y vocearlas con dedicación y libertad. Esa tarde invertimos varias horas en caminar a través de senderos y naturaleza, de árboles y caminos de piedra, vociferando esa palabra que niega y que tanto nos cuesta a los toxicómanos decir. No, no, no, no, no, no, no.

—Esto está bien, Javi. ¿Quieres explicar por qué te has sentido ridículo hoy? —pregunta.

—Porque sí, porque sentía que estaba en un psiquiátrico, rodeado de locos. Me he sentido como Jack Nicholson en *Alguien voló sobre el nido del cuco.* No sé para qué sirve todo esto.

Percibo la incomodidad y la sorpresa de algunos compañeros, que no entienden por qué estoy diciendo estas cosas, cuando por lo general no suelo declararme enemigo de este tipo de ejercicios.

—Ya veo. ¿Solo por moverte te has sentido loco?

—No, por la vergüenza.

—Pero solo estabas moviendo tu cuerpo.

—Ya.

—¿Y cuando estás afuera, cuando llevas a cabo tus proyectos?

—¿Qué pasa?

—¿No te mueves? ¿Nunca te mueves, por vergüenza?

Experimento la rabia que se apodera de mí. No tolero que me radiografíen en público de esta manera abstracta y, a la vez, tan acertada. En otro momento de mi vida contestaría con ironía y despecho, haciendo pedazos verbalmente al interlocutor, obligándole a claudicar con mi ocurrencia nociva. Ahora no. Ahora estoy aprendiendo a escuchar y a no actuar mis impulsos. Me mantengo callado.

—Sin movimiento no hay vida, no hay posibilidades. Vivir paralizado ante el miedo no es vida. ¿Entiendes? El movimiento es fundamental, Javi.

Por la noche escribo en el diario:

Quiero aprender a no vivir todo lo que ocurre que escapa a mi control como algo «mío». Aprender que las actitudes y acciones de los otros son su libertad y que eso no lo puedo vivir desde mí, como si todo empezase y terminase en mí, porque no tienen nada que ver conmigo, sino con sus decisiones y sus anhelos personales. Creo que en el fondo este proceso no es más que aprender a quererse a uno mismo, a escucharse, a tenerse en cuenta, a poder identificar mis emociones, hacerme responsable de ellas y controlarlas para que ellas no me controlen a mí.

Un poco más adelante, en la misma página:

Mi acogida, Mario, no tiene un buen día, está bastante bajo. Enseguida se disparan en mí los resortes conocidos de pensar que no lo estoy haciendo bien, que es culpa mía por no hacerlo bien, no recibirle bien, no hacerle suficiente caso, pero luego me digo que no es cierto, que estoy pendiente de él, que hablo con él, que les comento a los monitores su estado, que intento acercarme sin avasallar. Y enseguida me doy cuenta de que sí creo estar haciéndolo bien, de hecho, muy bien. Pero que él también tiene su espacio, sus problemas, sus bajones y que todo eso no me lo puedo achacar a mí. Aún noto las prisas en mí, ese deseo de hacerlo todo a la vez, de querer siempre más. De querer hacerlo de manera perfecta, inmaculada. Creo que aún necesito mucho trabajo en mí mismo.

Uno de los requisitos esenciales para pasar de fase es, además de haber transcurrido un tiempo preciso (seis semanas) ingresado, realizar un informe para Anais sobre la Fase 1, contestando a preguntas del equipo terapéutico. Es un empujón a la reflexión, una ayuda por escrito a penetrar en la experiencia de nuestro paso dubitativo por el proceso.

Lo redacto a lo largo de un fin de semana entero, tomándomelo muy en serio, porque lo recibo más como una oportunidad de poder resumir, ordenar y analizar mis aprendizajes hasta el momento que como una imposición burocrática. Así que me concentro en hacerlo lo mejor posible, y eso tiene como consecuencia directa que paso varios días aislado, releyendo mis diarios, escribiendo, como en la actualidad escribo también estas líneas, regalándome tiempo a mí mismo para poder pensar sobre lo que he vivido hasta ahora. Finalmente, el informe, exhaustivo y dedicado, tiene casi diez páginas. Se convierte en mi lista personalizada de Spotify de los *greatest hits* de la clínica, y mientras lo escribo no puedo evitar tener la sensación de estar cerrando una puerta para abrir otra. Estas son algunas de mis conclusiones, que escribí así, en metralleta, separadas por puntos:

Siempre que me enfado, hay algo que me está tocando emocionalmente. Lo importante es lo que subyace al cabreo. Cuando aparece el cabreo, se borra parte de la «responsabilidad personal». ¿Por qué necesito el permiso de los demás, mis padres incluidos, para no sentirme culpable por mis actos? Es muy importante tener las ideas claras para uno mismo, pero también «ponerlas en juego»: dar-recibir-dar-recibir. ¿Estoy cambiando o solo me estoy llenando de ideas nuevas? Lo importante es hacer un proceso y hacerlo implica un cambio: hacer las cosas de manera diferente. La autenticidad y la estabilidad residen en la coherencia entre lo que hago (cuerpo), lo que siento (vientre) y lo que pienso (cabeza). Mucho dolor proviene de que esas tres partes de mí mismo no estén en consonancia. Hago a los otros y me comporto con ellos como mis padres hicieron y se comportaron conmigo. Resultado: yo me siento asfixiado y asfixio a los demás. Comportarme como quiero ser, no como se espera que sea, sin culpabilidad y sin reproches. Eliminar el «todo o nada». No tengo por qué rendir cuentas a nadie. Yo soy mi peor enemigo y mi peor obstáculo. Para poder quererme, tengo que saber quién soy. Estoy tan preocupado criticándome y flagelándome, que no veo lo bonito que el otro ve en mí. Muchas veces son mis propias estructuras, mis propias previsiones, las que me autocensuran, me paralizan, me impiden crecer y disfrutar. Antes de compartir, por voluntad propia, con los demás, es importante compartir conmigo mismo, atender a mi mundo interior, mucho más importante que el exterior. No adelantar acontecimientos. Día a día. La importancia de vivir realmente el presente. Darme permiso para vivir el momento. Aprender a «dejar ir», a permitirme sentir dolor y pérdida. Es parte de la vida. Hablar con sinceridad, desde la humildad y el respeto. Ser constructivo. Es la mejor manera de comunicarse y vincularse con el otro. Dejar de compararme. Solo me produce ansiedad. Esfuerzo, constancia, progresión, dosificación. El aprendizaje y los procesos de cambio llevan su tiempo. Paciencia. Paso a paso. Es importante aceptar y comprender el momento en el que estoy. Valorar las pequeñas cosas y lo que es, no lo que me gustaría que fuera. No querer siempre más. Disfrutar lo que me da la vida y no ser infeliz por lo que no me da. Pensamiento positivo. Priorizarme. Soltar el control: no tengo control sobre las cosas ni las decisiones de otras personas, solo sobre mis actitudes y pensamientos. La meta es el camino.

Una mañana despierto y ya estoy en Fase 2. He pasado ingresado mes y medio y he trabajado mucho. Soy capaz de reconocérmelo a mí mismo, sin arrogancia ni vanidad, con objetividad. He conseguido permanecer más de dos meses, contando con la temporada que pasé en Bilbao, sobrio. Mi vida está tomando, paso a paso, un nuevo rumbo.

Sergi y Diego también han pasado de fase. Ahora podemos mirar a los demás por encima del hombro y pasearnos por el patio y por las habitaciones dando consejos y moviendo los brazos y las piernas como un grupo masculino de *trap* o *k-pop*, controlando el cotarro, dirigiendo la movida, seduciendo a las nenas (los nenes en mi caso, aunque no seduzco a nadie, esto es pura ficción), partiendo el bacalao.

Hemos ascendido en la escala social de los adictos encerrados. El que no se consuela es porque no quiere.

6

Mientras el resto de los pacientes siguen intentando perfeccionar posturas de yoga, los de Fase 2 acudimos a los siguientes espacios: taller médico (lunes), prevención de recaídas (martes), gestión de las emociones (miércoles), relaciones (jueves) y habilidades sociales (viernes). Las terapias, los talleres y los grupos subsisten retroalimentándose en un continuo donde es imposible delimitar dónde acaba cada uno y qué fomenta qué, como en una ficción circular de Christopher Nolan. Todo está conectado.

La noche después de cambiar de fase hablo con mi madre por teléfono y le explico ilusionado que ya soy un veterano, que Anais me dice que estoy haciendo un trabajo estupendo. Casi todos mis avances y descubrimientos se los certifico a mis padres con el sello de los profesionales, porque entiendo que mi palabra, por el momento, no es garantía de nada. Necesito ser validado por la seguridad de la institución. Transcurren varios minutos en los que ella escucha y yo desgrano las actividades, los nuevos conocimientos atesorados, las salidas que tengo que comenzar a planear. Al terminar mi monólogo, ella se mantiene en silencio al otro lado. Aunque aquella noche posiblemente sintiera su ausencia como dejadez o hartazgo o desconcierto, hoy comprendo que era temor a no decir lo correcto, las frases que quizá pensase que yo esperaba de ella. ¿Cómo adivinar las palabras que necesita oír otra persona?

—¿Mamá? ¿Estás? —pregunto, cauteloso.

—Yo de esas cosas no sé, Javi, si te ayudan... —murmura ella.

Percibo la incomunicación resultante no ya de la diferencia generacional y educacional que nos separa, sino de habitar planetas distintos, mundos desconocidos para el otro. ¿Cómo encontrar un lenguaje común? ¿Cómo conseguir que se vaya la extrañeza de su voz?

—Me están ayudando —le aseguro, convencido.

—Eso es lo importante —recupera su tono confiado—. Que tú estés bien y que pronto puedas volver a ser quien eras, ¿verdad, hijo?

No sé si el objetivo es volver a ser quien era o, por el contrario, convertirme en alguien muy distinto, pero no se lo digo. Le explico, gratuitamente y sin venir a cuento, efecto directo del universo reflexivo en el que yo permanezco y ella no, que imponer la perfección como forma de vida solo trae miseria, mentiras, alejamiento, infelicidad, culpa, vergüenza y castigo.

—¿Qué intentas decirme? —me pregunta, prudente.

—Que nos toca relajarnos. Que no estamos tan mal como nos pensamos, mamá.

Al colgar el auricular, recuerdo cuando me repetía que si no me había muerto era porque Dios no había querido y que algo debía de tener pensado para mí, porque ya desde muy pequeño era un diablo incontrolable: me comía todos los chicles pisados que veía por la calle, me colgaba de ventanas, me tomaba pastillas que robaba de bolsos, me tiraba pintura por encima en bodas familiares, vivía urdiendo una trastada tras otra. Según ella, el haber sobrevivido quería decir que algo grande debía de haber planeado alguien para mí. Llevaba toda la vida escuchando esas historias sobre mí mismo.

Salgo al patio, tenuemente iluminado por las farolas que lo custodian, a tomar el aire. Puedo ver el cielo coronado por una luna enorme. La conversación me ha dejado un regusto ocre, a óxido húmedo. Distingo a Natalia entre las sombras, sentada en un banco hecha un ovillo, como una armadura de piel y huesos guarecida por la noche, fumando. Me acerco a ella y me siento con un sonoro suspiro, vaciando mis pulmones, escupiendo la insatisfacción. Reparo en las idas y venidas de otros pacientes, que conforman el ballet nocturno de entradas y salidas de la garita del monitor. Hemos superado otro día más. Me invade la melancolía. Oigo a los caballos relinchar a lo lejos.

—Es una puta mierda lo de hablar con la familia, ¿eh? —Por el movimiento rítmico de sus pies, sé que es posible que ella venga del mismo lugar que yo, del otro teléfono, de su vida.

Las ramas de los árboles también suspiran esta noche, como nosotros, mecidas suavemente por un viento desorientado. Diviso a los perros dormitando a la puerta del edificio de despachos, ajenos a nuestros sentimientos. Natalia me ofrece un cigarro, que acepto, en silencio.

—Yo ya tengo la ansiedad por las nubes. Me he cascado ahora mismo un diazepam. Mi madre es un factor de riesgo clarísimo. Me dice que seguro que estaré delgada pero demacrada, porque la droga se habrá comido todos mis músculos. Y ella con un ataque de asma; la están tratando con cortisona que dice que le da depresión. Es esa mierda, que la hincha, y ya sé yo que estará jodida y aburrida.

—Y entonces a joder a otros para matar el tiempo, por ejemplo, a ti. Mira ahora cómo estás. —¿Hablo de ella o más bien de mí?

—Tú no estás mucho mejor, ¿eh? A ver qué haces aquí fumando si no. Es que somos hipersensibles. Y luego mi hermana gritándome toda chinada que cómo no voy a Eurodisney, que las niñas quieren que vaya, que me lo paga ella, que no pienso más que en mí.

—Pero ¿tu hermana sabe que estás ingresada?

—Claro. En mi familia estamos todos tronados. No nos escuchamos. Mi familia es tope disfuncional, Javi.

—Como todas —reconozco.

—Y le oigo a la niña que dice por detrás: «¿Es la tía Natalia, mamá?». «Sí, es la tía Natalia, cariño, que ya sabes que está loca.» Le digo que cómo le dice eso a la niña, y ella me echa en cara que tendría que ir a Eurodisney, y entonces oigo a la niña preguntar si es que no voy. Y mi hermana le contesta: «No, no viene, la tía

Natalia no quiere venir, no quiere ir con vosotras, cielo». Y yo al teléfono callada, flipando, sin saber qué decir.

—Tienes que posicionarte, Natalia. —Hago recomendaciones que no sé aplicarme.

—Pero ¿dónde cojones se piensa mi familia que estoy? Y me jode porque tendría que decirle asertivamente a mi hermana que es una hija de puta y expresar mis necesidades y deseos, pero me quedo callada. Me bloqueo.

Natalia lleva unas gafas de sol de imitación de Dior que le cubren el rostro, sin importarle que sea noche cerrada y que no tenga ningún sentido llevarlas en la oscuridad. Distingo su chándal de terciopelo azul con una camiseta apretada que marca la voluptuosidad de sus pechos pecosos. No sé qué más decirle, porque yo tampoco tengo respuestas, así que me quedo callado. Vuelvo a suspirar.

Anais me anuncia que debemos empezar a preparar mi siguiente salida al exterior. Dentro de dos semanas, bajaré a Barcelona con dos compañeros y pasaremos el día juntos en la Ciudad Condal. La idea de salir de nuevo me produce una mezcla de sensaciones opuestas. Tamborileo con los dedos sobre la mesa. Estamos otra vez en mi habitación. El aroma a incienso y a velas aromáticas se esparce en el aire del cuarto. Lo he encendido todo antes de que entre Anais, para poder fumar a gusto.

—¿Hay algo que te apetezca mucho hacer? —me pregunta ella, conociendo perfectamente la respuesta antes de escucharla de mis labios.

—¡Ir al cine! —bramo, sonriente.

—Pues podrás ir al cine. Buscas una película, convences a tus compis y os vais.

Hace meses que no piso una sala de cine, que es uno de los espacios donde más feliz soy. Me invade una expectación alegre. La cabeza me va a mil. ¿Qué película? Me convierto en un niño sobreexcitado, deseoso de explorar su libertad recién adquirida.

Las socioterapias con Anais son engañosamente simples. Tienen el talante de conversaciones intrascendentes y relajadas, sin la liturgia severa y formal de la terapia convencional, sin el peso del descubrimiento, pero, sin embargo, son cargas de profundidad que modifican con disimulo muchos de mis pensamientos y actitudes ante la vida. Hoy lo entiendo.

Ese día, por ejemplo, repasamos la coordinación existente entre lo que pienso, lo que siento y lo que hago. Actúo con arreglo a cómo me siento y siento con arreglo a qué pienso. Este jeroglífico será uno de los pilares sobre los que volveré permanentemente: lo que pienso condiciona lo que siento y, a su vez, lo que siento dictamina lo que hago. Pensamiento, emoción, acto. Todo está interrelacionado y todo depende de mí. Es una manera novísima de comprenderme a mí mismo, que exige autoobservación, autoanálisis, prueba y error.

Anais me cuenta una fábula que he aplicado en mi vida en multitud de ocasiones.

—Imagina que vives en una casa donde el interruptor de la luz está nada más abrir la puerta a tu izquierda. Esa es tu vida: llevas muchos años entrando en casa y alargando la mano a la izquierda para encender la luz. Lo has hecho tantas veces que ya es un gesto automático, ni lo piensas, ni te das cuenta. Entras y pum, a la izquierda, el botón, la luz. Pero has decidido mudarte de casa y, sorpresa, ahora en la nueva, que te gusta mucho más porque es más luminosa y es exterior y más grande, el interruptor está a la derecha. ¿Qué crees que va a ocurrir?

—¿Que entraré y buscaré el enchufe a la izquierda?

—Eso es. Lo has repetido tantas veces que se ha convertido en un hábito, en un impulso, es mecánico. Ahora, al entrar en la casa nueva, tendrás que recordarte siempre que el interruptor está a tu derecha, y habrá muchos momentos en los que, involuntariamente, vuelvas a intentar encender las luces buscándolo a tu izquierda. Eso es un hábito. Y eso es lo que estás haciendo aquí: intentar cambiar tu forma de actuar. Establecer hábitos nuevos.

—Encender las luces a mi derecha... —murmuro.

—Por eso es tan importante ir paso a paso, sin prisa, para que te dé tiempo a elaborar, a pensar, a comprender, a nombrar... —me recuerda—. No somos máquinas, necesitamos espacio y tiempo para poder cambiar, Javi.

—Lo que me da miedo es dejar de ser yo, Anais. Tiendo a pensar que si abandono todo lo que he pensado y lo que he hecho y cómo he actuado... ya no sabré quién soy y me convertiré en un desconocido. No quiero ser un maestro yogui, ni un místico, ni dejar de lado mi sarcasmo. —Es algo que me ha preocupado desde el comienzo y un miedo sobre el que vuelvo una y otra vez. Anais lo sabe. Es la resistencia, el miedo al cambio, la incertidumbre.

—Nadie te lo está pidiendo —dice Anais—. Al contrario, quiero que seas más tú que nunca. ¿Por qué no lo pruebas? Míralo de esta manera: ya conoces los resultados que obtienes haciendo lo que haces y funcionando como funcionas. Y, por lo visto, esos resultados no son los que tú deseas, ¿no es así?

—Más o menos, sí.

—Solo te propongo que pruebes a actuar de manera distinta. A hacer las cosas de otra forma. Si buscas resultados distintos, no hagas siempre lo mismo. ¿Te das cuenta de que eres mucho más humilde que antes?

—¿Tú crees?

—Recuerda cuando llegaste en el primer ingreso, en verano. Por encima de todo y de todos. Nadie podía enseñarte nada. La gente te parecía cateta y estúpida.

—Supongo, sí —admito, avergonzado.

—Mira ahora: aceptas sin problema que estabas equivocado. Te relacionas con ellos. Disfrutas con ellos. Aprendes, hablas, te ríes. Y lo estás intentando, aunque por momentos se te rebele el dragón, pero aquí estás, hincando codos. Y yo tengo la seguridad de que, por mucho que te jodiera y echaras espuma por la boca y te cagaras en lo más sagrado, si te pongo ahora mismo a limpiar lechugas, tú vas y lo haces.

—A veces me pierdo, no veo el camino... Me pueden los nervios. No sé lo que estoy haciendo... Todo esto, estas conversaciones, yo no las tenía antes... —admito.

—Es normal. Estás empezando a gustarte, Javi. Y eso es algo

muy novedoso para ti. Nunca te has gustado. Y siempre te has mirado a través de los ojos de los demás, primero de los de tus padres, después de los de cualquiera. Pero ahora te estás haciendo dueño de tu propia mirada. Te estás convirtiendo en un sujeto, en un individuo. Es algo desconocido, y por eso te sientes perdido. Estás, paso a paso, comenzando a encender la luz desde otro lugar al que estás acostumbrado.

Anais me mira y permite que me vacíe.

—Hay mucha música que me gusta... no porque me guste realmente, sino porque es lo que mola y lo que se supone que me tiene que gustar, ¿te lo puedes creer? Me adelanto a lo que los demás esperan de mí, como si dijera «Si esto me gusta, pensarán que valgo la pena, que soy de una manera concreta, que soy guay», no sé, una movida mental mía... ¿Tú qué música escuchas?

—Me temo, corazón, que tú y yo tenemos gustos musicales muy diferentes.

—Aquí dentro vivo con la tranquilidad de que me aceptarán pase lo que pase. Aquí es obligatorio respetar al otro. En el mundo real no ocurre esto. Mi necesidad de aceptación, aprobación, afecto y admiración es...

—Enorme, ya lo sé —dice Anais—. Pero, poco a poco, te estás liberando. Aunque no te lo parezca. Confía.

Me quedo en silencio, procesando lo que acabamos de hablar.

Llaman a la puerta. Le digo a Anais con la mirada que yo no espero a nadie. Se levanta y abre. Al otro lado está Endika, el paciente de los conejos y los reptiles, balanceándose nervioso. Anais se excusa un momento y sale. Puedo oírlos desde dentro.

—Me duele mucho la barriga, Anais, entiéndelo —gimotea Endika.

Observo mi cuarto. Todo continúa igual, pero todo ha cambiado. Una sensación que conozco íntimamente desde que estoy en la clínica: el entorno se metamorfosea sin que nada varíe, como si la realidad también estuviese viva.

—Si yo lo entiendo todo, Endika —oigo decir a Anais.

—Los sobres esos que me dan en enfermería están asquerosos.

—¿Por qué no hacemos esto? Te sientas en el baño, te llevas un cómic y pasas ahí un buen rato.

—¿Aprieto?

—Eso es, apretando.

Al cabo de unos segundos, se abre la puerta y aparece Anais, sonriente. Me pide disculpas. Le digo que no pasa nada. Entiendo que Endika tiene necesidades más apremiantes que las mías.

—¿Qué tal con Rafael? —me pregunta.

Es la primera vez que lo hace directamente y, como sé que están en contacto, me extraña que lo verbalice.

—Está siendo un poco incómodo... —admito.

—Lo sé, por eso te lo pregunto.

—Ya sé que lo sabes. Hemos empezado a tocar el tema de la familia...

—La familia. —Sonríe—. Es un buen tema.

—¿Te dije que le escribí un *email* a mi hermano?

Anais asiente. Hace dos días le escribí un correo a mi hermano, tres años más pequeño que yo. Inicié un tímido acercamiento a él. Quería disculparme honestamente, porque tenía la sensación de que podía ser un gran apoyo y un gran amigo que había dejado de lado, olvidado. Le dije que le quería, que estaba muy orgulloso de él, que le admiraba y que creía que había muchas cosas que sanear en nuestra relación, que yo había sido un imbécil, pero que antes de seguir hablando quería tener las cosas claras, para no ser engorroso, para lanzar un mensaje sereno. Sabía que iba a ser un trabajo largo. Llevaba demasiado tiempo sin hablar con mi hermano. Me sentía culpable de haberle hecho testigo de mis desmanes, de no haber sabido ni haber sido capaz de ser un hermano mayor para él. Era consciente de que había mucha porquería que necesitaba limpiarse entre nosotros, pero ahora podía percibir lo importante que era para mí. Tenía la firme voluntad de recuperarle.

Unas horas más tarde me reúno con el psicólogo y, cuando le comento mi conversación con Anais, cruza las piernas, deja las gafas sobre el reposabrazos y me pregunta:

—¿Te sorprende sentirte así?

—¿Así cómo?

—Perdido.

—Es parte del proceso, ¿no? —contesto.

—Lo que voy a decirte quizá te produzca extrañeza, pero es importante que lo medites.

—Cada vez que alguien dice eso por aquí empiezan a temblarme las piernas.

Rafael sonríe. Creo que se alegra de que no haya perdido mi sentido del humor.

—No estás acostumbrado a estar bien, Javi. No sabes vivir estando bien. El bienestar te aterra, porque no sabes manejarlo, es desconocido. Por eso estás perdido: porque nunca has experimentado el bienestar. Vuelvo a lo que te pregunté no hace mucho: ¿no mereces ser feliz?

Bajo la cabeza, como quien se avergüenza de que le hayan descubierto. No comprendo lo que me dice de manera lógica y sé que, si me concentro, puedo encontrar mil objeciones distintas, contundentes, elaboradas, inapelables, a sus palabras. También siento en lo más profundo de mí, porque sus máximas resuenan como un eco antiquísimo en una catedral vacía, que me está diciendo la verdad.

—Lo pienso un montón. Me sorprende que haya estado condicionado por estas... ideas... que no sabía que tenía... ¿Entiendes lo que quiero decir?

—En psicología las llamamos «creencias irracionales». Son creencias que operan silenciosamente, que se toman como leyes, de las que a menudo no somos conscientes, pero que nos coartan y nos marcan el camino, limitan nuestra experiencia y nuestras acciones. Son absolutos que tomas por verdades y que sigues al pie de la letra, sin saberlo.

—¿Desde cuándo me pasa todo esto? —pregunto.

—¿Qué opinas tú?

—¿Desde el principio? ¿Desde mi infancia? ¿Por eso el empeño de hablar de cuando era niño? ¿Por eso tengo que mirar atrás y recordar?

Rafael deja que el silencio de la habitación responda a mis preguntas.

—Nunca me ha pasado nada. Tengo una familia admirable. Mi padre se emocionaba con *Sonrisas y lágrimas* cuando el capitán canta *Edelweiss* con toda la familia, joder.

Siento que me invade la rabia, recelosa, defensiva. Me resisto de nuevo a ser analizado, a que penetren en zonas de mí que desconozco pero que no quiero que salgan a la luz. Estoy dispuesto a batallar por defender mi intimidad oculta, aquello que me niego incluso a mí mismo. Esconderlo, quizá, me planteo aun sabiendo la respuesta, ha sido la estrategia que he desarrollado para seguir existiendo.

—Mi infancia ha sido perfecta —sentencio.

—Parece que no tanto como tú quieres creer —finaliza Rafael.

El taller de relaciones, impartido por Albert, un terapeuta que proviene del mundo teatral barcelonés reconvertido en psicólogo y en trabajador social, nos enseña a entender nuestra relación con el malestar, la frustración y el sufrimiento. El objetivo principal es que pasemos del conocimiento a la acción a través de la utilización de hábitos, que llamamos «habilidades de tolerancia al malestar». La idea general es que las apetencias de consumo vayan disminuyendo con el trabajo de psicoterapia y que el autocontrol se vaya fortaleciendo con este tipo de talleres. La conjunción de ambos movimientos simultáneos nos ayudará a superar la enfermedad. Aunque la psicología modifica la percepción e incluso los sucesos que causan malestar, este taller lo que pretende es que aceptemos, encontremos significado y aprendamos a tolerar el propio malestar.

Desde el minuto uno Albert nos deja claro que aceptar una realidad que no nos gusta no significa que la aprobemos ni que nos resignemos a ella. Podemos cambiarla, pero, mientras ese cambio se instaura, tendremos que aceptar que la incomodidad, el dolor y el malestar son partes de la vida.

Las estrategias de supervivencia a las crisis incluyen: métodos de distracción, proporcionarnos estímulos positivos, mejorar el momento, técnicas de relajación, pensar en los pros y los contras, y control y desarrollo de la respiración. Las estrategias de aceptación incluyen: la aceptación radical, la media sonrisa, cambiar la mente y una buena disposición frente a la terquedad. Durante los siguientes talleres iré profundizando en cada una de estas habilidades y semana a semana Albert me hará entrega de una nueva ficha de tolerancia al malestar en la que se detallan formas de relacionarme sanamente con mi dolor. Llevaré un diario detallado de todas aquellas que pongo en práctica y de su resultado en mi realidad. Ese primer día apunto las palabras de Albert en mi cuaderno:

El problema es que intento solucionar mi malestar con una conducta autodestructiva. Esa es una de las cadenas que tengo que romper. Antes de las crisis hay una escalera, pequeñas alarmas que nos llevan a saber que vamos hacia allí. Es decir, las crisis no llegan de repente, hay señales que nos van marcando que vamos hacia ellas. Las crisis son, normalmente, una acumulación, una construcción que va poco a poco. Pero no identificamos los pasos, las alertas que se van disparando, en la velocidad del día a día. La solución: cuidarse. Bajar la marcha. Ir lento. En la velocidad no nos enteramos de nada. Cuando bajamos el ritmo, aumenta la conciencia. Es necesario atravesar el malestar, porque si no no me hago más fuerte.

Gran parte del lenguaje que empleo para escribir este libro lo aprendí aquellos meses: palabras relacionadas con la psicología o la sociología. Acostumbrado a conversaciones de bar intrascendentes, divertidas, excesivas, intelectuales y ocurrentes, no solía hablar de esta manera. En la clínica comencé a hacerlo, entendiendo y aplicando por primera vez, con profusión, el lenguaje de las emociones. Curiosamente me ayudaría en el futuro, cuando me comunicase con actores y actrices que, por la naturaleza de su trabajo, lo dominan, o al menos no son ajenos a él. No hay mal que por bien no venga.

Inesperadamente, una tarde no mucho después, ocurrió algo que, con la distancia y la perspectiva del tiempo, he podido reconocer que es posible que fuese el momento que lo cambió todo. Como si la vida fuese un guion y yo, el protagonista, estuviese a punto de brincar al segundo acto, la mía tomó un giro dramático que hizo que nada volviese a ser igual. A menudo los eventos más decisivos acontecen de la manera más extraña e impredecible y se ordenan en una progresión dramática perfecta sin ayuda de nadie. Hoy, al relatar los hechos, se despliegan con tanta precisión que me resultan demasiado estructurados, así que releo mis diarios y mis notas una y otra vez buscando con insistencia el agujero, la disonancia, pero no la encuentro, porque sucedió así: el proceso terapéutico fluía serpenteando sus propios meandros y yo navegaba sin timón, dejándome llevar por él, sin control.

El taller comenzó como cualquier otro día, trabajando el concepto de la soledad y cómo nuestras emociones tienen reflejo directo en nuestros cuerpos, en nuestra respiración, en nuestra forma de caminar, en la tensión de nuestros músculos, en el brillo de nuestra piel, en la limpieza de nuestra mirada. Pensamiento, emoción, acción. Cabeza, vientre, cuerpo. Un todo. Una máquina perfecta, en continua sincronía, ajena a nuestra consciencia. Alguien señaló cuánto nos separaban la prisa, las obligaciones y la actividad incesante de nosotros mismos. Después, una vez que el grupo hubo entrado en calor, el conductor del taller nos invitó a hacer un ejercicio de hipnosis. Sobra decir que yo, hasta el momento, ni la había practicado ni se me podría identificar como un devoto del chamanismo ni de la santería, las disciplinas a las que me sonaba esa propuesta. Aquella tarde, plantearme hacer hipnosis o ser objeto de ella me sonaba tan excéntrico como bailar desnudo en la punta de un faro abandonado para estudiar la incidencia de los astros en los impulsos del ser humano. Como cabría esperar, al oír la propuesta, mis cejas se arquearon, mi garganta inició una queja cuchicheada y me sobrevino el escepticismo, por no catalogarlo de puro rechazo.

—Eh... yo lo de la hipnosis, no sé —compartí—. Es un poco friki, ¿no?

—En realidad es una meditación guiada, Javi, nada más —justificó él.

Recordé de inmediato las palabras de Anais: «¿Por qué no pruebas?». Al mirar a mi alrededor, pude sentir la expectación de mis compañeros esperando mi reacción. Decidí sorprenderles y accedí a intentarlo. Tampoco tenía nada mejor que hacer, sinceramente. Así que nos tumbamos sobre esterillas y nos tapamos con una manta fina. Alguien apagó la luz y el monitor puso música relajante, casi inapreciable. Se encendieron inciensos y la quietud se adueñó de la sala. Yo cerré los ojos, esperando a que llegasen las oleadas de aburrimiento y el consiguiente entretenimiento mental para matar el tiempo o, por otro lado, el sopor para quedarme dormido.

Soy incapaz de describir qué ocurrió desde la posición de un observador externo, porque estaba concentrado en el ejercicio. Sí recuerdo, sin ninguna duda, la materia de la «meditación», que no era otra que nuestra infancia. El ejercicio de hipnosis o el viaje astral o lo que fuese eso que hicimos, porque lo hicimos (no puedo creer que esté escribiendo esto), se nutrió de los primeros años de nuestra vida. No sé si estuve de veras hipnotizado en el sentido literal de la palabra, signifique eso lo que signifique. Pero sí es cierto que, de alguna manera que no consigo explicar, me sentí transportado emocionalmente a mi infancia y sentí todo aquello que debí de experimentar a lo largo de mis primeros años de vida. Estoy convencido de que en lo que estoy relatando hubo un gran componente de sugestión personal y grupal.

Como si mi historia fuese una cinta que se rebobina, mi mente y mi cuerpo fueron transitando mi vida, de adelante a atrás. La diferencia fundamental radicó en que no fue una sucesión de hechos ni eventos, ya conocidos por mí a la perfección porque componían la historia de mi vida, sino más bien volver a experimentar, desde mi presente en la clínica, todo aquello que había sentido mientras todo ocurría. Es muy distinto lo que vivía, algo objetivo, a cómo me sentía mientras sucedía, algo subjetivo. Aquella tarde sentí conscientemente mi vida y vibré con la emoción oculta tras los hechos. Eso fue lo que lo cambió todo.

Percibí angustia. Una angustia atroz y devoradora, una desolación y una tristeza descomunales, un miedo avasallador, una inseguridad irrespirable. Mis pilares emocionales. Sentí el terror que me atenazaba en el colegio mayor masculino de Madrid en el que viví durante casi dos años, cuando me daba pavor caer dormido y compartir hablando en sueños mi homosexualidad y que alguien pudiese descubrirme, airear mi vergüenza y destrozar mi vida. Reviví la soledad apabullante de aquella habitación, la imposición hostil de una masculinidad grupal, la cultura del macho, que yo no era capaz de compartir, y los intentos infructuosos de no dormir durante días para no revelar mi secreto y mi condición maldita. Sentí la congoja que me invadía en el patio del colegio porque no era el primero de la clase y el deporte se me daba fatal y no era tan masculino como el resto de los niños y me interesaban otras cosas. La melancolía abrasiva de no pertenecer, de no encajar en el molde previsto. La asfixia por la competición continua, las exigencias y los resultados académicos. Sentí la desolación de ser considerado en mi casa una presencia incómoda e incomprensible, una oveja negra, y la autocensura al intentar cambiar mi forma de vestir, de hablar, de sentir y de comportarme para transformarme en un ideal de buen hijo que no era yo. Y sentí y sentí y seguí sintiendo. Y mi vida ya no eran cosas que habían pasado sino sentimientos que había tenido. Y no guardaban relación alguna con el relato que yo me había contado. Porque esa tarde, por primera vez, sentí. Dejé de pensar, de justificar, de esconder, de blanquear, y abracé las emociones. Me envolví en todos los años de sufrimiento en silencio, de incomodidad y terror, de sentirme defectuoso y distinto. De saberme solo, abandonado, incapaz. Mi homosexualidad, mi peso, mi inteligencia, mis granos, mis gustos y aficiones, mi aburrimiento ante el fútbol, mi manera de expresarme y de percibir. Años y años de comparaciones, de ambición frustrante y desmedida, de mensajes negativos que adopté como forma de comprenderme a mí mismo, de complejos, de inseguridades, de observación silenciosa del entorno sintiéndome lastimosamente diferente. De creerme merecedor del castigo, porque, por mucho que hiciese o lograse, no era suficiente.

Esa tarde comprendí que mi ansiedad se había fundado poco a poco, sin necesidad de un detonante concreto en forma de trauma. Mi personalidad se había forjado en torno al miedo y la angustia sin que yo fuese consciente de ello, como un río subterráneo que va horadando la montaña hasta que la derrumba. Eran las emociones que me había obligado a esconder, a negar, a no sentir, porque se oponían frontalmente con la historia oficial de una infancia envidiable en la que lo tuve todo. Esa tarde descubrí que había vivido una vida en la que el primer rehén de mí mismo había sido yo. Porque no había hecho otra cosa más que mentirme, dominado por el miedo y la vergüenza de reconocerme la realidad. Fue, no sé transmitirlo de otra forma, una epifanía, y, como me había señalado Rafael, había llegado el momento de enfrentarme al hecho de que, al contrario de lo que me había contado y me habían hecho creer, mi infancia estaba muy lejos de haber sido perfecta.

He estado sorteando llegar a este momento del libro, lo reconozco. He permitido que algunos detalles se filtren por las grietas de la narración, pero no he querido recrearme en ellos. Me he resistido (de resistir, de resistencia) de tal manera a escribir lo que sigue que llevo dos días enteros sin sentarme frente al ordenador, por temor a lo que me aguarda. Si he podido llegar hasta aquí sin necesidad de profundizar en ello es porque así se desarrolló en la clínica. Eso me ha eximido hasta ahora, pero ya no puede hacerlo más, porque en este momento del proceso terapéutico entré de cabeza en uno de sus nudos trascendentales: mi familia o, como se denomina en psicología, la herencia familiar.

Por mucho que no desee hablar de ellos, por mucho que sienta que estoy siendo ingrato e injusto y que, por momentos, me invadan la culpa y la duda, sé que, para proteger la honestidad y el compromiso que he adquirido conmigo mismo en la escritura, debo hacerlo. No podría explicar mi toxicomanía sin hablar de mis padres, porque la enfermedad de un toxicómano comienza en la familia, aunque esta habitualmente lo niegue.

Aun así, quiero que quede constancia: he estado evitándolo todo lo posible.

En primer lugar, porque me resulta harto complicado mantener el rigor que me he impuesto. No sé diferenciar qué pertenece a aquel momento en la clínica y qué al transcurso de mi análisis posterior. La familia, como estructura férrea, como ecosistema de desarrollo, como origen de múltiples neurosis y de aprendizajes erróneos, como templo de la disfuncionalidad, ha sido uno de los grandes temas en los que he trabajado a lo largo de todos estos años. Me atrevería a decir, con la seguridad de la experiencia, que el 99,8 % de las toxicomanías ocultan algún trastorno familiar (de muchas clases y condiciones) y, como he ido desvelando, es más que corriente que en un recinto de desintoxicación las conversaciones de los pacientes giren en torno a las relaciones con sus familias. La familia es el inicio, el germen, el patio en el que nos reflejamos y damos forma a todo lo que nos definirá como personas. Aprendemos por imitación, por interrelación y, evidentemente, por educación. Aprendemos, también, por ensayo y error. La familia nos condiciona y nos contiene, para bien y para mal. Gran parte de la recuperación consiste en poner el foco en ello, analizarlo y darse permiso para modificar el relato. A menudo, en el proceso, el paciente descubre (como hice yo) que gran cantidad de sus sentimientos, creencias y pensamientos no son propios, sino heredados, aprendidos y repetidos hasta convertirlos en hábitos inconscientes, en una identidad. Es entonces cuando comienza un viaje que tiene como objetivo deshacerse de todo aquello que no le pertenece para poder construir un sujeto autónomo e independiente. Es un camino larguísimo y pausado, lleno de requiebros e incomodidad, como cualquier muda de piel. Es un nuevo aprendizaje para lograr encender la luz presionando el interruptor en el lado que le corresponde. Yo en la clínica solo apreté algunos botones, los más elementales, pero esa acción y sus consecuencias atravesaron de tal manera mis años de terapia que ahora resumir lo que viví esos meses se me antoja incompleto, porque allí solo conecté con la punta de un iceberg inmenso, de una profundidad inimaginable.

En segundo lugar, porque voy a hablar de mi familia, y ese es un tema delicado y no es algo que me apetezca hacer, mucho menos en público. Quiero ser lo más tierno y cuidadoso posible, sin abandonar la franqueza con la que escribo, sosteniéndome en la distancia del tiempo y en la elaboración que llevé a cabo. No me gustaría que mis padres sufriesen leyéndome, porque ante todo han sido unos muy buenos padres que lo han hecho lo mejor que han podido y sabido.

En tercer lugar, porque soy incapaz de protegerles. Cualquiera que lea este libro sabrá quiénes son. Mis compañeros están a salvo y me he preocupado tozudamente de que no puedan ser reconocidos, pero por mucho que cambie el nombre o la procedencia de mis padres... siempre serán ellos. Llevo sus apellidos. No hay nada que pueda hacer para evitar que cualquiera los identifique si quiere, excepto esquivarlos, pero entonces uno de los pilares de mi proceso no existiría y este relato nacería mutilado. Reconozco que mi madre me preocupa menos, porque es una mujer vasca que no le da demasiada importancia a lo que el mundo piense de ella. Pero sé que a mi padre, que como muchos otros padres creció en una sociedad basada en la apariencia, el secretismo, la posición socioeconómica, el juicio, la doble moral, la respetabilidad, los valores (los familiares a la cabeza) y la hipocresía, estas páginas le resultarán tristísimas, quizá no por lo que escriba en ellas sino por el hecho de que haya gente desconocida (o, peor aún, conocida) que vaya a tener acceso a mi visión de los hechos.

En cuarto lugar, porque lo último que querría es que este libro, en el que estoy a punto de describir sus errores, se convierta en una venganza descarnada contra ellos. No hay resarcimiento ni ansia de destrucción en mis palabras, pero dejar de ser esclavo y víctima implica también recuperar mi voz, mi punto de vista, mi experiencia. Y es crucial señalar desde el principio que, si yo me convertí, por momentos, en su víctima, para luego ser verdugo de los demás y de mí mismo, es, principalmente, porque ellos también lo fueron: de un sistema social, educativo, económico y familiar represivo, inhumano y brutal. ¿Cómo podrían mis padres aprender y aplicar una educación emocional sana, con dinámicas constructivas, con empatía, respeto y cuidado, si a ellos nadie se la enseñó, si no fue lo que conocieron, si el mundo en el que crecieron nunca se preocupó de mostrarles ese camino? Sé, con una seguridad inapelable, que mis padres me han querido y me continúan queriendo, y que jamás pretendieron nada para mí excepto lo mejor. Pero eso, por desgracia, no evitó que cometieran multitud de faltas y que yo me extraviase. Ahora, desde el adulto que escribe estas líneas, sin rencor ni rabia, puedo comprenderlo: yo también me he equivocado a menudo cuando solo intentaba hacer lo mejor. Yo también les he querido y les quiero, y eso no ha impedido que les haya causado un daño terrible. Nos ocurre a todos. Aprendemos matemáticas y geografía e historia y literatura y física y ciencias naturales y tecnología, pero nadie nos enseña cómo querer de manera sana, ni a los demás ni a nosotros mismos.

Aunque crecí con palabras de confianza y mensajes motivadores, los actos y las formas de mis padres escondieron a menudo un único mensaje oculto que se me grabó bajo la piel: no eres suficiente. La ambivalencia y la duplicidad, la disociación contradictoria, caprichosa y probablemente inconsciente entre lo que decían y lo que hacían llevó a que la confusión se hiciese cargo de mi vida y yo quedara dividido entre fuerzas antagónicas que lanzaban mensajes discordantes una y otra vez. Me quisieron, pero bajo un juicio y un reproche continuos, asfixiantes. Nunca aprendimos a hablarnos y, si lo hicimos, no fue desde el respeto. En mi casa siempre se levantó mucho la voz. Yo no fui una excepción.

Los niños, como esponjas, no solo se empapan de lo que escuchan y ven, sino también de lo que sienten. Con los niños es tan importante el cómo como el qué, ya que tienden a hacer suyos sin rebatirlos los sentimientos y las personalidades de sus padres, aunque estos no se verbalicen. El afecto que yo recibí siempre estuvo condicionado por que me comportara de una forma específica o me vistiera de una manera determinada, o por una consecución de logros diseñados con antelación por mis padres: ser el primero, sacar las mejores notas, deslumbrar al mundo, lograr lo inalcanzable, triunfar, ser envidiado y admirado, terminar la carrera de piano, conquistar el hábito de la lectura, pintar, visitar museos, etc. Mis padres, durante toda mi infancia y buena parte de mi vida, no me vieron como quien realmente era. No se preocuparon por conocerme, por entender y aceptar mi individualidad. Solo hallaron en mí la arcilla con la que moldear sus propias expectativas e ideales. El mejor colegio, la mejor universidad, los mejores amigos. Todo pasaba por el filtro de su deseo, no del mío. Lo diabólico es que, gracias a esa educación, yo conseguí muchísimo en mi vida: la lectura hoy en día forma parte de mis placeres, disfruto con las disciplinas artísticas, tengo profundos conocimientos de música y he recibido una formación académica envidiable. Soy un hombre cosmopolita e instruido. Desde el exterior, cualquiera podría echarme en cara (yo mismo lo hice durante mucho tiempo) un exceso de melodrama, porque no me ha faltado nada. De ahí que para mí fuese tan difícil separar la virtud del error y que creyese firmemente que mi infancia y mi familia habían sido perfectas. Es así: de puertas para fuera lo habían sido.

He tenido que desmadejar el ovillo paso a paso, muchas veces en contra de mis propios relatos, porque en mi vida casi todo lo que ha ocurrido en relación con mis padres ha sido por partida doble: un mismo evento con su lado bueno y su lado malo. He tenido que aprender que no solo es importante lo que se vive, sino también cómo se vive. La incertidumbre, la inseguridad, el deseo imperioso de ser amado, el convencimiento de no merecer ese amor, el desarraigo, la certeza de que cualquiera me podría joder la vida y muchas otras creencias que me desgarraron como adulto tienen su origen en mis padres. Crecí recibiendo mensajes confusos e injustos, juicios y sentencias que, al provenir de las fuentes de apego más cercanas que existen, creí ciegamente, sin ponerlos en duda, porque nadie cuestiona aquello que nace de sus padres. Y tuve que destrozarme a mí mismo, castigándome yo, para comenzar a hacerlo.

Durante muchos años sentí que no tenía derecho a ser desagradecido, a dejarlos en evidencia, porque también hacían cosas extraordinarias por mí, así que invalidé mis sentimientos, anulé mi derecho a la queja, mi necesidad de libertad. Ni siquiera me permitía reconocerme que me sentía así, porque entendía que no había ningún motivo más allá de ser un niñato frágil, caprichoso, ingrato y sobreprotegido. Me recordaba incansablemente que tenía una buena vida, porque no me faltaba de nada. Pero ¿era de veras así? ¿Existe una realidad objetiva que dictamina cómo debemos sentirnos? ¿No fulmina eso la individualidad de la experiencia emocional propia, diversa y compleja?

Nunca me atreví a decir que había sido maltratado, porque ni lo sabía ni habría sido capaz de reconocerlo. Me costó años aceptarlo. Aún hoy la palabra *maltrato* me resulta excesiva e histérica, además de injusta, porque para que exista el maltrato creo que debe darse una conciencia y un empeño en provocar el mal, cosa que ni por asomo ocurre en el caso de mis padres. También es cierto que, espeluznante como suena, no sé definirlo de otra manera. Digamos que fui sujeto de un maltrato psicológico con la mejor de las intenciones posibles. Mis padres me dieron todo lo que necesité, y muchísimo más. Pero a nivel afectivo no cumplieron con los mínimos. Mis necesidades de apego de niño, quizá más fantasioso e hiperactivo de lo normal, no fueron escuchadas ni atendidas, sino juzgadas y condenadas. Aprendí a vivir en el malestar, la ansiedad y la incomprensión desde que tengo recuerdo. No solo no cuidaron y fomentaron mi diferencia, preocupándose por respetarme, por concederme el espacio y el derecho al error y a ser, sino que la desaprobaron. Y cuando ellos no me causaban dolor, como era lo que conocía, aprendí a infligírmelo yo, y además me puse en bandeja para que cualquiera hiciese conmigo lo que quisiera.

Más allá de flashes inconexos, he tardado años de terapia

semanal en lograr armar el puzle de mis primeros veinte años. Siempre, inconscientemente, ha existido una razón de peso: no quería aceptar que muchos de mis demonios, por no decir todos, los que luego se desarrollarían y me arrasarían con todas sus fuerzas, ya estaban presentes en esa época. Preferí durante mucho tiempo mantener la apariencia de que todo había sido maravilloso, y esa era la versión oficial que contaba, tanto al mundo como a mí mismo. La deuda hacia mis padres, por todo lo que hicieron por mí, tenía demasiado peso. Pero la realidad es que mi familia se cimentó siempre en el reproche, la imposición, la comparación y la culpa. En la tensión. En la oposición. En la exigencia. En señalar el error, nunca el acierto.

A todo esto, debería añadir el componente de mi homosexualidad, que mantuve oculta hasta los diecinueve años y que, es comprensible, habiendo crecido en una sociedad como la vasca en los años ochenta, una sociedad en la que la masculinidad hegemónica se subrayaba y se defendía hasta la indecencia, en la que la exposición a mensajes opresivos y negativos era constante, me provocaba muchísimo miedo y rechazo. La tormenta perfecta.

Mi padre era profesor de historia del arte, y cuando mi hermano nació, debido a que provengo de una familia de clase media baja, estudió Derecho, para mantenernos. Se dedicó con empeño a ello, hincando los codos por las noches mientras impartía clases por las mañanas, y al cabo de varios años comenzó a ejercer de abogado y se dedica a ello desde entonces, con gran éxito profesional. Mi padre siempre fue, y sigue siendo, una persona inteligente, culta, sensible, responsable, cariñosa y dedicada, apreciadora de la belleza estética del arte, pero también profundamente tóxica y dañina, impermeable a una gestión emocional sana. Hijo de militar, con el tiempo le redescubriría como un hombre dogmático e intolerante. Mi madre, profesora de formación profesional, por el contrario, siempre fue más guerrera, en el mejor sentido, mucho más vocal, más ansiosa, menos delicada, más divertida e irónica. Yo soy un compendio de ambos.

Mis padres fueron afectuosos, a su manera, pero también desconfiados y severos, adelantando lo peor de las personas y de las situaciones, en perpetua búsqueda de la grieta, y terroríficamente intrusivos. Aunque no son personas cálidas, recuerdo a mi padre leyéndonos por las noches a mi hermano y a mí, mientras nos acariciaba y nos recordaba lo mucho que nos quería. Mi madre en aquella época era más sargento, la encargada de hacer los deberes con nosotros y de asegurarse de que nuestro desempeño académico era sobresaliente. Al ser profesores ambos, desplegaban la pedagogía propia de los tutores de la escuela. Fui un niño sobreestimulado, sobreexpuesto, lanzado al mundo para triunfar y para cambiarlo, para convertirme, probablemente, en todo lo que ellos no fueron.

Recuerdo a mi padre diciéndome las siguientes frases a lo largo de mi adolescencia: «No tienes ni idea», «Contigo no se puede hablar, con tu hermano hablo perfectamente», «No sé qué te pasa», «Eres un dictador», «Estás vacío por dentro, solo eres fachada», «Lo único que tienes es la familia, los de fuera solo van a hacerte daño», «Eres un sinsentido de persona». Mi padre ha sido capaz de proferir las palabras más crueles que he oído jamás en boca de alguien. Sin embargo, cuando salí del armario, me aceptaron sin dudarlo. De nuevo, la ambivalencia. La incomodidad, la inseguridad y el temor de estar en manos de una persona impredecible: mi padre. «Comes mucho», «Comes poco», «Bebes demasiado café», «Eres un bocazas», «Eres problemático», «Vistes mal», «No sirves para nada», «Dices cosas raras», «Mira a tus compañeros, no puedes ser así», «Comportándote de esa manera no vas a conseguir nada», «Siempre piensas que lo sabes todo», «No puedes», «Lo único que sabes hacer es llamar la atención», «No sabes», «Vas a ser un fracaso toda la vida»... Y simultáneamente: «Vas a ser el mejor», «Tienes talento», «Harás lo que quieras», «Has nacido para cambiar las cosas», «Eres especial»... Una de cal y otra de arena, el desorden.

Durante mi vida también fui depositario de la furia de mi padre en forma de un castigo mudo en el que dejaba de hablarme durante días, inoculando culpa con su silencio. Mis padres tienen un máster en pasivoagresividad. Responsabilizan a cualquiera que no sean ellos mismos. Para mi padre fui un contenedor de todas sus frustraciones, complejos y autoexigencias, que impuso sobre mí con todo el empeño del que fue capaz. Todo aquello con lo que posiblemente, ahora lo entiendo, le habían maltratado a él, todo lo que le dijeron, todo lo que se dijo a sí mismo..., todo lo descargó sobre mí, sin ningún atisbo de violencia física, por mi bien, por el cariño que me tenía, con una ferocidad de la que no le responsabilizo porque era y es del todo inconsciente. La inteligencia y cultura que he mencionado como atributos, como me ocurriría a mí, como le sucede a mucha gente, no le sirvieron para ayudarse a sí mismo. Nunca se paró, nunca se ha parado. Así que no puedo culparle, porque no sabía ni sabe lo que hacía, cumplía ordenes de su propia educación. La prioridad para mis padres siempre fue lo que tenía que hacer, no cómo estaba. Y cuando intentaba mostrar mis sentimientos sinceros, estos eran continuamente censurados. Nunca hubo dejadez ni abandono, al contrario: lo que existió fue demasiada presencia. Así se hacían las cosas.

Recuerdo a mis padres llevándome de bares, de *poteo,* los fines de semana, con sus amigos. El acto en sí no es importante, como no lo es el de las comidas familiares multitudinarias regadas con generosas cantidades de alcohol, sobremesas y puros. Muchos niños las viven y no les pasa nada, crecen hasta convertirse en adultos responsables. Solo puedo decir que a mí, quizá por una hipersensibilidad especial, estas experiencias se me grabaron a fuego. ¿Es culpa de mis padres? Por supuesto que no. ¿Eso hace que sea mía? Supongo que tampoco. Es una suma de episodios, sin más.

Cuánto de lo que hice más tarde, cuánto de mi estado perturbado y destructivo fue para llamar su atención («Si no es por las buenas, lo haré por las malas»). Cuánto fue un desesperado grito de socorro. Cuánto fue la única manera que tuve de liberarme de una celda en la que solo respiraba frustración. Cuánto vino marcado por el mensaje que continuamente recibía y que se traducía en «Te quiero, pero no puedo quererte bien, porque no sé cómo hacerlo». El miedo al abandono. La autoestima destrozada.

Siempre me he recordado como un magnífico estudiante pero, al mismo tiempo, la oveja negra. Y gran parte de mi vida actué como si lo fuera, porque ese era el rol que se me había asignado, empeñado en dar la razón a todos aquellos que me etiquetaron así desde niño, principalmente mi familia. Siempre he sido el conflictivo. Hoy en día, sin ir más lejos, después de doce años de sobriedad, sigo siéndolo en sus cabezas, el hijo «rarito», el que necesita que le guíen porque él no sabe o no puede. Es muy probable que lo sea hasta el día en que me muera. Lo que ocurre es que ahora ya no tiene ningún efecto sobre mi conducta, porque ahora yo sé quién soy.

Siempre sentí el mundo como algo alejado de mí, diferente, y desde muy pequeño tuve la sensación, sin duda subrayada por el reflejo que veía en los ojos de mis padres, de que yo no encajaba en él y, por eso mismo, debía vivir al margen. Como consecuencia debió de nacer mi necesidad de construir un personaje que me acercase a él, un personaje que pudiese ser aprobado por el exterior, aunque eso supusiese negarme a mí mismo. No es muy diferente a lo que millones de homosexuales hacemos a diario en el mundo: fingir que somos heterosexuales hasta que no podemos más y reconocemos nuestra verdadera identidad, caiga quien caiga. En mi caso, el personaje siempre fue doble o triple o cuádruple.

Quizá todo se resume en que yo necesitaba cosas que jamás recibí de mis padres, no porque no quisieran, sino porque eran incapaces de dármelas: que entendieran mi dolor y mi extrañeza y que los respetasen. Que me enseñasen a gestionar lo que sentía y dejasen de dictarme cómo debía vivir. Intimidad y cariño reales, comprensión, compañía, apoyo sin condiciones. Que me escuchasen sin juzgar. Que me motivasen y me diesen alas de verdad, no para cortármelas a los pocos días o para depositar en mí una mochila con un peso imposible de cargar. A lo largo de mi vida he oído a mis padres hablar maravillas de mí, con un orgullo que hace que se les hinche el pecho. Siempre ha sido en presencia de otras personas y dirigido a ellas, nunca a mí.

Hay gran parte de mi familia que aún hoy no sabe por lo que

he pasado, porque mi padre no quiso compartirlo con ellos. Le avergüenza, supongo. Mi padre, así, ha sido la paradoja de mi vida, que luego yo me encargué de convertir en mi identidad en conflicto. El amor unido al desprecio. Sin darse cuenta me saboteó, probablemente porque él se sabotea, y luego aprendí a sabotearme a mí mismo. Crecí inseguro e indeciso, asustado, y quizá eso generase que hiciese acopio de un atrevimiento salvaje e irreflexivo, para equilibrar mis deficiencias internas. Me desarrollé sintiéndome menos y haciéndome daño, juzgándome sin clemencia (como era juzgado) y tal vez eso tuvo como consecuencia un orgullo y una vanidad crueles, vacíos e inservibles. Creo que me convertí, por supervivencia, en todo lo opuesto a lo que realmente era, como un actor acartonado y forzado, que oculta su incapacidad y que no está dispuesto a que nadie descubra la verdad.

No hace demasiado tiempo mi padre le reconoció a mi hermano que siempre me había tenido rencor, pero que no sabía por qué. Es espantoso admitir que, aunque quieres a tu hijo, hay una parte de ti que también le odia. Es espeluznante reconocerlo y no hacer nada para solucionarlo. Yo sí sé la razón: porque nunca fui el hijo que esperó y porque se dejó la vida intentando convertirme en su idea de hijo perfecto. No se permitió darme el espacio de entenderme como alguien distinto a él, más allá de la vida que había imaginado para mí: la oficina, la estabilidad económica, el triunfo planetario, el molde de quien yo debía ser. Intentó rellenar el lienzo con una imagen prefabricada en su cabeza y no lo consiguió. Entendió el cariño como proveer, como una inversión, como un proyecto, no como algo que la otra persona merezca ni que se dispense sin condiciones. Se estableció una dinámica perversa que estructuró nuestra relación: su ayuda económica venía acompañada de un secuestro vital. Quizá no estaba obligado a restituirla materialmente, pero las cláusulas estipuladas en el contrato de devolución inexistente eran mucho más dañinas e imponían mi apropiación emocional y mi acatamiento efectivo sin rendición. Se empeñó en solucionar conmigo cuestiones de autoestima narcisistas que le pertenecían tan solo a él. Quiso que fuese el modelo ideal de un hijo que vestía «bien», que se peinaba con raya y que deslumbraba al mundo. Por el contrario, es cierto, le salió un vástago «peculiar», al que le gusta llevar pantalones caídos que dejan ver la ropa interior, *piercings*, tatuajes y el pelo cuidadosamente alborotado. Y encima de izquierdas, con un sesgo rebelde y bocazas. Asentó sobre mí la exigencia silenciosa de conseguir el respeto que él no había logrado por sus propios medios, eliminando sus complejos e inseguridades. No lo hice.

Pero sí crecí intentando desesperadamente satisfacer las necesidades y expectativas de los demás, sin preocuparme por las mías. Durante demasiado tiempo, viví condenado sin saberlo: hice todo lo posible por ser aceptado, por ser querido, mientras buscaba por todos los medios sentirme único. Así maté lo único que tengo, a mí mismo, a cambio de sentirme respetado. Me obligué a ser un hijo, amigo, estudiante, trabajador y hermano excelente y me estrangulé, porque nunca me paré a preocuparme de ser yo. Me exigí ser perfecto, porque era lo que me exigían, sin que nadie me explicase que la perfección no existe. Y, en algún momento, la falta de oxígeno y la opresión, que me iban ahogando paulatinamente, hicieron que todo estallase por los aires.

Hoy entiendo que jamás voy a cumplir las expectativas de mi padre, porque son irreales y desmesuradas y le pertenecen todas a él. No me ayudó a fortalecerme, no fomentó que creyese en mí mismo. Al contrario, me anuló, y, aunque nunca me atreví a admitírmelo porque al mismo tiempo me daba todo lo que necesitaba, eso no evitó que lo sintiera. Y, por debajo de todo, oculta pero salvaje, cada día a cada hora, la herida eterna, supurante, silenciosa y desconocida de mi vida, en grandes letras: no eres suficiente, no eres merecedor de amor real.

Salir de mi adicción supuso, en gran medida, aprender y sentir por primera vez que sí lo era.

Hoy por la mañana, hablando por teléfono con una amiga que sabe que estoy escribiendo este libro, me señala apasionada que lo estoy haciendo en casa de mis padres, en Bilbao, y que debo hablar de ello en estas páginas, porque el hecho en sí mismo encierra una casualidad llamativa. Ella alude a Freud, yo no llego a tanto.

Es cierto, escribo estas páginas mientras vivo con mis padres de nuevo. Primero fue causa del primer confinamiento de la pandemia, que me sorprendió visitándoles y trabajando en el libro. Después fue una mudanza: mientras doy forma al texto he alquilado mi piso de Madrid y tengo planeado regresar a vivir a Barcelona una vez que esté terminado. He decidido hacer de la escritura mi prioridad absoluta y en ello vivo concentrado, porque mi instinto me dice que debo revivir el viaje mental y emocional, sin distracciones, para ser capaz de reflejar fielmente lo que me ocurrió. En el ínterin, entre la salida de Madrid y el retorno a Barcelona, vuelvo a habitar la casa de mis padres, y desde aquí visito mi pasado. Aislado del mundo.

Mis padres saben que lo estoy haciendo, me ven encerrarme en el cuarto y me oyen teclear y la música que escucho mientras lo hago, pero no me han preguntado. Están respetando mi espacio. Yo tampoco he querido compartir en ningún momento con ellos qué es exactamente lo que estoy escribiendo. Las palabras que utilizo, los sentimientos que describo y los momentos que recuerdo esta vez me pertenecen solo a mí.

En *Querer no es poder. Cómo comprender y superar las adicciones*, los autores emplean un capítulo en describir la personalidad adictiva para, inmediatamente después, pasar a desgranar las características de la familia adictiva. Todo va unido.

Apuntan, por ejemplo, que «el modo global en que los miembros de la familia se relacionan entre sí, el clima de la familia —intacta o no— es el que determina si una persona crece o no con una vulnerabilidad a la adicción». Y más adelante continúan:

El hecho de que la familia anule los sentimientos, percepciones e ideas del hijo a efectos de sostener los mitos familiares y la imagen pública hace que el niño sienta que él no es bastante. El niño experimenta su propio yo como invisible y, por lo tanto, impotente. Como los padres, en una familia adictiva, todavía están ocupados en satisfacer sus propias necesidades emocionales, sin darse cuenta se relacionan con sus hijos como si estos fueran objetos, como si fueran extensiones de ellos mismos, y no individuos independientes con necesidades distintas de las suyas. Son incapaces, por lo tanto, de brindar la aceptación que los hijos necesitan para crecer y convertirse en personas verdaderamente autónomas. El hijo, en este tipo de familia, puede recibir un constante bombardeo de mensajes acerca de lo que debe hacer para complacer a los padres. El mensaje que se le transmite al niño es: «No seas tú mismo... Sé alguien que me haga sentirme mejor a mí». El niño se adapta, sofoca sus auténticas emociones y percepciones y erige un falso yo, algo que como hemos visto constituye un aspecto clave de la personalidad adictiva.

Los autores también explican el germen de la adicción en las «buenas familias» o en las familias que socialmente son consideradas «normales»:

En una familia que a todas luces parece ser cariñosa y atenta, la individualidad del hijo puede ignorarse tanto como en una familia visiblemente caótica; solo que, en este caso, la situación queda oculta tras una apariencia de corrección social. En este tipo de familia, lo que el hijo recibe puede ser una especie de aplastante «pseudoamor». Y cuando el rechazo, abuso o descuido emocional está presente pero encubierto, puede ser aún más difícil para el hijo (y más adelante el adulto-niño) llegar a afrontarlo. Este individuo se siente profundamente herido, pero no tiene pruebas de haberlo sido. Atrapado en un dilema en el que el rechazo se mantiene oculto e incluso es negado, desarrolla intensos sentimientos de culpa. Como el progenitor está cumpliendo el rol exterior de un «buen padre», el hijo solo puede sacar en conclusión que él mismo está equivocado al sentirse enojado y rencoroso.

Sobra explicar que esta última descripción es una radiografía perfecta de mi infancia.

Le pregunto al psicólogo si es normal que me asalten tantas imágenes de mis padres. Es como una presa abierta, sin orden ni sentido.

—Has comenzado a conectar contigo mismo. Has pasado la aclimatación, los flashes de consumo, etc. Ahora estás tocando lo importante: los mensajes, no solo de tus padres, sino de todo tu entorno, de la sociedad en general —responde Rafael.

—Sé que piensan que no tengo derecho a tener problemas, porque me lo han dado todo.

—Pero los tienes. Da lo mismo lo que piensen.

—Se me enseñó a vivir mal.

—A casi nadie, por desgracia, se le enseña a vivir bien. Y tampoco hay bien y mal, Javi. Tengo la sensación de que desde pequeño te han adiestrado para reprimir la rabia, y eso es lo que más rabia te produce. Y probablemente las veces que la has expresado, con llamadas de atención o arrebatos, te han mutilado con un despliegue de chantaje emocional que te ha hecho sentir como una verdadera mierda.

Me sorprende escuchar al psicólogo decir «mierda». Sonrío.

—De todos modos, tus padres no son el enemigo, Javi. Eres una persona adulta. Tienes tu vida, ellos tienen la suya. El camino ahora es tuyo —prosigue.

—Ahora solo estoy yo...

—Es una buena noticia. Ahora tú puedes cambiarlo todo, sin dejar de quererlos. Hicieron lo que pudieron.

Albert, el teatrero metido a terapeuta, también es el encargado del taller de regulación de las emociones. Albert es un hombre calmado, risueño, cercano, con aspecto de montañero. El primer día del taller nos hace sentarnos y comienza a hablar.

—Esto de lo que va es de intentar ver cómo podemos modular nuestras emociones, cómo podemos coger las emociones tremendas y rebajarlas. Porque a ciertos niveles de emoción, perdemos el control sobre ella y, pum, terminamos consumiendo y mandando todo a tomar por culo, ¿no es cierto? —plantea.

Todos asentimos, en silencio. Albert se gira y dibuja lo siguiente en la pizarra:

Situación – Pensamiento (interpretación) – Emoción – Conducta

—Así es como funcionamos todos. Esta es nuestra cabecita y nuestro cuerpo. Pasa algo, la situación, lo interpretamos, lo pasamos por la cabeza, lo experimentamos en el cuerpo, y eso hace que sintamos que debemos actuar, lo que causa un efecto, la conducta. El truco está en instaurar lentitud entre las dos esquinas. Es decir, intentar poner conciencia entre la acción y la reacción, detenerse en estos pasos intermedios —explica señalando las palabras—. Con las emociones todo va despacio, y vamos a aprender a desautomatizar. A no creernos demasiado nuestros estados de ánimo, a pensarlos, tomar distancia, identificarlos y elaborarlos. No se trata de que los problemas desaparezcan, se trata de poder soportar el frío y el calor, la soledad, la alegría, la frustración, la rabia, etc. ¿Existen emociones negativas? —pregunta.

—Claro, joder —dice Sergi.

—¿Cuáles son? —pregunta Albert.

—La rabia, la ira, la tristeza, la... No sé, todas esas —contesto yo, implicado.

—Pues no. No existen las emociones negativas. Eso es una movida que nos hemos montado nosotros para llamarlas así, porque no nos gustan. Pero no son negativas. Son emociones. Nada más. Todas las emociones nos dan información. Aquí vais a aprender a dejar de temer a vuestras propias emociones.

Todos nos miramos. Puedo ver en el rostro de algunos compañeros el poco interés que despiertan estas charlas en ellos. Pero yo, por el contrario, asisto a ellas motivado y feliz. Es la primera vez en mi vida que estoy siendo expuesto a este tipo de aprendizajes. Por un lado, me da miedo descubrir todos los engranajes psicológicos que operan en mi interior, pero por otro me invade la esperanza de poder comprenderme y la seguridad de que es un viaje que he iniciado que me produce una gran curiosidad. Me siento como un aventurero de la psiquis.

Judit, la terapeuta de arteterapia está sentada junto a mí, en el patio vacío, haciendo tiempo para que suene la campana que marca el comienzo del taller. El resto de los pacientes están en espacios individuales de terapia o entretenidos en sus cuartos. Al fondo puedo ver a la monitora de día entrando y saliendo de los edificios de habitaciones. La conductora del taller se ha acercado desde la cocina con una taza, en la que puedo distinguir con facilidad un té inglés, con su olor característico y sus volutas de humo ascendiendo. Sosteniéndola con las dos manos, se entretiene soplando el contenido, para enfriarlo. Es una mujer joven, escuálida, con una piel lisa y brillante. Dos mechones de pelo rebelde le caen sobre la cara, separados de la coleta que lleva recogida en la nuca.

—¿Te mantienes limpio? —me pregunta.

Asiento con la cabeza.

—¿Ya ves las cosas buenas?

Me vuelvo para observarla, tratando de entender qué me pregunta. Ella me sonríe, lanzándome una corriente de confianza silenciosa a través del aire. Distingo sus pantalones bombachos, hechos de retales de diferentes tejidos, tan típicos de la población *ecohippie*, y su bufanda violeta de punto, que probablemente se ha tejido ella misma. Me apuesto el cuello a que es crudivegana o algo semejante.

—No, no sé. Creo que no veo nada. Aguanto, nada más —contesto.

—Llegarán, ya lo verás. Las cosas buenas siempre llegan si esperas y trabajas lo suficiente. Si aguantas, empezarás a descubrirlas. Yo he dejado de fumar.

—Yo no. —Como cada vez que alguien me refiere su lucha descarnada contra el tabaco o me aconseja que abandone el hábito, extraigo la cajetilla de mi pantalón y me enciendo un cigarro. No parece molestarse. Sigue sosteniendo su taza con ambas manos y soplando.

—Las drogas son putas de dejar, pero el tabaco no veas... —admite, confiada.

—Me imagino. Por eso yo no pienso dejarlo, bastante tengo —confirmo.

Judit sonríe y me dice que va a ir a preparar las cosas, que cuando me acabe el cigarro vaya para allá, que hoy vamos a hacer cosas muy chulas.

Esa tarde el taller se convierte en un ejercicio improvisado de escritura automática. Borroneamos sin pararnos a analizar, llevados por una energía sin censura, para que el impulso no lo atraviese el pensamiento, lo que generan emocionalmente en nosotros ciertos conceptos. Redactamos, así, lo que nos genera la «soledad». Yo escribo lo siguiente: «Miedo, frío, culpa, incomodidad, anhelo de cariño, sueños rotos, enfrentamiento, desasosiego, aburrimiento, torrente, malestar, inseguridades, rechazo propio, mirada fuera, desazón, desidia, desinterés, prisa, crecimiento, interés, florecimiento, desarrollo, calma, conocimiento, bienestar, decisión, necesidad, verde, naturaleza, vida, yo, recogimiento, verdad, inevitable, oportunidad, experiencia, aventura, curación, observación, inteligencia».

Luego hacemos lo mismo con «intimidad»: «Miedo, vergüenza, dolor, incomodidad, rechazo, vulnerable, blanco, moñas, estúpido, gilipollas, roto, huidizo, plenitud, conexión, cariño, humanidad, alegría, contacto, caricia, abrazo, sonrisa, lleno, grupo, potencia, fuerza, vitalidad, recompensa, estable, constante, silencio, humildad, renacimiento, unión».

Cuando lo ponemos en común, siguiendo la conocida rueda e intentando olvidar enseguida las aberraciones que algunos compañeros han creado y que podrían incluirse como parámetros en los retratos psicológicos de asesinos en serie en los archivos del FBI, la conductora del taller me señala la progresión que subyace a mis párrafos: una vez atravesados la dificultad y el malestar iniciales, todo es positivo. Es claramente una carretera de crecimiento personal. Miro los papeles que sostengo entre mis manos y viajo a lo largo de mis palabras. Compruebo que tiene razón. Sonrío con timidez, acariciado por el descubrimiento. Levanto la mirada y encuentro sus ojos, que también sonríen.

—Si trabajas lo suficiente y continúas paso a paso, confías, esperas y te das permiso para valorarlas, llegan las cosas buenas.

Quizá reafirmado por el taller, del que he salido con una sensación de certidumbre y plenitud serenas, esa misma noche escribo en el diario:

Valorar lo que tengo. Valorar las pequeñas cosas. Aceptar las cosas como son y dejar de rebelarme por como quiero que sean. No resignarme, eso no. Cambiar lo que pueda o lo que necesite. Aceptarme como soy. Aceptar lo que es.

Me está yendo genial respetando mis límites: solo ir una vez al día al email*, controlar la impulsividad... Comienzo a ser capaz de pedir aquello que necesito desde la humildad y la empatía. Ahora me paro y me invito a valorar lo que recibo y elimino el ansia por lo que «quiero recibir». No puedo esperar que la gente se comporte conmigo como yo me comporto con ellos. Somos personas diferentes. Cada uno lleva su mochila.*

Estoy aprendiendo a quererme. A quererme bien. Que no es lo mismo que la irresponsabilidad indulgente. A quererme, de verdad. Estableciendo límites que me ensanchan y no me autocensuran. Estoy centrado en sentir, en aceptar, no en machacarme. Hay fantasmas y están ahí, pero los voy a solucionar paso a paso, no a regodearme en ellos y tirarme más abajo aún. Creo que estoy empezando a disfrutar de mí. Pendiente de mí, de lo que me nutre, de reconstruirme, de lo que me hace bien, comprendiendo lo que me hace daño y lo que no y actuando con responsabilidad sobre mí mismo. Continuar haciéndome preguntas. ¿Estoy caminando hacia el optimismo responsable? Construir mi espacio. Darme espacio y tiempo. Darme, darme, darme.

Estoy sentado en una de las mesas corridas del comedor merendando con Sergi y Diego. El primero dilapida un bocata de salchichón y el segundo se asegura varios dulces, regados con un café (descafeinado de sobre) con leche. Yo, por mi parte, intento disfrutar de una tila, aunque lo cierto es que no me sabe a nada. A nuestro alrededor algunos compañeros se preparan sándwiches e infusiones o dan cuenta de las reservas de zumos naturales del frigorífico. Un murmullo agitado se adueña del espacio conforme lo ocupan otros pacientes que llegan a la merienda.

—¿No os da la sensación de que tendríamos que ser distintos? —les pregunto.

—¿Cómo quieres ser? —Diego no pierde detalle de todo lo que le rodea. Sus ojos se mueven revolucionados tras las gafas. Entiendo que está buscando más comida, nuevos sabores, estímulos gustativos desconocidos.

—¿Para qué quieres ser distinto a como eres? ¿Aún no te has dado cuenta de que torturarte no te lleva a ningún lado? —dice Sergi, robándole a Diego una galleta que introduce en el bocata.

—No sé hacer otra cosa —reflexiono en alto.

—Pues más vale que aprendas —me aconseja Sergi—. Tío, qué puto asco. No sé por qué he metido la galleta en el bocadillo.

Diego se encoge de hombros.

—¿Cuál era el día que os daba más bajón? —pregunta.

—Los domingos. Son horrorosos —contesta un espontáneo que pasa junto a nosotros. Lleva superávit de ropa, parece un esquimal extraviado, pero acaba de salir del mono de heroína, así que entiendo que aún acarrea el frío punzante dentro del cuerpo.

—Qué vulgar —dice Diego.

—¿Por qué? —pregunta el espontáneo.

—Porque a cualquiera le deprime un domingo —sentencia el periodista.

—Yo, si tengo frutos secos, me lo paso teta los domingos, perreando —añade Natalia, que ocupa una mesa a mis espaldas y está entretenida recogiendo las migas del hule con ayuda de su servilleta de papel.

Todos tenemos el deber de dejar el comedor limpio después de usarlo, sin restos ni olvidos accidentales de comida o bebida en las mesas. De no hacerlo, corremos el riesgo de que los terapeutas nos llamen la atención o, peor aún, de que algún compañero nos señale en el *meeting* y se nos eche todo el grupo encima.

—A mí lo que me acojonaba eran los martes por la tarde, cuando no hay adrenalina —señala Diego.

—A mí la noche del viernes —digo yo—, con todo el finde por delante, sin planes. Mirando el móvil que no suena sobre la mesa. Preguntándome qué he hecho mal para que nadie me llame.

—A mí cualquier día. Para drogarme siempre tenía excusa —admite Mario, que se acerca a la mesa y se sienta.

Lleva un Cola Cao en la mano y la barba y los dedos manchados de grumos marrones. Nos quedamos en silencio, rememorando nuestras realidades y los momentos pesados y espesos, previos al descalabro, cuando no sabíamos las cosas que sabemos ahora y nos sentíamos tan solos.

La casualidad, o quizá no, ha hecho que hoy, antes de sentarme a escribir, haya visto la fotografía de un heroinómano chutándose a plena luz, a las doce del mediodía, sentado en una de las *illes* del barrio de Sant Antoni, en Barcelona. Ha ocurrido de repente, mirando Twitter mientras tomaba un café esta mañana. Mucha gente se mofaba de la postal decadente, otros la relacionaban con la proliferación indeseada y, al parecer, descontrolada de narcopisos en el Raval, otros se divertían haciendo humor y explicaban que la instantánea pertenecía al comienzo de la vacunación frente a la COVID-19 en la Ciudad Condal. Varias personas manifestaban a los interesados lectores de la red social que la nueva epidemia, como ocurrió en los ochenta, había llegado para llevarnos a todos por delante y que ahora íbamos a saber lo que era bueno, que ellos nos lo iban a revelar al resto de mortales. Otras se limitaban a vomitar su superioridad moral, propia de vidas anónimas escondidas tras avatares inidentificables. He apagado el móvil.

Me ha invadido una lástima indescriptible por ese chaval. En la estampa parece joven, delgado, de clase media, porque su ropa no es harapienta ni parece excesivamente sucia y, al contrario, se asemeja a un chándal que muchos hípsters llevan hoy en día en Instagram; aunque es solo una hipótesis, porque no se puede apreciar su cara ni analizar la fotografía con objetividad y rigor, al estar inclinado sobre la jeringuilla que levanta hacia su brazo derecho con camiseta remangada. A sus espaldas transporta una mochila enorme. No sé qué llevará dentro. Quizá, si fuese una representación metafórica y no realista, sería el peso de sus miedos, traumas, inseguridades y creencias destructivas. He comprendido de inmediato la desesperación suicida en ese gesto tan radical de chutarse en mitad de la calle, a ojos de cualquiera que pase por ahí. El castigo decisivo y autoimpuesto de perder la dignidad a la vista del mundo.

Solo tengo una cosa clara, porque he sido como él y eso me permite hablar desde su lado de la barrera: si ese muchacho anónimo realmente pudiese elegir, si no estuviese dominado y poseído por la enfermedad que le ha avasallado, no haría lo que está haciendo. Y entiendo que todos esos que se chotean en redes, que utilizan esa imagen de manera política, que la juzgan y que piensan que ese chico hace eso porque quiere, porque es un drogadicto y un criminal, un ser humano indeseable, no son nada más que gentuza.

Esteban hace una entrada en la clínica por todo lo alto, de las que son difíciles de olvidar. Ingresa por la noche al recinto, así que la primera vez que nuestros ojos soñolientos se topan con él es en el grupo de terapia, a primera hora de la mañana. El equipo terapéutico no ha tenido aún tiempo de asignarle una acogida, así que Esteban ha llegado al grupo, gafas de sol mediante, por su propio pie, con las direcciones del monitor. Al poco de empezar, arrullado por las voces de los pacientes que se han lanzado a desgranar su padecimiento e incomprensión matutinos, ha caído en un profundo sueño reparador, acompañado del desplome de su cabeza sobre el pecho y de temblores alterados, del que ha despertado a la media hora con un sonoro ronquido, atragantándose en busca de oxígeno y despidiendo algún escupitajo más potente de lo deseable. Al advertirse rodeado de gente descuidada y ojerosa que no conoce y observar que allí todos hablamos y nos dirigimos sobre todo a una mujer sonriente, la única que está peinada, viste decentemente y tiene buena cara, decide de forma impulsiva levantar la mano y contribuir al acontecimiento.

—¿Preguntar es ofender? —plantea en alto, críptico.

La terapeuta señala que no, que preguntar es preguntar, pero que no es ofender. Miro a Sergi, indicando sin necesidad de palabras que se avecina un *hit* propio de los grupos de terapia de mañana. La pregunta y su consecuente respuesta han sido de lo más extrañas. Eso solo puede significar que el desarrollo del momento va a ser explosivo. No me equivoco.

—Entonces... ¿es usted puta? —pregunta Esteban, desafiante y perverso.

A lo largo de las próximas semanas, todos los pacientes nos acostumbraremos a que Esteban cabecee en cualquier lugar y en cualquier momento y, para contribuir a su crecimiento personal y al desarrollo de sus funciones, no objetaremos despertarle dándole collejas (que él no registra) a la mínima oportunidad. Pero Esteban es un secuaz de Morfeo tan dedicado que llegará a quedarse dormido de pie en la cola de las analíticas de orina en pleno patio. No es que Esteban sufra de narcolepsia o posea algún trastorno desconocido, sino que le tienen dopado con tal cantidad y variedad de medicación que le resulta casi imposible mantenerse despierto. Y eso que Esteban es un castillo inexpugnable: treinta años, metro ochenta y cinco, fuerte, físicamente sano. Lleva siempre las gafas de sol puestas y una braga negra mugrienta de motorista que le protege la garganta. Su forma de caminar, cuando no duerme, es chulesca, macarra. Podría ser un trasunto de Chuck Norris sin barba, si Chuck fuese catalán.

Pronto descubrimos que Esteban es adicto a las benzodiazepinas. La deshabituación de estas sustancias es complejísima, porque cuando el paciente es adicto a noquearse, la medicación debe estar muy bien pautada y equilibrada y, si no me equivoco, los fármacos no deben contener principios activos que se relacionen con las composiciones de las benzos, lo que hace que los estados de ansiedad que pueden llegar a embestir al adicto son indescriptibles. Mientras que al resto nos medican precisamente con ellas, para atenuar nuestra zozobra, a los adictos de este tipo se las extirpan de raíz y las sustituyen con medicamentos potentísimos que hacen que la montaña rusa en la que viven estos pacientes sea aún más extrema que la del resto. Como su problemática fundamental está relacionada con la ingesta de pastillas, se las dan machacadas con agua para evitar que las escondan bajo la lengua y las acumulen.

Esteban, como efecto directo de su desintoxicación, vive trastornado, dispensando su agresividad física y emocional, desorientado, frenético y furioso. Tiene problemas de conducta con casi todos nosotros, que intentamos apaciguarle (algunas veces con éxito, otras no). Rompe varias puertas en el transcurso de los primeros días, amenaza a media clínica e insulta a la otra mitad. Un día le pillan, y arrebatan, un cuchillo enorme que ha robado de la cocina y que, a día de hoy, todavía no sabemos para qué lo quería.

A los dos días de ingresar le asignan a su acogida, pero él la manda a tomar por culo, porque él «no necesita a nadie» y «como se le acerque, le pisa la cabeza». En el *meeting* nos explica al grupo, con sorna y superioridad, lo que le ha traído hasta nosotros. Resulta que Esteban es exactor porno *amateur* de quinta, si es que hay jerarquías dentro del porno español, y vive obsesionado con una prostituta del Este a la que conoció en un lupanar de carretera y de la que está perdidamente enamorado. Le encanta leer, porque él, además de adicto y actor porno *amateur*, es intelectual, y su autor favorito es Bukowski. El mundo, según su opinión, se divide entre aquellos a los que les gusta (los «listos») y aquellos a los que no (los «deficientes mentales»). «¿Y si no sabes quién es?», le pregunta Natalia, pero él opta por no responderle.

Tiene un tatuaje en el brazo, que se rasca a menudo, en el que se puede leer *«Temet Nosce»*. Alguien me revela que en latín quiere decir «Conócete a ti mismo». En el espacio, frente a nuestras miradas expectantes, Esteban explica que le pillaron porque sufrió un accidente tremendo de coche (se quedó traspuesto al volante) y en la guantera hallaron cien miligramos de alprazolam líquido y una cartilla de recetas médicas falsificadas. Decidieron denunciarle por falsificación de documentación pública y, debido a que en el momento consideró que intentar zurrar a los dos policías era una buena solución, de paso también por agresión a la autoridad. Nos detalla, con orgullo, cómo falsificaba las recetas en una imprenta: colocando el nombre de una clínica, el de su psiquiatra y un número de colegiado que se inventaba. Se dedicaba de manera tan obsesiva y escrupulosa a su creación que incluso llegó a diseñar un sello falso con el que «legalizaba» las recetas de imitación. Ahora tiene un juicio pendiente. Nos relata, como quien pormenoriza cruentas batallas victoriosas que atesora en su hoja de servicio militar, que tuvo un paro cardiaco por ingesta de Trankimazin y que llegó a tomarse en un solo día un bote entero de cincuenta pastillas de dos miligramos.

Alguien, en algún momento, le comunica que soy escritor, lo que hace que una tarde en el patio corra hacia mí, beligerante e indómito, amenazándome con los brazos en alto y la respiración entrecortada, como un ariete desbocado.

—¡Tú! ¡Tú! ¡Cabrón! —grita.

Algunos compañeros se giran al escucharlo, previendo el desastre. Yo miro a mi alrededor, buscando al depositario imaginario de sus palabras, intentando hacerle entender que no me identifico con esa descripción, pero no lo consigo, porque se acerca dando zancadas enormes y levantando el puño, con la boca deformada en un rictus violento.

—Tú no has venido aquí a desintoxicarte. Yo sé quién eres. Tú has venido aquí a investigarnos para escribir un libro y eres un hijo de puta. —Se detiene frente a mí, muy cerca, midiéndome con su cuerpo enorme, imponiéndome su paranoia.

—Yo soy más yonqui que tú, imbécil —le respondo yo con toda la calma que soy capaz de reunir, ya que estoy muerto de miedo pero tampoco quiero achantarme delante de él, porque sé que, si lo hago, he perdido.

—¿Ah, sí? Demuéstralo, hijo de puta.

—Llevo aquí encerrado más de un mes, gilipollas. No tengo que demostrarte nada. Pírate por ahí, *colgao*. No me toques los cojones. —Bajo la vista al libro que tengo abierto en el regazo y deseo en silencio que se retire y no me obsequie con un puñetazo en la mandíbula que me deje secuelas físicas de por vida.

Transcurren unos instantes de tensión silenciosa en los que

cualquier cosa puede ocurrir. Él no se retira, y siento su respiración y su sombra sobre mi cuerpo, pero no alzo la vista.

—Es muy fuerte, me recuerdas a Fernando Rey —le oigo decir.

—¿El actor? —Levanto la mirada y compruebo que sus hombros están relajados y que me observa con las manos metidas en los bolsillos.

—No, el músico. —Se sienta junto a mí en el banco.

—No sabía que hubiera un músico que se llamase así.

—Siempre hay uno. Cuando menos te lo esperas, ¡placa!, aparece.

Lo que dice no tiene el más mínimo sentido, pero no hago ningún esfuerzo en hacérselo ver. En este momento pienso que, si él quiere creer que Fernando Rey es músico y que me parezco a él, por mí no hay problema ninguno siempre y cuando acepte no pegarme una paliza.

—Mis mayores problemas nacen de haber pensado desde siempre que todas las mujeres eran putas o vírgenes. Me hinché a Seroquel porque ella era puta y yo no soportaba la angustia de quedarme solo en casa mientras ella trabajaba follando. De los Seroqueles pasé al Trankimazin y acabé con una pistola en la cabeza, y yo no estoy hecho para pistolas en la cabeza, así que me enganché a todo lo que pude para calmar la angustia y a la pistola —me explica entonces en el banco.

En el primer taller de prevención de recaídas, impartido por Anais en la sala de televisión, aprendemos la diferencia entre *desliz* y *recaída*, conceptos básicos en el lenguaje yonqui. Desde el principio me percato de que todos atendemos con verdadero interés, puesto que en este espacio asimilaremos cómo protegernos a nosotros mismos en la realidad y cómo gestionar nuestras posibles apetencias futuras de volver a consumir.

Un desliz es el uso inicial de una sustancia después de que alguien se haya comprometido a dejarla. Una recaída es regresar a las conductas desadaptativas asociadas en su origen con la utilización de dicha sustancia. Es decir, un desliz es darle una calada huérfana a un cigarro en una cena, mientras que una recaída es volver a fumar a diario; o, dicho de otro modo, un desliz es saltarse un poco la dieta una noche y una recaída es mandarla a tomar por el culo.

Anais comparte con nosotros que el compromiso es con la abstinencia total. Nadie desea tener un desliz, sobre todo porque es imposible que se produzca una recaída sin haber sufrido un desliz antes; pero, si ocurre, no es el fin del proceso. Si se da, nuestro objetivo principal será pararlo, no continuar, volver al redil, por así decirlo, y no lanzar por los aires todo lo conseguido por un mínimo error. Hay una estructura conductual muy peligrosa que se repite y que Anais subraya: una persona tiene un desliz, no le da importancia, lo minimiza, no lo comparte con su red, no habla de él... la recaída entonces está esperando a la vuelta de la esquina. Tener un desliz, nos tranquiliza, no quiere decir que vayamos a recaer. Pero eso tampoco significa que no pase nada por tenerlo. La acción llama a la acción, y un desliz, si no se le presta atención y se trabaja en él, puede ser muy comprometido. Hace mucho hincapié, repitiéndolo varias veces, en que un desliz no es señal de fracaso y en que empieza mucho antes que el consumo. Lo único importante es ponerle freno y no actuar de manera derrotista. La mejor forma de protegernos, nos señala, es no consumir, pero si tenemos un desliz, lo más urgente es reflexionar sobre él, entender por qué ha ocurrido y volver a comprometernos de inmediato con la abstinencia, antes de que perdamos el control sobre nuestros propios impulsos.

Cuando detengo mis ojos en ella, no soy consciente de que va a convertirse en una de las mujeres más importantes de mi vida. Lleva menos de una semana en la clínica y aún no se ha presentado en el *meeting*, rebelada contra las normas. Esa mañana, en el grupo de terapia, me fijo en su rostro mientras la oigo hablar por primera vez. Sé, por compañeros, que su problemática no está relacionada tanto con la adicción como con sus intentos reiterados de suicidio y que estudió criminología.

—Esto es horrible, estoy peor que cuando entré. Ayer me

dieron dos sublinguales. He tenido tres ataques de ansiedad. Me estoy apagando y no entiendo por qué —dice.

—Algo entenderás —propone la psicóloga.

—Yo era simpática, no mucho, no excesivamente, pero lo era. Ahora ya veréis, porque estoy empezando a estar muy cabreada y apagada y este sitio es una pesadilla. Y yo, cuando me cabreo, me llevo todo por delante. Hago verdaderos esfuerzos para que no me den ataques de ansiedad en los espacios, en los talleres. Tengo pesadillas con este centro, con todos vosotros y no logro dormir, no pego ojo. —El pelo oscuro le cae sobre la cara y no se molesta en retirárselo. Su voz es grave, gutural, como si le costase salir a la luz, escalar la garganta.

—No hay psicología sin lágrimas. Hay que llorar mucho —comparte un compañero.

Ella no contesta, acorazada. La boca abierta temblorosa, la tez pálida, ojerosa, desencajada, las manos apretadas, la mandíbula tensa. Se acaricia con fuerza insistentemente una de las palmas. Tiene gestos de demente. Se llama Lola y sus ademanes son contundentes, puros, inconquistables. Hace dos días estaba histérica en el patio, llorando, con convulsiones continuas en las piernas.

En el *meeting* nos pasamos varios minutos en silencio, esperando a que el responsable dicte el orden del día. Oigo a uno de los nuevos susurrar que tanto silencio le pone nervioso. Lo mismo que me ocurría a mí. Poco después, un compañero toma la palabra:

—Mi mujer era yonqui. El niño nació con síndrome de abstinencia. Sus lloros eran insoportables. No sé por qué me enamoré de ella. No sé por qué. Murieron los dos. Entonces me enganché yo. Pensé que nunca me ocurriría a mí. De hecho, la maltrataba, aunque nunca le puse una mano encima, la llamaba estúpida y cosas así, ya no me acuerdo. —Comienza a llorar en silencio.

—En muchas ocasiones expresamos nuestra angustia atacando a los demás —le recuerda el responsable.

—La intenté convencer varias veces de que se desintoxicase, que yo pagaría el tratamiento y la esperaría. Pero no confió en mí. Me prometía cambiar y al poco tiempo volvía a desaparecer. La conocí enganchada, pero pensé que yo lograría sacarla de ese infierno. Y acabó por arrastrarme a mí. Y por eso estoy aquí. Estoy avanzando. Hace un mes no era capaz de hablar de todo esto. Voy mejor, creo, paso a paso.

El resto de los compañeros le sonreímos, en muestra de nuestro apoyo inquebrantable a su dolor. Echo un vistazo para certificar que Lola no está entre nosotros y que todavía no se ha dignado a presentarse al grupo. Va por libre.

Y entonces, no sé por qué, todo salta por los aires en la reunión institucional semanal, en la que tratamos aspectos de la clínica en presencia de todos los profesionales y el director. Tras exponer varios detalles referentes a la convivencia y a cambios en el menú de la cocina, Lola levanta la mano y presenta algún tipo de queja sobre las instalaciones que ni apunté ni recuerdo. Lo que sí sé es que lo hace en catalán, delante de todos.

Una aclaración previa. No tengo ningún problema con el uso del catalán, más bien al contrario. A lo largo de los años muchas de mis amistades me hablarán en catalán e incluso yo mismo me apuntaré a clases para aprenderlo y les pediré que lo utilicen conmigo, después de dejar la clínica. Amaso amigos independentistas con los que a veces discuto y a veces río. Considero el nacionalismo, aunque yo no sea partidario de él, una opción ideológica tan respetable como otras. Fin de la aclaración previa.

En algunos aspectos soy un consumado manipulador emocional. Sé tocar las teclas que sacan de quicio a alguien hasta llevarle a perder la compostura y los nervios, así que esa tarde, desconozco las razones, me dirijo a por Lola. Puedo construir hipótesis sobre por qué lo hago: para marcar territorio, exhausto de las nuevas llegadas, para jerarquizarme en público, para dar un puñetazo en la mesa y hacerme con el control del hemiciclo, o simplemente porque aquel día estaba más aburrido que de costumbre y me había concedido el papel protagonista de un melodrama imaginario y combativo, como aquellos con los que crecí, de Lana Turner y Gene Tierney. En cualquier caso, levanto la mano y pido que deje de utilizar el catalán y nos hable en castellano, porque muchos de nosotros, como yo, venimos de Madrid y no lo entendemos. El director me mira, anticipando el choque de trenes que se avecina. Sonríe y vuelve a observar a Lola, que, después de lanzarme un vistazo asesino, continúa en catalán. Yo no estoy dispuesto a dar mi brazo a torcer y, oliendo la sangre, solicito, muy cortésmente, que por favor no sea maleducada y utilice la lengua que comprendemos todos y deje de usar «dialectos» (sí, digo *dialectos*) para comunicarse. Varios compañeros se remueven en el asiento, tensos. Lola me mira asombrada, intentando comprender quién es esa cucaracha (yo) que está plantándole cara descaradamente, troleándola delante de toda la clínica. El director intenta apaciguar el ambiente escudándose en que el catalán no es difícil de comprender y en que está seguro de que todos lo estamos entendiendo a la perfección. Pero no pienso dejar que la presa escape. Hoy no.

—Todos no, algunos: los que hablan catalán y los que podemos llegar a imaginar lo que dice. Pero aquí hay gente extranjera que no tiene por qué entenderlo, y es muy poco empático y construye muy poca comunidad el hacerlo, más aún cuando ha habido un compañero, yo, que ha expresado abiertamente su malestar a todo el grupo. Creo que debería tenerse en consideración. Es fundamental que nos escuchemos —explico reposadamente, sabiéndome dueño y señor de la labia diplomática.

Siento el acero penetrar en el cuerpo de Lola. Veo en sus ojos la intención de saltar sobre mí y aniquilarme como quien aplasta un insecto molesto. Estoy disfrutando. El director, al escuchar mi diatriba, se recoloca en su asiento y, ante la mirada expectante del resto de los terapeutas, le pide a Lola que hable en castellano. Ella se niega. Prefiere mantenerse callada.

—Bueno, pues ¿qué más hay para comentar? —La estocada final, la guinda del pastel. He dicho la frase sonriendo, con el pecho henchido como un pavo real.

Cuando el grupo se disemina, Anais se acerca a mí, maternal y comprensiva.

—¿Por qué has hecho eso? —me pregunta.

—Porque puedo —le respondo.

A la salida diviso a Lola en la lejanía lanzando patadas al aire e intentando romper las papeleras del patio mientras grita lindezas del tipo «¡Fascista! ¡Nazi! ¡Hijo de puta! ¡Le voy a matar!». La tienen que sujetar entre varios para evitar que destroce el mobiliario del patio. Su rabia es mi orgullo alegre, y yo camino tranquilamente hacia mi habitación para escribir lo que acaba de ocurrir. En la actualidad este suceso me recuerda a la manera en la que mi padre, a menudo, me sacó de quicio a mí.

Esa loca histérica rompepapeleras y este villano de cómic de serie B son en la actualidad dos de los mejores amigos que existen. Lola es una de las personas que más quiero en el mundo. Una mujer por la que haría cualquier cosa, lo que fuera, sin dudarlo ni un mísero segundo. Junto a ella he atravesado cimas y valles, y siempre hemos estado ahí el uno para el otro. Es una amiga íntima, con el peso del significado real que poseen estas palabras. Me conoce por dentro y por fuera, mejor que mis parejas y, a menudo, mejor que yo mismo. No puedo decir eso de mucha gente. Hoy Lola ha superado su trastorno límite de personalidad, ha estudiado educación social y ayuda a adolescentes problemáticos a rehacer sus vidas. Ha dejado atrás a la burguesía catalana, se identifica a sí misma como anticapitalista y solo viste de Humana. Ha terminado saliendo del armario: es una orgullosa *cupaire*. Llevamos acompañándonos doce años y nos quedan muchísimos más, porque esto ya es para toda la vida.

Ayer la llamé para consultarle cómo terminamos convirtiéndonos en amigos después de ese arranque explosivo (que hemos rememorado juntos varias veces tronchados de risa), pero no se acuerda. Yo tampoco. Dice que ha pasado demasiado tiempo y que aquellos días están ya prácticamente olvidados. Lo entiendo, porque yo recuerdo cómo era cuando la conocí y la persona que hoy existe, aunque mantiene los mismos rasgos físicos, no tiene nada que ver con aquella. Esa Lola se quedó enclavada en la clínica y no volvió a salir, como si la enfermedad fuese una piel de la que pudiese desprenderse y la hubiera abandonado a su suerte en el recinto. Quiero pensar que la propia estructura del encierro hizo que nos viésemos obligados a convivir y que, poco a poco, fuésemos abriéndonos el uno al otro. Pero lo cierto es que no lo sé.

Sí recuerdo, porque lo tengo apuntado, que mantuvimos al poco tiempo la siguiente conversación en las cuadras, mientras ella se encargaba de dar de comer a los caballos. Desde el comienzo pasó mucho tiempo dedicada en cuerpo y alma al cuidado de los animales, con los que siempre tuvo una relación especial. Para entonces yo ya sabía que Lola había sido trasladada a la clínica desde el pabellón psiquiátrico de un hospital barcelonés donde había permanecido ingresada casi dos meses por un intento de suicidio.

—¿Qué es exactamente el trastorno límite de personalidad? —le pregunto.

—Que soy o maniaca o depresiva. Tengo estados de ánimo muy convulsos, de la euforia a la depresión en cuestión de horas. Es como ser bipolar, pero en cambios de menos tiempo. Los bipolares se tiran un mes arriba y otro mes abajo. Nosotros pasamos por eso hasta varias veces al día. En la calle me llamarían «loca del coño»; de hecho, me lo han llamado, mis parejas incluidas, aunque no me deja ninguna. Siempre les abandono yo antes. La rutina me aburre.

—Pero ¿te drogabas? ¿O te han metido aquí solo porque estás tarada?

—Me han metido por eso, porque en el frenopático ya no avanzaba y empecé a tirarme a uno de ahí dentro... Y porque aquí están estos —señala a los caballos— y dicen que me vienen bien. Es una historia larga. Pero sí, me drogaba también, me ponía hasta el culo, claro. ¿Tú sabes lo que es vivir con la incertidumbre de no saber cómo te vas a sentir al levantarte? No hay quien lo aguante. Estoy pagando penitencia por intentar suicidarme. Me malacostumbré a pensar que la vida tenía una salida fácil.

—¿Qué salida?

—Pues matarme, chico, ¿no me escuchas?

Dos compañeros pasan por la puerta abierta de las cuadras y levantan la mano, en un saludo.

—Esos dos se quieren acostar conmigo —comenta Lola—. Pero los hombres ya no son mi prioridad.

—¿Ah, no?

—No. —Lola se acerca a una yegua con un cubo repleto de alfalfa.

—¿Y ahora en qué te vas a centrar? ¿En los caballos?

—Y en las pollas. ¿No te jode mogollón la peña que sonríe todo el rato, como si estuviera contenta?

—No te lo puedes ni imaginar —admito.

Nos quedamos en silencio. Los caballos nos observan. El olor es penetrante, pero Lola no parece darse cuenta.

—Y entonces ¿cuál es tu problema? —pregunto.

—Yo qué sé. Que no soy capaz de dejar de intentar matarme, supongo.

Decido dar un paseo con Mario y César, para recoger flores con las que acicalar nuestras habitaciones. Suena a chiste triste, tres toxicómanos, dos de ellos diagnosticados con patología dual, salen a pasear para apreciar la dimensión de la naturaleza en forma de ramos de pétalos variados con los que revitalizar el aroma de sus cuartos. Sin embargo, es real como la vida misma.

En el camino, abrigados porque es un día desapacible, nebuloso y frío, entre eucaliptos, pinos y margaritas, vagabundeando entre arbustos altísimos y bosque denso, Mario y yo debatimos sobre la música de Boris Vian, la Velvet, Michel Legrand, Chet Baker, Ella Fitzgerald y Harry James. Saltamos de uno a otro como quien habla de familiares ilustres y lejanos, y puede que un papel parecido tengan en nuestras vidas, dada la compañía que nos han prestado. Mario reconoce por primera vez, ante nosotros, que echaba de menos escuchar música porque había perdido su iPod en el último psiquiátrico en el que estuvo ingresado en Málaga. No sabe si lo regaló, no recuerda bien su internamiento en ese centro. Admite que su memoria está llena de lagunas porosas que no consigue completar, por mucho que lo intente.

—Todo lo que tenía me lo he fumado o metido o inyectado. Esto me lo pagan mis padres —concede Mario, entretenido en deshojar una piña con los dientes.

—Como a todos, Mario —le recuerdo.

—Yo vendí mi iPod para pillar dos gramos —confiesa César—. Pero al poco le mangué un MP3 a un gitano, el que tengo en el cuarto, el azul.

—Yo vendí la nevera y la lavadora —revela Mario.

—¿De tu casa? —pregunto, asombrado.

Mario asiente. Sigue deshaciendo la piña, impertérrito. Le señalo a su derecha un arbusto de ortigas, para que tenga cuidado y no lo roce. Nos protege la espesura del bosque.

—¿Qué te pensabas? En el último ingreso por heroína, en otro sitio, llegué con la chuta clavada en el cuello. Me tuvieron encerrado en un cuarto. Entraban, me echaban haloperidol en la garganta y me volvían a encerrar. Pasadas unas horas, cuando me había hecho efecto, venían con comida, me obligaban a comer y recogían todas las potas. Después me encerraban de nuevo. Así una semana. Me lo contaron, yo no me acuerdo de nada.

Lo que relata, con su habitual falta de dramatismo, resulta tan alejado de mi realidad que no puedo evitar que un escalofrío me recorra la espalda. Algunas veces me ocurre eso: tomo conciencia de dónde estoy, un relámpago de lucidez, y entonces vuelvo a asustarme, como al comienzo. Siento que en comparación con algunos de mis compañeros soy un *amateur* patético.

—¿Cómo empezaste, Mario? —indago.

Sé partes de su historia, pero aún no me la ha contado en progresión, estructurada. Hasta el momento he recibido piezas de información llenas de elipsis.

—De la manera más tonta. Un día fui a pillar coca, pregunté por todos lados y me dijeron que no había, pero que tenían caballo. Así que empecé a alternarlos, no sé por qué. El subidón de la coca me lo bajaba con el caballo.

Esa tarde, paseando como viudas octogenarias en una película de James Ivory, entre matorrales y maleza, aprendo que Mario se drogaba siempre solo, nunca en compañía. Odiaba estar alrededor de gente colocada. Su aislamiento fue creciendo exponencialmente, junto con su adicción, en una curva ascendente imparable. A mayor soledad, más droga, que a su vez fomentaba más sedentarismo solitario y más enfermedad. Primero vendió la nevera y la lavadora, y luego siguió con todo lo que pudo malvender de su casa, hasta mudar su vida por completo. De lo único de lo que se siente orgulloso, al menos esa tarde en el monte, es de que nunca llegó a atracar a viejas. Así lo dice, con esa dolorosa sencillez. Cuando se drogaba, dibujaba, pintaba o escribía. Al día siguiente destrozaba todo lo que había creado y vuelta a empezar. Mario conoce los nombres de todos los árboles. No le interesa demasiado la naturaleza, pero es un receptáculo de información. Es una de las personas más cultas que he conocido jamás. Es capaz de poner disco tras disco (Grateful Dead, Elton John, Donovan, Patti Smith...) y malgastar el día mirando por la ventana mientras escucha música, viajando por los vericuetos privados de su mente que ninguno conocemos. Le han puesto a Tere, una trabajadora social, como ayuda terapéutica para que le asista y le apoye dibujando y pintando.

—Lo peor que le puedes decir a un yonqui es que lo deje —reflexiona Mario en voz alta—. Es como la pollada esa de «no te preocupes» o «no estés triste»... ¿De qué cojones sirve eso? «Relájate, necesitas ayuda.» Guau, gracias por tu consejo, joder. No me había enterado, puto gilipollas. Dar consejos, ¿para qué? Cualquiera que tenga tres neuronas sabe qué hacemos con los consejos que nos dan: pasárnoslos por el forro de los cojones, ¿o no?

César y yo asentimos. Mario es un filósofo contemporáneo, un *coach* de YouTube críptico e intelectual. Quizá si su realidad fuese distinta podría haber sido un sociólogo respetado o una voz reverenciada en el mundo del periodismo musical o de la antropología emocional.

—Si es que ya no es solo cosa nuestra, es que en el mundo hay mucho vicio, tío —dice César.

—Mi madre me tuvo porque no había tele, seguramente —comenta Mario—. Vamos de libres y de poderosos y no somos más que una panda de esclavos.

Reconozco el peso de la recriminación que se hace Mario: yo también me la he hecho. Pero hoy no tengo ganas de hablar, sino de escuchar, así que continúo recogiendo flores en silencio, dejándoles que sigan curándose en alto. Les observo con detenimiento, intentando capturar fotográficamente el instante en mi mente. Hay días en los que siento que habito una fotografía de Nan Goldin en movimiento.

Esteban se acerca a mí una tarde, simpático, bamboleándose como un orangután enorme y poderoso. Tiene días así, en los que va por la vida como una persona, si no normal, al menos relativamente calmada. Lleva en su mano el libro *El caballero de la armadura oxidada.* Puedo ver varias de sus esquinas dobladas.

—Tío, ¿te acuerdas lo que te dije de lo que hacías?

—No sé de qué me hablas, Esteban —le informo. He aprendido a estar a la defensiva con él hasta comprobar por dónde va a salir.

—Lo del libro. Que ya no me importa. Escribe un libro de nosotros. Te doy permiso.

—No creo que lo haga —constato.

—¿Por qué?

—Porque no hay manera de contar todo esto. Es imposible. ¿Cómo se lo explicas a alguien que no está aquí? No se puede. Son demasiadas cosas. No sabría ni por dónde empezar...

—Joder, por el principio.

—La gente pensaría que estamos locos, que tenemos lo que nos merecemos.

—¿Qué dices, pavo?

—A nosotros nos parece normal..., esto..., porque lo estamos viviendo y no nos queda otra. Pero no hay forma de contarlo, tío. ¿Tú nos oyes? Estamos todos como chotas.

Se queda callado, observándome en silencio. Sus ojos ya no son portadores de la pátina química del principio.

—De todos modos, gracias —le digo, con sinceridad.

Aunque mantuve esta conversación en la que especifico haber abandonado la idea de relatar el devenir de mis días, lo que hoy me llama poderosamente la atención es que en ningún momento dejé de tomar notas. Seguí recolectando lo que ocurría a mi alrededor, pero sospecho que al mismo tiempo siempre pensé lo mismo: que era imposible. Deduzco que el impulso en realidad no desapareció nunca y que anidó en mi interior, desclasificado, colándose entre las fisuras de otros proyectos que sí culminé, sin que nunca lo olvidara, y eso hace que me encuentre aquí hoy, doce años más tarde, intentando por fin llevarlo a cabo.

7

La primera mañana que amanezco como responsable me desplazo hasta la pizarra de la sala de Hormigas y escribo una frase que apunté en mi diario el 1 de febrero de 2009, lo que quiere decir que la decidí a las pocas semanas de ingresar. Es esta: «He incumplido la tarea de ser yo», Leopoldo María Panero.

Siempre me había sentido atraído, en el plano de la ficción, por los antihéroes, los chiflados, los incomprendidos, los marginales, los marcianos, los combativos, los incómodos. Aún sigo haciéndolo, aunque de una manera mucho más sana. Me emocionan y me identifico con los perdedores, los ridículos, los silenciados, los que dudan, los que temen, los que se equivocan, porque, a menudo, yo he sido uno de ellos. Guardo recuerdo de atesorar desde joven sus representaciones en forma de libros, películas y música. Con la distancia, entiendo que poseían la atracción irremediable de ser un espejo deformante en el que yo me reflejaba. Ser hijo de mi tiempo: el romanticismo de la autodestrucción. Hoy sé que sentía que lo que mostraban eran partes íntimas de mí mismo, con la potencia identificadora que tiene la expresión artística, pero ahora puedo diferenciarme y ya no percibo que hablen por mí, sino que soy capaz de discriminar que solo se representan a sí mismos, por muy cerca que yo los pueda sentir a veces.

Mi amor y admiración hacia todos aquellos que habían tenido la valentía, a veces en primera persona, de hablar de todo lo que parecía no existir en la superficie de la sociedad biempensante, eran inagotables. Me cautivaban los recodos, lo que se agazapaba en los caminos escondidos. Si algo era rebelde, disparejo, inesperado o prohibido, ahí iba yo de cabeza, con todas mis ganas. El malditismo, por llamarlo de alguna forma, me seducía: los abismos, los excesos salvajes, la extravagancia, la rabia, la defensa y el orgullo de la diferencia. Escritores torturados y excesivos, como William Burroughs, Hunter S. Thompson, Christiane F., James Ellroy, Joe Orton, Sylvia Plath, David Foster Wallace, Charles Bukowski, Sarah Kane, Jane Bowles, Virginie Despentes, Hubert Selby Jr., Jean Genet, Anne Sexton, Alejandra Pizarnik, Fernando Pessoa, el marqués de Sade, Malcolm Lowry y muchos otros. Cineastas como Iván Zulueta, Rainer Werner Fassbinder, Michael Haneke, Lars von Trier, Gregg Araki, Ken Russell, Derek Jarman, David Lynch, Pedro Almodóvar, John Waters, Yorgos Lanthimos, Luis Buñuel, Agustí Villaronga, Todd Solondz, Pier Paolo Pasolini y Carlos Saura. Artistas como Robert Mapplethorpe, Francis Bacon, Leigh Bowery, Lucian Freud, Egon Schiele, Andy Warhol, Louise Bourgeois, Ocaña, Nan Goldin o Tracey Emin. Músicos por un tubo. La lista de artistas es infinita. Recuerdo perfectamente los miles de veces que mi madre me dijo, con un rictus de desaprobación, lo raro que era todo lo que me gustaba.

Desde que vi *El desencanto* de Jaime Chávarri, Leopoldo María Panero pasó a formar parte de ese olimpo de seres fascinantes. Uno de sus hermanos, Michi, el pequeño, le define en la película como «el personaje molesto». Leopoldo tarda en aparecer en el documental, pero, cuando lo hace, fagocita el film con su presencia fantasmagórica, su voz peculiar y su gestualidad maniaca. Me impresionó muchísimo la película, lírica y desgarradora, y me obsesioné con ese hijo que representaba la locura pero que, sin embargo, a mí me parecía el único honesto, valiente y lúcido. Aprendí de su historia: su paso por las cárceles y las peleas y las celdas de castigo y luego, más adelante, por el alcoholismo, la heroína, la enfermedad mental en forma de esquizofrenia y los psiquiátricos en los que vivió hasta el fin de sus días (el último ingreso, de diez años, en Canarias, fue a petición propia). Sin embargo, sabiendo todo lo que sabía sobre él, no había leído nada de su producción, que jamás abandonó y que continuó a lo largo de sus diferentes y múltiples reclusiones hasta su muerte.

Hasta que, curiosamente, no sé si por una casualidad provocadora, uno de los libros que encajé en la maleta para llevar a la clínica fue su *Poesía completa*, que recoge toda su producción desde 1970 hasta el año 2000. El libro de Panero llevaba años en mi casa, apilado entre los pendientes, como les ocurre a muchos que entran a formar parte de mi hábitat pero que tardan en ser leídos, y nunca me había llamado especialmente la atención. Me gusta pensar que fue el libro el que encontró su momento y el que se empeñó en meterse en el equipaje. Sé que es pura fantasía, pero encuentro consuelo en creer que los libros esperan pacientemente hasta que estemos preparados para leerlos. Todo pasa por algo. Así, en la clínica de desintoxicación, en su libro *Poemas de la locura*, una tarde tediosa descubrí estos versos:

No estoy contento de mí mismo
he incumplido la tarea de ser yo
he faltado a las normas del colegio
y no besaré ya más el culo de un gato
andaré ahora entre monos
como en el Laoconte de los monos
belleza perfecta hecha para ser solo
el novio único de la nada

Continúo sin entender lo que significa. Reconozco que no soy un lector dedicado de poesía y que mi aproximación a ella es de una simpleza aberrante. Me llega o no, me emociona y me sacude o no lo hace. Lo que sí puedo afirmar es que, al leer este poema, rompí a llorar. Subrayé de inmediato las dos primeras frases. Entendí, como me ocurría con muchas de las cosas que leía, veía y experimentaba, que ese poeta maldito hablaba de mí. Resumía mi vida, poniendo palabras a aquello que yo no sabía nombrar. Yo también distinguía qué era incumplir «la tarea de ser yo». La sensación de traicionarte, darte la espalda, dejar de escucharte, abandonarte a ti mismo en el camino. Yo también comprendía la desesperación, la soledad y el vacío del que hablaba en esa frase de una sencillez abrumadora, que encerraba, a su pesar, el secreto del fracaso de toda una vida. Yo también, a menudo, me había identificado con el «personaje molesto», como le define su hermano en la película de Chávarri, la oveja negra, el desquiciado, el problemático. Yo también me había sentido rabiosamente incomprendido, negado y juzgado. Decidí escribir esa frase en la pizarra y la compartí con todos mis compañeros, porque era la que mejor me representaba. Algunos, como yo, se emocionaron. Otros la recibieron con indiferencia.

Anais detalla en el taller de prevención que habitualmente los procesos de recaídas se inician con un estímulo, que recuerda situaciones asociadas a las sustancias y que está relacionado con conductas de consumo. Hace hincapié en que los factores de riesgo y las señales de alerta siempre surgen antes de que la persona consuma y se acumulan. Los estímulos pueden ser externos (lugares, personas y cosas relacionadas de alguna forma con la utilización de las drogas) o internos (factores emocionales y físicos). Anais nos pregunta si podemos identificar estos estímulos en nosotros. Una cacofonía de voces se adueña de la sala: «ansiedad», «angustia», «euforia», «veo imágenes mías consumiendo», «tengo pensamientos de planear el consumo futuro», «olores», «sabores», «se me llena la cabeza de recuerdos»...

Anais entonces se desplaza a la pizarra y dibuja un esquema de las respuestas de afrontamiento ante situaciones de riesgo. Si ante una situación de alto riesgo la respuesta de afrontamiento es efectiva, esto hará que se incremente nuestra autoeficacia, lo cual conllevará una disminución de las probabilidades de la recaída. Si, por el contrario, la respuesta de afrontamiento ante la situación de riesgo no es efectiva, esto resultará en una disminución de la autoeficacia, con el consiguiente uso inicial de la sustancia, que a su vez implicará el efecto de violación de la abstinencia y la percepción de efectos positivos de la ingesta, es decir: aumento del riesgo de recaída. Pero, nos recuerda, antes de conocer las posibles respuestas de afrontamiento ante una situación de riesgo debemos ser capaces de identificar cuáles son esas situaciones de riesgo para cada uno de nosotros.

—«En la medida en que identifiques los eventos que disparan o mantienen la conducta de consumir» —nos lee Anais de una fotocopia que sostiene frente a sus ojos—, «podrás empezar a desarrollar otros caminos que te permitan afrontar las situaciones de riesgo para ti sin consumo. Esto implica el aprendizaje y el uso de estrategias y habilidades específicas. Exponerse de forma deliberada a los estímulos (personas, lugares, objetos, sentimientos y situaciones previamente asociados con el consumo) que desencadenan las "ganas de consumir" es contraproducente. La batalla de la fuerza de voluntad puede fallar; utiliza tu fuerza, pero también tu inteligencia. Pensar que eres capaz de soportar situaciones de alto riesgo sin ceder a la tentación es señal de la negación a tu vulnerabilidad a volver a consumir». —Anais levanta los ojos y nos observa en silencio.

—Es mejor ser prudente y precavido que un machito —resume un compañero.

Anais asiente. Levanta el dedo en el aire, con el conocido gesto que nos indica que estemos atentos, porque lo que viene es muy importante.

—«Tú no eres responsable de tener "ganas de consumir"» —lee—, «puesto que la aparición de estas es una señal de la dependencia a una sustancia o actividad, pero sí eres responsable del modo en que reaccionas a las "ganas de consumir"». —Anais deja de lado la hoja y sonríe—. Y ahora los deberes —finaliza.

Estallamos de inmediato en un mar de quejas y lamentos. No queremos más deberes.

Por la tarde me siento en la mesa del cuarto, con música relajante e incienso, frente a las hojas grapadas que nos ha entregado Anais con los ejercicios prácticos propuestos. Se trata de identificar las situaciones de riesgo individuales, divididas en diversos apartados. Tras cada enunciado voy escribiendo aquellas que puedo relacionar con mi vida.

Situaciones con estados emocionales negativos: *rabia, frustración, sentimiento de abandono, estrés acumulado, angustia, falta de contacto físico cercano, sensación de no pertenencia, sentimiento de no aprobación general y de tener que rendir cuentas constantemente, soledad, aburrimiento, desilusión, bloqueos emocionales, sentir lástima de mí mismo, impaciencia, cuando exijo y me exijo demasiado, sensación de fracaso y ganas de tirar la toalla, remordimientos por errores de mi vida, cuando me aíslo...*

<u>Situaciones con estados físicos negativos:</u> me veo gordo y poco atractivo, poco deseado, cansancio físico, estar a disgusto con mi cuerpo.

<u>Situaciones con deseo de aumentar los sentimientos de placer:</u> euforia, fiestas de celebración después de un periodo de trabajo muy intenso y estresante, cumpleaños, estrenos, presentaciones, fiestas sociales donde siento que tengo «algo que demostrar», trampolines donde «quiero más»...

<u>Situaciones con deseo de poner a prueba el control personal:</u> pensar que puedo consumir de forma controlada, pensar que por una cerveza no pasa nada, pensar que si los demás pueden yo también puedo, pensar que lo merezco después de tanto tiempo de abstinencia, desafiar a la autoridad...

<u>Situaciones con necesidad de afrontar tentaciones y deseos de consumir:</u> rodearme de personas que consumen, ciertos ambientes frívolos y superficiales, acercarme por sitios que asocio con sexo y drogas, ciertas páginas y chats de internet...

Cuando acabo de enumerar mis posibles situaciones de riesgo, me lanzo a contestar el resumen final. Escribo lo siguiente:

Me doy cuenta de que casi la totalidad de los estímulos y situaciones de riesgo vienen de mi interior, de mi relación conmigo mismo, y de que respondo poco (o tengo bastante control) ante presiones externas: lugares, personas, objetos. Siempre consumo de noche (el 98 % de las veces). Si lo he hecho de día ha sido relacionado con fiestas celebradas durante el día (Orgullo LGTBI o similares). NUNCA HE CONSUMIDO COCAÍNA SOBRIO. Los estados emocionales negativos son los principales causantes de mis consumos. Todo esto son señales de peligro que hasta ahora era incapaz de ver.

Al final del ejercicio, escribo varias frases como apunte para el futuro, supongo:

Recuerda, Javi: todo esto aparece gradualmente y se va juntando y acumulando. Es un proceso: no son cosas aisladas y de un día. Es un poco a poco que termina en el barranco. Debes estar atento a estas señales.

Sergi batalla estos días con su primera acogida y comparte su adaptación a la recién adquirida responsabilidad. El paciente que le han asignado es complicado, como lo fue Mario, como supongo que lo somos todos cuando ingresamos. Se llama Miquel, un alcohólico en la cincuentena larga, dueño de un bar en una pequeña población de la Cataluña interior. A Sergi le impresionan mucho los temblores que acometen a Miquel, efecto del brutal síndrome de abstinencia que sufre. En los últimos días ha comenzado a delirar. Según Sergi, las alucinaciones no llegan a la intensidad necesaria para considerarse *delirium tremens*, pero apuntan en esa dirección. Cree, por ejemplo, que le han robado el coche, cuando ni siquiera tiene, o lo que nos cuenta Sergi en la pecera al monitor y a mí:

—Fui a despertarle, porque se había ido a echar la siesta y llevaba varias horas *missing*, y al entrar me lo encontré de pie, recién duchado, peinándose con raya y todo. Claro, pienso: «Hostias, qué bien que ya está empezando a tener higiene personal». Joder, se supone que, si te lavas, pues ya vas cogiendo ritmo, ¿sabes?

Asiento. Santi y yo damos cuenta de un paquete de pipas, echando las cáscaras en la papelera, atentos a Sergi. Yo he visto a Miquel por el patio. Es un hombre grande, educado y bonachón que parece no haber roto un plato en su vida. Tiene la mirada limpia y cálida de una persona bondadosa.

—Y el pavo me dice: «Buenos días». Yo me quedo *moñeco*... Le pregunto si bajamos a cenar y me contesta que será a desayunar. Claro, yo ahí ya me emparanoio, porque me lo huelo. Le digo que no, que a cenar. Y me dice: «Pero si son las nueve». Me enseña el reloj en plan *pa'* que me dé cuenta. Y le digo: «Ya, Miquel, pero las nueve de la noche. Llevas toda la tarde echando la siesta».

—Vamos, que el pobre estaba desubicado —resumo yo.

—Espera, espera, ¿sabes lo que me dice? Se queda callado, mira por la ventana y murmura: «Y yo que pensaba que era el día, que estaba *nublao*». ¡Tronco! ¡Que estaba oscuro! ¡Que era de noche!

Sergi suspira, frustrado. Me arrebata la bolsa de pipas y se echa un puñado generoso en la palma de la mano. Se balancea en la silla. Lleva puestas sus zapatillas de andar por casa, con forro de borrego. Me echo a reír al verle tan afectado. El monitor le pregunta si Miquel lleva muchas de esas. Sergi explica que varias, a cada cual más llamativa, pero que él se asegura de contárselas todas a los profesionales, por si acaso. Que pasa de que luego le cuelguen el muerto. Está desesperado. No sabe cómo comportarse con él, cómo ayudarle. Le entiendo perfectamente, yo he pasado por algo parecido con Mario.

—Lo peor es cuando le explico las cosas y le intento sacar de su movida..., la cara que me pone. Me mira como un niño confundido, que no entiende. Es un bajón —manifiesta Sergi.

—Hace unos meses tuvimos a un chaval que veía un toro enorme en el cuarto —comparte Santi—. Ese fue muy duro.

—No jodas —dice Sergi—. Pavo, si ves un puto toro que no existe es que estás fatal.

—No juzgues, Sergi —le recuerdo.

Él me mira, implorándome que le suelte un poco de cuerda. Algunas veces soy así de repelente, lo reconozco.

—Al loco, cuando delira, seguidle la corriente —nos aconseja Lucio.

—¿Sí? ¿Por? —pregunto.

—Porque el delirio es el último mecanismo de la mente para que la persona no se fragmente. Si no, se rompería en pedazos. En el delirio hay que penetrar con cuidado, con cariño, entendiendo que el objetivo principal es mantener a la persona con soporte.

—¿Cómo se hace eso? —pregunta Sergi, realmente interesado.

—Es un arte, una disciplina. Todo tiene sus grietas. Antes hay que identificarlas, simplemente —explica el monitor.

Varios días más tarde trasladan a Miquel a un hospital psiquiátrico. Sus delirios han comenzado a multiplicarse de forma exponencial y su estado mental se ha visto en verdadero peligro. Necesita estabilización y cuidado sanitario, nos explican cuando preguntamos. Regresará al cabo de unas semanas, parecerá otra persona, aunque mantendrá intactos su bonhomía y los temblores que le caracterizan. No recordará nada de lo que vivió ni de lo que le contamos. Volverá a empezar, desde cero.

Las salidas al exterior acrecientan mi ansiedad y aceleran la incertidumbre y la desconfianza. Hacen más irreal el acuario en el que he aprendido a vivir, a cubierto. La falta de conexión que tanto celebro y tanto bien me está haciendo se resquebraja cada vez que me doy cuenta de que fuera de allí la vida continúa y en algún momento yo tendré que formar parte de ella. De que este estado en el que vivo es provisional, una parada en el camino, una situación extraordinaria e ilusoria. Llevo meses oyendo a compañeros y profesionales hablar de «la burbuja de la clínica», pero no es hasta que comienzo a salir de ella que compruebo a qué se refieren realmente.

Entiendo sin necesidad de que nadie me lo explique que, con las salidas, se ha iniciado una nueva etapa del proceso en la que progresivamente la realidad va penetrando y me pone en juego. Puedo asomarme al precipicio, experimentar la vida (o al menos una forma de vida) y regresar al lugar seguro. Durante mi estancia en la clínica estas exposiciones, como he explicado, se hacen de manera progresiva, cada vez más tiempo, cada vez más lejos, cada vez con más obstáculos, cada vez con más conexión con la realidad. Voy, paso a paso, recuperando el contacto con el mundo. Siempre bajo una férrea supervisión terapéutica y con la seguridad de retornar al útero donde vivimos protegidos de nosotros mismos. Se nos abre la puerta, muy poco a poco, para que nuestro impulso enfermo no la tire abajo y vuelva a perdernos en la prisa, la compulsividad, la exigencia, la inmensidad y el ruido que existen al otro lado.

Así, durante las próximas semanas organizaré, siempre autorizado por Anais, varias salidas con distintos objetivos y planteamientos: salir junto con compañeros a Barcelona, salir a cortarme el pelo, salir a pasear, salir a comprar un libro, salir sin planes... Algunas serán cortas, otras un poco más largas. En ninguna se me permitirá pernoctar fuera. Anais nunca accederá a que lleve el móvil conmigo (objetivo: trabajar mi dependencia del exterior) y, según el tipo de salida, me asignará un dinero concreto (objetivo: no realizar compras compulsivas). Casi nunca es mucho y casi siempre es una cantidad que evita que pueda escaparme a hacer maldades pero que me sirve para coger el transporte público y tomar una Coca-Cola en una terraza, poco más. Luego, después de cada una, vuelvo al recinto y reflexiono sobre mi tiempo en el exterior: cómo me he sentido, qué he pensado, qué he hecho, cómo he reaccionado. Todo en este lugar sirve para avanzar en el proceso.

—No sé si estoy preparado —le confesé a Anais el día en que me dijo que iba a empezar a salir de la clínica.

Creo que me había adaptado demasiado a mi encierro. La desconexión y el aislamiento, además de soledad y frustración, también me insuflaban grandes dosis de paz y tranquilidad.

—Javi, nunca se está preparado —me dijo Anais. Muchas veces en mi vida he recordado estas palabras—. Para nada de lo que importa. Es normal sentir miedo. Lo importante es no tener miedo al miedo. Si lo tienes, se hacen las cosas con miedo, no pasa nada.

—Y el miedo se pasa enfrentándote a él, ya —recordé—. Ahora el exterior me asusta. No sé cómo voy a reaccionar —reconocí.

—¿Piensas que si no supiese que estás preparado te dejaría salir?

En mi primera salida voy acompañado de dos pacientes, unas horas en Barcelona. Es un domingo soleado. Recojo la experiencia en mi diario así:

La salida fue genial. Me siento muy bien con la libertad de poder estar, caminar, en Barcelona, aunque aún no me siento del todo cómodo, como si sintiese que llevo un estigma en la frente que indica y hace ver a todo el mundo dónde estoy ingresado. Sé que es cosa mía y no la realidad. Me doy cuenta de que soy muchísimo más consciente de mis reacciones y mis sentimientos. Aunque la cabeza todavía me va a mil, pero por lo menos ahora soy más consciente de mí y de lo que siento. Aún no logro gestionar mis emociones, pero sí darme cuenta de ellas. Es un pequeño paso. En la salida me agobié en ciertos momentos, por la actitud y acciones de uno de los compañeros. No me puedo creer que el imbécil se escapase al salir del cine. Da lo mismo: hemos vuelto a la clínica sin él, él sabrá. Me sirve para trabajar los límites y el no cargarme con responsabilidades que no son mías, sino de los demás. Quiero hablarlo esta semana con Anais y con Rafael. Creo que es importante.

Me encuentro con dos conocidos y lo manejo como puedo. Me revienta los huevos que en mi primera salida a Barcelona me encuentre con dos personas que conozco.

Me doy cuenta de que también comienzo a valorar muchas cosas que antes pasaban completamente desapercibidas: pasear por la calle, tomar una Coca-Cola en una terraza, entrar en una librería, la libertad de andar y elegir y decidir, ir al cine, ver a gente caminar, etc. Una conclusión que saco es que a la vuelta a Madrid quiero bajar las revoluciones a las que vivía. No quiero participar de ese ritmo infernal que tanto daño me hace y tanto me confunde. Me pierdo en él, está claro.

Vamos a ver El curioso caso de Benjamin Button *y la película me encanta. Amo a David Fincher, claro. Hay un momento que he apuntado en un papel a la salida del cine, cuando él lleva a Cate Blanchett al lago a contemplar el amanecer y dicen: «En ese momento por fin se dio cuenta de que nadie podía ser perfecto eternamente». Soy yo. Comemos en un buffet japonés de esos de pillar todo lo que se pueda. Nos hemos puesto hasta el culo. Me ha sabido todo a gloria, joder.*

Desde que estoy en la clínica y soy abstemio oficial, me gusta la Coca-Cola, que siempre he aborrecido, así que uno de los grandes placeres de las salidas es poder tomarme una *light*, con hielo y limón. La primera vez que lo hago sollozo y la paladeo como si estuviese saboreando un manjar exquisito en la Costa Azul. La miel también ha comenzado a agradarme, curiosamente. Es como si mis papilas gustativas hubiesen iniciado su propio proceso de cambio, descubriendo nuevos horizontes. En ninguna salida tomo café. Considero que puede alterarme demasiado y provocar la aparición de nervios innecesarios. La Coca-Cola *light* me la perdono, es un mal menor, un trasteo infantil sin consecuencias graves.

En esta primera salida me he encontrado, por casualidad, con dos personas muy conocidas en Madrid (y en toda España, ya que estamos): un cantante y un diseñador de moda con los que me he corrido buenas juergas en el pasado. Deambulando por Barcelona, camino de tomar el transporte público que nos llevará al otro compañero y a mí hasta la clínica, he acabado prácticamente en sus brazos al doblar una esquina. No es extraño: la providencia ha querido que ellos estén entrando en Fnac para una firma de discos y yo saliendo de allí. Lo primero que he temido es lo que habrán pensado de mi aspecto eco *new age*, tan alejado de mi fachada madrileña. Después me he preguntado qué habrán especulado al ver a mi acompañante.

Ahora estoy con Anais, sentado en la pérgola, rememorando ese momento, después de explicarle paso a paso qué fue ocurriendo y qué fui sintiendo.

—En el viaje de vuelta vine bastante acelerado, con mucha ansiedad. Me bloqueé mogollón. Me vi en actitudes pasadas que no me gustaron: intentando quedar bien, actuando, rindiendo cuentas..., todo eso y más —comparto. Ella me escucha en silencio—. Es que, joder, me los encontré de puta chiripa, y claro... lo primero fue «¡Maricón! Pero ¿qué haces aquí?», y yo sin saber qué decir. Fue una conversación absurda, contando milongas, poniendo buena cara y haciendo el memo... «Pues nos vemos, qué guay habernos encontrado, a ver si quedamos...» Las mierdas de siempre, ¿sabes? Claro, aquí que es todo como vivir en un disco de Bebe, pues imagina la diferencia, el pedazo de hostia que me pegó la realidad...

—¿Qué te molesta tanto de tu reacción? —me pregunta Anais.

—Al llegar aquí me sentí ridículo, y estaba convencido de

que todo les había parecido marciano y de que hablarían de las pintas que llevaba o andarían llamando a gente comentando a quién se habían encontrado... Me sentí... ¿frágil?, ¿inseguro? No sé... Me dio por culo, eso fijo. Volví dándole vueltas a la conversación en la cabeza, para intentar saber si había sonado bien o no. Me sentí obligado a contarle a uno de ellos dónde estaba. Le mandé un *email* y le dije la verdad, que estaba aquí, y se lo expliqué y le pedí que mantuviese la discreción y que no lo airease por ahí. El tío me contestó, supercariñoso y apoyándome, pero... Creo que me superó la movida. Es que tiene cojones, tía, en mi primera salida y ¡pum!, de frente.

—No puedes controlarlo todo... —me recuerda—. Las cosas ocurren, Javi.

—A ver, lo manejé bien hasta cierto punto, pero olvidé que decir la verdad sobre mis sentimientos, que mira que me lo has repetido, muchas veces es la mejor y la más sana de las opciones. Por lo menos fui consciente del agobio y me marché de allí, no me presioné para aparentar que no pasaba nada ni me impuse ser fuerte ni me quedé con ellos. La farándula, el famoseo, las apariencias..., ahora mismo me dan mucha pereza. Estoy en otro sitio. Estoy... lejos de todo eso. Me aburre. Y que no tiene nada de malo, no lo estoy juzgando, ¿sabes?, que es lo que me despierta a mí ahora mismo.

—No tienes por qué compartir tu intimidad con todo el mundo. No permitas que todo el mundo opine y te aconseje, dando poder a lo que te dicen. Es más importante lo que te dices tú a ti mismo.

—¿Cómo se mata esta dependencia del exterior? ¿Cómo se hacen las cosas de manera distinta? Vivo con la sensación de estar frente a un paredón ante el que me tengo que defender de alguna manera. Como si fuese famoso o algo, ¿sabes? Pero que no lo soy. Que soy un don nadie. Que me conocen cinco *mataos* y tres son drogadictos.

Muevo los pies con ímpetu. Estoy removido. Se me cuela la realidad entre las respiraciones. Suspiro, agotado.

—No sé qué hacer con mi vida —reconozco.

—Está claro: lo que tú quieras, Javi.

—¿Y qué pasa con todo este miedo?

El miedo, de nuevo. ¿Cuántas veces lo he mencionado en este libro? ¿Cuánto miedo tenía?

—Vas a continuar teniendo muchos miedos durante toda tu vida. Todos los tenemos. Yo también tengo miedo, Javi. El problema de los miedos no es que existan, sino que sean tan enormes que te paralicen. Todo empieza, dura y se acaba. Todo. ¿Cómo se batallan? Con trabajo individual, disciplina y respeto a uno mismo. Ejercitando el ver las cosas de otra manera. Es egoísmo sano, Javi. No vas a solucionar todo en un día y no puedes angustiarte por ello. Todo lleva su tiempo. La meta...

—Es el camino, ya —claudico.

Aprieto los labios. No entiendo por qué, pero me asalta la emoción líquida. Son días complicados, en los que no me entiendo y vuelvo a estar perdido, otra vez.

—Es solo que... este camino es muy largo, joder —gimo.

Cada una de estas conversaciones no solucionan nada en el terreno de lo concreto y quizá no hacen que la respuesta a mis problemas se materialice de inmediato, pero me descargan de un peso enorme. Expresar con sinceridad lo que siento, sin juicios, sin reproches, es sanador. Compartirlo. Extraerlo de mí. Son exhalaciones liberadoras que me permiten seguir profundizando y caminar más ligero. Me lo habían dicho los primeros días ingresado: hablar reduce la ansiedad. Hablar cura. Sin darme cuenta, lo llevo poniendo en práctica varias semanas. Y, efectivamente, surte efecto.

—Un ataque de pánico, por ejemplo, no es nada más que miedo al miedo —dice Albert.

Volvemos a estar reunidos en la sala en el taller de las emociones y el terapeuta nos está conduciendo a través de la identificación de nuestras emociones primarias y secundarias. Ha dibujado hace minutos en la pizarra un nuevo esquema:

Emociones primarias (emociones simples, lo primero que aparece) – Emociones secundarias (reacción a la emoción que tengo y cómo la interpreto)

—Las emociones secundarias son muy importantes, gente —apunta Albert paseando entre nosotros. Algunas veces me ataca la sensación de formar parte de un *bootcamp* del cerebro—. Las emociones secundarias aparecen y se amplifican peligrosamente cuando juzgamos nuestras emociones primarias. ¿Te acuerdas lo que dijiste la última vez, Javi?

—Ni idea, la verdad. —Me encojo de hombros.

—Cuando yo pregunté por las emociones negativas tú nombraste unas cuantas, y entonces yo te expliqué que no hay emociones negativas.

—Ah, sí, sí.

—Bien, pues eso ya es un juicio sobre nuestras emociones primarias, porque las estamos catalogando de «malas». —Levanta las manos para hacer el conocido símbolo de las comillas—. Si tengo miedo, bien, tengo miedo, pero si juzgo negativamente tener miedo y como consecuencia tengo miedo a tener miedo, entonces todo eso empieza a hervir y, ¡pum!, ataque de pánico. Si tengo ansiedad y además tengo más ansiedad porque tengo ansiedad, la multiplico yo solo. Por eso es tan importante no juzgar las emociones primarias. ¿Estoy triste? Vale, pues estoy triste. No pasa nada. Pero si yo empiezo a comerme el tarro juzgando esa tristeza, entonces yo solo conmigo mismo la convierto en fracaso, en depresión, en desaliento, la hago crecer, ¿entendéis?

Asentimos. Mis compañeros y yo atendemos a las palabras de Albert, que intenta motivarnos, pero puedo sentir en la atmósfera de la sala que el agotamiento hoy reina entre nosotros.

—Casi todo el problema —continúa— viene de cómo cocinamos las emociones primarias y cómo las juzgamos cuando aparecen. Y aquí lo que queremos no es eliminar las emociones primarias, porque esas no van a desaparecer; lo que pretendemos es impedir que se amplifiquen de forma negativa y me destruyan.

—Esto es un poco cristo, ¿eh? —comenta un compañero.

—Poco a poco, es una nueva forma de pensaros. Como todo, lleva tiempo —nos tranquiliza Albert.

Escuchamos a Pulp y a The Cure en la habitación de Sergi, mientras este nos explica cómo su exnovia le robó mil seiscientos vinilos. Estamos Diego, Rosa, Natalia y yo. Hemos birlado varias natillas de chocolate del comedor y estamos echando la tarde zampándonoslas.

—No entiendo que, siendo diabético, comas tanto azúcar, tío —le señalo a Diego—. Es que comes mogollón...

—No tanto como piensas, lo que pasa es que pones ahí el foco —dice, y se mete en la boca una cuchara a rebosar de natillas. Sus gafas están llenas de polvo.

—¿No se supone que los diabéticos debéis tener mucho cuidado con eso?

—Luego me pincho y ya está —me responde enseñándome su lápiz, que siempre lleva encima.

—No le hagas ni caso —interrumpe Rosa, también diabética—. Yo se lo digo y como quien oye llover.

Sergi nos ha contado uno de los últimos *hits* de la impulsividad en el recinto, que, al parecer, acapara muchas de las conversaciones del patio: Juan Pablo, el pintor de chapa cocainómano y ludópata, hace dos días robó una moto de 125 cc del parking y se hizo ciento cincuenta kilómetros por la autopista sin casco para pasar la noche con una tía que no quiere saber nada de él y que le había dejado antes de ingresar. Juan Pablo volvió con el rabo entre las piernas y aprendió que, además de superar sus adicciones, tendrá que hacerle frente a su dependencia emocional y a sus celos patológicos. Natalia ha respondido que ojalá ella conociese a un tío que hiciera algo así por ella. Los demás no hemos querido contestarle. Todos entendemos que también tiene temas para trabajar y que no somos las personas indicadas para señalárselos.

Lola entra en el cuarto. En cuanto la veo sé que hay algo que no va bien: tiene los ojos hinchados y enrojecidos. Ha estado llorando. Me levanto como un resorte.

—¿Qué ha pasado? —le pregunto.

—Fabián la ha liado —murmura apoyando la espalda en la pared. Se atusa el pelo y se lo despeina, incapaz de mantener las manos en reposo. Juguetea con una cadena de cuero que lleva al cuello—. Yo qué sé, me lo han dicho hace un rato y me he llevado un disgusto superabsurdo, joder. Le veía bien, hostias.

Lola es una compañera muy sentida y generosa. Una cuidadora. Tiene un corazón enorme con la gente que le importa. Si te odia, ponte a cubierto, pero si te aprecia, estás salvado. Es así, intensa, para lo bueno y para lo malo. Se ha integrado rápidamente en nuestro grupo. Fabián es un paciente, fumador de base, que ha dejado hace poco la clínica y ha vuelto a casa, al mismo lugar del que salió.

—¿En Ibiza? —pregunta Diego.

Lola asiente con la cabeza.

—Es lo que tiene regresar al mismo sitio y desvincularse —apunta Sergi.

—No le ha podido dar tiempo ni a eso, coño. Se piró hace dos semanas —digo.

—Da igual. Te olvidas enseguida de tu enfermedad. Te sientes solo. Te mueres por superar esta mierda, y llevar una vida normal para no sentirte distinto al resto... es mucha carga —dice Diego, entretenido en limpiarse una mancha de natillas del polo de marca—. Ya lo he visto muchas veces.

—Qué puto asco, tío, qué puta mierda —murmuro.

Por la tarde, después de intentar animar a Lola sin grandes resultados, llegamos a la conclusión de que todos somos personas muy válidas, inteligentes, hipersensibles, hiperactivas, de que no somos nada de lo que dicen de nosotros. Somos impulsos, contracciones de un músculo. Cansados de vivir, nos evadimos. Pero estamos intentando reiniciarnos, concedernos otra oportunidad, no darnos por perdidos. Quizá, si nos lo repetimos unos a otros, lleguemos a convencernos de que valemos la pena.

—Somos héroes caídos —dice Diego.

—No flipes, maricón —comento yo.

—Somos enemigos del malestar y del dolor, ángeles arrogantes y egocéntricos que no saben qué hacer con sus alas, cuya visión omnipotente desde las alturas no la viven como una virtud sino como una condena —continúa Diego.

—Hostias, el periodista... —suelta Sergi, y estalla en una carcajada.

—¿Alguno de aquí toma Trileptal? —pregunta Natalia.

Lola levanta la mano. Aún no se ha movido: sigue de pie apoyada en la pared.

—¿Te han cambiado el formato? ¿Son naranjas las tuyas?

—No, moradas con una raya en el centro.

—Me están tangando, los hijos de puta —se queja Natalia.

—Pues fíjate bien —le aconseja Lola—. Yo en las pirulas me fijo mogollón, que mi tío era farmacéutico. A mí no me la dan, que estos son unos listos.

—Tiene cojones, con la de mierda que os habéis metido en vuestra vida, que ahora vayáis de puristas —les digo.

Hablo con mis padres. Nunca les cuento lo que pasa en la clínica: las historias, las problemáticas, las recaídas. Principalmente para no romper el sacrosanto compromiso de la confidencialidad y, de paso, para no preocuparles. No pierdo de vista tampoco mi objetivo de autonomía, de compartir solo aquello que quiero. No necesito su aprobación ni su consejo, y actuar de esta manera, aunque me resulta extraño, también me reconforta y me hace sentir libre. Comprendo, además, que no entenderían muchas de las cosas de las que hablamos y que ocurren en el recinto, y posiblemente se asustarían al pensar que su hijo está expuesto a todos estos sucesos y conversaciones. No concibo un lugar más alejado de la realidad de mis padres. Intento protegerles de sí mismos y que no adelanten el futuro tan complicado que me espera. Trato de apaciguarlos, creo. Así que cuando charlamos me centro en los aspectos positivos y en aquello que necesito que ellos sepan para continuar avanzando. Comparto, por ejemplo, los cambios que estoy llevando a cabo en mi manera de expresarme, en mi conducta. Saben el nombre de algunas de las personas que me acompañan, pero poco más. No les incumbe. Es mi vida. Por la noche, después de conversar por teléfono, escribo lo siguiente en mi diario:

El banco no me ha concedido el seguro de desempleo de la hipoteca.

Me siento fatal por el desembolso económico mensual que están realizando, pero ellos me tranquilizan. Les agradezco el apoyo que me están dando, todo lo que me están ayudando y les digo que estoy muy contento de poder hablar con ellos como lo hago y que se lo agradezco: el cariño que siento a todos los niveles. Mi padre me dice que ellos también lo sienten, que están orgullosísimos del trabajo que estoy haciendo. Mi padre dice: «hemos recuperado a un hijo». Me he echado a llorar, emocionado. Últimamente me emociono a la mínima, estoy en carne viva. Lloro por lo que les he hecho pasar y por dónde estoy ahora. Les explico el momento en el que estoy: luchando conmigo mismo. Siento que empiezo a compartir con ellos desde la libertad de querer hacerlo, no desde el sentimiento de que tengo que hacerlo. Eso me gusta.

Mi segunda salida al exterior la comparto con Sergi y Diego. Vamos felices, como antiguos amigos, y no tenemos un objetivo concreto más allá de pasar tiempo fuera, pasear, descubrir Barcelona, no ser esclavos de tiempos ni de imposiciones ni de un calendario de actividades definido por cumplir. Resumiendo: aprender a gestionar el tiempo libre.

Pasamos la mañana callejeando por el centro, atravesando el Raval y el Gòtic, entrando y saliendo de tiendas. Me compro varios pantalones bombachos en una tienda donde los venden muy baratos. Al hacerlo no me pasa inadvertido que son prendas que jamás habría usado, por considerarlas ridículas y horrorosas. Es un local comercial que tampoco habría pisado nunca en el pasado: a rebosar de ropa hippie, libros de autoayuda y objetos esotéricos. Una tienda de precios asequibles que en el futuro se asociaría al *look* «perroflauta». Me reconciliaré con el aspecto que tanto rechazo me provocó al ingresar: me camuflaré con el paisaje de la clínica, me integraré en el lienzo, seré estéticamente uno más, me mimetizaré con el ambiente. El ser humano es social y eso se traducirá en los pantalones que usaré.

Me siento extraño estando con Sergi y Diego en el exterior, porque, aunque puedo considerarlos íntimos, su visión en la calle, caminando junto a mí, se me antoja confusa: cercana y distante a la vez. Como si nos hubiésemos saltado pantallas y sus avatares no perteneciesen a este decorado. Como si alguien los hubiese soltado en mi vida sin atender a presentaciones. Creo que los tres somos conscientes de que, de no ser por una enfermedad y una experiencia compartidas, probablemente nunca seríamos amigos, y esa certeza, sospecho, nos hace sentir tristes (por comprender la realidad vacía en la que basamos nuestras amistades) y alegres (por tener la oportunidad de cambiarla). En las salidas acompañados siempre estamos muy pendientes unos de otros, asegurándonos de que estamos bien, previendo tirones o apetencias no deseadas. Todos sabemos el peligro que corremos. Nos preguntamos mucho más de lo habitual «¿qué tal estás?».

Dos chicas jóvenes, atractivas, pasan en bicicleta junto a la terraza donde estamos sentados. Diego se ha tomado varias Coca-Colas y Sergi lleva ya unos cuantos Red Bulls. Yo me he tomado un café descafeinado con leche desnatada y sacarina y estoy leyendo el periódico al sol. Diego se niega a informarse y no atiende a las noticias que comento en voz alta; dice que le da mal rollo exponerse a su universo laboral, que le recuerda demasiado que no está trabajando. Nos pasa a todos.

—Quien pillase a esas dos, ¿eh? —dice Sergi—. Y no las de la clínica, que son una panda de feas.

—Pues bien que te las chuscas —señalo, sin levantar la vista del diario.

—Alguna sin piños ya ha caído —acepta Sergi, riendo.

—Las tías así no se fijan en tíos como nosotros —comenta Diego.

—Los gordos tenéis público, joder —asegura Sergi—. Te lo digo yo que mira qué barriga estoy echando, compadre. —Sergi se levanta la camiseta y se tamborilea con las manos el estómago que, en efecto, ha crecido visiblemente en los últimos meses.

—Me refiero a que no se fijan en tíos problemáticos como nosotros. «Hola, soy yonqui, ¿me llevas a una de tus glamurosas fiestas? Vaya tela... —explica Diego.

Cierro el periódico y me quito las gafas de sol. Lo dejo sobre la mesa plateada.

—¿Sabéis qué me pasa? —pregunto. Ambos me miran—. No sé cómo explicarles a mis conocidos y amigos por lo que estoy pasando. Que, a ver, no tengo por qué hacerlo, y tardaré, supongo. Pero lo ando pensando. Ellos se drogan, y aún encuentran lo divertido en hacerlo. Ellos están a salvo; yo no. Me imagino contándoselo y sueno profundo y grave, dramático, brasas. Sueno aburrido. Pero ellos no le han visto la cara al dolor como yo. Es decir, hay gente que me la he *sacao* de encima, pero no quiero tirar por la borda a todo el mundo, ¿sabéis? Es que si solo me puedo relacionar a partir de ahora con peña que no se droga... Sois vosotros, joder.

—Es una movida, tronco —admite Sergi—. En este país se droga todo quisqui.

—Gente habrá, fijo. Es cuestión de encontrarla, ¿no? —reflexiono—. Lo que tengo claro es que yo ya no puedo estar con peña enzarpada ni que le dé mucho... No me viene bien. No me ayuda.

Sergi asiente. Dirigimos la mirada a Diego, que está ausente, limpiando sus gafas con una servilleta de papel.

Le cuento a Lola en el cuarto que me he sentido tranquilo en mi salida, que lo hemos pasado muy bien y que no he tenido tirones ni apetencias. La he obligado a abrir las ventanas, porque últimamente pasa mucho tiempo en las cuadras y despide un olor a animal salvaje insoportable.

—El saber que duermo aquí me ayuda, ¿sabes? Es como que entiendo que la exposición es temporal. Me olvido de tener que aguantar... Es raro, no sé. Algunas veces me pregunto qué pasará cuando sepa que no vuelvo a la clínica, si eso lo cambia todo...

Lola está sentada en mi cama, con las piernas cruzadas, limpiándose briznas de paja que tiene enredadas en el pelo. Va haciendo una montañita cerca de su rodilla derecha.

—Ha habido un momento en que se han puesto a comentar sobre dos tías que estaban buenas... Tía, lo que te voy a decir te va a sonar supermarciano... No te rías, ¿eh?

—Sorpréndeme. —Me anima sin levantar la mirada de sus cabellos.

—Apestas a cuadra, cerda. Enciende un incienso o algo...

—Qué pesado eres, coño. —Se levanta y se desplaza por el cuarto a buscar los ramilletes. Saca el mechero y enciende una barrita de vainilla. La bambolea en el aire, describiendo círculos por el cuarto, para que el olor impregne la habitación.

—Me ha dado la sensación de que me sentía menos por ser gay. ¡Ya! ¡Ya! ¡Es una paranoia! Pero te juro que lo he pensado...

Un *spoiler*. Con el tiempo comprenderé que no tenía nada de paranoia y sí mucho de homofobia interiorizada. Fin del *spoiler*.

—A ver, yo creo que no es que te sientas menos por ser homosexual —dice ella recostándose y estrujando la almohada con los brazos—. Lo que pasa es que no te sientes más. Y tú te has pensado toda la vida que eras especial por ser marica. Y ahora igual te das cuenta de que no.

No sé qué contestar, porque estoy confundido, así que me quedo en silencio.

—Yo he estado pensando en mi familia, tío.

—¿Y bien? —pregunto, genuinamente interesado.

—¿Cómo es posible que sienta tanto odio y tanto amor, tanta necesidad de hacerles daño y de protegerlos? ¿Cómo puede ser eso?

He recibido un *email* en el que me invitan a un estreno de cine muy especial, en Madrid. Se trata de una película en la que interpreto una figuración especial que me hizo mucha ilusión. No soy actor, ni tengo deseo alguno de serlo. Fue un acercamiento lúdico y divertido, una propuesta hecha desde el cariño que acepté encantado. Considero a las personas que rodaron la película mi familia, gente a la que adoro y admiro por igual, junto a las que no solo me he desarrollado profesionalmente, sino también personalmente. Compañeros de viaje de los que no he dejado de aprender. Una de ellas, la que me escribe, una trabajadora de la productora, sabe dónde me encuentro, pero el resto no: aún no he tenido el coraje de compartirlo con ninguno de ellos. Desde el principio decidí que quería hacerlo en persona, mirándolos a los ojos. Sospecho que temía su reacción. Aunque sabía que iba a ser humana y calurosa, me provocaba todavía demasiada vergüenza. Reconocer abiertamente al mundo que tienes un problema de adicción requiere mucha valentía. Yo aún no la poseía.

En cualquier caso, no es una invitación cualquiera, a la que puedo responder con una negativa sin más. Tiene un hondo componente sentimental y personal. Y exclusivo, una característica que no pasa desapercibida en mi mente: cualquiera que ame el cine estará deseando acudir. Los elegidos podrán esgrimir su valía en la feria de las apariencias. No es un estreno cualquiera, todo el mundo lo sabe. Desde que recibo el *email*, vivo en una lucha interna despiadada y feroz. Me debato salvajemente entre acudir o no a ese festejo en la Gran Vía madrileña. Por un lado, todo mi cuerpo desea hacerlo y esos días aparecen ansias e impulsos que habían estado aletargados en mi encierro. Los estrenos de cine, los flashes y la exposición son mi hábitat natural, dado mi historial laboral. Son un lugar conocido, de expansión y contacto con el mundo. He crecido formando parte de ese universo. Son las personas con las que me he relacionado desde que comencé a trabajar. Así que mi primera pulsión, repleta de energía, como un hijo pródigo que regresa a la casa conocida, es decir que sí. Es volver, planear mi reaparición en sociedad con una nueva piel. De manera opuesta, anulando la primera, algo en mi interior me señala de forma incansable que ese no es el camino que necesito tomar, que estoy lejos de que sea mi momento. Decido contestar a la invitación muy agradecido, porque lo estoy, y le pido, expresándolo con honestidad, unos días para reflexionarlo. Como la persona que me invita sabe cuál es mi situación, tiernamente me comunica que no me preocupe y que me tome todo el tiempo que necesite. Siempre habrá un espacio para mí, me asegura.

Son días de zozobra y mucha rabia batallando en mi interior. En la actualidad me parece asombroso que lo sintiera con semejante intensidad, pero en aquellos días fue así. Estaba aprendiendo a hacer las cosas de manera diferente, y cada paso que daba parecía inmerso en la incertidumbre y el enfrentamiento conmigo mismo. Vivía una lucha encarnizada entre el sí y el no, con pros y contras kilométricos ante ambas decisiones. Me rebelaba silenciosamente, porque quería que el interruptor de la luz continuase estando donde yo siempre lo había localizado. Aún no lo sabía, pero esta sería una de las decisiones decisivas en mi tratamiento.

Anais me dice desde el principio que la elección debe ser mía, que, si yo quiero, ella accede a que acuda al estreno. Ha llegado el momento de que me ponga en juego y aprenda a decidir.

«Querer es dejar ir», recuerdo mucho estos días. Pero vivo en una confusión neblinosa en la que no sé qué necesito dejar ir. ¿Mi vida? ¿La gente a la que quiero? ¿Una parte de mí, para poder empezar a quererme? Son jornadas en las que bufo y muestro mi peor cara: estoy antipático, déspota, frustrado, hiriente. Mi interior encuentra un camino para exteriorizarse de la peor manera posible.

Finalmente, tras mucho trabajo terapéutico, tras muchas conversaciones, tras muchas páginas escritas y muchas reflexiones en silencio, decido que no es el momento de acudir a un estreno de cine. Que mi vida, con sinceridad y humildad, está centrada en recuperarme, y que en ese viaje no entran por el momento todas las situaciones de riesgo a las que podría llegar a enfrentarme en un acontecimiento social nocturno de semejante magnitud. Elijo la precaución, que me hace sentir tan rabioso, vulnerable y quebradizo. Elijo la decisión calmada. Elijo dejar ir una parte de mí que no me sirve. Elijo ser inteligente y decir adiós al kamikaze bravucón. Elijo aceptar mi realidad y priorizarme. Elijo cuidarme, que es una forma de quererme. Es, como he señalado, un momento que, con la perspectiva del tiempo, se erigirá como decisivo. Ahora recuerdo la frase de Truman Capote que dice «Bastaba un instante para perderse definitivamente», que puse como cita en mi primer libro, *El dedo en el corazón.* Creo sinceramente que ese instante en el que decidí no acudir al estreno lo modificó todo. Catapultó un movimiento interno que provocó una resignificación de gran cantidad de emociones, como la dependencia del exterior y la aprobación ajena, que dominaban mi personalidad en aquellos tiempos. Hoy, con distancia, entiendo que no estaba preparado, y que haber acudido probablemente habría generado una debacle personal a muchos niveles que no soy capaz de imaginar. Podría haberse convertido en el momento en el que me perdía definitivamente.

Una digresión. Acudiré a muchos estrenos en mi vida, alguno de ellos mío, una vez recuperado, en modo abstemio oficial. Me pregunto si haber dicho que no a aquel que era tan especial para mí fue lo que permitió que pudiese celebrar todos los que celebré después. Quiero pensar que sí, que, como me ha ocurrido continuamente, una renuncia dolorosa engendró una nueva oportunidad. Ahora voy a los estrenos alegre y confiado. Disfruto y vitoreo los logros de mis compañeros con toda la felicidad y energía que encierro en este cuerpo de uno setenta y ocho. Fin de la digresión.

Una vez compartida mi decisión con el equipo terapéutico, el malestar se adueña de mí, como si yo fuera un guiñapo sin personalidad. Y, cuando lo hace, me abandona la rabia y la ira despiadada se transforma en tristeza. Por las mañanas lloro, de pura frustración. Vivo un duelo en el que la ausencia soy yo mismo. Decir adiós a la dependencia del exterior me hiere y me divide. Estos días traigo loca a Anais. La busco, la requiero, la necesito. Ella, posiblemente consciente de lo que la encrucijada significa en mi camino, me atiende, me acompaña, me calma.

Estamos sentados en la pérgola, con dos infusiones, observando el paisaje que, como es habitual, se despliega impertérrito ante mi emocionalidad desbocada.

—Cuando se toma una decisión hay que estar orgulloso de ello. No dejes que tu historia pueda más que todo lo que estás consiguiendo. ¿Qué ganas estando jodido, a la defensiva, arisco y cabreado con el mundo? —me pregunta.

—¿Atravieso el dolor? ¿No me obligo a estar de una manera u otra? Me dejo sentir y lo atravieso. No quiero obligarme a sentirme como no me siento.

Anais me escucha. Gran parte de su labor, ahora lo entiendo, es escucharme. Qué poco lo habían hecho hasta entonces.

—Quizá la rabia hacia ti y hacia los demás no sea más que un mecanismo de defensa, tu viejo yo revolviéndose. Te rodeas de gente exitosa en el mundo creativo, que es tu mundo, y los ves ascender y continuar mientras que tú sigues en el mismo lugar. Te das importancia a través de la asociación con ellos. Y en vez de concentrarte en ti, en tu trabajo, en tu camino, en tus objetivos y en los sacrificios que conlleva tu elección... rellenas los vacíos y los miedos con humo, con comportamientos que te hacen sentir estúpido, porque no te escuchas, con mentiras que tú mismo has ido creyendo, con ideas y creencias que te provocan una gran frustración... No des tanta importancia al qué dirán; no la tiene —me aconseja Anais.

—Hasta ahora me he centrado en aparentar, todo de puertas para fuera, buscando el reconocimiento y la aprobación inmediata, lo instantáneo. Me ciegan los focos. Me he perdido en esa luz. Me lleno con lo superficial, que sí, que es solo humo, y engancho trajes y disfraces que me hacen soportable una vida y una verdad que me resultan inaguantables.

Estoy harto de mí y de que la cabeza me dé vueltas y se ahogue en su propio pensamiento, como un engranaje que no soy capaz de parar.

—Me miento porque no soporto mi vida y no me soporto a mí mismo. Es como si... no aceptase la idea de ser un hombre común —confieso.

Miro a Anais. Sé que estoy llorando de nuevo. Lo que no sé todavía es qué hacer con tantas lágrimas.

Esa noche escribo en el diario:

¿De dónde nacen esta rabia y este odio? De ver que avanzo para volver a estar hecho un lío. De la pasta que se están puliendo mis padres para que yo esté aquí encerrado. De sentirme solo. De sentirme manipulado y engañado por los profesionales. Del ego y la arrogancia que han sido dañados por la decisión que he tomado y están rabiosos y salen hacia fuera jodidos. De ver que todavía me cuesta todo. De la rutina. De estar

dolido de excavar y escarbar. De no comprender lo que me pasa. De no soportar más mierda aprendida de mis compañeros. De ver el miedo que tengo al qué dirán y lo dependiente que soy de la opinión de cualquiera. De no haber triunfado. De no saber en qué me estoy convirtiendo. De mi puto perfeccionismo. De no entenderme.

¿A qué tengo miedo? A oscilar tanto anímicamente. A qué voy a hacer con mi vida. A que me hagan daño. A fallarme y no saber cómo quererme. A no saber quién soy. Al exterior. A la vida. A la soledad. Al rechazo. A no saber ser feliz. A no conseguir ser quien imagino que quiero ser. A no conseguir lo que me propongo. Al desgaste económico de mis padres. A la vida en Madrid. A que no me respeten. A no ser suficiente.

Cuando pongo mi bienestar por encima de todo y me priorizo, algo que me cuesta horrores porque no estoy acostumbrado a hacerlo, las cosas me marchan mucho mejor. Vuelvo al tema de mis límites, de empezar a construirlos en muchos aspectos de mi vida. Límites internos y externos. Es importante aceptar que en todo lo que me ocurre en la vida yo tengo una parte de responsabilidad, quizá no toda, pero sí parte. Eso me da poder para poder cambiar. Todo depende de mí. Llevo dos meses aquí encerrado. Y en nada, la salida a Madrid.

Al cabo de pocos días recibo un *email* de Iñaki, mi mejor amigo. Le he escrito para compartir con él mi decisión, puesto que probablemente él sí acuda al estreno. Es un muchacho responsable y sereno, de mi edad, que trabaja en producción en una cadena de televisión nacional. Nos conocemos desde hace muchos años y hemos vivido mucho juntos. Él ha sido testigo directo de mi derrumbe. Salió en el primer capítulo de este libro, con el nombre cambiado, como ahora. Desde que estoy ingresado mantengo con él una calmada correspondencia, en la que yo voy detallando mi proceso y contándole mis vivencias resumidas y él me mantiene al tanto de su vida, censurando aspectos que sabe que pueden hacerme mal o distraerme de mi presente. Me comunico principalmente con él y con la trabajadora de la productora que ya he mencionado, con nadie más. Envío de vez en cuando algún *email* huérfano en respuesta a otro igual de impersonal, pero no me centro en acercarme a nadie, con la excepción de estas dos personas. El uso que hago del correo electrónico, como todo en la clínica, se convierte en otra representación más del proceso interno que atravieso.

En el *email* que recibo ese día, mi amigo me deja saber que está muy orgulloso de mí y confiesa que él cree que nunca se atrevería a hacer lo que yo estoy haciendo. Le emociona muchísimo leerme y está empeñado en venir a verme. Como en las salidas ya tengo permitido recibir visitas programadas, llevamos una semana pensando en cuándo hacerlo. En este correo me comunica la fecha. Me hace mucha ilusión. Tengo ganas de verle y de que él conozca el espacio que se ha convertido en mi nueva casa. Se despide dejándome claro lo importante que soy para él y recordándome que no quiere perderme. Al apagar el ordenador, mientras observo en silencio la pantalla cambiar a negro, evoco las palabras de algún terapeuta: se trata de calidad no de cantidad. El secreto reside en saber valorar las pequeñas cosas.

Veo al psicólogo de Lola sentado en el patio, esperando, mientras fuma. Es un hombre mayor, con nariz prominente y aguileña y media melena salpicada por canas rebeldes. Siempre me ha recordado a un cuervo sabio con gafas. Tiene manos enormes y rugosas. Lleva una chaqueta de cuero negro extragrande que le cae sobre el cuerpo como una manta. Lola a menudo me habla de sus terapias con él. Está contenta y se entienden bien, lo que hace que le sienta más cercano de lo que en realidad es, porque conmigo no tiene relación más allá de algún saludo intercambiado en el patio por educación, pero yo sé muchas de las cosas que le dice a Lola. En cualquier caso, esta tarde debo de sentirme especialmente expansivo y simpático, porque me acerco a él, alegre.

—Últimamente te veo esperar mucho, ¿eh? —señalo sonriendo.

—Sí —contesta él. Le da una calada al cigarro y sigue mirando al monte.

—¿Por qué esperas tanto? ¿Va todo bien? —Me siento, dispuesto a entablar una conversación.

—Me gusta esperar. Hago lo que me gusta. —Clava sus ojos en mí—. ¿Tú no, Javier?

Me quedo helado. No sé qué contestar. Esgrimo alguna excusa absurda, abochornado, y me retiro lo más lejos posible. Cuando a las pocas horas veo a Lola, le aseguro que su psicólogo es un hijo de puta y un psicópata, a lo que ella me responde que soy un exagerado, que me lo trabaje, que él probablemente solo haya intentado hacerme pensar. Más tarde me cuenta que tiene fama de cabrón, pero que a ella le viene fenomenal, porque ella necesita que le metan caña. Me explica que flipó cuando un compañero compartió en un grupo que estaba en la clínica por consumir cocaína, al poco de ingresar, y el psicólogo le contestó delante de todos: «Este no es un lugar para gente que toma drogas, sino para gente que no puede dejar de tomarlas. No puedes culpar únicamente a la sustancia y eliminar al sujeto de la ecuación. Si eso que dices fuese cierto, la gente tomaría una raya y estaría enganchada, y eso no es así. O tus amigos estarían aquí contigo. Pero no: el que está aquí eres tú. Tú eres el que no ha sido capaz de dejarla. Piensa en ti y deja de calzarle a todo el mundo tus problemas».

—Cuando le oí decir eso, pensé: «Este es de los míos. Este me va a venir muy bien» —me dice Lola, convencida.

Un salto en el tiempo. Efectivamente el psicólogo de Lola se convirtió en una ayuda inestimable que la propulsó a una recuperación deslumbrante. La forma en la que Lola se despidió de su enfermedad puede ser definida como un auténtico milagro. Se lo curró muchísimo, todo sea dicho. Continuó acudiendo a terapia con él una vez que abandonamos la clínica, en su consulta de Barcelona. Murió a los pocos años, creo recordar que de un cáncer cruel y expeditivo. Para entonces, Lola era ya otra persona, en gran medida gracias a él. Fin del salto en el tiempo.

En el grupo de socioterapia con Anais trabajamos varios temas, que también hemos tratado en el taller de prevención de recaídas, que ese día subrayo y destaco como importantes en mi diario:

Las vivencias emocionales son importantes. Hay una primera etapa cognitiva siempre, después se necesita una vivencia. Es la manera en la que está estructurada terapéuticamente la recuperación: primero ser conscientes, aprender, analizar, elaborar, descubrir. Luego ponernos en juego, aplicar todo eso en la realidad. Solo con pensar y reflexionar no se operan los cambios. Es necesaria la acción. No puedo dejar de pensar en la decisión que he tomado de no ir a Madrid al estreno. Es el ejemplo perfecto de esto: una cosa es pensar en hacer las cosas de manera diferente, otra es hacerlas. Sin la acción, la información no sirve de nada. La acción es necesaria. Pero cuánto cuesta, joder.

Entrar en contacto con mi deseo, cambiar los «tengo que» y «debería» por «quiero». Los «tengo que» y los «debería» me conectan con el perfeccionismo y la presión personal/social, la imposición. Los «quiero» me conectan con mi deseo. Priorizar mi deseo. Encontrar el equilibrio de acuerdo con mi deseo y mi realidad sin caer en la exigencia.

Hemos vuelto a tocar el tema de los disparadores. Los disparadores: objetos cotidianos que dotamos de un significado especial, que nos recuerdan al consumo y pueden arrojarnos a la conocida acción impulsiva. Me ha impresionado escuchar a algunos heroinómanos identificar las cruces verdes de las farmacias (donde compraban jeringuillas) o las cucharillas de plata como disparadores. Son cosas que no producen el más mínimo efecto en mí, pero entiendo que lo hagan en ellos. Como con las situaciones de riesgo, todo pasa por identificar mis disparadores, evitar exponerme a ellos siempre que sea posible y enfrentarme a ellos de una manera diferente que en el pasado. Cuanto más cambie mi forma de reaccionar a ellos, con acciones diferentes, más se reforzará mi compromiso con mi abstinencia.

Estoy con Lola en las cuadras, sentado en un taburete. Su yegua favorita, *Princesa*, tiene paperas y le está colocando compresas para rebajar la inflamación. Si no me equivoco, llevan vinagre. A la yegua parecen calmarla, porque se deja hacer, solícita. Lola la besa y le susurra, acariciándole los belfos, tranquilizándola. Es muy impresionante ver cómo conecta con los caballos y lo responsable que se ha vuelto de su cuidado. Se mueve por las cuadras como si llevase toda la vida en una.

—Acércame ese cuenco y deja de mirarme como si vieses un fantasma.

—Es que me flipa lo que haces. El bicho parece entenderte —le digo alcanzándole la palangana de plástico.

—Porque me entiende... ¿Verdad, preciosa? Los caballos se empapan de todo. ¿Sabías que un caballo modifica su respiración para acoplarse a la tuya? Estos animales son un espejo. Si, por ejemplo, ahora estuviésemos agitados, ella estaría nerviosa —me explica.

—No tenía ni idea... ¿Puedo fumar?

—Ay, sí, dame uno. Estás rojo... ¿Has *estao* al sol?

Asiento, acercándole un cigarro que he encendido previamente.

—¿Qué has hecho hoy? —pregunta mientras sujeta la compresa.

La yegua la mira fijamente. Alguno de los otros caballos relincha y mueve la cabeza. Me acerco a acariciarles.

—Nada. No sé. Dar vueltas, hablar, comerme el tarro, escribir. Lo típico.

—Bueno, y has tomado el sol, ¿no?

—Sí. Y me he *pajeao*. Llevo cuatro pajas en veinticuatro horas —confieso.

—Joder, qué campeón.

—Anoche cuando dije en el comedor que me iba a leer, fui al cuarto a meneármela por tercera vez.

—¿Y la cuarta?

—Esta mañana. Estaba hablando con Rosa, me he agobiado muchísimo y me he ido al cuarto. Me la he *pelao* y he vuelto al banco a seguir hablando con ella.

—A mí no me hagas eso, ¿eh? Ni se te ocurra.

—Bueno, si te lo hago no te vas a enterar.

—Yo hacía eso en el psiquiátrico.

—¿Masturbarte?

—Claro. Con Nacho, mi novio.

—¿Cuando te iba a visitar?

—No, a Nacho le conocí allí. Era paciente también.

—¿Y entonces? No entiendo.

—Pues, joder, estábamos allí, hablábamos, nos calentábamos y él decía: «Me voy, me voy». Y yo le preguntaba «¿Adónde te vas?», y él me decía «A cascármela, que no puedo más». Y se iba a meneársela.

—¿Y tú?

—Yo me iba a mi cuarto y luego al rato nos encontrábamos más relajados y dábamos paseos. Bueno, por el pasillo, arriba y abajo. En el psiquiátrico estaba prohibido follar entre pacientes.

—Aquí también y mira cómo lo estás cumpliendo.

—Es distinto. De este estoy enamorada. —Lola lleva un par de semanas de tonteo, y más que tonteo, con un cocainómano cipotudo que yo no aguanto—. Te odia, yo creo que es *homófogo.*

—Homófobo, no *homófogo.*

—Me has entendido.

—¿Y del de fuera? Porque te lo trincas mientras el otro está aquí los fines de semana en los talleres.

—Déjame, que me agobio. ¿Nos ponemos una tila? —propone.

Salimos de las cuadras, después de despedirnos de *Princesa*, y nos dirigimos al comedor, que debe de estar abierto para la merienda.

—Siempre me ha atraído la gente —comparte Lola.

—Eso es bueno. Eso significa que eres suicida pero no misántropa —le indico.

—No, pero a mí solo me ha atraído la gente... decadente. Muy decadente, además. A los catorce años me metía en los bares más chungos de mi barrio. Me sentaba allí, fumaba, me tomaba un café, miraba a la gente... decadente. Hablaba con ellos... Y luego mi madre me encontraba, después de buscarme toda la mañana, y me llevaba a casa de la mano, a empujones. «Pero ¿qué he hecho yo para que me salga una niña así, que se mete en el mayor antro de todos los antros?» ¿Por qué te drogabas tú?

—Estoy en ello, en saberlo. Porque me aburría, porque me sentía vacío... Porque cuando estaba colocado era dios. Paraba las balas con los dientes.

—¿Y qué estás sacando en claro de aquí?

—Que no era consciente de que me odiase tanto a mí mismo.

—Deberías probar la equinoterapia, venir una tarde. Descubrirías cosas de ti mismo que te iban a dejar loco.

Distingo a lo lejos a Juanma y a Rui regresando del monte, escoltados por los dos perros que trotan alegres meneando los rabos. Creo, por lo que se comenta en los pasillos, que siguen de novios, lo cual me apena, porque Rui iba fenomenal y desde entonces se encierran por las tardes en la habitación y escuchan música *house*. Hace mucho que no he vuelto a hablar con ella, y últimamente no la veo. No sé qué habrá pasado con sus planes y sus hijas y su metadona. Alguna vez he intentado acercarme, pero es huidiza y ha perdido el interés. Ocurre a menudo en la clínica, como en el exterior: las parejas y las amistades condicionan y pueden hacer que te pierdas, que te alejes de quien eres, que les entregues en bandeja tu identidad a cambio de que te quieran.

Le explico a Rafael, el psicólogo, que me frustra ser el único en toda la clínica que no está manteniendo relaciones sexuales («El único no, pero, bueno, ya me entiendes, hay gente que sí») y que, desde que he dejado de tomar los antidepresivos, noto las oleadas de libido asediándome en los momentos más insospechados («Me dan unos subidones de calor que de repente me pongo cachondo en un abrir y cerrar de ojos y me tiraría a cualquiera»). En los últimos días, le reconozco, me sorprendo a mí mismo hablando mucho de quién folla con quién y de cuánto me masturbo, como un obseso, sin descanso. Tengo la sensación de que es una manera de gestionar la frustración de no poder acceder a un revolcón, porque, aunque quisiera o estuviese permitido, no tendría con quién.

Como la familia, el sexo se convertirá a lo largo de los años en otro de los pilares de mi recuperación. Escribo esta frase y recapacito que ciertamente todo es un cimiento en mi salida de la adicción, porque todo se retroalimenta. No hay piezas sueltas que operen de manera aislada, porque cada una de ellas forma parte de mí. Cuando algo se modifica, por pequeño que sea, siguiendo los dictados de la física emocional, el resto también se mueve. Una pequeña intervención en un lugar genera olas de cambio en otro. Por ejemplo: me emborracho, me drogo y termino en orgías multitudinarias con prostitutos y desconocidos. Hay una consecución de causas y efectos en esta última afirmación, y cada una de sus partes necesita de otra para explicarse. Existe un hilo invisible que las relaciona y las anuda y las hace cerrar el círculo destructivo: ¿es mi sexualidad la que condiciona mi consumo o al contrario? Quizá lo que deba decir, para acercarme todo lo posible a la realidad, es que el sexo, como la familia, será una de las argollas de la cadena a las que volveré una y otra vez.

Mi sexualidad, que he convertido en un instrumento de autovalidación, de huida y de autocastigo, otra adicción más atenuada y oculta, es compleja y me llevará mucho tiempo naturalizarla y dotarla de la importancia sana que tiene en la vida de cualquier persona. Me exigirá mucho esfuerzo desligar el sexo de esa cadena que lo convierte en otra herramienta para hacerme daño y destrozarme la vida.

Hoy Rafael me sugiere que sería bueno reconectar con el placer y con la alegría del sexo, su aspecto lúdico, su identidad de juego. Su consejo terapéutico es engañosamente sencillo: debo aprender a reconectar el sexo con lo que es, vida, y abandonar aquello en lo que un mal uso prolongado lo ha convertido, en una adicción esquiva que lo identifica con la muerte. Pulsión de vida. Pulsión de muerte. La encrucijada de mi vida.

En esta sesión, preocupado, le pregunto a Rafael si lo que necesito es celibato, otra nueva abstinencia. Si la respuesta es regresar al concepto católico del sexo, que probablemente tanta culpa me ha inoculado en mi educación. Su respuesta es clara: no, el camino es otro y pasa por la resignificación de lo que el sexo representa en mi psiquis. No se trata de bueno o malo, no hay etiquetas. Se trata de reconocer lo que es constructivo para mí y lo que no. Los deseos sexuales son personales, íntimos, libres, y debo encontrar cuáles son los que me nutren, entendiendo qué representan mis acciones. Se trata de reconectar mi emocionalidad a mi sexualidad. Redescubrir qué me gusta. Qué me hace bien, sin dogmas morales, religiosos ni sociales. Poder vivir mi sexualidad de manera consciente. Alejarme del deterioro. No confundir libertinaje con libertad. Ni sexo con amor. Separar el sexo de mi adicción.

—¿Por qué querrías negarte a ti mismo una de las fuentes principales de felicidad que tenemos las personas? El sexo es vida. ¿Para qué querrías hacerte eso? —me pregunta.

Un *flash-forward*. Con los años recuperaré una sexualidad constructiva, en la que mis deseos concordarán con mis emociones. Aprenderé, como en muchos otros aspectos, a no juzgarme y a disfrutar. El mejor sexo de mi vida lo tendré sobrio, sin lugar a dudas. Volveré sobre ello más adelante. Fin del *flash-forward*.

Rosa ha aparecido en la habitación con una gata persa, de pelaje esponjoso, color gris y ojos azules penetrantes, a la que ha llamado *Ananda*, que significa «amor infinito» en hindú (o eso dice ella). Ninguno sabemos de dónde ha salido el animal o si, quizá, en un ascenso progresivo imparable, se trata de su compra final por internet. El caso es que ahora hay un felino viviendo en su cuarto. Suponemos que el equipo terapéutico le ha permitido tenerla para ver si remonta, porque lleva varias semanas encadenando depresión con depresión, victimizada y llorosa, hecha un trapo sacudido por trescientos males simultáneos físicos y emocionales.

Una tarde, Sergi, Lola y yo estamos sentados en un banco, fumando, y podemos verla alrededor de los setos, agachándose y dando saltitos juguetones, llamando a la gata. Ha debido de perderse, entendemos. El espectáculo, además de dantesco, es entretenidísimo, porque Rosa va despeinada y lleva puesta una pomposa bata de andar por casa de color rosa y zapatillas violetas. Hay algo hipnótico en verla gritar «*¡Ananda! ¡Ananda!*» así vestida. Nos pregunta desde la lejanía si la hemos visto y los tres negamos con la cabeza, dejando claro que ninguno está dispuesto a acompañarla en su búsqueda. Que se responsabilice ella de las vidas a su cargo.

—Está maniaca perdida —dice Lola, sin apartar la mirada.

—Cuando peor estás, más intentas que no se te note. Los que dicen que están bien son los que peor están de todos. Esta tía no se empapa de nada de lo que le están diciendo aquí —añade Sergi—. Se piensa que vive en IKEA y que está ingresada para decorarse el cuarto. Me dice la pava que le da Infurelax y Dormidina al bicho por las noches, porque no puede dormir con ella, que la gata se mueve mucho.

—Madre yonqui, hija yonqui. No falla —comenta Lola.

—El otro día me la encontré en su habitación con una muñeca —les cuento.

—¿Con una muñeca? —pregunta Lola.

Estamos tan absortos en verla serpentear a lo largo y ancho del recinto que ninguno nos miramos. Hablamos al aire, sin perdernos un ápice de lo que está ocurriendo delante de nosotros.

—Sí, una muñeca horrorosa —certifico—. Era tan fea que se lo dije: «Qué cosa más fea, Rosa».

—Anda que tú también... —murmura Sergi.

—Me dijo que era una quitapenas que le había regalado su madre.

—¿Una quitapenas? —pregunta Lola.

—Al parecer, la pones debajo de la almohada y te quita las penas. Según ella, al día siguiente te levantas como nueva —explico.

—¿Y funciona? —pregunta Sergi—. Somos capaces de hacer lo que sea con tal de solucionar nuestras vidas, creo.

—Eso le pregunté yo —manifiesto—. Pero me dijo que no. Con gente como nosotros se necesita mucho más que una muñeca. Se necesita un milagro.

—¿Vosotros pensáis que a esta tarada se le ha *escapao* la gata? —plantea Lola.

—¿Tú no te escaparías si tuvieses que vivir con ella? —repone Sergi.

—Yo no aguantaría en esa habitación más de dos horas seguidas —convengo.

Dos días más tarde Rosa vuelve a tener la gata en el regazo.

Ninguno nos preocupamos por preguntar qué había pasado con ella.

César y Mario cada día son más amigos, y eso me hace feliz. Ambos comparten el pasar mucho tiempo en sus respectivas habitaciones. César llama a Mario «el suicida» y dice cosas como «El suicida tiene mi cortaúñas». Los oigo a menudo desde mi cuarto, retazos de conversación.

—Yo no me pegué un tiro a los once porque me desmayé —cuenta César.

—No quiero vivir. Eso es lo que me pasa. Que no quiero vivir, socio. Dime cómo se sale de eso —dice Mario.

—¿Y Fermín? Se le agujereó el paladar de meterse —comenta César.

—A Roberto se le necrosó el tabique y no se lo pueden reconstruir —añade Mario.

—Todos piensan que los yonquis somos peligrosos, pero con un yonqui desesperado, si se tiene dinero o droga, puede hacer uno lo que quiera; somos seres desvalidos —afirma César.

No mucho tiempo después, Mario entrará en mi habitación y me robará unas tijeras que he utilizado para cortar unos ramos de mimosas que he recogido en el monte. Acabará ingresado en la UCI después de que le encuentren la aorta rajada y las sábanas manchadas de sangre. Al ser uno de los glotones oficiales que no se pierden una comida, nos extrañará que no baje a cenar, y dos monitores correrán a su habitación para encontrar su cuerpo convulsionándose y las tijeras descansando sobre las baldosas junto a su mano que gotea. Lola, con quien comparte problemática, estará más que afectada durante unos días y prácticamente no hablará con nadie. Se cernirá sobre nosotros un pesar oscuro y la posibilidad de la muerte cobrará protagonismo. Será una temporada horrible en la que ninguno sonríe y apenas hay cabida para las conversaciones. Asistiremos a varios encuentros de toda la clínica junto con los profesionales para reflexionar sobre el suceso y hablar de lo que nos provoca y de cómo nos hace sentir. Nos explicarán que la terapia de muchos suicidas pasa por acompañamientos terapéuticos y terapias de ayuda a animales, por responsabilizarse del bienestar de alguien que no sean ellos mismos. También pasa por descubrir un sentido, la ayuda a otros, un proyecto de vida, algo que les ilusione, una razón, aunque sea mínima, que les motive para levantarse. En todas esas charlas, a las que no asiste Lola porque está demasiado paralizada, pensaré, con alivio, que al menos ella ha encontrado a los caballos.

Anoche, tras redactar esta última escena, comencé *Cherry*, la novela de Nico Walker, una narración en forma de memorias, agitadas y eléctricas, que cuenta la vida del autor, joven heroinómano y posterior atracador de bancos estadounidense. El libro está escrito desde la cárcel. Si lo menciono ahora es porque, desde que empecé a escribir, parece que el universo se ha organizado para enviarme indicaciones. Sin buscarlo, muchos de los libros que he leído en estos últimos meses son biografías o memorias noveladas. Siempre me ocurre: cuando comienzo un proceso creativo, la realidad me provee de referencias, símbolos y mensajes. ¿Puede ser todo casualidad? Claro que sí. Pero algo anoche, cuando cerré el libro y me recosté para dormir, me hizo especular que no lo es, y que, al contrario, todo tiene más sentido del que yo mismo quiero reconocer. Una amiga productora de cine se refiere a ello como «estar abierto a las señales».

Hay muchos y muchas que han descrito su enfermedad en libros. Durante mucho tiempo la literatura y la adicción, así como la enfermedad mental, han sido amantes públicos. Pienso en ellos a menudo mientras escribo.

Me planteo opciones. ¿He elegido la forma correcta de hacerlo? ¿La novela de no ficción? ¿Debería haber estructurado estas páginas como una carta dirigida a alguien, como una confesión, como un cuento gótico de terror psicológico, como una comedia esperpéntica? ¿Quizá utilizar un único punto y seguido y que todo fuese un borbotón salvaje que reflejase formalmente el estado mental que atravesé aquellos meses? ¿Abandonar la primera persona? Son preguntas que me hago mientras doy forma a este relato. Parte de mi viaje y de la incertidumbre de la escritura se sustentan en responder a todas estas incógnitas que, a veces, me mantienen despierto por la noche.

Cuando Jérôme ingresa, le cuesta comunicarse, porque es francés y no domina el castellano. Es judío y su padre le dio un ultimátum: o se desintoxicaba o le enviaba a hacer el servicio militar a Israel. Si algo caracteriza a su personalidad es ser un perverso de clase alta parisina de manual. La primera vez que habla en el grupo de psicoterapia, al poco de llegar, se empieza a lamentar de que no tiene amigos, de que la droga le ha apartado de todo el mundo y de que solo necesita salir de la clínica, porque está harto y no puede más. La terapeuta, con su conocida parsimonia, le va guiando a través de preguntas que Jérôme contesta como puede. Su aspecto es altivo y sofisticado, como un modelo esquelético. Tiene un frondoso pelo negro que modula con grandes chorretones de cera. Podría ser una joven estrella de rock de andar por casa en plena crisis vital. Hoy en día se ven miles como él en Instagram, a golpe de clic.

—No quiero volver a Francia porque allí no tengo nada —dice—. No tengo problemas con la justicia, salvo las multas, que nunca las pago. Debo siete mil euros en multas de tráfico. Mis padres han vendido el coche y mi casa de París, no me dejan volver.

—¿Por qué lo vendieron todo? —pregunta la psicóloga.

—Un día entraron en casa y encontraron crack en la nevera y muchas cucharillas por ahí amontonadas con la parte trasera ennegrecida.

Nadie dice nada. Algunos miramos a Jérôme, otros se entretienen jugando visualmente con los baldosines del suelo. La terapeuta clava su mirada sobre él y sonríe. Sabe que, si mantiene su mirada, el paciente acabará hablando, para rellenar el silencio insoportable. Nos lo ha hecho a todos. Ya nos lo sabemos.

—Cuando salga voy a empezar de cero —dice Jérôme.

—Es imposible empezar de cero —señala la terapeuta—. Si con las drogas te olvidabas de quién eras y con el tratamiento te olvidas de que te drogabas... ¿Qué haces con tanto olvido? ¿Quién serás entonces si te pasas toda tu vida olvidando? Para poder ser una persona hay que recordar. Recordar para repetir o no repetir. Podréis salir y volver a consumir o a beber o a hacer lo que os ha traído hasta aquí, pero nunca será lo mismo. Habéis perdido la magia del desconocimiento. Ahora ya no tendréis forma de esconderlo. Ahora habéis visto el decorado. Aunque lo hagáis de nuevo, no será nunca lo mismo. Conocéis el secreto. No podréis mentiros de la misma forma nunca más.

El día después de que se estrene la película en Madrid, a kilómetros de distancia de donde me encuentro, me levanto aliviado, ligero, feliz. He superado el obstáculo y lo he conseguido. He sobrevivido. He mantenido mi decisión, la he atravesado, he tolerado el malestar. Estoy de una pieza. He vencido. Camino por el patio balanceándome, seduciendo al mundo, repartiendo sonrisas y ánimo a cualquiera que me cruzo. Le confieso a Anais lo satisfecho que estoy.

—Estoy tan contento que no me importa que vistas de Desigual. ¿Te lo puedes creer? Ni que no sepas quién es Burroughs ni que escuches Los 40 Principales. Me da absolutamente igual. He aprendido a respetarte, tía.

Anais se ríe por mi ocurrencia.

—No te rías, que yo he sido un puto pedante flipado toda mi vida, joder.

Ella me observa y detecto un brillo diferente en sus ojos.

—Vamos a hacer una cosa... —propone.

—¡No empieces! ¡Déjame saborear esto! —le ruego.

—Muchacho, relájate... Solo quiero que te felicites.

—¿Cómo? ¿Por qué?

—¡Por ser como eres!

—Hostia, qué ridiculez. Te estás quedando conmigo, no jodas...

—Deja de pensar. Hazlo. ¡Felicítate!

—Ay, que no, que estas cosas me dan muchísimo apuro. Que no me molan, Anais. Que son mierdas de autoayuda chunga. Que no, que no funciona conmigo, joder, que no.

Ella no dice nada. Se cruza de brazos. Espera, sonriente.

—Pero ¿por qué tengo que felicitarme? —continúo.

—¿No tienes nada por lo que felicitarte? ¡Muchas cosas! ¡Eres valiente!

—¿Qué voy a ser valiente?

—Dejaste tu trabajo, dejaste tu vida, ingresaste. Ahora has tenido la valentía de tomar la decisión que te hacía bien, el sendero más complicado. Has mantenido el compromiso contigo mismo. —Anais apoya su mano sobre la mía—. No conozco a mucha gente que sea capaz de hacerlo. Hay que ser muy valiente. Eres maravilloso, Javi. Venga, ¡felicítate! —me apremia Anais.

Noto que me estoy emocionando. No ha habido muchas personas a lo largo de mi vida que me hayan dicho cosas así. Me siento incómodo y risible. Me cuesta aceptarlas.

—Felicidades, Javi —murmuro con la boca pequeña, en un susurro—. ¿Te vale así? ¿Me dejas ya en paz?

8

El sábado 7 de marzo de 2009, mi mejor amigo, Iñaki, visitó la clínica. Para entonces yo llevaba más de dos meses ingresado y prácticamente tres abstinente.

Ahora puedo advertir la inteligencia con la que estaban diseñados mi recuperación y mi proceso, basados en la irrupción paulatina de mi realidad. Para prevenir que mi pasado, mi universo enfermo, arrasara mi psiquis y me desmontase con la fuerza de un torbellino, se me exponía a él de manera progresiva, con todos los cuidados: primero mis padres, después las calles de una ciudad que no era la mía, ahora mi mejor amigo (testigo mudo de mis desmanes y de mi declive) y posteriormente, no faltaba mucho, Madrid, hasta llegar a la culminación: el regreso a mi vida.

Esa mañana me desperté temprano, motivado. Escribí lo siguiente en el diario:

En una hora está aquí Iñaki. Estoy muy nervioso y expectante. Mi único objetivo es disfrutar de él lo máximo posible. Valorar el presente, su compañía. Es una prueba, pero no es un examen.

Cuando Iñaki llegó, después de abrazarnos, le enseñé las instalaciones y mi habitación, le expliqué mis rutinas y le presenté a algunos compañeros. Todos sabían quién era él, porque llevaba toda la semana dándoles la turra con su visita. Le trataron con simpatía y educación. Nos dejaron espacio para que pudiese compartir con él mi nuevo lugar en el mundo. Recuerdo que entramos en la sala de Hormigas y que en la pizarra ese día alguien había escrito: «No es signo de buena salud el estar bien adaptado a una sociedad profundamente enferma», Krishnamurti. Sospecho que a mi amigo la atmósfera que a mí me resultaba cotidiana le impresionó, y que es probable que experimentara la misma extrañeza que me inundó a mí al ingresar, pero tuvo la delicadeza de no decírmelo. Actuó con normalidad, llevado por el cariño genuino de volver a verme. Iñaki siempre había sido una persona discreta, y ese día se comportó como tal.

Guardo una foto de esa mañana, en blanco y negro, que nos hizo Anais, en la que aparecemos los dos apoyados en el cercado de la pista de doma de los caballos, charlando. Yo llevo gafas de sol y la chaqueta de plumas que compré en la salida con mis padres, y tengo aspecto de guarda forestal. Él, aunque lleva ropa de *sport*, mantiene el semblante urbanita, sutilmente inadecuado para el entorno. Algo nos separa, pero a la vez nos une. La foto desprende energía y comunicación, sin necesidad de grandes subrayados. Creo que es una de las fotos más bonitas que me han hecho jamás. No hay nada especial en ella, es solo un plano medio de dos amigos reclinados sobre unas maderas hablando, pero el contexto, todo aquello que se resiste a aparecer en el marco de la instantánea porque está fuera de cuadro, invisible, la dota de una profundidad y de una emoción que muy pocas otras fotos tienen para mí.

Después salimos del recinto y fuimos a Barcelona. Nos acompañó Natalia en el trayecto, porque tenía también salida aquel día. Iñaki y ella fueron conversando en el camino. Yo les observaba en silencio. Como había preparado con Anais, no hicimos nada especial ni digno de mención: comimos juntos, paseamos y hablamos. Sobre todo eso: hablamos. Disfrutamos el uno del otro, de nuestra compañía y nuestras voces.

—Estás cambiado... —me dijo ese día—. Tu mirada es diferente —aseguró.

—¿Más alegre? ¿Menos vacía?

—Antes pedías ayuda con la mirada. Ahora parece que tienes la tranquilidad de haberla encontrado.

Unas horas más tarde, en el centro de la ciudad, me despedí

de él. Iñaki se quedaba a dormir en casa de unos amigos comunes de Barcelona, a los que yo todavía no había visto y que no sabían dónde me encontraba, y cenaba con ellos. Volví a la clínica dejando atrás parte de mi vida. No sentí tristeza ni la conocida acidez de entender que yo fracasaba mientras que el resto del mundo triunfaba y le estaba permitido seguir adelante. Solo me embargó una seguridad reconfortante de estar haciendo lo que necesitaba. Hoy sé que esa sensación placentera es la de priorizarme, entender cuál es mi camino y en qué momento estoy. Actuar acorde a mis verdaderas necesidades, coherente, sin dejarme influir por el entorno. Ser yo, en pocas palabras.

De vuelta en mi cuarto, escribo en el diario:

Ha sido un día estupendo con Iñaki por Barcelona. ¿Son estas las cosas buenas que me preguntaba Judit si ya veía? Quizá sí. Quizá esto es a lo que se refería. Me sorprende porque son todo detalles. Quizá antes me pasaban desapercibidos. Hemos hablado de mis consumos: me ha dicho que él ve un proceso de señales externas que tiene una duración de una a tres semanas. Que sabe que cuando empiezo a dar esas alertas, se avecina la catástrofe. Le he pedido que si, a partir de ahora, las vuelve a ver, me lo diga. Creo que yo voy a ser consciente, porque lo soy muchísimo más y ahora ya comprendo muchos mecanismos míos que antes no, pero le he pedido que me ayude también y me lo comunique. He sido muy sincero con él, me he abierto como nunca. Me gusta tenerle de amigo. Es una persona superimportante para mí.

Dos días más tarde, desde Madrid, Iñaki me escribe un *email* cariñosísimo en el que se alegra de verme tan bien y tan centrado. Me dice que tengo luz, que se me nota en pequeñas pinceladas, como que hablo de manera pausada y no me atropello. Que no soy el Javi de antes: afligido, histérico, explosivo, locuaz, enfadado y demacrado. Me confiesa que se entristeció mucho al verme en la clínica, rodeado de personas que no tienen nada que ver conmigo, con «ese tipo de gente», dice en su mensaje, y que está bien que me esté ayudando tanto, pero que él no cree que yo pertenezca a ese mundo.

«Sí que lo hago. Ya no me avergüenza admitirlo en voz alta.

Soy como ellos, lo digo con orgullo. De todos modos, he descubierto algo aquí dentro: aunque todo esto parezca muy extravagante y muy loco, la gente de fuera no está mejor que nosotros, solo fingen y ocultan mejor. Gracias por venir. Te quiero mucho», le contesto.

En el taller de prevención de recaídas, Anais menciona la aceptación y el perdón a uno mismo, una de nuestras grandes tareas pendientes. Habla del concepto de error. En realidad, si lo pensamos, nos sugiere Anais, el error no existe: solo se trata de una decisión que hemos tomado en un momento concreto con la información que teníamos. Nadie comete un error empeñándose en hacerlo, por voluntad propia. Simplemente no sabíamos y no podíamos hacer otra cosa, no teníamos ni consciencia ni herramientas, porque nadie nos las había mostrado. No comprendíamos que había otra manera, más sana, de comportarse. Estábamos perdidos, confundidos y enfermos.

—Tener esto en cuenta es importante a la hora de romper la cadena de la culpa y del autocastigo —nos aconseja—. El error, como tal, es un juicio que nosotros hacemos sobre un hecho o una conducta, pero desde el presente o a toro pasado. En ese momento posiblemente lo hicimos lo mejor que supimos o pudimos. Es vital que aprendáis a perdonaros a vosotros mismos —resume—. Y que seáis capaces de miraros con compasión y piedad, entendiendo que os dominaba la adicción y que, por tanto, no eráis culpables de todo aquello que hacíais. No hubo maldad en vuestros actos, hubo desconocimiento y enfermedad.

Un murmullo se adueña de la habitación. Nos observo agitados, incómodos, removidos. La tensión se manifiesta en los cuerpos, en cómo cambiamos de postura, en cómo nos agarrotamos, en cómo bajamos la vista. No soy capaz de entender lo que dicen los cuchicheos de mis compañeros porque son un batiburrillo de palabras, pero no lo necesito, sé lo que es. Es nuestra manera de expresar que así dicho suena muy sencillo, pero que otra cosa muy distinta es convivir con la evocación de nuestra degradación y aceptarla. Perdonarse es una tarea hercúlea cuando los recuerdos te atacan por sorpresa y te muestran sin clemencia todo lo que esa persona, que también eres tú, fue capaz de hacer. Cuando la mente se ve conquistada por imágenes, visiones, olores, rostros y sonidos que te resistes a rememorar porque te atraviesan las tripas. Somos combatientes de una guerra inexistente, creada por nosotros, asediados por pesadillas y malestares en forma de memoria, de los cuales somos responsables. Nos pasa a todos.

—Ya sé que lo que os estoy diciendo es complicado —puntualiza Anais—. Por eso es importante que lo habléis con vuestros terapeutas y que lo trabajemos todos juntos.

—Claro, pero vete ahí fuera y dile a uno que pobre adicto, que estaba enfermo, que no sabía hacerlo mejor... —dice un compañero—. Te mandan a paseo, tía. La peña no comprende esas cosas.

—Lo que diga la gente os la tiene que bufar —advierte Anais—. Yo os estoy hablando de vosotros con vosotros mismos. De perdonaros a vosotros. ¿Por qué?

—Porque si no nos perdonamos, nos autocastigaremos —señalo.

Me sé la teoría. Solo me queda ponerla en práctica. ¿Cómo se hace?

Un *spoiler*. Me llevará años y mucho trabajo, muchas horas de terapia y de conversaciones, dejar de pensar en mí mismo como un monstruo o, lo que es lo mismo, lograr mi propio perdón y desmantelar la vergüenza y la recriminación ante recuerdos como el de mi madre en aquel hostal y muchos otros. Fin del *spoiler*.

Volvemos a tratar el *craving*, el deseo intenso e irrefrenable que conduce a la persona a abandonar la abstinencia, que puede aparecer como respuesta a los síntomas de abstinencia, a la falta de placer, a señales asociadas al consumo, a situaciones de riesgo o a malestar interno. Anais nos entrega unas fotocopias donde se detallan diferentes estrategias de afrontamiento ante los *cravings*. Muchas de ellas las utilizaré a lo largo de los años cuando las apetencias aparezcan en mi vida: parada de pensamiento, técnicas de distracción, técnicas de relajación, técnicas de imaginación y técnicas de autoafirmación.

—Como hemos visto —explica Anais—, hay muchas «minidecisiones» que aparentemente resultan poco significativas pero que pueden aproximar a la persona a un desliz o a una recaída. Por ejemplo, como vamos a dar una cena en casa, compro alcohol para los invitados y lo dejo en la nevera, o esta semana me salto la terapia porque hace mucho frío, me da pereza y estoy muy cansada. El problema es que por lo general la persona resta importancia a tomar una de estas «minidecisiones», no lo comenta con nadie de su entorno y poco a poco la «negación» se acciona de nuevo. Cualquiera de estas «minidecisiones» por sí sola puede no ser negativa, pero si no hablas de ello con nadie, ni familia ni terapeutas, y no te detienes a analizarlo, con el tiempo una «minidecisión» te conducirá a otra y luego a otra más. Y se van sumando y sumando y las ganas de consumir pueden ir en aumento hasta que se tornen nuevamente incontrolables.

Por la noche comparto en el *meeting* algo que llevo pensando todo el día:

—Aquí me he dado cuenta de que cada lágrima es distinta. No hay dos iguales. He llorado mucho, bueno, ya me habéis visto, y yo a vosotros también, pero cada vez es por una razón distinta. Ya no puedo decir solo «lloro», aunque eso es lo que hago, pero ahora sé que es otra cosa más concreta: duelo, me alegro, me emociono, me angustio... Cada lágrima es única, al igual que el sentimiento que las provoca.

—Vaya gilipollez —dice Esteban—. Eres un moñas.

—Y tú un puto memo —le contesto—. Estás tú para comentar lo de los demás, imbécil.

El responsable nos llama la atención. Ese tipo de intercambio callejero, de gallitos enfrentados, nos explica sereno, no está permitido en el espacio. Le recuerdo que Esteban aún tiene que contar lo que le pasó en el *meeting* y dejar de juzgar a todo el mundo, sin atenderse a sí mismo. El responsable me señala que lo hará cuando se sienta preparado para ello. Me refiero a que Esteban se ha mantenido en silencio, al menos en el grupo, acerca de su fuga. Hace unos días se escapó del centro a una farmacia en Mataró con recetas falsas de Trankimazin que le había robado a La Polaca. Al ver el membrete, la farmacéutica llamó a la clínica y le desmontaron la huida. Había puesto mal, al parecer, el número de colegiado y la fecha de expedición.

—Fue fallo mío —reconoció Esteban en el patio, ante un nutrido grupo de espectadores deseosos de conocer la aventura en detalle—. Debió de ser por el neuroléptico que me meten en la chola, si no, nasti de plasti. Soy un pro de la receta. —Luego se retiró a seguir leyendo a Bukowski e hizo como si no hubiese pasado nada.

Jérôme, el francés de origen judío, lleva varios días sin hablar, como un monje tibetano. Ha comenzado, simultáneo al voto de silencio, a hacerse cortes y a apagarse cigarrillos en el cuerpo, que degeneran en ampollas que luego se explota con chinchetas que, a su vez, se infectan y generan halos rojos en las heridas. Se pasa media vida en la enfermería haciéndose curas. Lo comentamos en el grupo de terapia de la mañana.

—Es más difícil de lo que parece morir de cortes. Yo lo he intentado siete veces —dice Mario. Mario ha regresado de la UCI. Ha ganado peso y tiene mejor color—. Una vez llegué al tendón y no seguí porque me di cuenta de que si fallaba me quedaba con la mano tonta de por vida. Tienes que llevarte mucho por delante.

A muchos nos da reparo oír lo que dice, pero intentamos no exteriorizarlo, ser compasivos y tolerantes. Comprender que es su realidad.

—Y no solo la mano... Hay que llevarse mucho por delante, no solo físico, para hacer eso —añade la terapeuta.

Veo a Lola asentir en silencio. Luismi, el paciente al que recomendé un poema de Benedetti, se levanta la camiseta y enseña su pecho y su vientre repletos de cicatrices de cortes.

—Yo he superado todo esto. La vida ya te causa suficiente dolor como para provocártelo tú.

—¿Queréis explicar a vuestros compañeros por qué creéis que lo hacíais? —les invita la psicóloga.

—Es complicado —explica Mario—. Es un mecanismo para evitar el dolor mental, lo distraes. Sientes un dolor físico tan grande que se va el dolor mental, te saca de ahí. Te quita las paranoias.

—También puede ser un castigo autoimpuesto, Mario... —apunta la terapeuta—. Existen un número amplio de posibilidades.

—Yo tengo incluso *cravings* de autolesión, impulsos de hacerlo —confiesa Mario. Desde que ha vuelto del hospital está más expansivo—. Veo imágenes de cuchillos que cortan carne, cosas así. Sé que no deja de ser una forma de autocastigo, pero tengo apetencias. Lo reconozco.

Ese día comprendo la autolesión como un medio desadaptado de tolerancia al malestar a corto plazo, igual que las drogas: un estremecimiento tan intenso que hace que la desazón desaparezca frente a la extrema sensación física de la automutilación. Pero, como ocurre con las sustancias, a medio y largo plazo no sirve de nada, porque no hace otra cosa más que añadir sufrimiento al dolor original.

Jérôme no dice nada. Ni siquiera levanta la vista. La clava en el suelo, a resguardo del resto de nosotros. Anula su presencia en la habitación escondiendo sus ojos. Cada vez que Jérôme tiene una discusión con alguien, se autolesiona. Esta misma mañana me lo he encontrado en la enfermería buscando chinchetas. La enfermera le ha pedido que se mire el brazo:

—Esa ampolla y ese corte son nuevos, Jérôme —le ha señalado.

—Sí, de ayer. Discutí con Sergi —ha admitido, recolocándose el flequillo con un golpe de cabeza.

Me impresiona mucho ver regresar a Arkaitz. Le ha traído hasta la clínica un taxi. Llevaba más de una semana desaparecido. Cuando baja del coche se le aprecia macilento, escuálido, vencido y huérfano, con los puños y la cara llenos de heridas. Varios de nosotros, que estamos sentados en el patio, le observamos descender con ayuda del taxista. No decimos nada. Le damos la bienvenida con la mirada, sin juzgarle.

Su pareja, a la que había salido a ver, rompió con él. Después destrozó un coche de policía y le redujeron. Acto seguido se encerró en un hostal de la Plaça Reial y se puso hasta el culo de heroína durante varios días. Luego llamó a la clínica y les pidió por favor que le sacasen de allí. Aunque el relato está lleno de lagunas e incongruencias, eso es lo que nos cuenta el taxista cuando le preguntamos dónde estaba. No seguimos investigando. En realidad da lo mismo: hemos aprendido que la angustia neurótica, independientemente de los detalles, es siempre idéntica. Este tipo de sucesos, como los cientos de recaídas, como las huidas, como los cortes de Jérôme y el intento de suicidio de Mario, son habituales en un lugar como este. Nos hemos acostumbrado a aceptarlos.

Cuando Arkaitz pasa a mi lado, se vuelve y me dice, con un hondo desánimo en la voz:

—Llevo drogándome desde la adolescencia, no sé lo que es la vida sin drogas.

Puedo ver que lleva en la mano el libro *El poder del ahora* de Eckhart Tolle. Continúa su camino hacia el cuarto, arrastrando los pies, con la espalda y los hombros encorvados como siempre, como si intentase doblarse sobre sí mismo, como un escarabajo, para protegerse del mundo que le rodea.

Al salir de visitar a Rafael, Lola me llama desde un banco, donde está sentada jugueteando con el paquete de tabaco. Sonríe, algo llamativo en ella.

—¿Qué te ha dicho tu psicólogo, que te falta autoestima y estás cabreado con el mundo? —me pregunta, dicharachera.

—Más o menos, sí —admito riendo, y me siento a su lado—. Estoy hasta la polla.

—Eso te lo podía haber dicho gratis el quiosquero de la esquina. ¿Para que te diga esa gilipollez pagas? —Mueve los brazos sosteniendo el paquete frente a mi cara.

—¿Por aquí qué se cuece? —pregunto, señalando el patio vacío.

—Está todo el mundo sobando. No se saltan una siesta los hijos de puta.

—¿Y tú qué haces?

—Pensar.

—¿Y en qué piensas?

—¿Quieres saberlo? —Parece sorprendida.

Asiento, encendiéndome un cigarro.

—Pensaba en cuando me daban las fases maniacas y me follaba a varias personas en una noche o me jodía seiscientos euros en el bingo o me compraba bolsos carísimos que no necesitaba. Pensaba en lo loca que estaba.

—Bueno, si piensas eso es que ya no estás tan loca. Si te sorprende, quiero decir.

—Pues a saber...

—Oye... —comienzo cauteloso, pero me detengo. No sé cómo sacar el tema. No quiero hacerle daño.

—¿Qué? —me pregunta, animándome.

—¿Tú te autolesionabas?

Lola no contesta. Me observa en silencio, preguntándome con la mirada: «¿Tú qué crees?».

Por la noche anoto lo siguiente en el diario:

Esta mañana ha venido la familia de Endika con el sobrino y la abuela. Es un niño muy pequeño, risueño y mofletudo. No sé si sabe andar porque le llevan en brazos. Varios yonquis nos acercamos y jugamos con él. La familia, tolerante, nos mira y nos deja enredar alegres. Endika le dice al sobrinito: «Qué felices somos cuando somos pequeños, ¿eh? En cuanto empezamos a enterarnos de qué va este invento, se jode todo». Es increíble la mejoría de Endika. Está muy cerca de parecer una persona completamente normal. Se relaciona con todos nosotros, mantiene la higiene y ya no se pasa la vida metido en el cuarto. Es casi un milagro. Me he quedado en silencio y nos he observado desde fuera. La imagen de los toxicómanos jugueteando con el bebé es muy poderosa y tristemente emotiva. He pensado que en el fondo somos buenas personas, aunque se empe-

ñen en hacernos creer lo contrario. Quizá eso es lo que aprendemos aquí, que no somos malos y que solo estamos confundidos. El único lugar del mundo en el que puedo pensar en las frases que le ha dicho Endika a su sobrino sin que me resulten cursis es aquí, en una clínica.

Esta semana, Agustín, el paciente que va al gimnasio del pueblo (cuando lo logra), está pasando por una crisis de confianza feroz. Lola, que va hacia el baño a ducharse después de una clase de equitación, se lo encuentra en su cuarto con la puerta abierta, haciendo las maletas, murmurando que se quiere ir, que no puede más, que su vida es insoportable, que le van a dar por culo a la hoja de los diez días, que lleva mucho tiempo de tratamiento, que se quiere ir a Salou de vacaciones y luego a Barcelona con su familia. No se lo dice a nadie en concreto, solo lo lanza al aire, para sacarlo de dentro. Lola de inmediato llama a la patrulla y varios compañeros nos presentamos en su cuarto, para animarle y hacerle recapacitar.

—Yo también me siento una fracasada, Agustín —le dice Rosa, con la gata *Ananda* en brazos—. Todos aquí nos sentimos así.

—Yo no —dice Tino, el pescadero esquizofrénico.

—Bueno, Tino, muchos de nosotros sí, joder —explota Lola—. Yo me siento un fracaso y no sé qué cojones voy a hacer con mi vida. Pero no tiro la toalla, Agustín. Mírame. No es fácil, pero merece la pena.

—Yo me voy. No aguanto más —manifiesta Agustín.

—Claro, tío, yo también me iría, pero no puedo —confiesa Tino, que sospecho que no comprende la seriedad de la situación y se siente vehemente—. La parienta me mata.

—Cállate, Tino, joder —amenaza Lola.

—Es que me iría de verdad —repite Tino.

—Que ya lo sabemos, hostias, Tino, cállate —responde Lola, atacada.

Yo lo presencio todo en un cómodo segundo plano, sin decir nada, junto a Sergi. Hemos visto en estos meses tantas veces repetirse una situación similar, y sabemos con tanta seguridad que

Agustín va a terminar haciendo lo que quiera, que ni nos molestamos en intentar convencerle de lo contrario. Hay personas que no soportan un día más de proceso y huyen. Identificamos a la perfección cuando alguien está ya lejos de ser persuadido de algo. Sergi y yo solo nos miramos, comemos pipas y compartimos en silencio otro aprendizaje más: la gente siempre hace lo que le viene en gana, por mucho que nos empeñemos en influir en sus actos. No podemos controlarlo todo.

Al día siguiente, Agustín se va, y Lola aprende esta lección.

Un salto en el tiempo. Agustín volverá a ingresar, pasados los meses, porque nunca abandonará su enfermedad. Fallecerá al cabo del tiempo, dentro del recinto. Fin del salto en el tiempo.

Albert, el terapeuta del taller de las emociones, nos hace entrega de fichas que debemos ir rellenando en las que aprendemos cómo identificar nuestras emociones, los eventos que las desencadenan, los cambios que se dan a nivel corporal y sensitivo, las interpretaciones que hacemos de ellas y las demandas de acción que provocan. Cada semana iré guardando un registro de todo, como un bibliotecario obsesivo. Me tomaré como objeto de estudio y me analizaré de una manera que hasta el momento habría sido incapaz de llevar a cabo. No tenía el vocabulario ni los conocimientos necesarios para hacerlo. Apuntaré, reflexionaré y me obligaré a mantener mi mente y mi cuerpo abiertos para poder detallar todo lo que ocurre en su interior. Ese día Albert también nos muestra las que él llama «fichas de regulación de las emociones», diez en total, que nos enseñan cómo regular y elaborar todo aquello que sentimos. De nuevo, pondré en práctica muchas de estas habilidades en el transcurso de los años.

¿Cómo es posible, pregunto desde el presente, que nadie, nunca, en ninguna clase, me hubiese enseñado algo tan vital e importante como la gestión emocional? La primera vez que tuve acceso a ella fue en la clínica, como consecuencia directa de estar enfermo. Es decir, necesité de la enfermedad para descubrir quién era. No pretendo sonar pedante, pero teniendo en cuenta que los seres humanos invertimos la mayor parte de nuestro tiempo en relacionarnos unos con otros y con nosotros mismos, ¿no debería ser materia obligada en los planes de estudios algo tan básico como gestionar nuestras emociones? ¿Cómo vamos a crear una sociedad de adultos autónomos, saludables y responsables si ni ellos mismos saben lo que sienten?

Hoy reflexiono frente al ordenador que no es necesario ser una mente privilegiada para llegar a la conclusión de que vivimos en una sociedad obsesionada y enfocada en dar importancia y valor a cualquier cosa intrascendente: la vanidad, la fama, tener un coche determinado, seguidores o tetas más grandes, vestir de cierta forma, depilarse el ojete, ocultar las arrugas... Quiero decir, por mucho que lo intento, no consigo encontrar ningún valor a nada de esto cuando los gusanos estén alimentándose de mi cuerpo. Ninguno. No conozco a una sola especie de gusanos que le haga ascos a un orificio con pelo, sinceramente. O que decidan no devorarte, pasto de la tierra, si tus seguidores en redes sociales superan un número concreto. Si esa especie de gusanos existe, estaré equivocado y seré el primero en depilarme y en entregarme a acumular seguidores para cuando eche horas enterrado. Mientras tanto, seguiré convencido de que damos importancia a todas las cosas que no la tienen.

A lo que me refiero es que hemos logrado crear, entre todos, un artefacto perfecto para hacernos eternamente infelices a nosotros mismos. Parece que nuestro único objetivo es complicarnos la vida para frustrarnos sin descanso. Es como lo del palo, la zanahoria y el burro, con el añadido de que somos simultáneamente el burro que va tras la zanahoria y el labriego que la coloca. Somos hámsteres dando vueltas mareados sin llegar a ningún sitio y riéndonos de los demás porque no corren tanto como nosotros. Somos gilipollas. Si no, que alguien me explique qué diferencia habrá entre nosotros el día en que Dulceida y yo descansemos en un cementerio. ¿Que a ella le llevarán más flores sus *followers*? Pues ya ves tú lo que me van a importar a mí los ramos que me coloquen en la tumba una vez que esté muerto.

Lola y yo hemos desarrollado la costumbre de subir juntos a la sala de ordenadores a chequear nuestros *emails* después de cenar, como paso previo a encerrarnos en alguna habitación con el grupo a tomar infusiones y echar un rato charlando. Esta noche somos los únicos en la sala y veo a Lola teclear concentrada, moviendo los labios en silencio, siguiendo el ritmo de sus dedos y de las palabras que aparecen en la pantalla. Yo he contestado a un *email* que he recibido de Iñaki, he apagado el ordenador y hago tiempo hasta que ella termine. Paseo por la sala, con las manos unidas a la espalda, como un profesor presumido. Acompaño el movimiento con pequeños saltitos juguetones.

—Pareces mi abuela hablándole a la televisión —le señalo, divertido.

—Hostia, tío, que se me va, que me meto mucho —admite—. Estoy toda atrapada.

—¿A quién escribes?

—Al Gabriel, que me ha mandado un mensaje.

—¿Quién es ese? —pregunto, interesado.

—Pues el Gabriel. Fue toxicómano de caballo. Ahora es filósofo. Hablamos mucho.

—¿De qué?

—De lo erróneo de la vida. Nos escribimos todo el rato. Nos explicamos qué es lo que funciona mal, fuera y dentro, ¿sabes? Follamos por carta. Bueno, y en alguna de mis salidas.

Me acerco a ella. Hay algo en Lola que me produce una fascinación incontrolable. Es la persona con menos filtro que he conocido en mi vida. Es auténtica, todo lo contrario a lo que yo he sido toda mi vida.

—Pero ¿cuántos amantes tienes? —indago.

—Puf, no quieres ni saberlo, es un jaleo. Encima el filósofo está enamorado —dice señalando la pantalla del ordenador.

—¿Cómo lo sabes?

—Porque me lo ha dicho. Soy terrorífica. Los enamoro en cuatro días. Soy una puta epidemia. Se lo aviso a todos, pero se la sopla.

—¿Y el que te estás follando aquí?

—¿Qué?

—Pues que qué vas a hacer con él.

—Nada, me lo sigo tirando y luego ya veré.

—Pero ¿te viene bien?

—¿El qué?

—Follar con tantos, supongo.

—Todo lo que no sea matarme me va fenomenal.

—¿Y el monitor de los caballos?

—También me lo voy a trincar, pero voy a esperar a salir. O sea, primero salgo de aquí y luego me pongo en contacto con él y me lo tiro ya fuera. ¿Te he *contao* que una vez aceleré en una curva y di vueltas de campana porque estaba muy cabreada conmigo y con mi novio porque a él no le apetecía ver unas iglesias de arte románico?

—¿Qué cojones dices, puta loca?

—Pues eso, lo que te estoy contando. A todos estos se lo cuento y les da igual, les hace gràcia. Los tíos sois muy simples. Así me las gasto, conque ándate con ojo, chaval —me dice, riendo.

Justo después me da un abrazo sincero.

—Cuando tienes que cambiar de tarjeta de crédito varias veces en dos meses porque los restos de coca sepultan los números..., es hora de machacarla con otra cosa —apunta Sergi, que acaba de quemarse la lengua con su infusión. Estamos en mi habitación escuchando a Etta James.

—Yo utilizaba una tarjeta de cliente de Gucci —dice Lola.

Estallo en una carcajada.

—No sé de qué te ríes, imbécil.

—Me río porque lo tuyo no es toxicomanía —aclaro.

—¿Y qué es, enterado? —pregunta Lola.

—Es ser una pija caprichosona que no soporta que le lleven la contraria. Usar una tarjeta así es el récord Guinness del pijismo. Y mírate ahora, llena de mierda de las cuadras.

—Al menos tengo credibilidad.

—¿De qué credibilidad hablas, con lo yonqui que has sido? —replico.

Lola finaliza la conversación calzándome una colleja. Me quejo, pero me dejo hacer, divertido.

—A mí me pasó eso en el banco una vez. El oficinista me miraba fijamente. Yo no sabía si iba a hacerme la transacción o a denunciarme a la policía. Le terminé diciendo que tenía la piel muy irritada y problemas de sudoración en las axilas y que necesitaba muchos polvos de talco —dice Natalia.

Hay un proceso psicológico común a todos que opera, seamos conscientes de él o no, y que Rafael denomina «internalización del padre». En términos simples, se trata de la voz interior que proviene directamente de nuestra educación y que se convierte en nuestra brújula moral, ética y socializadora. A veces nos referimos a ella de forma inadecuada (desde el punto de vista psicológico) como la conciencia. Es decir, lo que nos dicen de pequeños, lo que se nos enseña, las dinámicas de comunicación parentales que terminan convirtiéndose en las nuestras propias. Junto con muchos mensajes beneficiosos para nuestro desarrollo, a menudo se cuelan otros que nos limitan y nos dañan.

Una mañana Rafael me habla de una necesidad que yo desconocía que tenía: la internalización de un buen padre. De lo que se trata es de deshacerme de mensajes recibidos que he hecho míos (esto es internalizar) y que ya no tienen la voz de mis padres, sino la mía. Es parte de la herencia que me condiciona, señala mi terapeuta. Pero mis padres han dejado de entrar en la ecuación, porque ahora la voz interna es mía y no les pertenece a ellos: soy un ser adulto independiente que se vale por sí mismo.

—Al hacerlo consciente, permites que pueda ser modificado —señala.

—O sea, me estás diciendo que tengo que cuestionar absolutamente todo, ¿no? —pregunto.

Rafael asiente con la cabeza en silencio, sin perder una tímida sonrisa. Creo que disfruta viéndome avanzar, inseguro. Tengo que aprender, en resumen, a dejar ir esa parte de ellos que se ha cristalizado en mí y que tanto daño me hace. Necesito silenciar el carácter crítico de mis padres. Será un proceso psicológico que durará años y al que me dedicaré con empeño mucho tiempo después de salir de mi encierro.

—He tenido pensamientos de consumo. Recordaba la heroína, la cucharilla, en una época en la que vivía con un chico italiano y éramos yonquis los dos. —Lluís lleva días removido, trapicheando con Trankimazines y Stilnox—. Sigo teniendo sueños, nano: que me persiguen, que me quieren matar, siempre hay pistolas, cuchillos, navajas de por medio... No sé. Son raros.

—Pero ¿qué peligros sientes ahora? —le pregunta Lola.

—Lo único a lo que temo, lo único que creo que es un peligro soy yo —comparte Lluís.

Un compañero le asegura que los pensamientos no desaparecen, que se reducen con el tiempo y son menos intrusivos, pero que somos blancos fáciles porque estamos enfermos y siempre vuelven por sorpresa. Que lo importante es dejarlos estar y no asustarse por tenerlos.

—No somos responsables de lo que pensamos, no puedes controlar el pensamiento, Lluís. Pero podemos elegir qué hacemos con lo que pensamos —resume.

Estamos en el *meeting*. Sergi ha relatado al grupo su salida a una boda familiar. Ha trabajado mucho tiempo en ella con sus terapeutas y ahora se siente seguro y capaz. Comparte su alegría con el grupo. Para él era una situación peligrosa, una prueba de fuego, y la ha superado. Creo que sus íntimos estamos aliviados. Durante el fin de semana muchos de nosotros hemos pensado en él cruzando los dedos. Pero asistió a la celebración y no consumió. Incluso en un momento dado se encontró una papela con un gramo de cocaína que se debía de haber caído de algún bolsillo y se deshizo de ella.

—Jamás en mi vida me ha pasado eso. Ir andando por un jardín y, ¡pum!, encontrarme una papela petada de coca. ¿Desde cuándo pasa eso, tío? Pues salgo de aquí y de frente. Tiene huevos, ¿eh? —ha mencionado—. En serio, ¿cuándo os habéis encontrado droga gratis tirada en el suelo?

—Nunca, la verdad —ha admitido Luismi.

—Pero la vi ahí, que, claro, los yonquis vemos eso de lejos, y la cogí y la tiré. Me protegí. También estuve todo el tiempo acompañado, y si veía que me daban tirones o algo lo contaba de inmediato. Puse en práctica todo lo que nos enseñan. Es raro de cojones estar rodeado de gente borracha... Y luego todos te preguntan que por qué no bebes, o te ofrecen... Te sientes muy friki. Pero mira, que les jodan. He aprendido a poner límites a la gente y a no tener que explicar todo lo que me pasa a cualquiera que me pregunta. Que les follen. No bebo porque no bebo. No hay más. Es *heavy* que en este puto planeta el que no bebe sea el raro, ¿sabéis?

Algunos asentimos. Le felicitamos. La alegría de Sergi es contagiosa, y todo el grupo disfruta con ella de forma sincera, porque aquí lo que le ocurre al otro también nos pasa un poco a cada uno de nosotros. Yo no puedo dejar de pensar que en breve pasaré un fin de semana en Madrid, acompañado de mis padres, y que, en ese momento, también tendré que enfrentarme a mi vida, como acaba de hacer Sergi acudiendo a una boda.

El ejercicio que me propuso Anais, y que llevo elaborando a diario semanas, me resulta tan satisfactorio y divertido (¿quién me hubiese dicho cuando ingresé que terminaría encontrando placer en estas cosas?) que decido contárselo a todos en uno de los grupos de esta semana. Es un resumen de mis «Cosas que merecen la pena», la lista de cosas que me hacen feliz y me reconfortan. Es la siguiente:

COSAS QUE MERECEN LA PENA

Hablar toda la noche. Quedarse sentado. Un café al sol. Dos cigarrillos seguidos. Cerrar los ojos y sentir la brisa en la cara. Sonreír a un extraño. Tirarse un pedo, y dos y tres. Las lágrimas sin dueño. Doler por otros. Los silencios compartidos. Aceptar un consejo. Escuchar con atención. Sonreír de nuevo. Un abrazo por sorpresa. Una mano que te tapa la boca con cariño. Aceptar en quién te has convertido. Apoyarse. Respirar. Un email. *Que te pinten las uñas. Compartirlo todo. Dejar ir. Las sonrisas furtivas y las carcajadas insolentes. Responsabilizarse. Seguir hablando. Los dedos en la boca. Eyacular dentro de la persona a la que amas. Apretar la mano con fuerza metiendo todos los dedos dentro del lazo. Que se apoyen en ti. Una canción recuperada. Aprender lo que significa respeto. Una llamada de teléfono. Sentirte querido. Querer. Estar aquí, junto a vosotros.*

No solo la leo esa noche en la reunión de la clínica, sino que la imprimo.

Un salto en el tiempo. Tendré colgada la lista en todas las habitaciones en las que viva a partir de ese momento, hasta la actualidad. Como las contraventanas pintadas y otros detalles de la clínica que han encontrado su lugar silencioso en mi casa, a veces, cuando el día es gris y mi ánimo no atraviesa su mejor momento, me detengo frente a ella y la releo en silencio. Aunque algunas de las cosas enumeradas han cambiado con los años, al hacerlo recuerdo de inmediato de dónde vengo y lo que he avanzado y me aseguro que, por muy amenazadora que se presente la realidad, siempre hay cosas que merecen la pena. Fin del salto en el tiempo.

Lola ha asistido en Barcelona al funeral de una antigua amiga que ha muerto por un cáncer de pulmón. Estamos en mi cuarto, fumando. Ha regresado con una necesidad evidente de compartir lo que le dijo su madre y cómo la hizo sentir. Yo la escucho en silencio. «Lola, por favor, cuídate, no quieras perder la vida, como Nuria», le rogó su madre entre lágrimas.

—El funeral me afectó menos de lo que pensaba. Iba histérica pensando que me iba a dar un jamacuco, pero no —me dice Lola—. Leyeron párrafos que habían escrito sobre ella y esas movidas típicas. No me enteré muy bien, porque no podía dejar de pensar qué injusta es la vida que los que se quieren quedar se van, y los que nos queremos ir aquí estamos.

Hace una pausa. Suspira.

—Es igual matarse poco a poco, raya a raya, que a pastillas, de una vez. Es una lástima no acordarse siempre de que hay que luchar, de que, aunque estemos mal, tenemos que pelear, ¿no?

Lola levanta la mirada y la detiene sobre mí, que la observo mudo.

—Ahora pienso en que hay mucha gente que quiere vivir y no puede —dice.

Estas semanas continúo haciendo salidas cortas: acompaño a compañeros a la peluquería o al pueblo o al médico, paseo por Barcelona o por algún pueblo del Maresme, e incluso visito la playa. Cada una de las salidas, como está pautado por el equipo terapéutico, la trabajo previamente con Anais. Decido cuáles son los objetivos que me planteo antes de poner un pie fuera del recinto. Soy consciente de ellos y de mí mismo. Analizo la realidad. Nunca llevo el móvil.

Tras mucha reflexión, decido quedarme en Barcelona, no volver a Madrid de inmediato. Por el contrario, iré a la Torre y después viviré una temporada en una habitación en un piso compartido en Barcelona, para poder finalizar el tratamiento completo, con su parte ambulatoria. Quiero, deseo, que mi regreso a Madrid sea lo más seguro posible. Ya no tengo ninguna prisa por retomar mi vida, por retornar a la sociedad de Madrid, con sus rutinas conocidas. Lo único que me mueve es una recuperación completa.

Cuando entré en la clínica, me resultaba insoportable pensar que iba a estar ingresado tres meses, una horquilla temporal que me parecía eterna. Ahora soy yo el que resuelve estar dedicado en cuerpo y alma a curarme, aunque eso implique que, para atravesar todas las fases de la redención, tal y como está diseñada, vaya a necesitar, como mínimo, un año de mi vida. El tiempo ha dejado de asustarme. Estos días entenderé, convencido, que un año en la existencia de alguien es una cifra irrisoria cuando lo que se obtiene a cambio es la posibilidad de seguir vivo.

9

Atravieso muchas emociones en la escritura de este libro y las voy recogiendo en mis diarios actuales, cada noche. Estoy acostumbrado: me ocurre con cualquier proyecto creativo. La duración sostenida en el tiempo, los meses de soledad silenciosa, las inseguridades, la posible exposición, la indecisión y mil sensaciones más fomentan que así sea. Ahora llevo trabajando a diario prácticamente treinta y nueve semanas, y estos últimos días me está costando más esfuerzo concentrarme y dar forma a este relato. No solo me veo descentrado, sino falto de ánimo y de motivación. Intento reconectar con el ímpetu original que me llevó a embarcarme en este viaje, a comprometerme a contarlo de esta manera, pero es elusivo, se esconde con facilidad, se resiste a ser atrapado. Por el contrario, identifico muy presente el hartazgo con mis palabras y con lo que estoy narrando; dudo, me desespero, extraigo la fusta de mi mente y aparecen los monstruos. La energía de los primeros meses, la ilusión, el sentido y la novedad han quedado atrás y han sido sustituidos por la disciplina callada de obligarme a escribir a diario, a rellenar mecánicamente vacíos, incluso cuando no estoy convencido de la calidad de lo que estoy produciendo ni de a quién pueda interesarle leerlo.

«¿Para qué escribo?», me apremio a preguntarme cada vez que me siento frente al ordenador, aguardando volver a sentir lo que hice cuando comencé. No es una pregunta muy diferente a las que me hice a diario en la clínica: «¿Para qué continuar?». La perspectiva. Qué sencillo es perderla. Y qué importante recuperarla. Sé que estas sensaciones también esconden mi resistencia a contar mi experiencia en estas páginas. Son días complicados, llenos de vacilación.

En definitiva, estoy harto de escribir este libro. Soy como una mujer embarazada que, tras meses de esperanza y regocijo, ha sido diezmada por la incomodidad física y emocional que conlleva la gestación. La rutina, la repetición de los días, me está abotargando. Estoy deseando que llegue el parto y poder separarme de él. A la vez, temo terminar. No sé si estoy preparado. De la misma manera, sé que se trata de sentimientos transitorios, paralelos a los que atravesé en mi ingreso, la dualidad del cambio y de la creación, las fuerzas antagónicas que siempre acechan en el sendero. Y sé que, igual que tuve que cruzarlos en mi encierro para seguir caminando, ahora también necesito quedarme instalado en este aburrimiento de mí mismo y de mi historia y aceptarlo, para poder transitarlo y dejarlo atrás, que es lo que me va a permitir concluir el trayecto. Sigo escribiendo, por muchos dragones que se presenten para hacer de la voluntad una tarea más tediosa todavía. No me detengo. Me empujo a continuar.

Anais me entrega una serie de fotocopias que, bajo el título de «Trabajando el positivismo», recogen ideas y habilidades para aumentar este rasgo de carácter tan ausente en mi vida. Cuando coloca las hojas frente a mí, sé, sin necesidad de que me lo explique, que quiere que las lea y reflexione sobre ellas.

—Esto es por el viaje a Madrid, ¿no? —le pregunto. En breve salgo y sé que todo lo que estoy trabajando tiene relación con eso.

—Esto es por todo, en general, para que le des unas vueltas —me señala ella.

Unas horas más tarde, en el silencio de mi habitación, las estudio, subrayándolas. En ellas, destaco los siguientes pasajes:

Todo es bueno, incluso lo malo. Cada momento es oro para quien tiene la capacidad de reconocerlo. En lugar de quejarte, viendo el lado positivo aprovecharás los buenos aspectos de la situación. No te quedarás mucho tiempo en esa mala situación porque no te resistirás a ella. Aquello a lo que te resistes persiste. Aceptarás mejor las emociones que experimen-

tes. Cuando estés triste, vivirás plenamente tu tristeza, pero cuando te sientas feliz, gozarás de esa felicidad. No tenderás a emitir demasiados juicios críticos sobre los acontecimientos. La vida es la vida. Se trata solo de algo que está pasando, y todo lo que sucede es instructivo de una manera u otra.

¿Por qué ser positivo? El primer motivo es la salud física y mental. Con la palabra creas los ambientes en donde habitas y habitan los tuyos. Por no reconocer este poder, muchos arrojan palabras a diestra y siniestra como fósforos encendidos provocando incendios en el hogar, en el trabajo, entre los amigos. Vigila tus pensamientos, escucha tu palabra. Trabaja la empatía. Vivirás una vez esta vida. Quizá nuestro mundo no sea todo lo perfecto que debiera ser. Pero, sin duda, ser positivo contribuye a hacerlo mucho más llevadero. Pensar en positivo facilitará las relaciones con los demás, hará más feliz a la familia, mejorará tu salud, te hará sentir mucho mejor, incluso siendo consciente de las peores situaciones a las que tengas que enfrentarte.

El 19 de marzo del 2009 viajo a Madrid y entro por primera vez en mi casa, desde que la dejé atrás a mediados de diciembre de 2008. Llevo cerca de tres meses ingresado y algunas semanas más fuera de mi ciudad. Regreso, como parte de la estructura de salidas terapéuticas, a pasar allí cuatro días, de jueves a domingo. Es la primera salida que hago desde la clínica a mi realidad completa: mi barrio del centro, mi hogar, mis amistades. Mis padres llegan desde Bilbao y se quedan conmigo, así que la experiencia de inmersión es doble: por un lado, vuelvo a estar en contacto con mi reducto familiar, al que no he visto desde que me visitaron en la clínica, y, por otro, se amplía a mis espacios reconocibles, mis cosas, mis lugares, mis libros, mis películas, mi ropa, todo aquello que abandoné hace tanto.

Las últimas dos semanas ingresado he diseñado, junto con Anais, con mucho mimo y cuidado, este viaje. Ambos sabemos, sin necesidad de explicitarlo, que es importantísimo. Inquieto, atemorizado, vacilante, he ido trabajando intensamente con ella los pasos que voy a dar, gestionando el tiempo que voy a pasar en mi casa y en la calle, a quién voy a ver, qué voy a hacer. Una de las primeras decisiones que he tomado, en contra del primer impulso reconocible que aparece en mi interior, es no asfixiarme a mí mismo con compromisos sociales, ni intentar abarcar más de lo que soy capaz, ni fingir que he retomado una normalidad que no es tal. Me he comprometido a mantener el respeto por mí mismo y mis tiempos. Se trata de una primera exploración del terreno. Como siempre, el objetivo fundamental es recabar información, para volver a puerto seguro a analizarla y trabajarla con los terapeutas.

Como parte de la preparación, Anais me permite acceder a mi móvil, después de varios meses sin él. Al encenderlo, el aparato estalla con notificaciones de mensajes, llamadas perdidas y todo tipo de requerimientos tecnológicos. Me asalta la ansiedad. El teléfono me quema en las manos. Mi primer pensamiento es decirle a Anais que no lo quiero, pero sé que debo aprender a normalizar su uso. Anais me mira comprensiva, sospecho que lo ha visto demasiadas veces y sabe que a todos nos ocurre algo parecido. Me recuerda que no tengo por qué contestar, que puedo ir gestionándolo poco a poco y que no debo olvidarme de mis propios límites. Me entregará el terminal el día de mi salida.

Aceptar la realidad de mi situación en este viaje implica, por definición, actuar acorde a la misma, entender que sigo ingresado, sin dejarme invadir ni dominar por la pretensión de que todo está bien y superado. No regreso a Madrid para explicar mi situación, ni para justificarme ante nadie, ni para mostrarme en sociedad como si nada hubiese ocurrido. Por el contrario, me desplazo a Madrid como lo que soy: un enfermo en pleno camino de recuperación, íntimo y privado. Llego a la ciudad para demostrarme que estoy capacitado para ponerme límites a mí mismo y para establecerlos asertivamente con los demás. Por todo ello, desde la clínica, he ido informando a muy pocas personas, las que de veras quiero ver, de que voy a ir. He estructurado mis días quirúrgicamente, porque soy consciente de que, en mi caso, en estos momentos, la indulgencia puede conducir con facilidad a dar los pasos equivocados: he diseñado tiempos para mí, para estar solo, para compartirlos con mis padres, para pasear por Madrid, para, en definitiva, estudiar mi entorno, mis sensaciones y a mí mismo. Para abrazar la experiencia de habitar la ciudad con el foco puesto en mí. Para abandonar, aunque sea solo un fin de semana, mi vida de cara a la galería. Para deshacerme de la máscara.

Viajo a Madrid sabiendo que allí se encuentra el infierno del que salí, expectante y preocupado por ver cómo me recibe y cómo le recibo yo.

Una curiosidad. Antes de marcharme, Anais me señala que sabe a la perfección qué será lo primero que haga al entrar en mi casa: abrir las ventanas. Así es. Según deposite la maleta en el suelo de la cocina, correré al salón y abriré los dos balcones. Después me desplazaré a lo largo de la casa y haré exactamente lo mismo con todas las ventanas, para que penetre el viento y las corrientes renueven la atmósfera. La última vez que había estado allí el aire pesaba y mi vida era oscura, dolorosa y conflictiva. Necesitaré renovar el aire para que las ráfagas se lleven parte de la historia que viví entre esas paredes. Fin de la curiosidad.

Esto es lo que recogí de aquel fin de semana en mi diario:

Primer día en Madrid. Sentimientos contradictorios, emociones muy intensas: alegría, tristeza, desconfianza, miedo, muchos nervios. Y estoy tomando tres ansiolíticos diarios. A saber cómo hubiese sido todo sin este apoyo médico. Llevo fatal estar en mi casa con mis padres, no es una casa lo suficientemente grande para todos. Me siento invadido por ellos. Realmente, aunque mis padres son un buen elemento de contención, tengo ganas de estar solo en Madrid, me molesta su compañía. Nada más llegar he notado, como si fuese un peso encima de la cabeza, la hiperactividad de esta ciudad: todo el mundo va a la suya, todo el mundo tiene planes, todo el mundo parece vivir para pavonearse delante de los demás. Ahora mismo esta sensación me agota. Yo no estoy ahí. Pero yo también he sido así, lo veo. Lo que ahora rechazo de ellos es lo que estoy rechazando de mí mismo.

Me siento muy solo en Madrid. En esta ciudad me siento siempre solo. Ha sido un día extraño. Me siento inseguro, pero es inseguridad respecto a mi vida, no a las drogas ni al alcohol. Me siento inseguro porque me adelanto a decisiones futuras, no estoy en el presente. Quiero aprender a estar conmigo mismo aquí, en la ciudad, donde me es más difícil. He notado que tengo muchísimo miedo a ser yo mismo, a no disfrazarme, a escucharme. Estoy muy acostumbrado a esconderme a la vista de todos. Condiciono todo lo que hago y digo a la aprobación de los demás. ¿Podré cambiarlo cuando vuelva? Llevo solo un día aquí y ya estoy recogiendo mucha información. Noto una lucha interna feroz dentro de mí: entre el antiguo y el nuevo Javi. Mañana será otro día. Recuerda: esto no es un examen.

Segundo día en Madrid. Ya sé qué me molesta de mis padres. Es la falta de intimidad. Me agobia. Me parece «desagradecido» encerrarme en el cuarto buscando intimidad cuando han viajado para estar conmigo. Otro día raro. Siento que no me concentro en mí, que estoy muy pendiente del afuera. Estoy muy desubicado, con la sensación de tener que ver a gente y luego, si no tengo planes fijos, el agobio de no tener el tiempo lleno de cosas. Quiero evitar eso: llenarme de cosas para no tener tiempo de estar solo en casa. Me cuesta estar en casa, estar por estar, sin hacer nada en concreto. Siento que estoy desperdiciando el tiempo.

Más tarde, escribo:

Ahora me siento mejor. He visto a Nacho y dice que no me reconoce. Voy al cine por la noche. Varias personas me dicen que me notan supercambiado. Me alegra escucharlo. Sigo notando la doble presencia del Javi antiguo y el Javi nuevo. Es extraño, nunca me había pasado. Creo que aquí, en mi mundo, tiene más presencia de dónde vengo que en la clínica en donde nada me recuerda a quién era yo. Disfruto mucho más de la compañía de mis amigos. Tengo que aprender a estar más en mi casa conmigo mismo. En el fondo estoy muy a gusto. Me gusta mucho mi casa.

Tercer día en Madrid. Me da la sensación de que me estoy machacando por «todo lo que me falta» y que ahora estoy descubriendo que aún me queda mucho proceso. Creo que también tiene que ver con el subidón de volver a estar en Madrid. Si lo pienso de verdad, estoy muy cambiado, pero mi negativismo y mi perfeccionismo no me dejan verlo. Creo que ahora soy plenamente consciente de las dificultades que entraña mi proceso global. Recuerda, Javi: PENSAMIENTO POSITIVO.

Cuarto día en Madrid. Vuelta a la clínica. Fin de semana extraño, dividido. Por un lado, me veo muy bien, por otro veo que me queda mucho camino por recorrer aún, muchos obstáculos (casi todos internos). En la realidad me noto menos reflexivo. La realidad me asusta.

Mi balance del viaje es positivo. Vuelvo con mucha información que antes no tenía. En general, me he sentido muy bien allí. No he tenido tirones ni ganas de consumir, he sido capaz de hablar con toda la gente que quería (en algunos momentos he sentido que he visto a demasiada gente, aunque la realidad es que no ha sido así). Me he sentido bastante desubicado, la verdad. Desubicado respecto a la gente y sobre todo a mi casa, a mi espacio, a mi barrio. He sentido que había muchísimas cosas en mí que habían cambiado y he echado de menos la rutina de la clínica y a mis compañeros. Es como si un «Javi nuevo» visitase a un «Javi antiguo». Ser el mismo, pero no tener nada que ver. Es muy extraño. Me he dado cuenta de que cuando estoy solo en Madrid tiendo por inercia a vivir dando más importancia a los demás que a mí mismo. Luego también me he dado cuenta de que vivo en pleno centro, en Malasaña, rodeado de estímulos continuos y muy muy fuertes. He sentido que ese lugar ya no me representaba.

En general, entiendo ahora que todas las cosas en las que quiero trabajar son cosas a largo plazo, cambios y estructuras que tomará bastante tiempo llevar a cabo y que se van construyendo muy poco a poco. Mucha paciencia y constancia. Me traigo muchas cosas para ir trabajando: saber estar solo en mi casa, disfrutar de mí, no juzgarme, no compararme a los demás, miedo al rechazo y a ser yo mismo, necesidad de estímulos externos fuertes y continuos, construir mi autonomía y mi proyecto de futuro, dejar de aparentar, construir mis relaciones afectivas y sexuales, independencia respecto a mi círculo social, enfrentarme a mis miedos (no ser suficiente, opiniones, etc.).

Anais tiene razón: en Madrid siento miles de cosas que escapan a mi control y eso es algo que llevo fatal. ¿Para qué debo tener tanto control sobre todo continuamente? Otra cosa que me viene bien aprender: a relativizar y a relajarme.

He vuelto a pensar en Madrid algo que me llama mucho la atención: los problemas de la gente de fuera no se diferencian tanto de los que tenemos la gente que estamos dentro. Pero los de fuera los esconden mejor y saben fingir sin que se note que no tienen todo bajo control. Hay muchos que ni siquiera son conscientes de sus problemas y continúan huyendo hacia delante. La gente de dentro me ha parecido más normal que la gente de fuera, tiene cojones. Me siento más cómodo hablando con mis compañeros de la clínica que con mis amigos: los encuentro más honestos, más leales, más humanos. Las personas de Madrid me han parecido robots. ¿Era yo también un robot? Creo que no, que yo era aún peor que eso. Era un demonio.

En los días posteriores a mi regreso, mi identidad se vuelve un concepto líquido y confuso, que no logra asentarse, como si en mi interior habitase no una, sino multitud de personas: mi yo de la infancia, mi yo adolescente, mi yo de Madrid, mi yo actual. Me descubro a menudo preguntándome quién soy en realidad y en cuál de todas esas posibilidades de personalidad reside el verdadero Javi. También reflexiono intensamente por qué entiendo y me impongo mi identidad como algo inmutable. ¿Por qué no fluir, por qué no relajar, por qué no dejar de exigirme, por qué no entender que la evolución es parte de la vida y que las opiniones, como las personas, podemos cambiar? Cuando, en mi encuentro semanal, después de desgranar mis impresiones del viaje, se lo comento a Anais, ella es expeditiva:

—En Madrid has reconectado con parte de tu pasado, con parte de quién eras, incluso inconscientemente, y tienes la sensación de que ese antiguo yo ha vuelto para quedarse, pero no es así. El que ha vuelto eres tú. Si ese antiguo Javi hubiese ganado la batalla del fin de semana, no habrías regresado.

Como siempre, tiene razón.

Esta semana, en el grupo de terapia, la terapeuta lo resume con esta frase que apunto en mi cuaderno: «Cuando uno vuelve, vuelve al mismo lugar que tenía». Y en ese momento, nos explica, es cuando comienzan los cambios, que guardan coherencia con la persona en la que nos hemos convertido, no con la que fuimos.

—Debéis hacer las cosas de manera diferente —nos recuerda.

Es cierto, si atiendo a lo que hice aquel fin de semana, no existió, en términos de acción, un Javi antiguo. Solo hubo un Javi nuevo, que se comportó de una manera que nunca había puesto en práctica en esa ciudad. Y casi todos los miedos que puedo analizar desde mi presente tenían relación justamente con eso:

con el pavor a que el Javi antiguo, que tanto me había hecho sufrir, se hiciese de nuevo con el volante de mi vida. No ocurrió. Y eso convirtió mi salida a Madrid en todo un éxito.

Comento con Sergi en el patio, de pie, fumando frente a la puerta del comedor, lo impresionados que estamos con la vuelta de Miguel, un paciente vigoréxico con las cejas afeitadas que se pasaba casi todo el tiempo metido en el gimnasio, levantando pesas. Sospechamos que tiene algún juicio o tipo de tema legal pendiente, porque no se le solía ver por los grupos ni los talleres y se movía de forma misteriosa, sin integrarse en la tropa de pacientes, siempre solitario. Sergi reflexiona que a nosotros también nos pasaría si llevásemos ingresados más de un año. Miguel ha regresado a la clínica, después de tres semanas desaparecido, sin masa muscular, esquelético, hecho un fiambre. Como si alguien le hubiese pinchado en un flanco y lo hubiese deshinchado, convirtiéndole una colchoneta inservible.

—Tienes que acabar hasta la polla de ver a gente entrar y salir. ¿Para qué vas a hacer el esfuerzo de conocerlos si sabes que tarde o temprano se piran y tú te quedas dentro? —dice.

Me despido de Sergi y bajo al comedor, a ponerme una infusión. El día es frío y desapacible, y cualquier cosa caliente lo hace más llevadero. Mario está sentado en una de las mesas de la cocina, mirando al infinito. Lleva el cuello vendado. Está solo.

—¿Qué haces, Mario? —me intereso, al verle.

—Nada, llevo aquí sentado un par de horas —contesta sin mirarme.

—Ya, pero ¿qué haces? —insisto.

—Runrún, darle al tarro.

—¿Y en qué piensas?

—En nada bueno, te lo aseguro.

Trabajamos las estrategias y habilidades necesarias para enfrentarnos a nuestros *cravings* en el taller de prevención de recaídas. Es algo sobre lo que volvemos una y otra vez, poniéndolas en práctica, analizándolas, estudiándolas. Cada uno de nosotros plantea sus disparadores o situaciones de riesgo personales que le asustan y, entre todos, apoyando al compañero, les damos solución, bajo la atenta mirada de Anais. No importa cuánto repitamos ideas, regresamos a estas estrategias continuamente, en todos los espacios. Es comprensible: son las habilidades que, en un futuro cercano, lejos del resguardo de los profesionales y del recinto, nos protegerán de nosotros mismos.

Años más tarde leeré en *Querer no es poder. Cómo comprender y superar las adicciones* un resumen concreto de acciones. Aunque lo que yo aprendí en la clínica va mucho más allá y es más amplio, este «plan de acción», como lo llaman en el libro, es una buena manera de hacerse una idea de lo que estoy hablando:

El objetivo a lograr, cuando lo acomete una apetencia, es sobrellevarla e impedir que lo conduzca a una reincidencia. El plan de acción que usted elabore para combatir las apetencias debería incluir las siguientes medidas:

1. *Aléjese de la situación en la que está experimentando la apetencia. Apártese de la persona, lugar o cosa que la está provocando.*
2. *Póngase de inmediato en contacto con un miembro de su red de apoyo. Alguien que comprende la adicción puede hablar con usted hasta que se le pase la apetencia.*
3. *Despéguese mentalmente del impulso y trate de contemplarlo como si usted fuera un observador imparcial. Observe la apetencia desde la perspectiva de «¡Qué interesante!», en lugar de «Me va a atrapar».*
4. *Planee lo que hará en las próximas horas. ¿Cómo pasará el tiempo? ¿Adónde irá? ¿Con quién?*
5. *Asista a un encuentro de autoayuda, si es posible, o lea alguna bibliografía sobre la recuperación. Como alternativa, ocúpese en algo que lo distraiga del impulso, como hacer gimnasia o ir al cine, preferentemente con algún integrante de su equipo de apoyo.*
6. *Piense más allá del efecto inmediato de la droga, en lo que le espera después, si cede y la usa. Concéntrese en un recuerdo negativo o desagradable de su consumo de la droga, en lugar*

de evocar los más placenteros. No idealice el efecto inmediato de la droga.

7. *Anótelo por escrito.*
8. *Haga ejercicios de relajación.*
9. *Visualícese a usted mismo sobrellevando con éxito sus apetencias. Lo mejor es hacer esto con un miembro de su equipo de apoyo, por si usted necesita hablar al respecto después.*

A lo largo de los años, especialmente los primeros de abstinencia, pondré en práctica todas estas medidas y muchas más: desde la relajación o llamar por teléfono a un compañero hasta asegurarme de asistir acompañado, por una persona de mi máxima confianza que conozca mi situación, a eventos y reuniones que puedo prever que se convertirán en situaciones de riesgo para mí. Las aplicaré con la contundencia de un soldado raso que sigue órdenes incuestionables. Siempre, en todo momento, mi recuperación será lo prioritario, y no habrá nada ni nadie que sea más importante. Y cuando esta se vea acorralada, actuaré como un autómata, colocando mi bienestar y mi seguridad por encima de todo y de todos. A día de hoy, lo sigo haciendo.

Dos días más tarde, nos reúnen a todos para contarnos que una tal Belén ha fallecido de sobredosis de heroína. La han encontrado en su casa, cerca de Barcelona. Como ocurre siempre, cunde el pánico y todos nos lanzamos desesperados a mirarnos y a confirmar que no conocemos a la persona de quien nos están hablando. Varios compañeros estallan de rabia, otros se echan a llorar desconsolados y algunos se clavan las uñas en las palmas de las manos, un movimiento reflejo de pavor y dolor. Los más medicados ni siquiera registran la noticia. En realidad, conocer a la víctima solo potencia la intensidad de las emociones, pero el efecto devastador es el mismo en todos, porque entendemos que la persona a la que se refieren era uno de nosotros. Puedo identificar por su reacción, sin miedo a equivocarme, quiénes conocieron a Belén. Uno de ellos se ha levantado y ha lanzado una silla contra la pared, y el otro ha proferido un grito inhumano, como si le hubiesen atravesado el hígado con un machete. Luego sabré que, efectivamente, Belén había sido la acogida de uno de ellos (el de la silla) y que había mantenido un romance sexual con el otro (el del grito). Son los más afectados del grupo. Busco a Lola con la mirada, como hago cada vez que las noticias tienen relación con un suicidio o una muerte, atemorizado de que puedan tener un efecto catastrófico sobre ella, pero no está en la sala. Pregunto a Sergi por gestos dónde se encuentra y él me dice que la ha visto en la pista de doma. Mario tampoco está. Debe de estar en algún lugar con los ojos clavados en una pared o un paisaje, dejando correr el tiempo.

Al día siguiente, Sergi, Lola y yo nos encontramos a Ángel en su habitación sentado en el suelo, sin camisa, escuchando a Sabina a todo volumen con la puerta abierta. Es el chaval, alcohólico y cocainómano, con el que Belén tuvo un rollo en su ingreso. Llora y moquea y no para de hablar, pero no conseguimos entender lo que dice. Está visiblemente borracho. Se ha escapado al pueblo y ha robado unas botellas, que ahora tiene esparcidas a su alrededor, casi vacías. Donde hace menos de veinticuatro horas había una persona, ahora, en su lugar, hay una presencia deforme.

—¿No te quieres dar una ducha, Ángel? —propone Sergi—. ¿Te ayudamos a ducharte?

—¿*Pa'* que se me pase el ciego que tanto me ha *costao*? —contesta, babeando.

Repite el nombre de Belén como un conjuro del que no se puede despegar. Se mortifica porque está convencido de que si ella hubiese estado aquí con él no habría pasado esto. Cerramos la puerta y avisamos al equipo terapéutico. No nos fiamos de nosotros mismos con la presencia de unas botellas abiertas en la habitación.

Me sorprende ver a la Polaca llorando alguno de estos días, en el patio. Los terapeutas, confirmo, tampoco son inmunes a la muerte de uno de nosotros. En momentos como estos, me es imposible mantener mi intención de practicar el pensamiento positivo. Lo único que puedo encontrar de positivo es que yo no soy la persona que ha muerto y que no la conocía, por lo que no tendré que atravesar el duelo demoledor que vivirán aquellos que sí lo hicieron. Pensarlo me hace sentir extremadamente ruin. A veces, ni el pensamiento positivo puede mitigar el dolor, compruebo. Quien diga lo contrario miente.

—La vida sigue adelante, aunque tú no estés —dice Rui en el grupo de terapia.

Explica que pasa todo el día en la cama, en duermevela, y que escucha los sonidos a través de la puerta: gente que llama por teléfono, que arrastra los pies, carcajadas, puertas que se abren y se cierran, las duchas... Y que ella solo piensa eso, tumbada en la cama. Me estremece ser testigo de la degradación de Rui. Juanma se ha escapado de la clínica hace unas semanas y, desde entonces, Rui no levanta cabeza. No sé detallar qué ocurre con ella y con su proceso, pero es evidente que no está surtiendo efecto. Está perdida, sin rumbo. Recuerdo la frase que me dijo el director al entrar: «Salen el cien por cien de los que quieren». ¿Es eso lo que le ocurre?

—Quiero irme, llevo ya seis meses. No tengo fuerzas. No sé qué estoy haciendo. Aquí entre vosotros tengo un puesto de honor, soy una veterana. Fuera no soy más que una loca con pinta de yonqui —admite, derrotada.

He pasado ingresado casi tres meses y sé, porque Anais comienza a mencionármelo, que en breve me pondré a preparar mi salida definitiva de la clínica a la Torre. Ya he visitado Madrid, que era una de las grandes pruebas de fuego pendientes. De la misma manera que cuando empecé a tratar el tema de mi familia las palabras de mis compañeros parecieron centrarse en ese universo, ahora que la realidad ocupa una buena parte de mi mente y de mi trabajo terapéutico, los discursos de mis compañeros (aunque realmente es el foco que yo pongo sobre ellos) tienen relación con mi vivencia interior: el saber que el final se acerca. Intento no pensarlo demasiado. Cada vez que lo hago, me invade el terror, el miedo a mí mismo.

—Mira qué bonito el campo, Diego —le señalo.

Es cierto, es un atardecer precioso, arrebol, lleno de nubes que se desplazan ligeras y rápidas, de una emocionante fuerza expresiva. Una postal. Estamos sentados en el patio, en chándal y zapatillas, haciendo tiempo para bajar a cenar tras tomar la medicación. Como llevo tiempo apuntando y fijándome en los pequeños detalles y en los momentos placenteros, intento siempre compartirlos con los compañeros que me rodean y hacerles partícipes de mis descubrimientos. Cierro los ojos. Escucho el sonido del viento entre los árboles y algún trinar de pájaros lejano.

—Sí, no veas. —Diego se pincha insulina con su Novorapid Flexpen 100 U/ml, con la mirada fija en su estómago.

—Mira la montaña y el cielo qué bonitos, joder —le repito.

—Que no quiero mirar nubes. Quiero un *cappuccino* y una mujer.

—Eres un puto neandertal, tío.

—Y tú un maricón sensible.

Vemos pasar al informático, camino de su coche, sospechamos que finalizando su jornada. Nos despedimos a gritos. Él levanta la mano y nos saluda desde la lejanía. Ya no nos resulta extraño que los profesionales vuelvan a sus casas y nosotros nos quedemos encerrados. Forma parte de nuestra normalidad. Sergi, Lola y los otros han ido a ducharse. Tiempos muertos en la clínica, sin responsabilidades, que al principio tanta angustia me causaban y ahora tanto disfruto.

—¿Por qué siempre se avergüenza todo el mundo de nosotros? —pregunto, no sé por qué.

—Yo también pienso eso todo el rato. Porque estamos colgados, será.

—Es que esa es la movida. Yo me veo supercuerdo —admito.

—Ese es el primer síntoma inequívoco de enfermedad mental severa.

—¿El qué? —pregunto.

—Pensar que no estás loco.

Después de cenar, en la habitación de Rosa, la gata salta de la mesa a la cama y se enrosca junto a la almohada. Yo caliento agua para las infusiones. El cuarto está impregnado del perfume aromático de las velas de Colette que Rosa ha ido almacenando: lavanda, higo, atardecer otoñal, coco, jazmín y mil cosas más. Siempre le señalo que su cuarto huele como un prostíbulo tailandés.

—Como todos los nuevos sean como los que están llegando, esto va a ser patético —comenta Diego.

—Al final, ¿tú qué haces? —pregunta Lola, entretenida en acariciar a *Ananda.*

—Me voy el miércoles a casa y vuelvo en quince días. Ayer decidí con el socio que voy a tomar el Antabus para que mi madre se quede tranquila —responde Rosa.

—¿Y tu acogida? —Ofrezco a los que estamos tazas con infusiones: tila, manzanilla, pasiflora. Rosa lleva tres días con Saray, una adolescente cocainómana de barrio obrero, agresiva, bocazas y conflictiva.

—Yo ya paso de ella, me insulta y de todo. Me dice que parezco su madre. Que soy una pedante y una pija. Si se quiere *jartar* a esnifar Loramets o follarse a todo dios, allá ella. Es una zorra. Me contó ayer que del último sitio donde la metieron se escapó y que les vendió oro y aceite de oliva a unos gitanos para pillar droga. Y yo: «Pero ¿qué coño me cuentas, pava?».

Nos quedamos callados. Debe de ser difícil tratar a Saray cuando tu vida se estructura en torno a las compras compulsivas online de tiendas de lujo parisinas.

—Voy a ver dónde anda —dice Rosa, y sale a buscarla.

Lola se enciende un cigarro.

—A esta le importa más de lo que quiere aparentar, ¿eh? —señala.

—¿Qué hay que hacer de Anais? —pregunta Diego.

—Ventajas y desventajas de drogarse —le contesto.

—¿Cómo ha venido la choni esta? —pregunta Diego, refiriéndose a la acogida de Rosa.

—La han metido engañada —explica Lola—. Su hermano

estuvo aquí y salió bien. Sus padres le dijeron que la traían a hacerse unos análisis y la dejaron aquí con maleta y todo.

Me levanto y me acerco al corcho de Rosa. Tiene ahí clavado con una chincheta roja el «Desiderata» de Max Ehrmann. Lo leo en voz alta:

—«Camina plácido entre el ruido y la prisa y piensa en la paz que se puede encontrar en el silencio. En cuanto te sea posible y sin rendirte, mantén buenas relaciones con todas las personas. Enuncia tu verdad de una manera serena y clara...». Pero ¿qué es esta puta mierda? —pregunto, desistiendo y volviéndome hacia Lola y Diego.

—Poesía, hermano, poesía —señala él, encogiéndose de hombros.

En este momento, una cabeza asoma por la rendija de la puerta. Es Saray, con el rostro excesivamente maquillado con colores flúor y el pelo tirante y recogido en un moño bajo. Lleva una camiseta de tirantes llena de agujeros.

—¿Dónde está la Rosa? Me duelen los dientes, hostias —dice.

Diego, Lola y yo nos miramos y nos echamos a reír. Saray nos observa como si hubiésemos perdido la cabeza.

Mario, muy poco a poco, ha ido mejorando con los días. Como todos los avances en la clínica, se nota en detalles nimios, en una sonrisa por sorpresa, en alguna palabra constructiva. Desde que ha vuelto del hospital, el equipo terapéutico está dedicado a él en cuerpo y alma. Una mañana a través de la puerta medio abierta le oigo hablar entre sollozos secos con una voz cansada, profunda, rasposa. Nunca he pensado que Mario pudiese llorar. Me impresiona. Me acerco y a través de la abertura le distingo sentado en la cama blanca. Desde donde estoy, puedo ver una cicatriz violeta y profunda en su cuello. Una luz clara y potente se filtra por la ventana y me sorprendo al pensar que la iluminación de la escena no es coherente: hay demasiada luz para una historia tan triste.

A su lado hay una médica, un psicólogo y una socioterapeuta. Le hacen preguntas en un tono suave que no consigo oír pero puedo advertir cómo él contesta en susurros, como un niño desvalido. Me alejo, concediéndole una privacidad que nadie me ha solicitado. Pasillo abajo me digo que quizá eso sea lo que necesite: comenzar a llorar. Todos hemos llorado mucho en este lugar. Es parte inevitable del proceso. Un paso ineludible en nuestra despedida de quiénes éramos al entrar.

Lola ha venido a mi cuarto y ha decidido pasar la tarde aquí en silencio, observándome, mientras yo escribo en mi diario, fumo y escucho música en pijama. Está enroscada en mi cama, con la almohada entre sus piernas, dormitando. Algunos días hacemos eso: buscamos compañía en los demás, sentir una presencia cercana que nos haga más transitable nuestra soledad y nuestros movimientos internos. Yo también lo he hecho con Sergi. Es la sensación de resguardo físico, de cercanía, de oír otra respiración que no es la propia, sin necesidad de grandes intercambios filosóficos. Saber que hay alguien en la misma habitación nos apacigua. Le pregunto si quiere que cambie la música.

—No me hables, hijo de puta —murmura, abriendo los ojos.

—Pero si te has plantado tú aquí, tía.

—¿Y te he hablado?

—No, llevas ahí sentada, bueno, tumbada, dos horas y pico —apunto.

—Pues entonces no me hables.

—¿Ahora qué eres, un mueble? —me quejo—. Pero que has venido tú, tronca.

—Que me dejes estar.

La música de Devendra Banhart inunda la habitación. Vuelvo a mis quehaceres: repasar mi diario y terminar unas reflexiones para el grupo de emociones.

—Llevo días muy apagada —oigo a mi espalda—. Me da miedo. Cuando caigo bajo, caigo muy bajo. No sabes de lo que soy capaz. Tengo mucho peligro. La última vez que me ocurrió algo semejante terminé ingresada en el psiquiátrico —susurra—. Nací con ansiedad y aún sigo con ella.

Me giro, para poder mirarla, pero Lola tiene los ojos cerrados.

—¿Lo has hablado con tu socio? —pregunto.

Se despereza y se levanta, buscando un cigarro. Identifico sus movimientos nerviosos. Lola es transparente y sé leerla. Coge el paquete de mi mesa y se enciende un pitillo. Le acerco el cenicero de barro y azulejos de colores, artesanía de algún paciente aburrido, mi última adquisición en mis robos intermitentes por el recinto.

—¿Sabes que le pedí a mi madre en la salida que me retirase las pastillas? —se refiere a su salida de hace unos días, en la que volvió a casa.

—¿Por qué?

—Porque no estoy fina. Porque llegué allí y me puse a llorar...

—¿Y qué dijo tu madre? ¿Se acojonó?

—Qué va, me dijo que dejase de gimotear y le ayudase a cortar *foie*, que teníamos invitados. Y antes de que llegasen me pidió que no le contase a nadie mi problemática. Dice que asusto a la gente.

Lola había estado toda la semana muy nerviosa con su salida, porque sabía cómo son sus comidas familiares. Todos hablan de ella en su presencia, como si no estuviese delante, juzgándola, y, como respuesta, ella se queda callada y no es capaz de hacerles frente. Se bloquea y no habla. Pasó días enteros trabajando con su socioterapeuta cómo establecer límites y posicionarse.

—Soy una mimada autodestructiva con una familia castrante —me dice.

Apaga el cigarro y se tumba de nuevo. No me preocupo. He aprendido a convivir con los vaivenes emocionales propios y ajenos. Hoy estamos mal, mañana bien y vuelta a empezar. Es la rutina necesaria del aprendizaje. El mundo de la clínica es así: sentimos.

—Tía, ayer le dije a Mario que si quería hincharse a tocar tetas aquí, lo mejor es que se hiciese pasar por maricón —le confieso.

Lola estalla en una carcajada. Pero yo me siento culpable. No debería haberle aconsejado eso.

Por la noche, Miquel, el alcohólico al que Sergi acogía, al que tuvieron que trasladar al hospital por sus delirios y que lleva de vuelta con nosotros tres semanas, llama a mi puerta. Asoma la cabeza por la rendija abierta y me saluda, azorado.

—Hola, necesito cortarme las uñas de los pies y no encuentro a Sergi —me explica, calmado.

Miquel es un paciente muy educado. Nunca le he visto levantar la voz ni meterse en problemas con ningún compañero. Es una persona sencilla.

—Tengo un cortaúñas, espera —le digo, y dejo el libro a un lado, me levanto de la cama y me desplazo a mi neceser, que guardo en el armario.

Miquel me observa mientras tanto.

—¿Puedes hacerlo tú? —farfulla.

—¿El qué? —pregunto sorprendido, con el cortaúñas en la mano.

—Ya sabes... Cortarme las uñas —admite él, pudoroso.

No sé cómo ocurre, pero varios minutos más tarde me encuentro en el baño comunitario con Miquel, arrodillado frente a él, que está sentado en la taza, con sus pies en mis pantorrillas, cortándole las uñas. Por la dimensión de lo que tengo ante mí debe de llevar semanas sin hacerlo.

—Podrías matar con esto —le señalo.

—Me las cortaba siempre mi mujer —confiesa Miquel en voz baja, consciente de su incapacidad—. Sin ella estoy como impedido. Esto de la higiene es un engorro.

Me sorprende estar delante de un hombre de casi cincuenta años que no es capaz de cortarse sus propias uñas, pero le ayudo sin decir nada. No quiero que se castigue más de lo que ya lo hace, probablemente. Al día siguiente le preguntaré a Sergi si él le ayudaba y reconocerá que sí.

Muchos días nos sentamos en el patio y contemplamos los aviones que surcan el cielo imaginando lo que haríamos y diríamos si estuviésemos en ellos como pasajeros, libres. Adónde estaríamos yendo. Quién nos acompañaría. El equipaje que llevaríamos. Durante cuánto tiempo nos ausentaríamos. Nos contamos historias los unos a los otros, ocurrencias ficticias, dejando el tiempo correr entretenidos en crear universos inexistentes, persiguiendo su rastro con la mirada, relatos que esconden nuestras aspiraciones y deseos y que acompañan a las luces y estelas que dejan los aparatos al pasar sobre nuestras cabezas. No puedo evitar pensar a menudo que somos una versión cutre y castiza de *Trainspotting*.

Escribo en el diario:

Me exijo, no cumplo, me cabreo y lanzo la furia hacia fuera cuando la rabia real es hacia mí. He sido muy arrogante, porque he tenido mucho miedo. Miedo a que me hagan daño. Miedo a que descubran quién soy. Miedo a que sepan que pueden hacer que me duela. Como me he sentido menos que todo el mundo y he vivido siempre con la sensación de que cualquiera me podía romper, he sido muy soberbio. Pero eso está cambiando. Ahora sé que solo son sentimientos. No son realidades. Nada es tan importante. Nadie es tan importante. Yo tampoco lo soy. Se acabaron las armaduras que he construido, porque no son mías y no me representan, solo me separan y la separación me causa todavía más dolor. El objetivo es quererme, respetarme, posicionarme. No tiene nada que ver con darme una importancia irreal y prefabricada. No tiene relación con la vanidad. Son cosas distintas.

Marifé es una cocainómana hiperactiva, de etnia gitana, andaluza. Un estereotipo asalvajado, diseñada para convertirse en una receptora, muy a su pesar, de la xenofobia más cruel. Le encantan Chiquetete y el Jero (*Amor de compra y venta* y *Esta cobardía* son sus canciones favoritas). El día que ingresa aprendemos que viene de Las 3000 Viviendas de Sevilla: aros en las orejas, coleta morena, tres *piercings* de diamante y un puntito brillante sobre el labio, al lado derecho. Es una mujer rebelde y salada, bruta, directa y genuina. Un vendaval verborreico e histriónico, malhablada y vulgar. Las uñas siempre pintadas de rojo y los labios marcados. Si fuese inglesa, sería una de las protagonistas de *Little Britain.*

—A esta le falta un hervor —le digo a Lola, nada más verla en el *meeting.*

—Y le sobra coño —añade ella.

—Lo que tengo que dejar además de las drogas es a mi familia, que tengo a la mitad en la cárcel —dice Marifé en su presentación. Lo de la cárcel yo ya lo sabía, porque se comentaba en el patio que la policía había llevado a cabo una redada en casa de Marifé y había descubierto un alijo y muchísimo dinero en un falso suelo al que habían accedido con taladros—. Y a los tíos chungos, que a eso sí que estoy enganchada de cojones. Soy muy cerda. Y me pierdo —reconoce en público, sin atisbo de vergüenza.

En su presentación, le cojo cariño instantáneo a Marifé. Es una mujer con muchísimos problemas, pero auténtica como pocos de los que estamos encerrados. No tiene dobleces, ni esquinas, ni requiebros. Lo que hay es lo que se ve. Siempre he admirado a ese tipo de personas, quizá porque yo, durante mucho tiempo, he sido lo contrario y me he disfrazado todo lo que he podido.

Una noche en la garita del monitor, Marifé, que toma dos pastillas para dormir, está hablando con la enfermera, en mi presencia, negándose a tomar la pastilla que esta le ofrece. Tiene un gesto de hartazgo en el rostro, con los labios apretados. Los brazos se le mueven nerviosos.

—Que no, que esa ya no me la tomo. Que esa me la tomaba antes, cuando tenía la regla loca, que me venía y se iba —dice.

—¿Te va y te viene la regla? —pregunto yo sorprendido.

—Claro, por el consumo —explica la enfermera.

Los dos miramos a Marifé, que se ha quedado empanada.

—Claro, sí, sí, por el consumo —acierta a decir—. Se me va la flapa, ¿eh?

A la salida, camino del cuarto, Marifé me para en mitad del patio, me pone las manos sobre los hombros y me gira para situarme frente a ella.

—Mi psicóloga me dice —comparte Marifé— que si tengo tanto miedo a la muerte es porque he vivido toda mi vida sin ningún límite externo y no los soporto. Y la muerte para mí ejemplifica el único límite que con seguridad tendré que aceptar, y no puedo hacerlo. La muerte es un movidón, ¿eh? Pero, mira, más vale pelearse con uno mismo que con el otro. Pelearse con el otro, a la larga, sirve de muy poco.

No sé qué contestar a este arrebato, ni por qué me cuenta todo esto, así que sonrío y me despido. Lo cierto es que me apetece sentarme con ella y que me explique de dónde viene realmente, cómo es su contexto, esa familia que está en prisión, en qué consiste formar parte de un clan que sale en las noticias identificado como narcotraficante, cómo es ser una mujer en una cultura tan patriarcal, qué ha conocido en su infancia, si de veras ha vivido rodeada de muerte y degradación y eso es todo lo que conoce, esos detalles que a mí me resultan inimaginables y me causan tanta curiosidad. Pero no lo hago. Entiendo que es su privacidad y que, el día que ella quiera, si es que le apetece, me hablará de ello. Nunca lo hará. Yo le tendré cariño y la admiraré desde la distancia.

Un *spoiler*. Gracias a Marifé me volveré un experto en lo que nos gusta llamar «música de barraca»: Los Chichos, Los Chunguitos, El Junco, Los Calis y muchos otros. Cabe mencionar que nunca tendrá el más mínimo problema con mi homosexualidad. Fin del *spoiler*.

Jérôme ha intentado suicidarse. Al parecer, por lo que se cuchichea, ha robado las llaves de la enfermería, ha entrado de madrugada y se ha bebido varios frascos de metadona (guardada en la nevera), lo cual le ha provocado un paro cardiaco o respiratorio, no se sabe bien. Las noticias son confusas y se amontonan unas sobre otras, corren entre pacientes hasta que es imposible diferenciar la realidad de la ficción. Ninguno preguntamos, porque entendemos que si nadie nos lo ha comunicado es porque todavía se está recabando información. Lo único certero es que le han tenido que trasladar en ambulancia al hospital de Mataró. En los siguientes días, se descubrirá que también había robado jeringuillas para pincharse aire en vena, en los pies, y que se había inyectado acetona con anterioridad una vez. Ninguno lo sabíamos.

En poco tiempo, sabremos que en la UCI le han conectado a aparatos respiratorios porque tiene una bronconeumonía como consecuencia de tragarse su propio vómito. Parece ser que ha estado en coma, pero nadie nos habla con claridad, y esos días nos vemos obligados a aprender a continuar con nuestro proceso, mientras nos preguntamos qué ha ocurrido. Sabemos que su socioterapeuta le acompaña, porque no le vemos por el patio. Jérôme despierta un domingo fuera de peligro. El cabrón lo primero que consulta es si le van a dejar salir con César (antes del intento, tenía una salida pendiente). Hablamos de él en las habitaciones. ¿Cómo no nos hemos dado cuenta? ¿Cómo ha podido ocurrir delante de nuestras narices? César nos explica que él ya lo había percibido, porque Jérôme pinchaba botes de aerosoles e inhalaba el propano para meterse trallazos en la cabeza. Ninguno entendemos cómo César ha podido ser depositario de esa información y no compartirla con nadie; si no con alguno de nosotros, al menos con alguien del equipo terapéutico.

—No soy un chivato —se justifica César.

—No se trata de eso, César. Se trata de salvarle la vida a un compañero, tío —le digo al escucharle.

Los padres de Jérôme no van a visitarle al hospital, aunque el hijo esté ingresado en coma. La madre, al recibir la noticia, dice por teléfono: «¿Metadona? Por fin lo ha conseguido». El padre explica que el momento no es óptimo y que no tienen tiempo de viajar a Mataró desde París. Cuando lo oigo, de boca de un terapeuta, pienso de inmediato en la soledad que ha debido de tener que soportar Jérôme a lo largo de su vida. Cuánta incomprensión. Cuánto abandono. La reacción telefónica de los padres añade toda una dimensión desconocida a su historia. Resulta que nosotros, de alguna manera, hemos sido su familia.

Cuando regresa, al cabo de dos semanas, Jérôme arrastra un pie, que los médicos han certificado que le quedará así de por vida, como daño colateral de los pinchazos. Pasa varios días en una niebla de medicación.

Una noche, en el comedor, observamos que es prácticamente incapaz de mantenerse despierto a la mesa. Alguien cuenta que le ha visto tomarse un Valium 10, dos Deprax de 100 mg y un Seroquel en la enfermería. Masticar le resulta una tarea imposible de llevar a cabo, y el cubierto descansa a medio camino entre la mesa y su boca, en el aire. Sergi nos cuenta que Jérôme le ha dicho que es todo mentira, que él lo que quiere es pirarse y volver a colocarse, y que ha preguntado ya a varios más dónde pillar en Mataró o en Barcelona.

—No se puede evitar que se haga daño alguien que realmente quiere hacérselo. No se puede ayudar a quien no quiere ser ayudado —resume Lola al escucharlo.

Tres días después César sale a comer con una famosa abogada, amiga de su familia, se toma un vino y le roba la cartera y quinientos euros. Aparece en la clínica borracho y se mete en el armario. Vuelta a empezar.

A la semana y poco regresa de su segunda recaída. En una salida médica, se encuentra con un chavalín colocado que le pide un cigarro. Se lo facilita. Da siete pasos e impulsivamente se gira y le dice al chico que le lleve a pillar. Acaba con dos colgados en un poblado y cambia su MP3 por un gramo de mierda.

Hablamos en mi habitación. Le transmito que me preocupa mucho pero que no sé qué más puedo hacer por él. No tengo ni idea de cómo puedo ayudarle. Compruebo que él mismo se da por perdido y recuerdo las palabras de Lola. Entiendo que César no ha aceptado la renuncia necesaria y que no es responsable de sí mismo. Cuando se va de mi cuarto, me pregunto si yo lo he hecho y, si es así, qué es lo que quiero construir a partir de ahora. Entonces decido alejarme de él. No quiero correr riesgos y que me arrastre. Priorizo mi protección por encima de su cuidado. Dejo de ser su compañero.

Se lo digo a Sergi. Él me contesta:

—He visto a mucha peña huir hacia delante o caer de nuevo para poder ir hacia atrás. Son incapaces de tolerar el malestar que les provoca revisarse por dentro, mirarse de frente. No saben hacer otra cosa más que huir de sí mismos. Quieren olvidar y no se enteran de que no se puede. Todo lo que se tapa sale siempre por otro lado.

Cinco días después, transfieren a César a otro centro. Los meses de encierro en esta clínica no le han servido de nada. Vuelve a la rutina conocida de ser el nuevo ingreso en algún otro lugar en el que, probablemente, estará encerrado hasta que vuelva a las andadas. Sergi me lo comunica una tarde, porque ha oído a alguien llamar a la garita del monitor preguntando por la pauta médica de César. Solo soy capaz de decir:

—Pobre chaval, joder.

Después salgo de mi habitación y me dirijo al baño a vomitar. No volveré a saber nada más de él.

Natalia está destrozada: la han dejado salir a su ciudad a ver a su hijo el último sábado, pero solo dos horas en «el punto de encuentro». Ella pensaba pasar el día entero con él, pero los servicios sociales han dicho que no, que solo dos horas y que, si funciona, en quince días podrá estar cinco. Desde que le arrebataron la custodia del niño, su vida se ha complicado demasiado. Diego está atacado, porque su padre le ha dicho que el camello al que debe dinero hace dos semanas pintó su nombre con espray en la fachada de su casa. Lola ha pasado todo el día atendiendo a los caballos y haciendo equinoterapia. El resto anda por el recinto, a sus cosas, peleándose entre ellos y consigo mismos. Por la tarde, antes de cenar, me quedo dormido en la cama de Sergi. Me despierto a primera hora de la noche, alguien me ha arropado con la manta, a oscuras. Aunque estoy solo, me siento bien, protegido por mis amigos.

Esta semana se confirma que una de nuestras compañeras

ha dado positivo en las pruebas del VIH. Decide compartirlo abiertamente en uno de los grupos. A muchos nos conmueve su libertad y sinceridad al hablar de cómo se siente y de su reciente análisis. Como ya he contado, la enfermedad sobrevuela la clínica, pero ninguno hablamos de ella. Es una presencia que nadie reconoce y que nadie hace corpórea, ni siquiera a través de las palabras, aunque todos sabemos que cohabita entre nosotros. Todos los pacientes somos conscientes de que la toxicomanía y el VIH pueden ir de la mano, pero no necesitamos recordárnoslo a diario. No agraviamos, no juzgamos, evitamos mencionarlo. Hoy pienso si eso, el silencio, no es en sí mismo una estigmatización más.

Finalmente, el socioterapeuta de Jérôme ha conseguido convencer a su padre de que venga a la clínica a visitarle. En la mayoría de los casos, a no ser que hablemos de familias desestructuradas por completo de las que es mejor alejarse, es necesaria la intervención de la familia en nuestro proceso. No hay éxitos en el abandono de la toxicomanía que no impliquen un profundo cambio de las estructuras y dinámicas familiares. Pero, en contra de la recomendación terapéutica, el padre de Jérôme se empeña en salir a Barcelona el fin de semana, junto con su hijo. No piensa pasar ni un solo día en la clínica, con nosotros alrededor. Así que Jérôme sale con su padre a un hotel de lujo en Barcelona. Lleva tres días preguntando a todos dónde ir de putas y si las putas en España te consiguen cocaína. Todos nos tememos lo peor y, aunque hemos intentado que entre en razón y dirigirle hacia el buen camino, dudamos de haberlo conseguido. No nos escucha y se obsesiona. Repite las mismas preguntas. Cuando parece haber abandonado la idea, vuelve sobre ellas. Nos desespera.

Durante el fin de semana, Jérôme le pide a su padre que le lleve a estar con chicas y el padre le espera fuera del prostíbulo tomando café. Después van a comer y Jérôme deja tirado al padre en el restaurante y se escapa a consumir. El padre llama al socioterapeuta y se lo cuenta. El socio le explica que ya le dijo que no se responsabilizaba de lo que pasara el fin de semana, que Jérôme no estaba preparado. A las pocas horas, Jérôme llama llorando para pedir que le dejen volver.

Veo al padre despedirse de él bajo la lluvia. En mitad del patio se monta en un taxi que le lleva al aeropuerto: es un hombre deshecho, resignado, más allá del dolor.

Esa noche me encuentro a Lola hablando con Jérôme en el patio.

—La vida es bonita —dice él.

—¿Y si es tan bonita por qué te la jodes? —pregunta Lola.

Jérôme no responde.

—Si te preguntase lo que quieres ser, ¿qué responderías? ¿Escritor? —me pregunta Anais.

Estamos en mi habitación, en nuestra terapia semanal. Yo fumo y ella está sentada junto a la ventana abierta. Hemos estado hablando varios minutos de que se acerca el final y de que en unas semanas me darán el alta terapéutica y bajaré a la Torre, en Barcelona, a iniciar una nueva etapa de mi proceso. Sé que tengo por delante días de dudas, otra vez, como ante cualquier cambio, y algunas cosas por hacer antes de salir definitivamente. Esta semana he comenzado a tratar el mismo tema con el psicólogo: mi proyecto de vida. Recapacito en silencio.

—¿La verdad? —le pregunto.

—Claro —responde ella, arqueando las cejas.

—Lo que quiero ser es director de cine. Lo de ser escritor es la salida fácil, creo.

—¿La salida fácil? —pregunta Anais—. ¿No quieres escribir?

—Sí y no.

—A ver, explícame eso, corazón, porque yo pensaba que tu sueño era ser escritor.

—Veamos. —Me recoloco en la silla, inquieto. Tiene razón porque así es como yo me he presentado hasta este momento—. A mí lo que más me gusta en el mundo es el cine. Crecí con él, fue mi compañía. Siempre he querido ser director de cine. Recuerdo tener nueve años y desearlo. Que los directores también pueden escribir, ¿sabes? Quiero decir, no está reñida una cosa con otra. Lo que ocurre es que... —Me detengo. Me cuesta explicarme.

Anais espera, paciente. Juguetea con unos anillos que descansan sobre mi mesa. La veo fijarse en mis uñas, que sigo llevando pintadas de negro. Ahora Rosa me ayuda a pintármelas cada semana.

—Ser director es muy complicado. Hay muchísima gente que quiere serlo y no lo consigue.

—Y mucha que sí, ¿no? Yo no paro de ver películas...

—Sí, claro. Mucha que sí también. Pero, por ejemplo, el libro que escribí. Lo hice porque... para hacer una película necesitas mucho dinero y convencer a mucha gente, y aun así no tienes seguridad de que la vayas a hacer... Es un camino muy jodido y muy largo... Muy incierto... Es un cristo, vamos. Para escribir un libro solo necesitas una habitación y un ordenador y convencer a un editor o a una editora, nada más. Es mucho más barato que financiar una película o un corto. Es más rápido, más sencillo. Que no digo que escribir no sea una tarea complicada, que lo es y tiene sus propias dificultades, pero dirigir una película es otro mundo... No sé...

—¿Qué me estás diciendo, Javi?

—Pues eso, te estoy contando...

—Pero escúchate, detrás de las palabras, ¿qué me estás diciendo? —pregunta Anais.

Sé perfectamente qué tengo que contestar, pero hacerlo es un reconocimiento público de algo que me he dicho a mí mismo multitud de veces y que nunca he compartido con nadie.

—Que he tirado la toalla antes de intentarlo, ¿no?

—Desde fuera suena a eso, corazón.

—Si puedo ponerme melodramático, te diré que creo que el cine me salvó la vida. No soy capaz de imaginar qué habría sido de mí sin el refugio del cine.

—¿Y el libro que quieres escribir? ¿El segundo?

—Lo voy a escribir. Pero, bueno, quizá también pueda comenzar a caminar en la dirección que realmente quiero.

—¿Paso a paso?

—Paso a paso, sí.

—¿Sin exigencias?

—Que sí, pesada.

Un salto en el tiempo. Cuando finalice todo el tratamiento, terminaré los dos cortometrajes que había rodado en Los Ángeles, los que inexplicablemente había dejado inconclusos durante casi diez años, escondidos en un armario de mi casa de Madrid. Al mismo tiempo tomaré notas para esa segunda novela, que nunca escribiré, y colaboraré en medios de comunicación con entrevistas y artículos de cine. Estrenaré ambos cortos y ganaré algún premio. Después, a lo largo de los siguientes años, rodaré otros tres. Ganaré algunos premios más. A raíz de estos cortometrajes, recibiré la llamada de algunas productoras con las que desarrollaré varios guiones de largometraje y ficciones para televisión. Ninguno saldrá adelante y se caerán por el camino, algo muy común en este mundo, en el que se trabaja durante años en ideas y proyectos que nunca llegan a ver la luz. También seré realizador de dos series de televisión, dirigiré una obra de teatro, *spots* publicitarios, varios monólogos teatrales y algunos videoclips. Durante todo este tiempo mi terapeuta actual no utilizará las palabras «proyecto de vida» sino «actuar mi deseo». Aprenderé y me daré permiso, así, para actuar ese deseo que durante tanto tiempo yo mismo sepulté y que es indivisible de mi identidad, por mucho que yo lo evitase o huyese de él. *Mi deseo.* Dos palabras sencillas cuyo olvido me causó estragos internos. Fin del salto en el tiempo.

Anais me propone que haga una lista de las cosas que voy a dejar atrás, de aquello de lo que me desprendo, que abandono en la clínica, que ya no me sirve. Aún no lo sé, porque no me lo dice, pero en mi última salida antes de irme a vivir a la Torre me pedirá que la entierre en Barcelona. Estos actos psicomágicos, propios de Jodorowsky, que ahora me parecen ridículos, quizá me ayudaron. No lo sé. Pensar que los llevé a cabo, como algunos de los talleres o conversaciones que he descrito en el libro, ahora me da pudor y me genera una sensación de incredulidad vergonzosa. Pero me obligo a recordar que, en su momento, en esos días en la clínica, no fue así, sino todo lo contrario.

De esta manera encaro mis últimos días encerrado, tres meses después de ingresar: la preparación para el alta. Identifico el miedo que me embarga, el gran temor: perderme al salir a la inmensidad de la realidad, dejar de poner el foco en mí, que la vida me arrase. Olvidar lo aprendido. Conformarme. Dejarme ir. No ser capaz de protegerme de la locura externa, ahora que la privada está en orden y calmada. Me da pavor no recordar las palabras que he aprendido en la clínica, las que han permitido que renazca, si es que alguna vez existió, el idioma de mis afectos.

10

El nuevo ingreso, Antonio, especifica desde el inicio que él solo come patatas, fritas o asadas, y natillas. Nos asombramos cuando le vemos cumplirlo a rajatabla, puesto que hemos creído, al escucharle, que semejante declaración sería fruto de un brote psicótico o de algún tipo de patología paranoide. El mismo día ingresa otro paciente, recién chutado de heroína, con los ojos entrecerrados, la boca pastosa y gestos pesados y parsimoniosos, acompañado de su mujer, que espera dando el pecho a un bebé en la entrada. Son imágenes aterradoramente humanas ante las que ya apenas reaccionamos, inmunizados. Las vemos y continuamos con nuestras vidas. Sé que me queda poco tiempo dentro, así que ya no les atiendo como podía hacer antes. Los miro desde lejos, previendo el camino que les espera y en el que yo no los acompañaré.

Antonio explica en su presentación (o esto es lo que logramos entenderle, porque es propio de él que se lance a una incomprensible cháchara sin vocalización ninguna, palabras encadenadas que salen de sus labios en tromba y que es casi imposible descifrar) que viene para quitarse la metadona, pero desconfiamos, porque sabemos que se apalanca el Risperdal y el Zyprexa que le han pautado. Es un hombre famélico, huesudo, de pómulos pronunciados y labios caídos, con las venas marcadas y un pelo fino revoltoso que clarea. Por la noche comparte con el grupo que le persiguen la CIA, la mafia y la policía y que, por si fuera poco, alguien le ha pegado el chivatazo de que va a pasar un camión con mil kilos de farlopa y que él puede robar uno o dos con ayuda de la pasma y de unas colegas suyas que son putas. Los compañeros nos miramos unos a otros, atestiguando que nos encontramos ante un enfermo mental más. Sabemos lo que le espera. Pero, esta vez, estamos equivocados.

Una mañana le pregunta a Sergi dónde se han llevado la máquina de tabaco. Sergi no sabe qué contestar, porque nunca ha habido una máquina dispensadora en el recinto, y mucho menos en la pared que señala Antonio, que pertenece a la enfermería. Antonio lleva días con la misma ropa: unos pantalones de mujer de Miss Sixty, llenos de mugre, que le quedan pequeños y provocan que enseñe medio culo, y un top, también femenino y diminuto, repleto de ronchas, que deja buena parte de su cuerpo ajado al aire. Además, recoge flores que regala a todo el mundo en ramilletes generosos y limpia obsesivamente las cuadras, cambiando las cosas de sitio y usando la manguera hasta que las encharca. En varias ocasiones ha conseguido desestabilizar a Lola, responsable de las mismas.

Antonio provoca una fascinación cariñosa inmediata en todos nosotros. Desde que llega, la médica no consigue dormirle. Le están sobremedicando hasta unos límites desquiciantes, pero da lo mismo, se resiste a caer. Antonio desafía, sin ser consciente, las leyes de la física y de la química. Llega a enlazar ocho días seguidos sin cerrar los ojos, y en el patio ya se hacen porras entre los compañeros sobre si Antonio dormirá o no. Las cámaras de seguridad nocturnas están repletas de imágenes suyas de madrugada, solo, reordenando los muebles del recinto, barriendo o bailando con una camiseta en la cabeza. Antonio, sin saberlo, puso de moda TikTok años antes de que se crease. Pero lo mejor de todo es que, además de ser una presencia extraterrestre, Antonio es un hombre risueño, sociable y bonachón, sin una pizca de maldad.

Una mañana en la que diluvia y todos los pacientes nos guarecemos al calor de las habitaciones huyendo de la lluvia, los profesionales se lo encuentran en chancletas en el patio buscando un bañador para ir a la playa. Una tarde se presenta en los talleres con dos calzoncillos anudados a la garganta, porque se queja de anginas. Otra mañana se pone a regar, en chándal y zapatos de traje (que ninguno sabemos de dónde ha sacado), con un cigarro en la boca y otro en la oreja. Le veo llenar todo el recinto de barro.

—¿Qué pasa, campeón? —le pregunto, divertido.

—*Na'*, me ha *tocao* costo en un concurso y espero... espero que me traigan.

—Ya.

—Estoy... estoy *superao*. Tengo que ir a Sevilla o a la playa.

—¿Con esos zapatos?

—Esto es *pa'* taconear, pero sin medicación. Toma. —Me alcanza un ramo de amapolas.

—Gracias, Antonio, qué bonitas —le digo sonriendo.

Resulta que Antonio es un manitas, así que, como no logran dormirle, le ponen a hacer ejercicio obligatorio y le prescriben arreglar cosas del recinto, para que gaste toda la energía física posible. Da lo mismo. Continua completamente volado, practicando un diálogo eterno con el mundo del que entendemos la mitad. Arregla el futbolín y los canastos de mimbre de la lavandería, trenzándolos con cuerdas. Pinta algunos desconchones en las paredes de las distintas salas. Atornilla muebles, lija maderas, rellena agujeros con masilla y cemento, desplaza materiales de un lado a otro. Siempre que veo a Antonio está activo. Cuando se acaban las cosas para arreglar, le mandan rastrillar el recinto y deshacerse de las malas hierbas del jardín. Una mañana me lo encuentro poniéndose unos guantes de goma vestido con un mono azul de trabajo.

—¿Qué haces, Antonio? —investigo, curioso.

—Ponerme los guantes para revisaros la próstata a todos.

—Te has *dejao* el Marlboro ahí, con la azada. —Le señalo el paquete, sobre un banco, junto al aparejo.

—Lo he *guardao* ahí. Así a quien me quite el tabaco le entra un cáncer.

—Qué moderno vas hoy, Antonio —dice Lola, que se ha

unido al espectáculo, camino del comedor—. Hay un avispero en las cuadras, a ver si lo puedes quitar —le sugiere.

—Ñilaergñpaoimperoauglslrughñaoreigárogjlarglarñgaer —contesta Antonio.

—Vale, vale —replica Lola, lanzándome una mirada para que me quede claro que no ha entendido nada.

—Vale, vale, no —dice Sergi, que se acerca desde enfermería—, que no le entendéis lo que dice y la liais.

—¿Qué ha dicho? —indaga Lola.

—Que eso lo quita con gasoil. Verás cómo prende fuego a los caballos —explica Sergi.

—¿Qué dices? Si aquí no hay gasoil —evidencio.

—Te aseguro que este lo encuentra. A ver si a ti cuando se te metía algo entre ceja y ceja conseguían pararte. —Sergi se ha acercado a nosotros. Lleva en la mano un cuaderno. Entiendo que se dirige a su sesión semanal con el psicólogo.

Entonces la Polaca sale de la enfermería y se dirige, con paso rápido, hacia su despacho.

—¿Cómo está usted, doctora? —le grita Antonio.

—Muy bien, Antonio, ¿y tú?

—Oye, bájame la medicación.

—Pero si no duermes, corazón.

—Bájamela, doctora —suplica él, poniendo los brazos en jarras.

—La semana que viene.

—¿La semana que viene? Pero ¿cuánto piensas que voy a estar aquí?

La Polaca se para y se gira hacia nosotros. Sonríe.

—Mucho tiempo.

—Huy, tú no conoces a Antonio, que cojo el coche y treinta mil o sesenta mil euros que tengo en el banco y me piro a Jamaica.

—Anda, Antonio, ve a las cuadras —le aconseja, maternal.

El compañero obedece, calmado. Salimos corriendo detrás de la doctora. Necesitamos información.

—Pero ¿tiene dinero? ¿Se puede ir? —le pregunto.

—No tiene un duro. El pobre ha arruinado a la familia —constata ella.

Estas semanas asisto a mis últimas terapias con el psicólogo y con Anais. Estoy centrado en preparar mi salida de la clínica, diseñar proyectos y objetivos, estructurar mi tiempo fuera... Es lo que llamamos el «trabajo de cierre». Repaso insistentemente mis diarios, buscando claves, aprendiéndome, recordando lo asimilado, atravesando los mapas emocionales propios que he dibujado en estos últimos meses con mis notas. Navegando entre sus páginas puedo apreciar con claridad el poder curativo de la palabra compartida, oral o escrita, del vínculo, del grupo, de la imaginación, del respeto. Estos días escribo mucho en el diario. Al leerlo en la actualidad, con tantos años de distancia, reconozco un tumulto emocional parecido al que sufrí al ingresar. La gran diferencia reside en que mi letra en estas últimas entradas es menos desesperada, menos urgente, más sosegada. Los sentimientos que describo no tienen la potencia destructora ni la histeria descontrolada de los del comienzo. Hoy puedo decir que, gracias al proceso, había aprendido a vivir con ellos. Habían dejado de dominarme.

Así como escribo y releo, me salto algunos de los talleres en los que los novatos penetran, como hice yo, en el mundo de las adicciones y de la clínica. Paso mucho tiempo con mis compañeros conocidos, con los que he compartido tratamiento, y me alejo de los recién llegados. Ya no estoy pendiente de sus historias ni de sus problemáticas ni me empeño con dedicación en intentar recordar sus nombres. No lo hago de manera descuidada o ingrata, si necesitan ayuda siempre se la brindo, o si los veo dubitativos me acerco y les aconsejo, pero nos encontramos en momentos demasiado diferentes como para poder establecer un vínculo en unos pocos días. Yo lo sé y ellos también. Cada uno tiene su propio camino. El mío, ahora, es programarme para lo que me espera fuera. El suyo es descubrir y aceptar la realidad de su encierro, como hice yo en su momento.

Estos días dudo mucho. Me inquieta la posibilidad de estar dando pasos apresurados. Les pregunto continuamente al psicólogo y a Anais si de verdad creen que estoy preparado. Ambos me lo certifican. Se fecha mi salida para el 15 de abril, tres meses y medio después de ingresar.

Como parte de este cambio progresivo, para que todo sea lo más fluido posible, el 2 de abril me llevan a visitar la Torre, que será el lugar donde pasaré los siguientes tres meses de mi vida. Es una especie de visita guiada, para que conozca las instalaciones, la habitación que ocuparé (con un pequeño balcón desde el que se ve toda Barcelona) y las personas que me acompañarán en la nueva etapa del proceso. Estaré a cargo de un nuevo socioterapeuta, en sustitución de Anais, y de una nueva psicóloga, en reemplazo de Rafael. Ellos ya saben de mí, porque están al tanto de mi paso por la clínica y conocen mi caso y mi proceso. Hay una comunicación directa entre mis actuales terapeutas y los futuros. Desconozco si hay una carpeta con mi nombre, llena de informaciones privadas, que se han pasado unos a otros, pero sí sé que han hablado y que se ha producido una transferencia de mi expediente, signifique eso lo que signifique.

Un dato curioso. Esta nueva psicóloga que visito en la Torre es la que me acompaña hoy en día, doce años más tarde. Probablemente sea la persona que mejor me conoce del mundo entero. Yo no sé casi nada de ella. Fin del dato curioso.

La Torre es un edificio enorme y señorial que se eleva en la zona alta de Barcelona, muy cerca de la montaña del Tibidabo. Está emplazado en una de las zonas más ricas de Barcelona, rodeada de casonas enormes y pisos con parqué y obras de arte, propiedad de la burguesía catalana más adinerada. Desde el exterior parece un caserón solariego de una dinastía pudiente, como salido de una película de Visconti, alzándose hacia el cielo. Pero el interior es muy distinto: un piso tutelado a rebosar de toxicómanos en recuperación. En la Torre el proceso evoluciona: seguimos asistiendo a espacios terapéuticos grupales e individuales, pero ya podemos hacer vida normal en la ciudad. Estamos autorizados a movernos con libertad y a dedicarnos a recobrar nuestra vida. Recuperamos los móviles, los ordenadores, internet. Existen varias normas que rigen el recinto: siempre dormimos allí, hay un horario estricto para levantarse y para llegar por la noche y no podemos recibir visitas. En pocas palabras, es un lugar en el que, poco a poco, paso a paso, aprendemos a reinsertarnos.

Esa noche, de vuelta en la clínica, escribo lo siguiente en mi diario:

Hoy me he dado cuenta de que en menos de dos semanas me estaré yendo. Se acaba una etapa importante para mí. Aún me queda cerrar mi proceso aquí dentro, pero tengo ganas de recoger las conclusiones y encarar la organización de mi siguiente paso. Tengo miedo, sí, pero también muchas ganas. Estate tranquilo, Javi. Parece un paso enorme, ir a Barcelona, pero no lo es tanto, es el siguiente empujón. Podrías haber vuelto directamente a Madrid, como hacen muchos que se van a sus casas. Pero no estás haciendo eso. Has tomado la decisión correcta: ir poco a poco, seguir unido al proceso. Viendo cómo te desenvuelves. Paso a paso. Sin prisa. Estás siendo prudente. Te estás priorizando, Javi, que no se te olvide.

Al día siguiente, el 3 de abril, hago la última salida terapéutica a Barcelona y paso el día en la ciudad, solo. Entierro el papel que me pidió Anais que escribiese con la lista de cosas de las que me deshago. Al volver al recinto, por la noche, decido que voy a escribir mi despedida al grupo. Solicito que me den acceso a mi ordenador portátil, para poder redactar el texto. Anais me lo concede. La escribo a lo largo de la semana y, al hacerlo, titubeo. Así lo recojo en mi diario:

He escrito lo que leeré en el meeting. Es la despedida que quiero hacer, sincera y personal. Es larga y algo melodramática, pero también llena de esperanza. Representa el momento en el que estoy ahora mismo. Tengo la sensación de que a muchos les parecerá un coñazo o pensarán que me paso de rosca, pero no me importa, voy a defenderla, independientemente de lo que digan. Quiero defender lo que yo creo. Tengo derecho a despedirme como yo quiera, porque es mi espacio, mi despedida. Se acabó pensar en lo que opinen o no opinen los demás. Es mi adiós.

Curiosamente, el 7 de abril del 2009 tengo mi primera pesadilla de consumo. Lo expreso sin tapujos, a compañeros y terapeutas.

Lo hablo en el patio, en las habitaciones y en las terapias grupales. Todos comparten mi agitación: han vivido lo que yo estoy atravesando. A todos les ha ocurrido durante su estancia, a algunos muchas veces.

En el sueño salgo de noche con unos amigos conocidos por Madrid y consumo *speed*, cocaína y anfetaminas. En un momento dado, me deshago de ellos y continúo yo solo, en modo desfase desquiciado. Duermo en la calle, en plena plaza de Callao, borracho y drogado, como un vagabundo, a la vista de todo el mundo. En la pesadilla aparecen mis padres y mi hermano y yo me siento salvajemente fracasado e impotente, destrozado. Es un sueño muy real, y cuando despierto, angustiado, sudoroso y asustado, y veo que estoy en la clínica y que no he consumido, me apaciguo. Anais lo relaciona con el estado de inquietud ante mi inminente salida de la clínica. Los miedos se superponen y, al miedo a la realidad, se le une el miedo a consumir. Es natural. Es parte del proceso.

Un apunte. Tendré muchas más pesadillas de consumo, con el paso del tiempo. Aprenderé a gestionarlas. Fin del apunte.

Mantengo a mis padres informados por teléfono, semanalmente, de todos mis pasos, y esta noche comparto con ellos mis pensamientos y mis miedos ante mi próximo abandono de la clínica y posterior traslado a la Torre. Lo reciben todo de la misma manera en que han escuchado mis palabras los últimos meses: aliviados de oírme distinto, deseosos de aconsejarme y dirigirme, pero temerosos de hacerlo. Cada uno se coloca en sendos teléfonos de la casa, así pueden atender las llamadas simultáneamente y hablarse entre ellos, de aparato en aparato.

—Menos mal que de pequeño te pasamos por el manto de la Virgen del Pilar, porque si no te llegamos a pasar, imagínate... Eso pensé anoche —me dice mi madre.

Yo me quedo en silencio, porque no sé qué puedo responder a eso.

Cuando se lo cuento a Sergi y Lola, ellos se ríen y celebran la ocurrencia de mi madre. Estamos tumbados en las hamacas del patio, cubiertos con mantas, puesto que hace una noche fría. Aun así preferimos sentir el aire fresco en las caras.

—¿A veces no os gustaría que vuestras familias fuesen distintas? —pregunta Sergi.

Lola y yo asentimos. Cada uno de nosotros se encierra en un íntimo laberinto de pensamiento, cotejando en silencio las múltiples posibilidades que encierra la pregunta de Sergi. ¿Cómo me gustaría que fuese mi familia si pudiese cambiarla a mi gusto? Nunca me lo he preguntado.

—¿Distintas cómo? —replico.

—No sé, normales —dice él.

—No conozco una puta familia que lo sea, Sergi —apunta Lola—. Otra cosa es que lo parezcan desde fuera, que desde lejos todo el mundo parece de lo más normal, pero en cuanto metes el ojo, flipas, chaval. Está todo lleno de mierda.

—Amén, hermana —la apoyo.

—¿Sabéis a qué conclusión he llegado? —Esta noche Sergi está meditabundo—. Todos nos abrimos igual los mofletes del culo para secarnos después de una ducha.

—¿Perdona? —murmuro, sorprendido.

—Pues eso, que en el fondo no somos tan distintos —sostiene él.

Diego, Lola y Sergi también bajan a la Torre, así que continuaremos allí juntos. Yo soy el primero de todos en salir, ellos me seguirán unas semanas más tarde, escalonados. El grupo que se ha formado de manera casual, por afinidad y cercanía, no se separará más allá de estas paredes.

Mi última visita con la Polaca tiene un aire melancólico de despedida, pero la encuentro alegre y orgullosa de mi evolución. Confirmamos que, en el exterior, tendré la misma pauta de medicación que ahora y que la iremos revisando cada quince días, ya que ella será mi psiquiatra también en la Torre. Comparte conmigo lo convencida que está de lo bien que me van a ir las cosas «ahí fuera».

—¿Tú crees? —le pregunto—. Yo ya no estoy seguro de nada...

—Es mejor irse así que creyéndote que lo tienes todo bajo control. Siempre se os olvida cómo llegáis aquí, el estado en el que aparecéis, pero a mí no, porque os veo nada más entrar. Este muchacho que tengo enfrente no se parece en nada a aquel que vino a este despacho hace varios meses. Te lo aseguro —me contesta, risueña—. Y cuando se te olvide, acuérdate de lo que te acabo de decir.

Una semana antes de que yo salga, Jérôme se va de la clínica a Israel, según él «a matar moros». No se despide de nadie oficialmente. Ninguno sabremos si es cierto lo que dice o es una nueva estratagema para huir de sí mismo y en realidad se va a París o le ingresan en otro lugar. Nadie volverá a verle. No sé qué ha sido de él.

Esos mismos días, Lluís toma la decisión de irse también, en este caso a China.

—¿A China? ¿Por qué? —le pregunto.

—Porque me podría ir a cualquier lugar, pero me voy a China —explica.

—Pero si no sabes chino, tío.

—Aquí sé castellano y mira cómo me ha ido, nano.

No sé si al final Lluís viajó a China, pero sé que volvió a Barcelona, porque entrará en contacto con Sergi y un día quedaremos los tres a comer. Luego le perderé la pista. Tampoco sé qué ha sido de él.

Los últimos días, previos a mi despedida y a mi última noche, tienen el aroma inconfundible de la nostalgia y la congoja propias del final de las vacaciones. Como unas colonias veraniegas de película en las que se han descubierto emociones desconocidas, se ha entrado en contacto con personas fundamentales en el trayecto de la vida, se ha desarrollado la personalidad, recuerdos y momentos mágicos a los que hay que decir adiós. Vuelven a ser días en los que estoy a flor de piel, como al comienzo, neblinosos pero de otra forma. Soy más consciente, aprovecho mejor las palabras y los tiempos, cada uno de los abrazos y las conversaciones. Vivo y experimento, dentro de la turbulencia de mis sentimientos, paz. Y una calma extraña y silenciosa.

Como en el cambio de fase, realizo un informe de mi valoración del proceso completo antes de abandonar la clínica. En él respondo a una serie de preguntas, que, como ya ocurrió con el primer documento, hacen que mi mente repase todas las experiencias y aprendizajes acumulados durante mi ingreso. De igual forma, vuelvo a dedicar días enteros a responderlo, asegurándome de sacar el máximo partido a la propuesta.

«¿Cómo valoras tu proceso?», pregunta el papel. A lo que yo respondo:

Muy positivamente. He logrado estabilizarme, reducir el ritmo de vida y el estrés. He ganado muchísima conciencia y confianza, a niveles profundos. He aprendido sobre mis mecanismos y mis miedos, mis sentimientos, y he comenzado el camino hacia la estabilidad y el bienestar emocionales. He aprendido muchas, muchas cosas sobre mí y sobre el mundo.

«¿Cuáles son tus objetivos fuera de la clínica?», pregunta la hoja mecanografiada. Me lanzo a escribir tres páginas por las dos caras llenas de objetivos que yo mismo divido en objetivos físicos (escribir a diario, ir al gimnasio...) y objetivos emocionales y mentales (aprender a estar solo, aprender a quererme, construir círculos y vínculos afectivos seguros, trabajar mi autonomía real, renunciar al perfeccionismo asfixiante, asegurar el equilibrio, eliminar el «todo o nada» y muchos otros).

Hoy leo estas páginas que yo mismo escribí en los días previos a abandonar la clínica. Puedo decir, sin miedo y sin arrogancia, que cumplí todo aquello que me había propuesto. Quizá no de inmediato, quizá me llevó más tiempo del que en aquel momento yo podía prever, quizá requirió esfuerzo y dedicación, pero doce años más tarde puedo asegurar que todos ellos se hicieron realidad.

Usé mi ordenador portátil para escribir mi despedida y me envié una copia del documento a mi *email* personal, para almacenarla y ser capaz de recuperarla en el futuro. El 14 de abril del 2009, mi último día ingresado, me dirigí a la sala de Hormigas y escribí en el papel de la entrada en el que marcábamos el orden del *meeting*: «Despedida Javi». Esa noche, la leí delante de todo el grupo y, después, les entregué copias impresas a cada uno de mis compañeros, para que la guardasen si querían. Tal vez fuera una manera de asegurarme que tuviesen un recuerdo de mí. Pero es algo que imagino hoy, porque la realidad es que desconozco por qué lo hice. Esta fue mi despedida:

Un día conmigo

El viernes 3 de abril de 2009 salí a cumplir una salida. El objetivo principal estaba claro: debía pasar el día solo en Barcelona. Esto que para cualquier ser humano sería algo por lo que alegrarse, para mí representaba un auténtico problema.

—No sabes estar solo —me decían.

—Es cierto, no tengo ni la menor idea de estar solo —confesé hace casi dos meses en la pérgola de la clínica—. Y no solo eso, me cago pata abajo. Me aterroriza.

—Pues pongamos el dedo en la llaga —me dijeron.

Después del taller de la mañana, el viernes me dirigí a la recepción a recoger mi documentación. La salida no estaba preparada, así que corría por el patio, bajaba a recepción, volvía a subir, preguntaba a mi socio, a la enfermera, a la monitora, a todo Dios, y nadie sabía dónde estaba mi teléfono, ni mi DNI, ni mi (poco) dinero. Terminé saliendo, más tarde de lo previsto, pero salí. En el último momento, como todo lo demás (algunas veces las cosas ocurren en el último momento, trastocándote), Anais decidió no dejarme sacar el móvil.

—¿Cómo? ¡¿Qué dices?! —pregunté puteado.

—No te llevas el móvil, prefiero que salgas sin él.

Al instante, antes siquiera de haberlo pensado, comencé a quejarme, a defenderme, a atacarle, a enrabietarme, a defender mi miedo.

—Quedamos en que el móvil me lo llevaba, estaba aprobado así, por ti, te recuerdo, no sé a qué viene esto a última hora —protesté con mi conocida labia hiriente.

—Prefiero que no te lo lleves —me dijo ella tranquila, con esa sonrisa hijaputa y confiada que tanta impotencia ha despertado en

mí estos meses—. Vas a pasar el día solo, ¿para qué quieres llevar el móvil?

El puto «para qué». No llevo móvil, vale. Voy a estar solo e incomunicado. Mi furia fue tremenda. Pero me quedé calladito. No dije nada. «Probemos», pensé.

En el tren miro a las personas, tan distintas, tan privadas, tan cercanas a mí y tan alejadas. Cada uno un mundo. Y millones de pensamientos en mi cabeza, casi tan rápidos como el movimiento del tren sobre las vías, a toda hostia. Me encanta el mar del Maresme, la paz que transmiten los paisajes de Mataró a Barcelona, grafitis, kitesurfers, joggers y ancianas con bolsazos y grandes gafas de sol que contemplan el mar en los bancos de piedra.

Llego a Plaza Cataluña y decido entretenerme un poco, así que voy a Starbucks, me compro un café moca bien grande y me siento a ver a la gente deambular, actividad (o inactividad) que me hipnotiza. Ya puestos, os confieso que además de al alcohol y a la coca también soy adicto al Starbucks, a la pintura de uñas negras del Sephora, a ver a la gente andar y reír y discutir e insultarse, a Facebook, al cine, a sentirme mal, a la ironía y el sarcasmo, a leer, a darme cañita, a arrancar páginas del periódico, a los pósits amarillos, a acumular de todo, a las chuches, a los Phoskitos, al alioli de esta clínica, a criticar y a juzgarme sin clemencia.

Juego con la idea de mandar todo a tomar por culo e irme al cine o a la Fnac, o al Raval o a cualquier sitio en el que me puedan asegurar que por unos minutos no sentiré que estoy solo. Cualquier cosa vale. Merezco entretenimiento, merezco que se me pase esta morriña, que se evapore el malestar, merezco todo lo que se pueda imaginar y más. Y lo merezco ya, aquí mismo, en mitad de la Plaza Cataluña. Tres meses y pico de jodienda mental en una clínica de desintoxicación son suficientes para cualquiera, por un día que me entretenga y me olvide de lo que estoy haciendo y de dónde estoy no pasa nada. Yo soy distinto, yo me drogo cada tres semanas, yo no necesito tanta disciplina, yo me desenvuelvo bien en sociedad (demasiado bien a veces), mis compañeros sí que necesitan mano dura porque ellos se drogan cada día, pero yo soy especial, y no va a pasar nada por que me vaya al cine y pase de esta mierda de estar solo.

En ese momento, no sé por qué (me encanta cuando ocurren cosas sin saber su proveniencia exacta), me acuerdo de Alfonso, uno de mis compañeros, y lo que me soltó una mañana soleada. Yo me intentaba escaquear de mi sadhana *(y de mí mismo) ese sábado y me dirigía hacia la cocina con paso decidido, comiéndome el tarro por dejar de lado un compromiso adquirido conmigo. Al verle le dije:*

—Puf, paso de hacer la mierda del yoga este, estoy hasta los cojones.

Él me sonrió y con esa seguridad desconcertante (e insultante) propia de él sentenció:

—Doblega la voluntad, ahora es el momento.

Y yo inmediatamente, como un robot teledirigido, me di la vuelta sin pensarlo dos veces e hice mi sadhana. *Al terminar me sentí pleno y satisfecho. Y entonces, me dirigí a desayunar. Esta mañana del 3 de abril, me imagino a Alfonso como un holograma de Star Wars junto a mí, y me imagino que me vuelve a decir sonriendo: «Doblega tu voluntad, ahora es el momento». Así que, sin pensarlo, como hice aquel sábado, me dirijo al metro. Destino: Montjuic.*

Llevo las gafas de sol de Tom Ford, que me hacen sentir protegido y especial. Detrás de dos cristales tintados es mucho más sencillo esconderse. Es aún más sencillo si las gafas son bien caras y tú eres tan imbécil como yo y te importan esas cosas. A día de hoy me parece increíble la seguridad que he comprado al adquirir etiquetas. En el vagón del metro pienso que es cierto que yo me drogo cada tres semanas y que llevo gafas exclusivas, pero que eso no me hace mejor ni estar más preparado ni necesitar menos disciplina y que la verdad es que no tengo ni puta idea de estar solo y que a menudo me he intoxicado para no estarlo y que evidentemente, por las ganas y pensamientos escapistas que me vienen continuamente, estar solo es algo a lo que no deseo enfrentarme y que además cada uno tiene sus fantasmas. Y al parecer, cada célula de mi cuerpo intenta evitar que me enfrente a los míos a toda costa. Parece ser que resulta más sencillo vivir con miedo, aterido y bloqueado.

El trayecto es difícil. Barcelona, aunque conocida, no es mi ciudad y me siento un poco perdido porque no domino las estaciones como en Madrid. Sé que Montjuic es una montaña, o algo así. También sé que he estado allí varias veces (por trabajo), pero como en tantas otras cosas en mi vida he estado sin estar (como en tantas reuniones, cafés, discotecas, habitaciones...). En todas esas ocasiones he pasado sin enterarme muy bien de lo que hacía ni de dónde estaba. Las prisas o el poco interés o el estar sin estar, supongo, tres cualidades muy presentes en mi vida.

Llego a Plaza España y me recibe la supremacía pétrea de los dos obeliscos. Desde la salida del metro (cuántas escaleras para salir, interminables), contemplo Montjuic, que se alza majestuoso y enorme, un territorio por conquistar. Me siento pequeño y comienza a hacer frío. El día, que había despertado alegremente soleado, se ha ido convirtiendo tímidamente en un día gris de viento y amenaza de lluvia. Y yo sin móvil y sin dinero y con unas ganas tremendas de echar un polvo porque como todos sabéis llevo cuatro meses sin comerme una polla. Me planteo que me iré con el primero que me mire o me salude o me sonría, da lo mismo, me voy con cualquiera con tal de no pasar la tarde solo en Montjuic. Me voy con cualquier persona o cosa o animal o dibujo animado con tal de no estar conmigo. «No quieres estar solo, no sabes estar solo», me recuerdan las tripas. Eso y que me siento pequeño y hace frío y tengo hambre, porque no he comido. Me doy la vuelta. Le doy la espalda a Montjuic y a mi soledad y desde mi posición intento encontrar rápidamente un lugar donde picar algo. No veo ningún sitio. Me alegro porque en el fondo siempre me ha dado vergüenza comer solo, pensando que los demás creerán que soy un apestao que no tiene con quién comer. Solo he sido capaz hasta ahora (me propongo cambiar esto muy pronto) de comer solo en aeropuertos y cafeterías de estaciones donde la soledad parece ser mejor comprendida. Así que me enciendo un cigarro. Me jode tremendamente estar donde estoy, con hambre, con frío, y presagiar que encima puede ponerse a llover. Lo cierto es que no solo he ido a Montjuic a estar solo. También estoy allí para enterrar un papel. Un acto simbólico que me comprometí a hacer días atrás. Pasar un día conmigo y enterrar un papel. Un papel donde he escrito aquellas cosas de las que me quiero desprender. En la boca del metro me ataca por vez primera, ahí parado, como otro obelisco derruido con cigarro incluido, el pensamiento de que soy rematadamente imbécil no solo por protegerme tras las gafas caras: había pensado que todo sería fácil, que después de tres meses aislado todo se habría convertido mágicamente en algo llevable, que la gilipollez de enterrar el papel con parte de mí (aquella que no me gusta) en soledad iba a ser sencillo. Sencillo. JUAS. Nada que merezca la pena resulta sencillo, después de todo. Desde que he salido no he buscado más que excusas para no hacerlo.

Bajo la sombra del obelisco comienzo mi viaje, mi día conmigo. Y mi viaje a Montjuic cobra una dimensión que antes no tenía. Este viaje, este día, se convierte así en mi cabeza en el ejemplo perfecto de todo mi proceso. Comienzo a andar y todo cobra el significado que tiene (siempre que lo queramos encontrar): hay muchísimas escaleras todas ascendentes con el cansancio resultante, está lejos, no conozco el lugar (lo que siempre produce incertidumbre y ansiedad), necesito orientación, llovizna, hace frío, no llevo móvil, tengo hambre, no quiero hacer lo que estoy haciendo, estoy desorientado, me siento solo, no entiendo, no puedo ir al cine, no puedo escapar. Es Montjuic o nada. Soy yo o nada. Todo el mundo además viene a la contra, estudiantes y trabajadores que se dirigen al metro para ir a comer a sus casas o a follarse a la vecina o a depilarse o a hacer compras de mediodía o vete tú a saber qué, pero la cuestión es que vienen a la contra y me siento gilipollas por ser el único que va a subir a Montjuic. Los vaqueros cagaos me aprietan y me rozan el interior de los muslos, y las zapas que llevo están llenas de agujeros y no son cómodas para andar mucho, y parece que todo se pone de acuerdo para hacer de esta subida algo insoportable, para hacer el ascenso lo mas difícil posible. Mientras camino tomo una decisión: ya he comenzado y voy a seguir andando y voy a enterrar el papel y voy a pasar tiempo allí arriba, aunque llueva, aunque nadie vaya en mi dirección, aunque haya mil escaleras por subir, aunque haga frío. AUNQUE ESTÉ SOLO. «Aunque esté solo», me repito.

En ese momento la realidad parece que comienza a cambiar. Conforme subo me percato de que no soy el único, de que hay más gente que sube (turistas, parejas, estudiantes, inmigrantes, familias), algunos abrazados, otros en grupo, algunos solos como yo. Sin saber por qué instantáneamente rompo a llorar tras las gafas de sol, mi armadura. Quizá sean las lágrimas que nacen del enfrentamiento con uno mismo. Del esfuerzo. De la lucha. Del reconocimiento. De la dificultad. De la vergüenza. Del dolor. Del desamparo. De la alegría. De la esperanza. De la fuerza. Del vendaval de emociones que se genera en mi estómago mientras intento alcanzar la cima de la montaña. Este viaje, iniciado hace tres meses, acaba de cobrar vida dentro de mí, como si por primera vez fuese consciente totalmente de él. Ahora puedo tocarlo. Se me apelmaza dentro del pecho y me sale por la garganta como un aullido.

Llevo tres meses encontrándome con los mismos elementos: la soledad, la desesperanza, el escapismo. Conozco millones de «no entregas de móviles», de «escaleras», de «fríos», de «gente que va a la contra», de «pantalones que rozan», de «salidas que no están preparadas», de «montañas aparentemente inalcanzables», de «amenazas de lluvia», de «zapas que no son cómodas», de «Starbucks», de «voluntades rotas», de «terapeutas tocacojones»... Conozco todo eso y todo se repite dentro de mí. Y conozco también la reticencia, la certeza innegable de saber que sería mucho más fácil no subir. Y la montaña se convierte en mi proceso, y sus obstáculos simples y cotidianos no dejan de ser más que una prueba real de lo dura que es la escalada hacia un único objetivo: desprenderme, enterrar lo que ya no quiero en mi vida. Encontrarme. Estar conmigo. Quererme.

Llego arriba. En la cima, todo es distinto. No hay ruidos y Barcelona se ve pequeñita, como los problemas y obstáculos, que, desde la altura, resultan insignificantes. Los he sorteado todos, hasta ahora, desde que hice la mochila en la clínica por la mañana, pero aún queda camino. Allí hay gente sentada contemplando la ciudad. No soy el único. Hay más gente que ha decidido subir. Esa sensación me apacigua. Un tío toca con una guitarra Love of my Life *de Queen y luego* Piano Man *de Billy Joel. Me hace gracia y me emociona. Las dos son canciones que han resultado claves en alguna etapa de mi adolescencia. Mi existencia. Contemplo la ciudad. ¿Será Barcelona mi próxima parada, mi próximo refugio? No lo sé. Quizá sí. O no. No pasa nada por no saber. Parte del camino quizá sea eso también, no saber. El hombre comienza a desgranar una versión punteada de* Hotel California *de los Eagles y yo sigo llorando tras las gafas, intentando esconderme lo más posible, pues me da vergüenza que alguien vea mis lágrimas. Cuatro días antes cantaba esa misma canción a grito pelao junto a Lucio a la guitarra, Sergi, Diego y Lola, en el patio de la clínica, en uno de los atardeceres mas bonitos, cálidos y rojos que he visto. Entre amigos.*

Me tienta quedarme plácidamente escuchando la música y disfrutando de la vista de Barcelona (una nueva tentación una vez culminada la subida) pero no lo hago. Necesito ir un paso más allá. He llegado arriba pero aún queda un empujón, necesito enterrar mi papel. Llevo la mochila a la espalda (siempre se lleva algún peso en la vida incluso en la soledad) y ahora busco un lugar donde enterrarlo. Sigo caminando, me dejo llevar, investigo, sin miedo ahora, con un propósito claro en la cabeza y en las tripas. Llego al estadio olímpico y decido hacerlo ahí, en un jardín junto a él.

Elijo un árbol especial, distinto. Es un árbol precioso que se yergue, desafiante y rebelde, mostrando la belleza de su colorido sin vergüenza. El violeta claro y vivo de sus hojas me llama. Observo el árbol desde la distancia. Ese es mi árbol. En un jardín rebosante de verdes homogéneos, bonitos pero comunes, la irreprochable personalidad del árbol, su defensa callada de la diferencia, el estallido de vida y color que representa, parecen hablarme. Así lo siento. Desafiante pero integrado. Individual pero colectivo. Un ser único en perfecta armonía con sus semejantes, sin intentar ser como ellos. Simplemente siendo. Así que me acerco a su base, un tronco grueso y poderoso y un ramaje espectacular, y utilizo las llaves de mi casa para comenzar a escarbar. Supongo que significará algo que haga el hoyo con la llave que abre la puerta de mi casa en Madrid, en la que vivo solo y en la que tanto he sufrido y amado, no lo sé. No estoy para pensar, solo soy capaz de arañar la tierra. Estoy solo y emocionado y sigo llorando. Leo una vez más el papel, ante el agujero abierto:

«Me desprendo de: mi sentimiento de no ser suficiente, mi sentimiento de ser menos, mi negativismo ante todo, mi miedo al fracaso, mi miedo a ser yo mismo, mi dependencia social y emocional, no saber estar solo, querer estar mal (en continuo malestar). 1 de abril de 2009».

Entierro el papel lo más profundo posible y tapo el vacío con mis manos. Palmeo la superficie y la contemplo levantándome. Me siento en un banco cercano. Me miro las manos, los pies, mis brazos. Sentado en el banco, sin papel ya, soy el mismo, pero soy otro. Ahora también río, aunque siga llorando.

Descendiendo de Montjuic pienso que en esto se resume mi proceso y mi paso por aquí. Ahora entiendo que arriba se está solo, no hay nada más (ni nada menos), lo que hay soy yo. Pero se está bien, no te mueres ni nada parecido (quizá lloras, pero también aprendes a reír). He encontrado mi árbol, y eso ya es un éxito en sí mismo. Todo está arriba y arriba. Toma esfuerzo, dedicación, voluntad. Toma subir, mucha claridad y determinación. Una determinación a prueba de bombas. No es nada sencillo, todo lo contrario. Hay gente que sube junto a ti las mismas escaleras (todos vosotros), los hay hasta que se sientan a contemplar la ciudad desde arriba (mi familia y amistades), junto a ti, pero no contigo. Subien-

do a Montjuic hay mapas del camino a los lados de las escaleras, como en mi proceso hay terapeutas (Anais, Lucio, Albert, Rafael), pero son eso, mapas, el camino a tomar y el árbol que elijo lo decido yo.

Quizá en el futuro cuando vaya a proponer o a aceptar una «cita» piense antes en vosotros que en el chulo que esté en juego. Quizá no. Aún no lo sé. No saber está bien. La sorpresa se ha convertido en estos meses en algo tan importante como la seguridad. Quizá piense en vosotros como se piensa en lo que merece la pena, sin pretenderlo. Eso querrá decir que habéis sido y sois importantes.

Aprender a quererse no es fácil. Para mí no lo es. Hay muchas escaleras, muchos Starbucks, muchos planes, muchas compañías, muchos papeles por enterrar, muchos trenes, muchos metros y muchas lluvias y cines y soledades y móviles y hambres por el camino. Es doloroso, sin lugar a dudas. Pero empiezo a pensar que merece la pena. Yo, ese viernes, en Montjuic, en un día conmigo, por un rato conseguí hacerlo. Creo que fui muy feliz contemplando mi árbol. Esos minutos bien merecen estos tres meses y pico junto a vosotros. Muchas gracias de todo corazón. Os quiero un puñao.

Recuerdo a la perfección que, en mitad de su lectura, se me quebró la voz y tuve que continuar leyendo entre lágrimas, emocionado. Al finalizar, mis compañeros me aplaudieron y algunos, los más cercanos, se levantaron a abrazarme. Después, varios tomaron la palabra para decirme lo mucho que significaba para ellos, darme las gracias, felicitarme por mi tratamiento y desearme la mejor de las suertes.

—Yo solo quería decir —añadió una compañera recién ingresada— que, bueno, no te conozco de nada, porque acabo de llegar, pero que me habría gustado conocerte. Por lo que dicen todos tus compañeros, eres un tío muy legal. Y nada, que tengas mucha suerte.

No había vuelto a leer el texto de mi despedida hasta hoy, cuando lo he rescatado para incluirlo en el libro. Como muchos de los sucesos y conversaciones que he descrito en otros capítulos, me produce una extrañeza profunda, porque ya no me reconozco en mis propias frases. No sé quién es esa persona que escribe, aunque guarde su imagen en mi mente, o, de manera más concreta, sé quién es y puedo verla si cierro los ojos, pero ahora la noto lejísimos. En esta ocasión, al transcribir mi despedida, también me invade un hondo sentimiento de ternura, afecto y compasión hacia mi yo de hace doce años: me observo en carne viva, afectado, solitario, desgarradoramente honesto, asustado y melodramático, pero decidido.

Ojalá pudiese viajar en el tiempo para asegurarme, desde el presente, que todo iba a salir bien. Es lo que he pensado al leerme. Ojalá mi yo actual, el que hoy escribe, pudiese acercarse y abrazar también a aquel yo que leyó su despedida frente al grupo de compañeros.

Al cabo de los años, volvería a ese jardín repetidas veces, pero nunca logré encontrar el lugar donde enterré el papel. Cada vez que he intentado dar con el espacio, ha resultado una búsqueda infructuosa. He paseado por todos lados y me he perdido entre la vegetación. Imposible. Recuerdo el momento, el sonido y la atmósfera que me envolvían al agacharme para horadar la tierra con mis llaves. Pero he sido incapaz de reconocer el terreno. Todos los arbustos, rosales y árboles me parecen los mismos. Podría ser cualquiera.

Ahora vivo sabiendo que hay una nota mía oculta en esa montaña que domina la ciudad, entre flores, deportistas, condones usados, botellas y colillas de cigarrillos. Gaudí diseñó la Casa Batlló para la posteridad. Yo escondí un trozo de hoja manuscrito en Montjuic. Supongo que ese es mi legado a la ciudad de Barcelona.

La mañana del 15 de abril de 2009 dije adiós a la clínica. Varios compañeros me ayudaron a llevar todo mi equipaje al patio, donde me recogería el taxi que me trasladaría a la Torre. A mi alrededor, el resto de los pacientes continuaban con sus rutinas de terapias, talleres y laborterapia, ajenos a mi deambular. Para muchos de ellos no era más que otro ingreso que había recibido el alta terapéutica y dejaba el recinto. Me resultaba chocante entender que al día siguiente yo no me levantaría en ese sitio y que ya no estaría estructurado bajo esos mismos horarios. Era una sensación de profunda incertidumbre. Volvía a viajar de A a C, y oteaba mi alrededor, sin saber qué camino seguir. Me reconfortaba pensar que a algunos de ellos los vería de nuevo en pocas semanas.

Si a mi llegada era Concha Piquer, no quiero ni describir cómo salí de allí: me llevé todo lo que pillé y más. Las contraventanas pintadas, varias cartulinas con dibujos, la manta con la que hacía yoga, libros, ceniceros, macetas, ropa regalada de compañeros, incluso almohadas y lámparas (sí, robé dos lámparas de mesilla). Todo sigue aún formando parte del paisaje de mi casa actual. Esa mañana, amasando todo lo que pude, no estaba dominado por mi síndrome de Diógenes ni mi *horror vacui*. Lo hice para asegurarme de que me llevaba cosas que me acompañarían en mi vida y, al mirarlas, me recordarían lo que en una etapa hice para recuperarme. Así ha sido todos estos años.

Di vueltas agitado y nervioso, esperando la llegada del taxi, con una montaña de equipaje descansando a la vista de todos, junto a un banco. Me despedí con abrazos fuertes de los compañeros que se habían convertido en amigos íntimos y pronto la emoción se adueñó de mí y comencé a gimotear. Podía sentir en mi interior la reticencia a abandonar un lugar donde me sentía protegido y seguro. Quizá sabía que entrar en ese vehículo, camino de la Torre, era una constatación de que a partir de ese momento todo iba a depender de mí. Anais salió del edificio de los profesionales y se acercó. Me preguntó si quería que se quedase conmigo, mientras esperaba. Entre lágrimas le dije que no, que estaba todo bien, que me tocaba hacer esto. Ella me miró sonriente y me animó:

—Va a ir todo bien. Estás preparado, Javi.

Después me dio un abrazo largo y profundo y volvió a sus quehaceres.

Cuando el taxi apareció en el patio, y después de que el conductor se sorprendiese de la cantidad de maletas y cachivaches que llevaba conmigo, entré en el coche. Dos minutos más tarde dejé atrás la clínica y el sonido de pájaros y caballos.

No volvería a ingresar.

Un salto en el tiempo. Viviré tres meses y pico en la Torre y luego alquilaré una habitación en un piso compartido en Barcelona, con otras tres personas, en el barrio del Raval. Residiré allí casi siete años. Comprobaré que salir de la clínica es el comienzo del viaje, no el final, como pensaba. Continuaré con el tratamiento ambulatorio (grupos de apoyo, terapias individuales) durante un año más, una vez abandonada la Torre. Si alguien necesita datos temporales, son estos: mi salida oficial del infierno de la adicción tomará, entre una cosa y otra, año y medio. Modificará mi vida de maneras impredecibles, todas positivas. Habrá muchos compañeros que no volveré a ver jamás. A otros sí: Diego, Lola, Sergi, Mario, Marifé. Desde la Torre me enfrentaré a mi primera celebración (un cumpleaños) y a mis primeros bares y a mis primeras discotecas y a mis primeros conciertos y a mis primeros festivales de música y a mis primeros estrenos de cine. Regresaré multitud de veces a Madrid, sobre todo por trabajo. Experimentaré también qué significa apartarme del mundo para protegerme, no empaparme de todo, no dejarme invadir, responsabilizarme de lo mío, no confundirme con los demás. Estructuraré mi tiempo y mis objetivos, construiré disciplina, no perderé mi dirección personal. En definitiva, viviré, paso a paso, siendo yo, no como el resto, ni como su rabia, ni como sus expectativas, ni como su tristeza, ni como sus deseos. Me abriré al mundo y volveré a tener experiencias sexuales y románticas. Buscaré el placer en todos lados, sabiendo que solo es peligroso cuando conlleva consecuencias negativas para mí o para otros. A lo largo de los años, gozaré de varias parejas. Una de ellas me abandonará, un hombre del que estaré muy enamorado, y será uno de los momentos más duros en mi recuperación, mi primera ruptura sobrio, a pelo, en el que el mundo se tambaleará y se me rebelarán las emociones y se reavivarán duelos y complejos y terrores y me asomaré al precipicio, en el que habitaré durante varios meses, en peligro. Pero lo superaré con empeño, con paciencia y con dedicación, y renovaré diariamente mis votos de abstinencia. No me olvidaré de mí. Aprenderé que hay momentos en la vida en los que lo único que se puede hacer es no hacer nada. Varios años más tarde, de manera fortuita, recuperaré el contacto con esta persona para, en la actualidad, ser amigos. El otro momento más espinoso de mi recuperación será cuando me vea obligado a separarme de Sergi, mi amigo del alma, para que no me arrastre a la hecatombe en la que él se encontrará inmerso. Así es, tanto Diego como Sergi recaerán repetidas veces y, de hecho, necesitarán volver a ingresar en la clínica. Diego se recuperará, pero a Sergi le perderé por el camino. De manera salvaje y dolorosísima, después de intentar repetidas veces ayudarle sin éxito, aprenderé a resguardarme y tendré que decirle adiós al chico que tanto significa para mí. No recuperaremos el contacto. A día de hoy, sé que tomé la decisión correcta: me habría llevado con él y yo habría destrozado mi vida. Ojalá se encuentre bien, allí donde quiera que esté. Muchos más compañeros regresarán a su abismo particular y yo, poco a poco, me iré distanciando de todos ellos, para sobrevivir. Algunos entrarán en prisión, por diversos motivos que no vienen al caso. Los únicos que en la actualidad estamos a salvo y mantenemos una relación íntima y llena de cariño somos Lola y yo. Continuaré hablando con Anais y seguiremos viéndonos ya no tanto como terapeuta y paciente, sino como amigos. Será ella la que me explique, mucho después, que Endika, el paciente de los conejos y los reptiles, saldrá de su adicción y logrará milagrosamente convertirse en un adulto funcional maravilloso. Hoy en día Endika trabaja y lleva una existencia del todo normal. También viviré la muerte de algunos de mis compañeros, por suicidio y por sobredosis, y serán momentos difíciles, llenos de sufrimiento, de recuerdos y de desconsuelo. Compartiré mi problemática con mis relaciones y mis amigos cercanos, poco a poco y de manera privada. Salvaguardaré mi espacio personal, entendiendo que la intimidad es algo sagrado y que el mundo no tiene derecho a saberlo todo sobre uno mismo. Recuperaré la relación con mi hermano y comprenderé, con tristeza, que los dos huimos lejos de Bilbao y que los dos sufrimos de cervicales y de migrañas y que todo eso significa algo. Una tarde un antiguo compañero compartirá conmigo esta reflexión, que habrá leído en un libro escrito por pacientes de la clínica, que apuntaré en el móvil: «Me pregunto: ¿quién era aquel personaje grotesco, manipulador e inmaduro? ¿Cómo pude sobrevivir con aquella especie de monstruo que arrasaba con todo lo que se le ponía por delante? ¿Cuántas personas habrán escapado de mí, alejándose sin mirar atrás para no llorar de pena?». Cuando deje de acudir al ambulatorio, realizaré un voluntariado en el hospital psiquiátrico de Sant Boi y haré acompañamientos terapéuticos a pacientes con adicciones y enfermedades mentales durante más de un año, y será una forma de ayudar como me ayudaron a mí. Tendré que dejarlo, lamentablemente, por compromisos laborales que harán imposible simultanearlo todo. Seguiré, con el tiempo, desentrañando la madeja psicológica de mi existencia, de mis experiencias y de mi familia. Perderé el miedo a mis emociones y viviré experiencias maravillosas. Dejaré, por fin, de contener y comenzaré a valorar. No necesitaré imponerme ser perfecto. Mi vida no se detendrá y, por el contrario, irá siempre hacia delante, sorteando obstáculos, problemas, personas, situaciones, sentimientos, pensamientos, y saldré victorioso de todos ellos (entendiendo la victoria como el mantenimiento de mi sobriedad). Tardaré en perdonarme y en dejar de avergonzarme, pero, de nuevo, con mucho trabajo y dedicación, lo lograré. Volveré a vivir en Madrid, por trabajo y por amor, después de siete años en Barcelona. Caminaré, por casualidad, por los lugares que fueron testigos de mi degradación (hostales, bares concretos, calles señaladas, portales de prostitutos...) y compartiré espacio con algunas de las caras amigas que me recordarán con su sola presencia mis años más oscuros. Dependiendo del día, algo difícil de definir, quizá el recuerdo, quizá la culpa, quizá el reproche, se adueñará de mis tripas y me provocará mucha tristeza y ansiedad. Pero poco a poco, con la exposición continuada, irá remitiendo y trabajaré los recuerdos, naturalizándolos, y los rostros conocidos que en un principio asociaré a mi decadencia terminaré por normalizarlos. Eso no impedirá que haya algunos lugares en Madrid por los que preferiré no pasar o no visitar, seleccionando otros caminos a salvo de memorias para llegar a mis destinos, como quien evita disparadores externos del trauma. Algunas veces, en soledad, me preguntaré si pillé mi adicción a tiempo, dentro del descalabro atroz en el que llegué a subsistir, y eso fue lo que me salvó. Quizá si hubiese esperado más, si me hubiese dado la oportunidad número treinta mil a mí mismo, si hubiese seguido descendiendo hacia un fondo sin fin, si hubiese continuado huyendo, hoy no podría estar escribiendo esto. Tal vez paré a tiempo, cuando aún no estaba todo perdido. Fin del salto en el tiempo.

Todavía no sé nada de esto, porque aún no ha ocurrido. En este momento preciso de mi vida voy en un taxi, haciendo el camino inverso al del 2 de enero de 2009, hacia Barcelona, cargado de maletas y de recuerdos de mi encierro, llorando tembloroso en silencio, con el paisaje enigmático desplazándose ante mis ojos, dejando atrás la clínica, a los profesionales y a los compañeros, hacia mi nueva realidad. Viajo con los dedos cruzados, muerto de miedo, y en mi interior palpita el deseo esperanzado de lograr, por fin, tener la valentía de completar «la tarea de ser yo».

A modo de Epílogo

Escribo estas líneas tras revisar la primera versión del manuscrito. Lo he impreso y he tachado, con grandes equis rojas, pasajes que suprimiré antes de enviarlo. Son reiterativos y farragosos. Demasiados adjetivos, demasiadas interrupciones que no aportan nada. Pretendo que este sea un libro directo y claro, lo más alejado posible del barroquismo formal y de la literatura florida que tanto disfruto como lector.

Doy por hecho que se deduce que esta narración es una condensación de los hechos más relevantes. Habría sido eterno describir día a día mi paso por la clínica. Me he visto obligado, por motivos de espacio y ritmo, a dejar una cantidad innumerable de momentos, conversaciones e historias sin contar. Como la de Rocío, profesora de primaria heroinómana, de familia y educación del Opus, víctima de abusos en su infancia a manos de varios sacerdotes. Como la de Oriol, jugador de rugby robusto y cocainómano sideral. He tenido que recortar. Estoy preparado para ser juzgado cuando este libro se publique, pero jamás me perdonaría resultar aburrido o tedioso. Es lo único con lo que no podría vivir.

También espero que se entienda que solo he descrito mi historia y mi experiencia, y que nunca he querido que estas páginas representen a nadie que no sea yo o que se identifiquen como una guía para salir de la adicción. No lo son. Si existe un problema insostenible, el único consejo que puedo dar es acudir a los profesionales. Leer libros acompaña y sosiega, pero no cura. Ojalá lo hiciera. Esto es lo que yo viví, pero el camino de la superación de la adicción (cualquiera que esta sea) es un trayecto personal e introspectivo, que cada uno debe descubrir por sí mismo y que exige movimiento y acción. No hay guiones, no hay pautas, no hay reglas. Solo dos cimientos básicos: pedir ayuda y la abstinencia total. No tengas vergüenza. No eres un fracaso. Mereces ser feliz.

Ahora una montaña de folios descansa a mi derecha, sobre la mesa. El trabajo de un año largo que, a su vez, encierra la tarea más íntima e importante de mi vida. Ningún proyecto que haya emprendido o que acometa en el futuro, por mucha repercusión y aceptación que pueda generar, llegará nunca a ser tan esencial como el que detallo en estas páginas. El libro aún no tiene título. En la portada puedo ver los cuatro provisionales que manejo. Son un espanto indescriptible. He conseguido salir de las drogas, pero no encontrar un buen título. Otra prueba más de que recuperarse de la adicción no convierte a nadie en un cerebrito y de que no soy ejemplo de nada.

Ponerle un título a tu vida es bastante complicado.

Ha sido una experiencia verme reflejado. Imaginaba que ocurriría, pero una cosa es haberlo vivido e incluso escrito y otra muy diferente verlo puesto negro sobre blanco con mi nombre en la primera hoja. Sería fanfarrón y jactancioso negar que, después de leído, no siento un vértigo aterrador al pensar que en breve este libro estará al alcance de cualquiera, en manos desconocidas, fuera de mi supervisión controlada, extirpado de mi zona de confort (el disco duro de mi ordenador), y que mi historia íntima será pública. Que quien lo lea me conocerá como pocas personas lo han hecho a lo largo de mi vida. Que más allá de secretos, andanzas y peripecias furtivas, entrarán en contacto con mi voz interior, mis demonios, mis emociones más profundas. Todo aquello que nos educan a esconder con pavor y empeño. Que no se vea. Que no se sepa. Que no se note.

¿Qué pensarán aquellos que me conocen y no saben nada de todo por lo que pasé? ¿Me concederán el derecho a haberme equivocado y a haber sobrevivido a mí mismo? ¿Me mirarán de manera diferente? ¿Habrá números de teléfono que no aparezcan más en la pantalla del mío? ¿Silencios incómodos, risas nerviosas, labios apretados, reuniones canceladas, miradas esquivas, juicios? ¿Pasaré a ser un señalado en ciertos círculos? ¿Cuántos problemas que no puedo prever me causarán estas páginas? ¿Tuits cínicos? ¿Artículos salvajes? ¿Repercusiones laborales? ¿Choteo, murmullo, cotilleo? ¿Me aplaudirá alguien al entrar en el Mercadona? ¿Habrá gente que salga corriendo cuando se encuentre conmigo? ¿Seré ya para siempre el yonqui, el intenso, el primo vasco de Courtney Love, el defectuoso, el *flower power*? ¿Habré perdido toda posibilidad de que las marcas me regalen ropa y gafas de sol?

¿Y mis compañeros? ¿Cómo vivirán el verse reflejados? ¿Les he hecho justicia? ¿Les he protegido lo suficiente? ¿He conseguido transmitir la verdad de sus vidas y su dolor?

Leerme ha avivado otra sensación, opuesta al terror: noto el regusto dulce del empoderamiento, la energía transformadora de hacer estallar en pedazos la cadena del silencio y de hacerme dueño de mi propia historia. Eso no quiere decir que no me sienta vulnerable y no tenga miedo. Lo tengo. El hecho de que este libro lleve mi nombre y hable de mi intimidad de forma tan explícita me incomoda. Lo reflexiono a días de separarme de él, cuando el compromiso es irrenunciable. Así soy yo.

Me consuelo pensando en un aspecto positivo de la publicación que puedo predecir ahora mismo: la cantidad incalculable de explicaciones que me ahorraré en el futuro. No tendré que volver a responder a los cientos de personas que me preguntan «¿Por qué no bebes?» y podré acudir a mis citas con el libro bajo el brazo, regalárselo al hombre en cuestión y decirle: «Léelo y, si después de hacerlo te apetece, me llamas». Los que llamen, merecerán la pena. Eso ya lo sé. No solo porque me aceptarán como fui y se interesarán en conocerme en el presente, sino porque sabrán leer. Que un hombre sepa leer es algo que valoro muchísimo.

Lo cierto, me tranquilizo, es que no tengo por qué esconderme de nada. Al contrario, estas páginas son otra forma de continuar un camino que comencé hace mucho: abandonar el vivir de apariencias, en jaulas autoimpuestas, con máscaras, fórmulas y disfraces que construí y que tanto me alejaron de mí mismo. Eliminar la vergüenza. Reventar el mutismo. Es otro paso, esta vez por escrito, para romper la inercia de mi vida, herencia de mi educación y de mi socialización: fingir que no pasa nada, que todo está bien, que no hay problemas, que soy feliz. Mi realidad ha sido otra.

Después de todo, con perspectiva, este libro no es más que el relato del viaje, con algunos desvíos muy peligrosos, que he hecho en busca de mi identidad.

Pero ya sé quién soy. Ahora sé cómo suena mi voz.

También constato, tras revisar el manuscrito, que esta tentativa de explicar mi enfermedad nació como imposible. He tenido que trabajar muchos meses, hasta darle forma, para terminar de aceptarlo. Se puede estructurar la vida, sintetizarla, representarla, pero es evidente que se resiste a ser atrapada en su extrema confusión y complejidad. La literatura carece de esa capacidad porque, al igual que la ficción, no es la vida. Nada puede sustituir a la experiencia de vivir. Intentar capturar la vida va unido al fracaso de no poder lograrlo fielmente. Los seres humanos no somos personajes, no somos protagonistas ni antagonistas, sino todo a la vez. No somos héroes ni villanos, ni arcos dramáticos, sino una argamasa indivisible. Somos existencias inabarcables, llenas de aristas, afectos, incoherencias, pasiones, instintos, alegrías, miedos, valor. Nos dan forma multitud de fuerzas sincrónicas, conscientes e inconscientes. No hay un germen. No hay culpables. No hay una concatenación de secuencias y capítulos, de causas y efectos, o sí que los hay, pero son demasiados, millones de respiraciones, de destellos, de pasos, desde lugares muy distintos, para poder ser resumidos, esquematizados y disecados.

Reducir la adicción y la enfermedad a una razón concreta, única y reveladora es una tarea que no se puede llevar a cabo. El universo entiende de matemáticas, pero nosotros no. Yo soy mucho más que un alcohólico y un cocainómano reformado. Soy mucho más que una estadística. Soy mucho más que el tiempo que pasé ingresado en una clínica. Soy mucho más que lo que hice o dije. Soy mucho más que la imagen que se desprende de este libro. Retener el aliento de una vida real en unos cientos de páginas es demasiado complejo, supongo. Al menos para mí. Si me apellidase Proust, Woolf o Balzac y tuviese su talento, quizá sería otra historia.

A veces, amigos actuales con los que he compartido algunas de las correrías que he contado en estas páginas se sorprenden: no son capaces de imaginar que la persona que sonríe frente a ellos es la misma de la que hablo en este libro. Muchos incluso me ruegan conocer a la «persona antigua», porque les suena muy «divertida». Les intento quitar la idea de la cabeza inmediatamente. «Era un diablo cruel y desquiciado, es mejor que te lo hayas ahorrado», les aconsejo. Me indican que no logran entender cómo una persona con mi capacidad de sentir alegría, con mi sentido del humor, mi cariño y mi generosidad, y también con mi ironía hijaputa, provenga de un lugar tan oscuro. Suelen preguntarme cómo lo hice, interesados en comprender el proceso. ¿Cómo lo conseguí? Nunca sé qué contestar. Confié. Me dejé ayudar. Me aparté. Solté el control. Reconstruí mi ego. Me relajé. Aprendí a creer en mí. Me empeñé en lograrlo. Invertí cada microgramo de energía, día a día, minuto a minuto. No lo sé. Lo único que yo puedo demostrar, estando vivo, es que es un túnel muy oscuro que se puede atravesar.

En estos años de abstinencia total he conocido a gente que ahora forma parte importantísima de mi vida y que me acompaña prácticamente a diario. No salen en este libro. He vivido experiencias maravillosas (y me acuerdo de todas) y he reído mucho y muy alto. Ya no tengo resacas ni me arrepiento de las cosas que hago o digo ni tengo que encadenar llamadas pidiendo disculpas al día siguiente. Con la desintoxicación no desapareció mi cualidad de ser un bocachancla ni un experto en hacer el ridículo. Tampoco he conseguido nunca ser un maestro del ligoteo, y mira que lo he intentado con dedicación. Sigo pasando muchísimo tiempo en los cines y en las librerías, mis dos grandes pasiones, y prefiriendo el dulce al salado. Soy el padre de un perro al que amo con locura. Llevo años tratando de hacer mi primera película. Trabajo para dos de las personas que más admiro en el mundo, a las que más que jefes considero amigos. Me implico en todos los proyectos que me remueven algo por dentro y me dejo la piel en todo lo que hago, por pequeño que sea. Procuro conducir mi vida desde quien soy de verdad, dejando cada vez más atrás, como una presencia fantasmal que se empequeñece en la carretera, el que me hicieron creer que era. O el que me hicieron ser. O el que yo creí que era. O el que yo me impuse ser.

Tengo una buena vida.

Como cualquier persona de mi generación, también he padecido crisis económicas, precariedad, inseguridades, ansiedades, complejos, me han dejado tirado, sé lo que es llegar a fin de mes apretándome el cinturón y me han engañado en múltiples ocasiones. He echado de menos y me he recriminado. Hay amigos que nunca lo fueron, otros que se aprovecharon, gente que prometió lealtad eterna y resultó ser un entretenimiento pasajero... Como todos, he sentido en estos años la frustración y el aburrimiento y el dolor y el fracaso y el abandono y la angustia y el estrés y la pérdida. Pero lo positivo ahora supera todas las decepciones, por mucho que estas se empeñen en amontonarse o en estallarme en la cara. He aprendido a valorar.

Visito la clínica una vez al año, para las Jornadas de Veteranos, una reunión de fin de semana de aquellos que pasamos por allí y «estamos bien». Hay muchos que, por desgracia, se perdieron en el camino. Esos no asisten. No sé nada de ellos. Durante un día, los supervivientes nos volvemos a sentar en círculo, visitamos los espacios donde nos curamos (ahora habitados por otros enfermos) y hablamos de nuestras realidades, sentimientos, vidas. Es conmovedor y esperanzador vernos a todos juntos, de distintas promociones y generaciones, en diferentes momentos de un mismo viaje. En los últimos años, siempre soy el que más tiempo lleva abstinente, el veterano de oro, y noto que me observan como a una especie de talismán mágico (sobre todo los recién salidos, los más novatos). A veces me divierto imaginando que se ponen de rodillas y me adoran como si fuese la Virgen de Fátima que se les acaba de aparecer. Identifico su miedo a vivir fuera, lo percibo en sus ojos y en sus modales nerviosos, porque también fue el mío, así que les sonrío y les aseguro que todo va a ir fenomenal. Me siento como el abuelo Cebolleta contándoles batallitas, pero veo en sus caras que esta sí es una historia que se mueren por escuchar. Necesitan que alguien, uno de los suyos, les certifique que todo va a salir bien. Cada vez que acudo le pido a Anais que lleve a alguien que se haya mantenido sobrio más tiempo que yo, porque yo también necesito una guía en mi vida, saber que me espera un buen final. «Tú ya no necesitas a nadie», me suele decir. Y pasa a exhibirme como a un caniche cardado que ha ganado el premio a perro mejor peinado en el certamen anual, ante la atenta mirada del resto de los toxicómanos. Solemos comer al aire libre una fideuá, con alioli y refrescos sin cafeína. Cuando acaba el encuentro por la tarde, nos abrazamos, intercambiamos teléfonos con los nuevos y nos despedimos hasta el año siguiente. Soy el único que acude de todos los que compartieron conmigo la clínica.

Sé que las nuevas generaciones han cambiado. Los veo por el patio charlando, arrastrando también los pies, lloriqueando, babeando, peleándose consigo mismos y entre ellos, como lo hice yo. Ahora tienen permitido llevar móviles y escuchan la música sin cascos, mucho perreo y *reggaeton*, así que la cacofonía de sonidos es omnipresente. Las adicciones de moda van evolucionando, signo de los tiempos: hoy las estrellas son las sustancias utilizadas en las *chemsex* (mefedrona, metanfetamina, GHB), el sexo, la ludopatía (presencial y online) y el cannabis (los adictos a este suelen ser enfermos extremadamente jóvenes con los que es muy complicado trabajar terapéuticamente porque, según me explican, las psicosis son de tal calibre que su capacidad cognitiva está aniquilada). La heroína, la cocaína, el alcohol y las benzodiazepinas siguen presentes en la clínica. Me temo que su reinado continuará durante muchos años más.

Algunas noches me miro en el espejo y observo, casi extrañado, que no se me nota que haya atravesado un infierno que por poco acaba con mi vida. No llevo una marca en la frente, como una letra escarlata, que marque mi estatus de superviviente de mí mismo. Llevo tatuajes, pero no son especiales, aunque una vez me pararon en la calle para hacerme una foto del brazo. No hay cicatrices físicas que señalen la guerra que importa. Las heridas han curado y no son públicas. Nadie podría identificarme. De hecho, mi condición es tan invisible que he pasado desapercibido casi doce años. Soy, a ojos de la sociedad y de Instagram, como cualquiera. Alguien que lo intenta hacer lo mejor que sabe y puede con lo que tiene. Me reconforta pensar esto. Ya no necesito probar a nadie lo que valgo, ni siquiera a mí mismo. Me basta con ser yo y con pelear por lo que quiero.

¿Soy feliz? A veces. No me obsesiono buscando el ideal inalcanzable de la felicidad estable, que tiene más relación con la psicopatía que con un criterio de realidad sano. No soy una taza de café con mensajes de autoayuda. No soy un iluminado ni pretendo serlo. No he conseguido levitar. Eso quiere decir que me deprimo y me cabreo, como todo el mundo. Tengo días mejores y otros peores. Hay momentos en los que no me soporto a mí mismo y me saco de quicio y pienso que soy un imbécil y no me siento atractivo. Hay otros en los que no me levantaría de la cama. Pero ahora no huyo de lo que siento, sino que lo intento desgajar, analizar y trabajar. He dejado de evitar. Ya no corro. Ahora, a menudo, me siento capaz, entendiendo que jamás seré perfecto. Digo sí y digo no, con alegría y sin culpa.

Vivo priorizándome, que para mí se traduce en salud mental. Sé que, si yo no estoy bien, nada lo estará, porque en mi vida todo comienza y termina en mí. Cuidar, he aprendido, es también cuidarme a mí mismo y escucharme. Como todo, en su justa medida. Ya no soy defensor del «todo o nada». Un sano equilibrio de egoísmo, al menos para mí, es autocuidado. No hay nadie más significativo que yo. Y esto, que así descrito suena arrogante y vanidoso, no lo es: ¿qué puede ser más importante que atender a la única persona que me va a acompañar el resto de mis días?

Mi relación con mi familia ha mejorado con el tiempo. Los tolero y los acepto como son, aunque ellos, por momentos, sigan empeñados en cambiarme a mí. Pero vivo en paz sabiendo que eso ya no hay nada que lo vaya a alterar. He dejado de rebelarme, de justificarme, de explicarme, de defenderme. Ahora sé que no son los culpables ni los responsables de nada de lo que me ha ocurrido. Que siempre hicieron lo que pensaban que era mejor para mí. No tengo ninguna duda, por muy desastroso que terminase siendo en ocasiones el resultado. Ellos, como yo, son personas con sus características individuales, y son padres, pero también hijos, quizá heridos, frustrados, desilusionados, como yo lo fui, hijos de unos padres que fueron a su vez hijos heridos, frustrados, desilusionados de otros padres, que a su vez... y así hasta el infinito. Aunque siga habiendo problemas, como en cualquier casa, ahora sé que esto nos ha hecho mejores, de muchas maneras. Ha habido momentos durísimos, provocados por una conjunción de fuerzas antagónicas comunes, pero no han acabado con nosotros. Su generosidad y su perdón me han salvado la vida. Posiblemente se sientan orgullosos de ver este libro publicado, porque sé que siempre me han valorado, aunque se lo dirán a otros, no a mí. Ellos son así. He aprendido a quererlos. Ya no hago nada buscando desesperadamente su aprobación ni su cariño. Ahora solo busco los míos.

También he aprendido a decir adiós. Y a decir hola. Y a no guardar rencor ni odio. El mundo está lleno de gente buena. No creo en la maldad. Creo en no saber o no poder hacerlo mejor. Eso no quiere decir que me lleve bien con todo quisqui, ni mucho menos. Hay gente a la que detesto y a la que critico. Pero ya no veo a los demás, ni a mí mismo, como a enemigos. Me concentro en intentar fijarme en el aspecto positivo de todo lo que me ocurre, incluidas las personas. Trato de no juzgar y cuando lo hago, porque lo hago, recuerdo quién fui yo y todo lo que hice y se me pasa la tontería. Mi apellido nunca fue «perfección».

¿He conseguido todo lo que me proponía? Ni de lejos. Me encantaría poder, por fin, dirigir películas, y continuar dirigiendo teatro y televisión, trabajando en lo que me hace feliz. Me encantaría tener una pareja estable (soy un poco romántico, me temo) y construir un hogar juntos. Me encantaría leer miles de libros que aún tengo pendientes. Y muchas otras cosas. Pero ya no me machaco cuando no lo logro. Lo intento, nada más. Y sigo intentándolo. Y seguiré intentándolo hasta el último día.

Cuando me hundo y todo se oscurece, me recuerdo que la meta es el camino. Y que nada llena ni da sentido como los pasos que se dan. Que la alegría, casi siempre, es un sentimiento reconfortante íntimo, silencioso, que se construye con pequeños logros personales. No con grandes explosiones narcisistas ni con una subida vertiginosa de *followers* y retuits en redes sociales. Y que, me lo crea o no, todo pasa por algo.

Tengo una buena vida.

¿Sigo yendo a terapia? Cada semana. Desde hace más de diez años, con la misma psicóloga que conocí en la Torre y que en muchos momentos me ha rescatado de mí mismo. Ella, una de las mujeres más importantes de mi vida, de la que no sé casi nada, prácticamente no sale en este libro. Hace ya muchísimo que dejamos de hablar de temas relacionados con la adicción, aunque a veces volvamos sobre los pasos. La terapia ha pasado, con el tiempo, a convertirse en uno de los pilares que sustentan mi vida. Aunque crea que estoy bien, no me salto ni una sola sesión. Soy tan defensor de la terapia, en cualquier aspecto y momento, que se la recomiendo con vehemencia a todo el mundo.

Después de todos estos años continúo poniéndome límites a mí mismo. No tengo alcohol en casa y no permito que haya, más allá de celebraciones puntuales. Mi casa no es un búnker de los Legionarios de Cristo, ni mucho menos, y en ella se practica una homosexualidad orgullosa y lúdica, pero, si alguien se queda a dormir, no encontrará ni una gota de alcohol en ninguna habitación. Ni en el colutorio del baño. Si me obsequian con una botella, la regalo de inmediato (muchos amigos míos se alegran de tener un colega que les suministra mandanga gratis). Si se celebra una fiesta en mi casa, les pido que se lleven los restos de bebida y se marchan pedos perdidos, tambaleándose, con bolsas de restos y botellas medio vacías. Cuando voy a hoteles suelo solicitar que vacíen mi minibar (truco: puedes decir que estás a dieta espartana y que no quieres nada en la habitación, mano de santo, nadie hace preguntas). Si me encuentro en una reunión social nocturna y aparecen drogas, no suelo tardar en hacer una bomba de humo (soy un profesional). Esto tiene una doble vertiente positiva: evito la situación de riesgo y, además, me libro de los brasas que te comen la oreja, te babean la frente, te cuentan proyectos que jamás se realizarán, te juran amor eterno y te soban más allá de lo deseable. Hace años que dejé de entender la vocalización de la gente a partir de las dos de la mañana.

¿Soy antidrogas y antialcohol? Lo cierto es que no tengo una posición moralista sobre las sustancias y creo firmemente que su existencia no es el problema. No soy de los que van por la vida con el mantra de «No te drogues, que es malo». Si me lo preguntan, mi postura es clara: el alcohol y las drogas son una basura peligrosa e indeseable. Pero no me meto en los baños de las discotecas a intentar captar adeptos a mi causa. Ya no culpo al exterior ni a los demás de lo que me ocurre, porque sé que, pase lo que pase, el enemigo siempre soy yo. Quiero decir, también existen las ortigas y el líquido antimosquitos y el matarratas y, salvo contadas excepciones, no nos da por llenarnos la boca con ellos. El problema es otro. Así que cada uno que haga lo que quiera, que para algo es su vida, pero no puedo evitar, desde mi experiencia, sentir tristeza, que no superioridad ni condescendencia, por alguna gente que conozco. Detecto los problemas de consumo a kilómetros de distancia. Es el radar yonqui. Lo llevo implantado, igual que el gay, aunque no quiera. Y, como ya he explicado, hay mucha más adicción de la que creemos o de la que estamos dispuestos a admitir.

No he vuelto a hacer tríos ni orgías. No es algo que me haya prohibido, pero no se ha dado de forma espontánea y no lo busco con ahínco. Como no tiene nada de diabólico, si en algún momento en el futuro me apetece, lo haré. Lo que sí que practico fielmente es conocer el nombre de la persona y haber hablado con ella un rato, al menos, antes de follar. Me muevo en el fascinante terreno gris entre llegar virgen al matrimonio (demasiado tarde) y no saber nada sobre la persona con la que estoy follando. A veces es complicado. Parece, al menos en mi vida, que es más sencillo echar un polvo que tomarse un café (supongo que hay gente que piensa que si se toma una Coca-Cola conmigo corre el riesgo de ser secuestrada y llevada a rastras a un ayuntamiento a firmar un acta de matrimonio sin testigos, pero eso es cosa suya, cada uno que se trabaje sus traumas). No me peleo con la idea de que, en nuestra sociedad actual, sea más sencillo follar que vincularse afectivamente. Lo acepto, es solo que a mí ya no me funciona. Porque, aunque me haya descrito como romántico, he dejado de buscar el amor y he aprendido a dármelo yo. Como es evidente, esta conjunción hace que ya no folle, ni de lejos, tanto como antes. Pero follo muchísimo mejor. Más contundente, más entregado, sin miedos ni complejos. El mejor sexo de mi vida lo he tenido sobrio, sin dudarlo. No hay nada más placentero que darte cuenta de lo que haces. También mis relaciones sentimentales más satisfactorias han sido sobrias. A los hombres más importantes de mi vida, a los que más cariño tengo, a los que después de separados me une una relación de amistad verdadera, los conocí tras salir de desintoxicación. Nunca antes de conocerlos me habría definido como una buena pareja. Más bien como todo lo contrario: un cohete impredecible, disparatado, inestable y caprichoso. A partir de entonces, de vivir sobrio, han sido varios los que me han descrito así: «Es muy buena persona y quiere muy bien». Me hace sentirme orgulloso, la verdad.

Algunas veces evito ver o leer ficciones que tengan relación con la adicción, si siento que no estoy «fino». Me ocurrió con *Breaking Bad*, con la serie *Euphoria* y con la peli *Werewolf* de Ashley McKenzie. Necesité encontrar el momento para poder disfrutarlas con tranquilidad. Porque sí, en ocasiones el pasado vuelve y me remueve. No pasa nada. Ahora sé en qué momento estoy. No me juzgo.

¿Todo esto hace mi vida más aburrida? Al contrario, la hace mucho más sencilla y disfrutable. Ya no asocio el sufrimiento a una existencia interesante. En resumen: evito lo malo y me quedo con lo bueno. Y sigo pareciéndome más a una travesti con la peluca mal puesta que a un filósofo octogenario asceta, así que todo en orden.

No vivo con el peso de una renuncia, sino con el regalo de una oportunidad.

Medito. Hago deporte. Expreso mis emociones. Soy radicalmente sincero (cuando me preguntan, no voy por ahí sin filtro). No me creo mejor que nadie, pero tampoco peor. No bajo la guardia. Reivindico la honestidad y la comunicación, que para mí son afecto. Practico la humildad y la asertividad todo lo que puedo y gracias a eso tengo menos miedo. Mantengo contacto con la red de apoyo. Disfruto de las pequeñas cosas. Me doy permiso y espacio. Tolero el malestar. Intento enfrentarme a los miedos y a los problemas de frente, sin evitarlos. Escribo a diario. Todas las noches, desde hace años, escribo una lista de cosas que agradezco ese día en concreto. La lista, con el tiempo, se ha hecho interminable, y la pueblan abrazos, conversaciones, olores, paseos, lugares, polvos, libros, películas, sonidos, obras de teatro, atardeceres, mensajes, música, viajes, fotografías... Lo sé, suena como una balada cursi de poeta desfasado de Miami, pero es cierto. Mi vida, me costó mucho entenderlo, se sustenta y se nutre de pequeños momentos. También escribo preguntas, que me hago a menudo. Tengo una dirección. Me marco objetivos. Vivo con flexibilidad. Escondí hace mucho el látigo de la autoexigencia, sin que ello signifique dejadez. He conseguido equilibrar mis dos columnas: el rigor y la tolerancia. Tengo más humor que nunca, negrísimo, especialmente hacia mí mismo, porque el humor siempre fue, en mi caso, una gran terapia que me ayudó a resignificar mi dolor. Y el miedo, la inseguridad, el síndrome del impostor, la autoestima que va y viene siguen ahí, acechando. Pero he aprendido a no hacerles demasiado caso. Sé que esas sensaciones son parte inherente de mi enfermedad. Así que las recibo, les doy la bienvenida e intento mandarlas a tomar por culo lo más lejos que puedo. Y si se empeñan, porque a menudo lo hacen, las dejo estar y sigo con lo mío. Son visitantes anónimos que llegan pero que siempre se van. Solo hace falta retozar con ellos y matarlos de aburrimiento. «Sigan caminando, aquí no hay nada que ver.»

Ahora sé cuidarme, sé estar solo, sé posicionarme, sé relacionarme, sé, en definitiva, quererme, disfrutar de mí y de los que me rodean. Ahora soy una versión reconciliada y depurada de aquel que estuvo tan confuso y perdido.

Al contrario que muchas de mis personas cercanas, yo tuve que atravesar un infierno para ser quien soy hoy. No creo en la necesidad de las crisis para crecer, pero en mi caso sucedió así. Ojalá no hubiese pasado, eso que me habría ahorrado, pero pasó. No existió una pesadilla que desatase el caos. No viví una guerra, ni la hambruna, ni fui abusado... Simplemente ocurrió. Enfermé. Pero he aprendido a vivir en paz, a perdonarme, a comprender que aquello que por poco me quita la vida fue también lo que me la devolvió. He logrado entender que no supe hacerlo mejor. Y que mi historia necesitó del abismo para seguir adelante. Porque esta es mi vida, lo quiera o no, y no puedo separar quien soy de quien fui. Todo forma parte de mí. O igual estoy equivocado, y todo se reduce a caos, sin sentido ni orden. De nuevo, no tengo todas las respuestas. Ya no las necesito.

Así llego hasta hoy, a salvo de mis antiguos demonios, frente a una ventana abierta en casa de mis padres. Entra una brisa renovadora y mi habitación está inundada del olor a tierra mojada, porque acaba de llover. Escribo estas frases. Doy gracias por poder hacerlo. Pienso que me queda mucho por hacer y vivir, pero que cada vez estoy más cerca de cumplir «la tarea de ser yo». Sobrio. Doce años después.

Tengo una buena vida.

Y escribo y sigo escribiendo, para recordarme que hoy ya no hay oscuridad y que, alegremente, sin pedir permiso... entra la luz.

booket